중소기업 경영자와 실무자를 위한

중대재해처벌법

체계구축과 이행 실무

최명기 · 정유철 저

지우북스

머리말

중대재해처벌법은 이름 자체에서부터 약간의 공포감을 조장한 법률이다. 중대산업재해가 발생하면 무조건 사업주나 경영책임자들을 처벌하는 것으로 오해를 많이 하고 있다. 그러나 중대산업재해를 예방하기 위한 안전보건 관리체계 구축 등의 의무를 이행했다면 중대산업재해가 발생하더라도 처벌을 받지는 않는다. 고의 내지 예견 가능성이 있었거나 인과관계가 명확한 경우에만 처벌을 받게 된다. 사실 어느 정도 준비만 되어 있다면 처벌에 대해 크게 걱정을 하지 않아도 된다.

중대재해처벌법은 2022년 1월 27일부터 건설공사금액 50억 원 이상과 50인 이상 사업장을 대상으로 시행됐다. 그러다가 2024년 1월 27일부터 유예 기간이 끝나면서 상시 근로자 5인 이상 50인 미만 사업장과 건설 50억 원 미만까지 확대 적용됐다. 식당·카페 등 개인 사업주라도 상시 근로자 수가 5명이 넘는다면 업종과 무관하게 법 적용을 받게 된다. 중대재해처벌법에 대한 실효성 논란이 지금까지 계속되고 있지만 법이 만들어진 이상 제대로 이행하고 지켜야 법으로서 존재가치가 있게 된다. 중대재해처벌법이 제정된 목적은 안전보건 경영을 유도하기 위한 법령이다. 지금부터라도 부족한 부분은 보완할 필요가 있다.

중대재해처벌법이 시행되고 나서 대기업을 비롯한 일정 규모 이상의 기업에서는 안전보건관리체계를 구축하고 운영하는 등 나름대로 준비를 하고 있다. 반면에 중소기업의 경우에는 준비가 다소 부진한 상황이다. 안전보건관리체계를 어떻게 구축해야 하는지도 모른다. 또한 그러한 업무를 담당할 직원도 없는 경우가 허다하다.

이 책은 중소기업에서 겪고 있는 이러한 문제를 해결하기 위해 저술되었다. 중대재해처벌법에서 요구하고 있는 안전보건관리체계 구축과 운영 요령 등을 중소기업 경영자와 실무자가 보다 쉽게 이해하고 즉시 업무에 활용되도록 저술되었다. 아무쪼록 부족하고 미흡한 졸저가 골치 아픈 중대재해처벌법으로부터 해방되는 데 도움이 되기를 기원해 본다.

2024년 4월

저자 최명기, 정유철 拜上

제1장 개요

제2장 안전보건관리체계 구축과 이행

제 1 장

개요

1 중대재해처벌법개요

중대재해처벌법은 경영책임자가 사업 또는 사업장에 대한 안전과 보건에 관한 투자를 확대하고 안전조치가 실효성을 갖도록 체계적으로 관리하여 중대재해를 예방하기 위해 제정된 법률이다. 중대재해처벌법 적용대상은 상시근로자가 5명 이상인 사업 또는 사업장이고 개인사업주 또는 경영책임자 등이 의무주체가 된다. 여기에서 개인사업주는 자신의 사업을 영위하는 자, 타인의 노무를 제공받아 사업을 하는 자를 말한다. 경영책임자는 대표이사 등 사업을 대표하고 총괄하는 권한과 책임이 있는 사람 또는 대표이사 등에 준하는 책임자로서 사업 또는 사업장 전반의 안전·보건 관련 조직, 인력, 예산을 결정하고 총괄 관리하는 사람을 말한다.

중대재해처벌법에서 보호하고자 하는 대상은 종사자이다. 여기에서 종사자는 근로기준법상 근로자 도급·용역·위탁 등 계약의 형식에 관계없이 그 사업의 수행을 위해 대가를 목적으로 노무를 제공하는 자, 사업을 여러 차례 도급한 경우 각 단계의 수급인과 그 수급인의 근로자·노무제공자를 말한다. 중대재해처벌법에서는 법 제4조에서 인력 및 예산 등 안전보건관리체계의 구축 및 그 이행·조치, 재해 발생 시 재발방지 대책의 수립 및 그 이행에 관한 조치, 중앙행정기관·지방자치단체가 개선·시정 등을 명한 사항의 이행·조치, 안전·보건관계 법령에 따른 의무이행에 필요한 관리상의 조치 등 4가지 의무사항을 규정하고 있다.

표 1.1 중대재해처벌법 처벌규정

형사책임의 확대 및 강화	징벌적 손해배상책임 도입
개인사업주, 경영책임자 등	개인사업주, 법인, 기관
• (사망재해) 1년 이상 징역, 10억 원 이하 벌금 • (부상질병) 7년 이하 징역, 1억 원 이하 벌금	• 손해액의 5배 이내 배상책임
법인, 기관	
• (사망재해) 50억 원 이하 벌금 • (부상질병) 10억 원 이하 벌금	

2 안전보건관리체계 구축과 이행 관련 법령

중대재해처벌법은 경영책임자의 첫 번째 의무로 안전보건관리체계의 구축과 이행을 규정하고 있다. 이를 구체화하기 위한 조치로 시행령 제4조에서는 9가지 세부적인 사항들을 규정하고 있다.

◑ 법 제4조(사업주와 경영책임자 등의 안전 및 보건 확보의무)

① 사업주 또는 경영책임자 등은 사업주나 법인 또는 기관이 실질적으로 지배·운영·관리하는 사업 또는 사업장에서 종사자의 안전·보건상 유해 또는 위험을 방지하기 위하여 그 사업 또는 사업장의 특성 및 규모 등을 고려하여 다음 각 호에 따른 조치를 하여야 한다.

1. 재해예방에 필요한 인력 및 예산 등 안전보건관리체계의 구축 및 그 이행에 관한 조치
2. 재해 발생 시 재발방지 대책의 수립 및 그 이행에 관한 조치
3. 중앙행정기관·지방자치단체가 관계 법령에 따라 개선, 시정 등을 명한 사항의 이행에 관한 조치
4. 안전·보건 관계 법령에 따른 의무이행에 필요한 관리상의 조치

② 제1항 제1호·제4호의 조치에 관한 구체적인 사항은 대통령령으로 정한다.

◑ 시행령 제4조(사업주와 경영책임자 등의 안전 및 보건 확보의무)

법 제4조 제1항 제1호에 따른 조치의 구체적인 사항은 다음 각 호와 같다.

1. 사업 또는 사업장의 안전·보건에 관한 목표와 경영방침을 설정할 것
2. 「산업안전보건법」 제17조부터 제19조까지 및 제22조에 따라 두어야 하는 인력이 총 3명 이상이고 다음 각 목의 어느 하나에 해당하는 사업 또는 사업장인 경우에는 안전·보건에 관한 업무를 총괄·관리하는 전담 조직을 둘 것. 이 경우 나목에 해당하지 않던 건설사업자가 나목에 해당하게 된 경우에는 공시한 연도의 다음 연도 1월 1일까지 해당 조직을 두어야 한다.
   가. 상시근로자 수가 500명 이상인 사업 또는 사업장

나. 「건설산업기본법」 제8조 및 같은 법 시행령 별표 1에 따른 토목건축공사업에 대해 같은 법 제23조에 따라 평가하여 공시된 시공능력의 순위가 상위 200위 이내인 건설사업자

3. 사업 또는 사업장의 특성에 따른 유해·위험요인을 확인하여 개선하는 업무절차를 마련하고, 해당 업무절차에 따라 유해·위험요인의 확인 및 개선이 이루어지는지를 반기 1회 이상 점검한 후 필요한 조치를 할 것. 다만, 「산업안전보건법」 제36조에 따른 위험성평가를 하는 절차를 마련하고, 그 절차에 따라 위험성평가를 직접 실시하거나 실시하도록 하여 실시 결과를 보고받은 경우에는 해당 업무절차에 따라 유해·위험요인의 확인 및 개선에 대한 점검을 한 것으로 본다.

4. 다음 각 목의 사항을 이행하는 데 필요한 예산을 편성하고 그 편성된 용도에 맞게 집행하도록 할 것

가. 재해예방을 위해 필요한 안전·보건에 관한 인력, 시설 및 장비의 구비

나. 제3호에서 정한 유해·위험요인의 개선

다. 그 밖에 안전보건관리체계 구축 등을 위해 필요한 사항으로서 고용노동부 장관이 정하여 고시하는 사항

5. 「산업안전보건법」 제15조, 제16조 및 제62조에 따른 안전보건관리책임자, 관리감독자 및 안전보건총괄책임자(이하 이 조에서 "안전보건관리책임자 등"이라 한다)가 같은 조에서 규정한 각각의 업무를 각 사업장에서 충실히 수행할 수 있도록 다음 각 목의 조치를 할 것

가. 안전보건관리책임자 등에게 해당 업무 수행에 필요한 권한과 예산을 줄 것

나. 안전보건관리책임자 등이 해당 업무를 충실하게 수행하는지를 평가하는 기준을 마련하고, 그 기준에 따라 반기 1회 이상 평가·관리할 것

6. 「산업안전보건법」 제17조부터 제19조까지 및 제22조에 따라 정해진 수 이상의 안전관리자, 보건관리자, 안전보건관리담당자 및 산업보건의를 배치할 것. 다만, 다른 법령에서 해당 인력의 배치에 대해 달리 정하고 있는 경우에는 그에 따르고, 배치해야 할 인력이 다른 업무를 겸직하는 경우에는 고용노동부 장관이 정하여 고시하는 기준에 따라 안전·보건에 관한 업무 수행시간을 보장해야 한다.

7. 사업 또는 사업장의 안전·보건에 관한 사항에 대해 종사자의 의견을 듣는 절차를 마련하고, 그 절차에 따라 의견을 들어 재해예방에 필요하다고 인정하는 경우에는 그에 대한 개선방안을 마련하여 이행하는지를 반기 1회 이상 점검한 후 필요한 조치를 할 것. 다만, 「산업안전보건법」 제24조에 따른 산업안전보건위원회 및 같은 법 제64조·제75조에 따른 안전 및 보건에 관한 협의체에서 사업 또는 사업장의 안전·보건에 관

하여 논의하거나 심의·의결한 경우에는 해당 종사자의 의견을 들은 것으로 본다.

8. 사업 또는 사업장에 중대산업재해가 발생하거나 발생할 급박한 위험이 있을 경우를 대비하여 다음 각 목의 조치에 관한 매뉴얼을 마련하고, 해당 매뉴얼에 따라 조치하는지를 반기 1회 이상 점검할 것
   가. 작업 중지, 근로자 대피, 위험요인 제거 등 대응조치
   나. 중대산업재해를 입은 사람에 대한 구호조치
   다. 추가 피해방지를 위한 조치
9. 제 3자에게 업무의 도급, 용역, 위탁 등을 하는 경우에는 종사자의 안전·보건을 확보하기 위해 다음 각 목의 기준과 절차를 마련하고, 그 기준과 절차에 따라 도급, 용역, 위탁 등이 이루어지는지를 반기 1회 이상 점검할 것
   가. 도급, 용역, 위탁 등을 받는 자의 산업재해예방을 위한 조치 능력과 기술에 관한 평가기준·절차
   나. 도급, 용역, 위탁 등을 받는 자의 안전·보건을 위한 관리비용에 관한 기준
   다. 건설업 및 조선업의 경우 도급, 용역, 위탁 등을 받는 자의 안전·보건을 위한 공사기간 또는 건조기간에 관한 기준

3 안전 및 보건 확보의무 개요도

법 제4조(사업주와 경영책임자등의 안전 및 보건 확보의무)

1 재해예방에 필요한 인력 및 예산 등 안전보건관리체계의 구축 및 그 이행에 관한 조치 (법 제4조제1항제1호)	① 안전·보건 목표와 경영방침의 설정 ② 안전·보건 업무를 총괄·관리하는 전담 조직 설치 ③ 유해·위험요인 확인 개선 절차 마련, 점검 및 필요한 조치 ④ 재해예방에 필요한 안전·보건에 관한 인력·시설·장비 구비와 유해·위험요인 개선에 필요한 예산 편성 및 집행 ⑤ 안전보건관리책임자등의 충실한 업무수행 지원(권한과 예산 부여, 평가기준 마련 및 평가·관리) ⑥ 산업안전보건법에 따른 안전관리자, 보건관리자 등 전문 인력 배치 ⑦ 종사자 의견 청취 절차마련, 청취 및 개선방안 마련·이행 여부 점검 ⑧ 중대산업재해 발생 시 조치 매뉴얼 마련 및 조치 여부 점검 ⑨ 도급, 용역, 위탁 시 산재예방 조치 능력 및 기술에 관한 평가기준·절차 및 관리비용, 업무수행기관 관련 기준 마련·이행 여부 점검
2	재해 발생 시 재발방지 대책의 수립 및 그 이행에 관한 조치(법 제4조제1항제2호)
3	중앙행정기관·지방자치단체가 관계 법령에 따라 개선, 시정 등을 명한 사항의 이행에 관한 조치 (법 제4조제1항제3호)
4 안전·보건 관계 법령에 따른 의무이행에 필요한 관리상의 조치 (법 제4조제1항제4호)	① 안전·보건 관계 법령에 따른 의무 이행 여부에 대한 점검 ② 인력 배치 및 예산 추가 편성·집행 등 의무 이행에 필요한 조치 ③ 유해·위험 작업에 대한 안전·보건 교육의 실시 여부 점검 ④ 미실시 교육에 대한 이행의 지시, 예산의 확보 등 교육 실시에 필요한 조치

법 제5조(도급, 용역, 위탁 등 관계에서의 안전 및 보건 확보의무)

- 사업주 또는 경영책임자등은 사업주나 법인 또는 기관이 제3자에게 도급, 용역, 위탁 등을 행한 경우에는 제3자의 종사자에게 중대산업재해가 발생하지 아니하도록 제4조의 조치를 하여야 한다.
- 다만, 사업주나 법인 또는 기관이 그 시설, 장비, 장소 등에 대하여 실질적으로 지배·운영·관리하는 책임이 있는 경우에 한정한다.

그림 1.1 안전 및 보건 확보의무 개요도

4 안전 및 보건 확보의무 이행 체계도

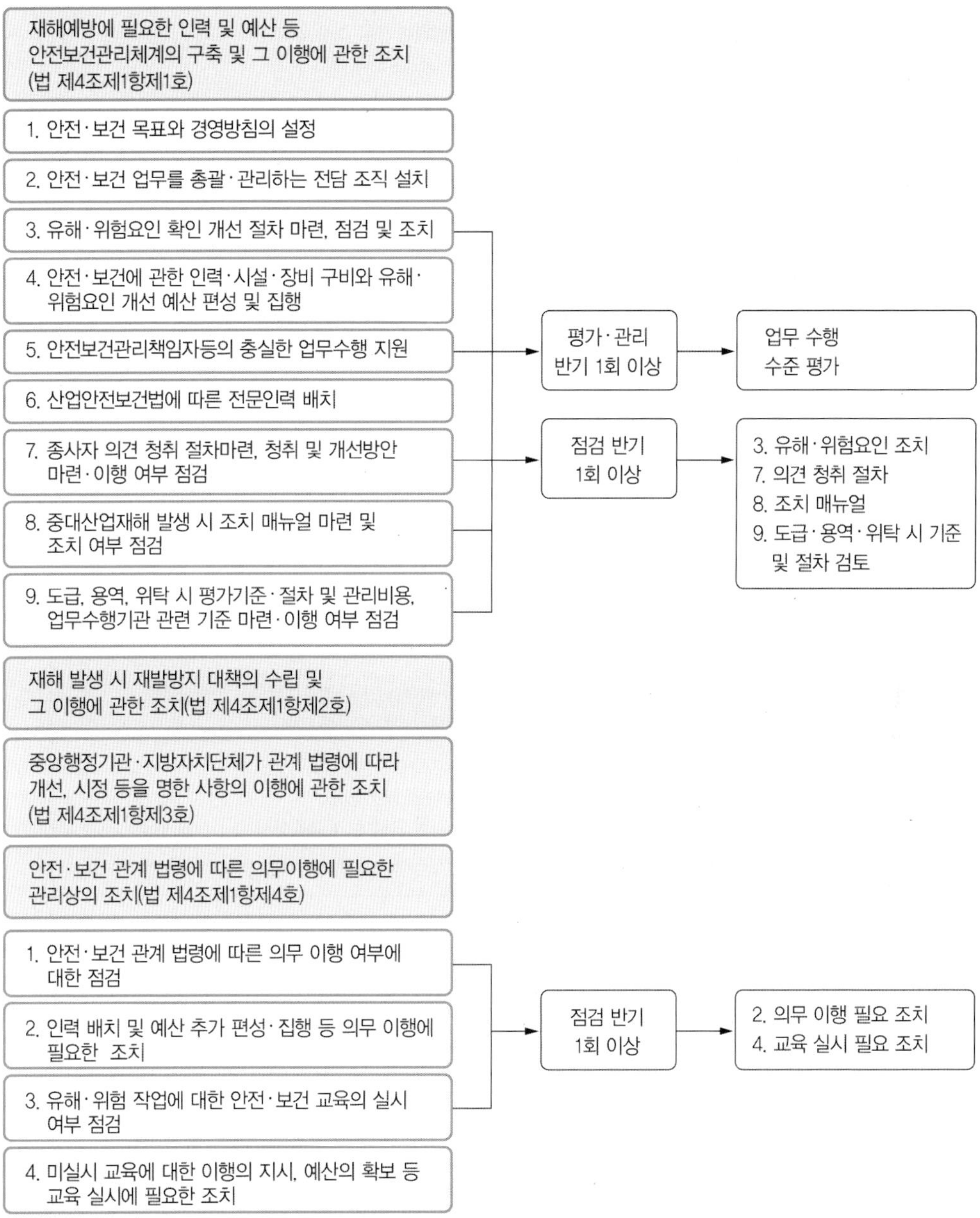

그림 1.2 안전 및 보건 확보의무 이행 체계도

단계	내용
① 지배·관리사업장, 도급·용역·위탁사업 파악	• 본사, 사업장별로 현황 파악
② 조직·인력 등 확보	시행령 제4조 • (제2호) 안전·보건 업무를 총괄하는 전담 조직 설치 • (제6호) 산업안전보건법에 따른 전문 인력 배치
③ 목표, 기준, 절차, 매뉴얼 마련	시행령 제4조 • (제1호) 안전보건에 관한 목표와 경영방침 설정 • (제3호) 유해·위험요인을 확인하여 개선하는 업무절차 마련 • (제4호) 안전·보건 관련 예산 편성 • (제5호) 안전보건관계자의 업무수행 평가 기준 마련 • (제7호) 종사자 의견 수렴 절차, 청취 및 개선방안 마련 • (제8호) 중대산업재해, 급박한 위험이 있을 경우 조치 매뉴얼 마련 • (제9호) 도급, 용역, 위탁 시 수급인의 산업재해예방 조치 능력에 관한 평가기준, 안전보건을 위한 적정 관리비용 기준, 적정기간 기준 마련
④ 이행	시행령 제4조 • (제1호) 안전보건에 관한 목표와 경영방침 설정·이행 • (제3호) 유해·위험요인 점검 • (제4호) 안전·보건 관련 시설·장비 구비 등 필요한 예산 집행 • (제5호) 안전보건관계자의 업무수행 평가 • (제7호) 종사자 의견 수렴 • (제8호) 중대산업재해, 급박한 위험이 있을 경우 매뉴얼에 따라 조치 • (제9호) 도급, 용역, 위탁 시 기준·절차에 따른 이행 시행령 제5조 • (제1호) 안전보건 관계 법령에 따른 의무 이행 • (제3호) 유해·위험한 작업에 관한 안전·보건 교육실시
⑤ 반기 1회 이상 점검	시행령 제4조 • (제3호) 유해·위험요인 확인, 개선 절차 마련, 점검 및 조치 • (제5호) 안전보건관계자의 업무수행 수준 평가 • (제7호) 종사자 의견 수렴, 청취 및 개선방안 이행 여부 • (제8호) 중대산업재해, 급박한 위험이 있을 경우 매뉴얼에 따른 조치 여부 • (제9호) 도급, 용역, 위탁 시 기준·절차에 따른 이행 여부 시행령 제5조 • (제1호) 안전보건 관계 법령에 따른 의무 이행에 필요한 조치 • (제3호) 유해·위험한 작업에 관한 안전·보건 교육실시에 필요한 조치

그림 1.3 안전 및 보건 확보의무 이행 체계 절차

5 중대재해 발생 시 수사 처리 절차

중대산업재해 발생 시 중대재해처벌법 위반, 산업안전보건법 위반, 형법상 업무상 과실치사상의 죄에 대한 수사가 개시된다. 검찰은 지방노동청을 지휘하고 경찰의 자체 수사가 이루어지게 된다.

초기에는 지방노동청과 경찰이 공동으로 압수수색하는 경향이 있었으나 최근에는 사고 당일 사업장, 본사 방문을 통하여 자료 임의제출 요구가 이루어지고 있다. 중대재해 발생 시 중대재해처벌법 및 산업안전보건법 위반에 대한 내용과 자료를 확보하려는 시도가 이루어지고 있다.

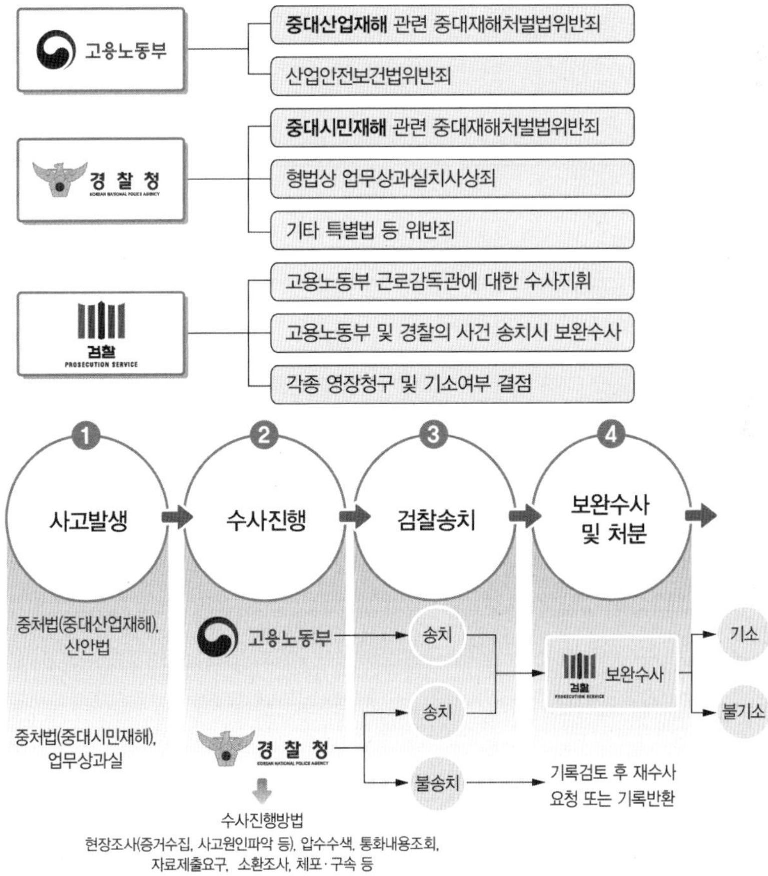

그림 1.4 중대재해 발생 시 수사 처리 절차도

6 중대재해처벌법 관련 수사 현황

2023년 12월 말까지 중대산업재해는 456건이 발생하였고 고용노동부에서 320건이 수사되었다. 재판 현황을 살펴보면 1심 12건, 2심에 1건이다.

표 1.2 수사현황 (단위: 건)

구분	발생 건수	수사기관 (고용부, 경찰)	검찰		재 판
			수사	처분	
중대산업재해	456	320	86	기소 29 불기소 3	1심 12 2심 1
중대시민재해	2	2	1	-	-

표 1.3 의무사항 위반현황

사건 \ 중처법 의무	1호	2호	3호	4호	5호	6호	7호	8호	9호
1호(○○파트너스)			○		○			○	
2호(○○제강)					○				○
3호(○○○건설)	○		○	○	○		○	○	
4호(○○건설)	○			○	○			○	
5호(○○건설)			○		○				○
6호(○○○○산업)	○		○		○		○	○	
7호(○○○○건설)	○		○		○		○	○	
8호(○○산업)	○		○	○					
9호(○○철강)			○		○				
10호(○○건설)		○	○						○
11호(○○)			○	○	○				
12호(○○건설)			○		○		○		

7 | 중대재해처벌법 판결 현황과 의미[1)]

중대재해처벌법은 기업의 조직문화와 안전관리 시스템의 미비로 인해 발생하는 중대산업재해를 사전에 방지하기 위한 목적으로 2021년 1월 26일 제정되어 2022년 1월 27일 부터 시행되었다. 2023년 9월 기준으로 검찰은 24건을 기소하였다. 이에 대하여 법원은 4건에 대한 판결을 선고하였고 모두 유죄로 판단하였다.

2022년부터 2023년 상반기까지 재해조사 대상 사고 사망자는 933명(895건)이었다. 이 중 중대재해처벌법이 적용되는 50인(50억 원) 이상 사업장의 사고 사망자가 366명(339건)이었던 점에 비추어 보면 고용노동부나 검찰에서 다수 사건들을 아직 수사하는 중이기는 하지만, 법 시행 전 단계에서 우려했던 것과 같이 무분별하게 중대재해처벌법 위반으로 입건하여 기소하기보다는 나름의 기준을 가지고 합리적으로 판단하기 위해 노력하였다고 판단된다. 사례가 많지는 않지만 2023년 9월 현재 고용노동부가 기소의견으로 송치한 건에 대하여 검찰이 불기소 처분을 한 사례도 4건이 확인된다.

그렇지만 법원이 유죄를 인정한 4건의 중대재해처벌법 위반 사건 중 1건의 경우 경영책임자인 대표이사에게 징역 1년의 실형이 선고되었다[창원지방법원 마산지원 2023. 4. 26. 선고 2022고합95 판결, 부산고등법원 2023. 8. 23. 선고 2023노167 판결, 대법원 2023도12316(검찰 상고)].

또한 중대재해처벌법 시행 전 발생한 사고와 관련하여 ○○공사 사장이 1심에서 실형이 선고되어 법정구속 되었다가 항소심에서 무죄가 선고되기도 하였다.[인천지방법원 2023. 6. 7. 선고 2022고단1878 판결, 인천지방법원 2023. 9. 22. 선고 2023노2261 판결, 검찰 상고]

이외에도 대표이사와 안전보건담당 임원(CSO)이 별도로 선임되어 있음에도 그룹 회장이 경영책임자로 특정되어 중대재해처벌법 위반으로 기소되는 등 중대재해처벌법은 여전히 기업의 경영 리스크로 작용하고 있다.

더욱이 전체 사망자의 60% 이상이 50인 미만의 사업장에서 발생하고 있는 현실에서 2024년 1월 27일 부터 50인 미만의 사업장과 건설업의 경우 공사금액 50억 원 미만의 공사현장에

---

1) 정유철·조희태·이동현·김현근, 2024 메가트렌드, 대한경제-소규모 건설현장에 대한 중대재해처벌법 적용과 대응 방향, 2023.

도 중대재해처벌법이 적용됨에 따라 기업들에 미치는 파급력은 더욱 커질 것으로 예상된다.

(1) 수사와 재판 과정에서 문제되는 주요 안전보건확보 의무의 내용

중대재해처벌법 및 시행령은 중대산업재해 예방을 위한 안전보건확보 의무를 열거하여 경영책임자로 하여금 이행토록 하고 있다(법 제4조 제1항 제1~4호, 시행령 제4조 제1~9호).

이에 관해서는 법 시행 초기에 기업의 안전 담당자들 사이에서 상반되는 입장이 상존해 있었다. 즉 열거된 안전보건확보 의무만 이행하면 중대산업재해가 발생하더라도 경영책임자가 중대재해처벌법 위반으로 처벌되지 않을 것이라는 낙관적인 입장이 있었는가 하면, 한편으로는 안전보건확보 의무의 내용이 포괄적이고 추상적이어서 사고가 나면 고용노동부가 어떤 방식으로든 안전보건확보 의무 위반으로 구성할 것이고 새로이 제정된 중대재해처벌법의 취지를 고려하여 결국 경영책임자가 처벌될 것이라는 비관적인 입장이 있었다.

지금까지 진행된 수사와 재판 과정을 살펴보면 현 상황은 위 두 입장의 중간에서 다소 비관적인 쪽에 치우쳐 있는 듯하다. 이러한 상황에서 최선 방법은 ① 각 안전보건확보 의무를 빠짐없이 점검하여 체계 구축을 위해 노력하되 ② 안전보건확보 의무들 중 수사와 재판 과정에서 주로 문제되는 항목들에 관해서는 그 내용을 한층 더 고도화하고 ③ 구축된 안전보건관리체계가 실질적으로 이행되고 있는지를 지속적으로 점검함으로써 중대산업재해 사고 발생을 미연에 방지하고 사고 발생 시 후속 대응에 대비하는 것뿐이다.

법 시행 초기에는 안전보건관리체계 구축에 관한 근거 서류들을 중심으로 안전보건확보 의무 이행 여부를 판단하려는 경향이 있었지만 고용노동부와 검찰의 수사가 점차 진화하면서 이제는 단순히 형식적으로 서류가 구비되었는지를 살피는 데 그치지 않고 구축된 안전보건관리체계가 고도화되었는지 그리고 그 체계가 실질적으로 작동하였는지를 살펴보려는 경향이 강해지고 있다.

요컨대 서류 등 체계 구축의 근거자료는 필요조건이지 결코 충분조건이 될 수 없으므로 서류를 갖춰 놓았다고 하여 안심은 금물이다.

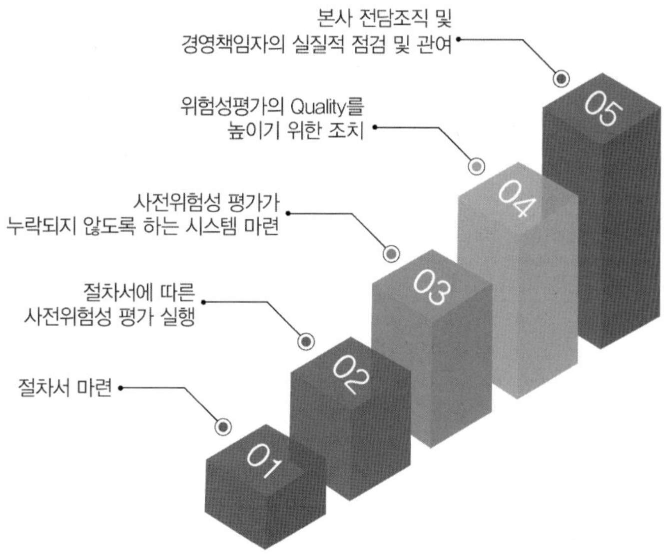

그림 1.5 안전보건확보의무의 수준

특히 고용노동부가 검찰에 사건을 송치할 때나 검찰이 기소할 때 주로 문제 삼는 안전보건확보의무 위반의 항목이 정형화되고 있으므로 이들 항목에 관해서는 누락되는 사항이 없도록 각별히 유의할 필요가 있다(시행령 제4조 제3, 5, 7, 8, 9호).

의무위반 유형	건수
안전보건경영방침 마련	4건
안전보건전담조직 설치	2건
유해위험요인 확인/개선 절차 마련	10건
안전보건관리책임자등의 업무수행 평가기준 마련	11건
법정 인원수 이상의 안전관리자 등 배치	1건
종사자 의견청취 개선방안 마련	2건
중대산업재해 대비 매뉴얼 마련	5건
하도급업체의 산업재해 예방~평가 기준 마련	2건

그림 1.6 검찰 기소 사례로 본 중대재해처벌법 의무위반 유형

수사와 재판 과정에서 문제되는 주요 안전보건확보 의무의 내용은 다음과 같다.

첫째, 유해 · 위험요인 확인 개선 절차 마련, 점검 및 필요한 조치(시행령 제4조 제3호) 항목과 관련하여 아래의 사항들이 반영되어야 한다.

1) 고위험작업에 대해서는 구체적인 안전작업 대책(작업허가서, 조립도, 상세도 등)을 수립하여 정기적으로 점검할 필요가 있음
2) 사업장(현장)에서 위험성평가 활동에 활용이 용이한 위험성 평가기준, 방법 등 지침을 제정하고 이를 주기적으로 검토할 필요가 있음
3) 사업장(현장)의 시설, 장비, 공정 등의 위험성이 변경되면 그에 대한 안전보건 확보절차를 수립할 필요가 있음
4) 2023. 5. 22. 개정·시행된 사업장 위험성평가에 관한 지침에 부합하게 ▲ 아차사고 발생 시 위험성평가 항목에 반영 ▲ 위험성평가의 사전준비 단계 등 모든 단계에서 근로자 참여 ▲ 순회점검에 의한 방법으로 유해·위험요인 파악 ▲ 위험성평가 결과를 토대로 교육을 진행하고, TBM회의에서 전파하도록 함

둘째, 안전보건관리책임자 등의 충실한 업무수행 지원(권한과 예산 부여, 평가기준 마련 및 평가 · 관리) 항목과 관련하여(시행령 제4조 제5호) 아래의 사항이 반영되어야 한다.

1) 안전보건관리책임자 등에게 안전보건관리체계 구축이행 조치에 필요한 권한과 예산을 부여하고 부여된 권한 및 예산의 적정성을 정기적으로 평가하는 기준을 마련할 필요가 있음
2) 안전보건관리책임자 등이 담당 업무를 충실하게 수행하는지 평가하는 기준을 마련하고 반기 1회 이상 안전보건관리책임자 등의 업무수행을 평가 및 관리할 필요가 있음
3) 안전보건관리책임자 등에 대한 평가 기준은 형식적 측면에 그치지 않고 사업장(현장)의 각 안전보건 업무별 구체적인 평가 기준 및 절차를 마련하고 평가 결과에 상응되는 실질적인 조치를 취할 필요가 있음

셋째, 종사자 의견 청취 절차 마련 청취 및 개선방안 마련 이행 여부 점검(시행령 제4조 제7호) 항목과 관련하여 아래의 사항이 포함되어야 한다.

1) 사업장 종사자(근로자, 협력업체 등)들의 안전보건 관련 의견청취 절차를 마련할 필요가 있음
2) 취합된 근로자의 의견 중 적정 개선 의견 여부를 판단하는 기준 및 절차를 마련하고 사업

장(현장)별로 적정 개선 의견이 취합되는 경우 이에 대한 현황 및 개선 사항을 본사에 보고할 필요가 있음

3) 적정 개선 의견에 대한 개선 방안 수립 및 개선 방안의 이행 현황을 점검하고 근로자의 의견을 반려하는 경우에는 그 근거를 남겨놓을 필요가 있음
4) 종사자 의견 개진에 대한 인센티브 제도를 마련하는 등 실질적인 의견청취 제도를 운영할 필요가 있음

넷째, 중대산업재해 발생 급박 위험 또는 발생에 대비하여 매뉴얼 마련 및 반기 1회 이상 조치 여부 점검(시행령 제4조 제8호) 항목과 관련하여 아래 항목이 반영되어야 한다.

1) 작업중지권에 관한 내부 규정을 정립하고 작업중지권 행사 여부에 관한 관리 및 작업중지 현황을 검토하고 기록화할 필요가 있음
2) 종사자가 작업중지권에 관하여 충분히 인지하고 실제 행사할 수 있도록 교육·전파할 필요가 있음
3) 사업장(현장) 내에서 발생할 수 있는 재해 시나리오 및 이에 대한 1개 이상의 대응방안을 작성해 종사자에게 주기적으로 전파·훈련시키고 이때 전파·훈련 대상자에 협력업체 근로자 등 종사자를 모두 포함할 필요가 있음

다섯째, 도급, 용역, 위탁 시 안전보건 확보를 위한 기준과 절차 마련 및 반기 1회 이상 이행 점검(시행령 제4조 제9호) 항목과 관련하여 아래 사항들이 반영되어야 한다.

1) 협력업체의 안전보건 역량에 대한 평가비중은 협력업체 선정에 영향을 미칠 정도로 유의미한 비중을 차지하도록 하여 실질적인 협력업체 선정 평가가 이루어질 필요가 있음
2) 협력업체가 도급, 용역, 위탁을 수행함에 있어서 안전 및 보건에 관한 의무를 이행하고 있는지 점검할 필요가 있음
3) 협력업체에게 적정한 안전보건관리 비용과 수행 기간을 부여하고 협력업체의 산업안전보건관리비를 계상·보전할 필요가 있음
4) 협력업체의 안전 관련 추가비용 요구, 공기연장 요구에 대한 적정성을 평가할 수 있는 절차 및 기준을 마련할 필요가 있음
5) 도급계약을 체결할 때 수급인에게 안전보건과 관련된 정보를 제공하고 계약서에 협력업체의 안전 관련 의무 위반에 대한 제재 방안을 포함시킬 필요가 있음

(2) 중대재해처벌법 1호부터 11호까지 판결현황

중대재해처벌법 1호부터 11호까지 판결현황은 다음 표와 같다.

표 1.4 중대재해처벌법 판결현황(1~11호)

순번	유형	사업장명	사고내용(사고일)	판결내용		
				판결일	위반내용 (12대 의무사항)	선고
1	추락	○○ 파트너스	고양 요양병원 증축공사 중 추락 (22.5.14)	(1심) 23.4.6	3, 5, 8	징역 1년 6개월 집행유예 3년
2	깔림	○○제강	마산 철강제조 공장 상주 협력업체 근로자 보수작업 중 떨어진 철판에 부딪혀 사망 (22.3.16)	(1심) 23.4.26	5, 9	징역 1년
3	비래	○○○ 건설	인천 근린시설 신축공사 현장 거푸집 설치 중 거푸집이 무너지면서 철제파이프에 머리를 부딪쳐 사망(22.3.16)	(1심) 23.6.26	1, 3, 4, 5, 7, 8	징역 1년 6개월 집행유예 3년
4	끼임	○○건설	함안 노후 가압장 개선 공사 중 하도급 근로자가 회전하는 굴착기 뒷면과 담장 사이에 끼여 사망 (22.5.19)	(1심) 23.8.25	1, 4, 5, 8	징역 1년 집행유예 2년
5	비래	○○건설	고양 상가 신축공사 하청업체 근로자가 크레인에서 떨어진 철근에 충격 (22.3.9)	(1심) 23.10.6	3, 5, 9	징역 1년 6개월 집행유예 3년
6	추락	○○○○ 산업	서울 아파트 보수 중 안전모 없이 작업을 하다가 사다리에서 떨어져 사망 (22.4.15)	(1심) 23.10.12	1, 3, 5, 7, 8	징역 8개월 집행유예 2년
7	깔림	○○○○ 건설	제주 기숙사에서 하도급 받은 굴착기 운전기사가 굴뚝 해체 작업 중 12m높이 굴뚝 윗부분이 붕괴돼 잔해에 깔려 사망 (22.2.23)	(1심) 23.10.18	1, 3, 5, 7, 8	징역 1년 2개월 집행유예 3년
8	중독	○○산업	근로자 16명 집단 독성간염 직업성 질병 (22.2.16)	(1심) 23.11.3	1, 3, 4	징역 1년 집행유예 3년
9	베임	○○철강	대구 철강공장에서 작업 중 철판	(1심)	3, 5	징역 1년

순번	유형	사업장명	사고내용(사고일)	판결내용		
				판결일	위반내용 (12대 의무사항)	선고
			에 허벅지를 베여 저혈량 쇼크로 사망 (22.9.15)	23.11.9		집행유예 2년
10	끼임	○○건설	성주 급수구역 확장 관로 매설 공사 중 운전자가 근로자를 인식하지 못하고 후진하여 바퀴에 끼여 사망 (22.6.8)	(1심) 23.11.17	2, 3	징역 1년 집행유예 2년
11	추락	㈜○효	서울 서초구 서초동 신축공사 현장에서 소속근로자가 추락해 사망 (22.3.25)	(1심) 23.11.21	3, 4, 5	징역 1년 집행유예 2년

- 1호 : 안전·보건에 관한 목표와 경영방침의 설정
- 2호 : 안전·보건에 관한 업무를 총괄·관리하는 전담 조직
- 3호 : 유해·위험요인의 확인·개선 등(위험성평가의 실시)
- 4호 : 필요한 예산의 편성 및 용도에 맞게 집행
- 5호 : 안전보건관리책임자 등에 대한 권한 예산 부여 및 평가기준 마련
- 6호 : 안전관리자 등의 배치 및 업무 수행시간 보장
- 7호 : 종사자 의견 청취 등(산업안전보건위원회 또는 협의체 운영)
- 8호 : 중대산업재해 발생 또는 발생 위험시 대응 매뉴얼 마련과 확인·점검
- 9호 : 제 3자에게 도급, 용역, 위탁 등의 경우 종사자의 안전·보건 확보 (산재예방능력 평가, 안전보건 비용 반영)

8 중대재해 발생 시 대응 프로세스

8.1 수사 대응의 중요성

형사절차를 통해 각종 책임관계가 규명될 가능성이 크다. 책임관계는 다음과 같다.

① 형사책임

- 중대재해처벌법 위반, 산업안전보건법 위반, 업무상 과실치사상죄, 기타 관련 법령 위반 등

② 민사책임

- 유족 등 피해자에 대한 손해배상, 작업 중지 등에 따른 계약상 책임 등

③ 행정제재

- 영업정지, 하도급 참여 제한 등

④ 기타 : 사실상의 불이익

- 기업 이미지 실추, 거래 제한 등

따라서 수사 초기부터 사실관계를 신속히 파악하고, 수사기관에 대하여 충실한 소명을 함으로써 책임을 최소화하고 신속히 사건 종결을 할 필요가 있다.

8.2 수사 대응 요령

(1) 초기 수사 단계 대응요령

1) 현장조사 단계 대응요령

① 기관별 사고경위 파악 및 증거확보와 사고 원인 조사를 위한 현장출입 시 대응 요령

- 현장을 출입하는 기관은 고용노동부 지방청(지방청 광역중대재해관리과, 지청 산재예방지도과 등), 안전보건공단, 경찰(지방청 강력범죄수사대·과학수사대, 경찰서 형사팀 등), 국과수, 지자체, 국토부 등 기타 유관기관 등이 있다.
- 이 단계에서는 현장 출입관리 담당자를 지정하고 사고현장에 출입하는 사람들의 소

속, 성명, 출입시간과 장소 등을 파악·기록하여 수사 진행상황에 대한 확인이 필요하다.

② 자료 임의제출 요구 단계 대응요령

- 수사기관 대응 담당자를 지정하고 수사기관 요청사항의 응대 창구는 일원화가 필요하다. 현장에서 자료 임의제출 요구를 받더라도 가급적 추후 사고 및 범죄혐의와의 연관성을 검토한 후 변호인을 통해 제출하는 것이 바람직하다. 불가피한 경우 객관적인 자료(조직도, 인원현황, 사내규정 등)을 중심으로 제출하되 제출하는 자료는 반드시 사본을 교부하거나 원본 제출시 사본을 보관해야 한다. 이때 자료는 사후 수정이나 가공은 절대로 금지해야 한다.
- 관계기관에서 각종 서류, 전자정보(결재문서, e메일 등), 소지품(핸드폰) 등 영장 없는 수색은 불법이다.

③ 현장 참고인 조사 또는 인터뷰 요구 단계 대응요령

- 수사기관에서는 사고 발생 직후 현장 목격자 및 관련 부서 책임자 등을 상대로 사고 경위와 책임소재 확인을 위해 현장 조사(진술조서 작성 등) 및 인터뷰, 진술서 작성 등을 요구하게 된다. 이때 수사기관 대응 담당자를 통해 수사기관 조사·인터뷰 요구 시 피조사자 지원과 상황을 파악할 필요가 있다.
- 사고 직후 피조사자는 정신적 충격 및 불안 상태에서 사실관계 등을 제대로 파악할 여유가 없어 사실과 다른 진술을 할 우려가 있으므로 조사를 미루거나 변호인 조력이 필요할 경우가 있다.
- 만약 수사기관이 회사 관계자를 대상으로 진술서 작성을 요구하는 경우 진술서 작성 의무가 없으므로 객관적 사실 외 의견·평가 기재 진술서 작성은 신중히 할 필요가 있다.

2) 압수수색 대응요령

① 압수수색 영장 교부 단계 대응요령

- 최근에는 압수수색을 실시하는 경우가 많지 않으나 사상자 수가 많거나 증거인멸 정황이 있는 경우, 사회적 이목 집중의 경우에는 압수수색이 활발하게 이루어질 가능성이 높다. 최근 형사소송법 개정으로 수사기관은 피의자에게 압수수색영장 사본 교부 의무가 있다. 압수수색영장을 교부받은 경우 피의자, 범죄사실, 압수 대상·장소의 범위, 압수방법 등의 확인 및 영장 내용에 따라 압수가 이루어지는지 확인할 필요가 있다.

- 압수수색 시 여러 장소에서 여러 명의 피압수자를 대상으로 동시에 진행되는 것이 일반적이기 때문에 피압수자 등 참여자들에게 압수 대상·범위 등 면밀히 확인하도록 조치해야 한다.

② 서류, 물건 등의 압수 단계 대응요령

- 압수물은 향후 유죄의 증거가 되고 참고인·피의자 조사 시 책임 추궁의 근거로 활용되므로 원칙적으로 사본을 제출하고 불가피하게 원본을 제출하더라도 사본을 보관할 필요가 있다. 책자, 수첩 등과 같이 사본이 용이하지 않고 분량이 많은 경우 수사기관이 원본제출을 요구할 수 있으나 범죄혐의와 관련 있는 부분만 사본을 압수토록 협의할 필요도 있다.
- 실무상 복사기를 충분히 구비하여 지원하는 것이 바람직하며 압수된 서류나 물건은 수사기관 대응 담당자를 통해 취합·관리할 필요가 있다.

③ 컴퓨터 등 전자정보 압수 단계 대응요령

- 전자정보 또한 혐의사실과 관련된 전자정보만을 문서로 출력하거나 수사기관이 휴대한 저장매체에 복제하는 방법으로 압수하는 것이 원칙이다. 다만, 현장에서 혐의사실과 관련된 자료의 선별이 불가능한 경우에는 전체 파일 또는 키워드 검색으로 추출된 파일을 이미징 하거나 저장매체 원본을 반출하도록 협의가 가능하다. 그러나 이 경우에도 반출한 전자정보는 수사기관에서 피압수자 등의 참여하에 협의사실과 관련된 전자정보를 선별하여 압수할 필요(최종 압수물은 선별된 전자정보)가 있다.

(2) 수사 진행 단계 대응요령

1) 참고인 및 피의자 소환 조사 단계 대응요령

① 조사 내용 및 답변 방법

- 참고인 조사의 경우 변호인 조력이 가능하며 사고 경위 및 원인, 관련자들 임무와 역할, 관여 정도, 각종 의무위반 여부 확인, 관련자의 진술이 엇갈리는 경우 사실 확인 등을 질문하게 된다. 이에 대해 객관적으로 확인된 사실을 중심으로 진술하도록 하고, 개인적인 생각이나 추측을 기반으로 하는 답변은 지양(사실관계나 책임 소재가 왜곡될 가능성 우려)해야 한다. 피의자 조사의 경우 범죄혐의 입증을 위하여 임의제출 또는 압수된 자료를 바탕으로 추궁하는 경우가 많으므로 해당 자료 관련 사실관계를 미리 확인할 필요가 있다.

② 조사 이후 조치 단계 대응요령

• 조사가 종료된 이후 조서 열람 시 본래 진술 취지와 다르게 기재되어 있거나 잘못 진술한 부분은 없는지 면밀히 확인하여 필요시에는 수정해야 한다. 참고인 진술조서 또는 피의자 신문조서는 정보공개청구 가능(경찰은 대부분 공개, 그러나 고용노동부 및 검찰의 경우 비공개 결정을 하는 경우가 많음)하다. 수사기관 조사 시 쟁점이 된 사항에 대하여 필요시 반박자료 또는 의견서를 반드시 제출할 필요가 있다.

2) 사고 원인 분석

통상 국과수 및 안전보건공단 사고 원인조사 결과(부검 결과 등 포함)는 사고 발생 이후 1~2개월 이후 수사기관에 통보된다. 사고발생 원인에 따라 혐의인정 여부, 책임의 범위 및 대상 등에 큰 영향을 미칠 수 있으므로 회사 자체적으로 사고 원인 분석과 대응 방안을 마련할 필요가 있다.

(3) 수사 종결 단계 대응요령

1) 구속영장 청구 단계 대응요령

① 구속영장의 신청 및 청구

• 고용노동부 지방청과 경찰은 각자 수사를 담당한 범죄혐의에 대해 검사에게 구속영장을 신청하고, 검사는 법원에 구속영장을 청구하게 된다. 검사의 지휘를 받는 고용노동부 지방청 근로감독관과는 달리 경찰은 수사권 조정으로 검사지휘를 받지는 않으나 중대재해사건의 경우 통상 검사, 고용노동부 지방청, 경찰이 사전 협의하에 진행하게 된다. 검사는 구속영장 청구 전 피의자 면담을 실시하는 경우도 있다.

② 구속 전 피의자 심문 단계 대응요령

• 검사가 구속영장을 청구하면 이를 청구받는 판사(주로 영장전담판사)는 즉시 검사, 피의자 및 변호인에게 심문기일과 장소를 통지하는데 이 경우 피의자는 법원 영장계에서 영장청구서 사본을 등사할 필요가 있다. 구속영장을 청구 받은 판사는 구인영장을 발부하며 이에 따라 피의자는 통상 심문 시작 30분~1시간 전에 영장청구 검사실 등으로 출석하게 된다.

• 심문 절차가 종료되면 구속영장 발부 여부가 결정될 때까지(최대 24시간 이내) 교도소·구치소·경찰서 유치장 등에 유치된다(기각 시 석방).

2) 송치 및 검찰 처분

- 구속영장을 청구하지 않거나 구속영장이 기각된 경우 수사기관은 사건 수사를 마무리 한다. 고용노동부 지방청은 사건을 검사에게 송치, 경찰은 송치(혐의 인정) 또는 불송치(혐의 불인정)하게 된다. 사건을 송치받은 검사는 직접 보완수사를 하거나 고용노동부 또는 경찰에게 보완수사를 하도록 한 후 공소제기 여부를 결정하게 된다. 구속영장이 발부된 경우에는 10일 이내에 사건을 검사에게 송치하고 검사는 20일 이내 공소제기를 하게 된다.

8.3 중대재해 발생 시 준비해야 할 서류

중대산업재해가 발생하게 되면 사고 당일 고용노동부 근로감독관과 한국산업안전보건공단 직원이 현장에 나와서 현장조사를 하게 된다. 고용노동부는 현장조사 단계에서 사고발생 원인 조사에 중점을 두게 된다. 사고 당일 사고발생 경위, 작업지시 관계, 목격자 진술 내용과 현장소장의 진술 등을 종합하여 사고 원인에 따른 산업안전보건법과 중대재해처벌법 위반사항을 조사하게 된다.

이때 고용노동부의 현장조사를 마칠 때까지는 현장을 보존하여야 한다. 현장조사가 끝나면 통상적으로 작업 중지 명령이 내려지게 된다. 작업 중지 명령에 따라 이행조치 하여야 할 부분은 조속히 이행조치를 하여야 한다. 또한 이행조치 결과를 사진 등의 입증서류를 첨부하여 고용노동부에 작업 중지 명령 해지요청을 공문으로 요청하면 고용노동부는 서면을 검토하여 작업 중지 명령을 해제하게 된다. 중대재해가 발생하게 되면 준비해야 할 서류는 다음과 같다.

① 도급계약서, 하도급계약서
② 원, 하도급 법인 등기부등본 및 사업자등록증
③ 안전보건총괄책임자 및 안전보건관리책임자, 안전관리자 선임계
④ 협력업체 회의록 사본
⑤ 안전보건교육일지(채용 시, 정기, 특별, 작업내용 변경 시)
⑥ 보호구 지급대장
⑦ 작업일지
⑧ 출역일보
⑨ 안전점검일지(추락의 경우 : 추락위험장소 투입 전 사전 안전점검일지 등)

⑩ 사고사진 및 사고 상황도
⑪ 안전조치사항 입증 사진(추락의 경우 : 안전난간대, 추락방망, 안전대걸이시설, 승강로, 발판 등)
⑫ 작업계획서
⑬ 현장안전관리 조직도
⑭ 사망진단서(또는 사체검안서)

8.4 목격자 진술서 받는 방법

① 목격자 인적사항 : 주민등록번호, 소속, 주소, 현장에 최초 출역일자
② 사고 경위
③ 작업은 누가 어떤 방법으로 지시하였는지
④ 피재자의 보호구 착용현황 및 사고 당시 보호구 착용상태
⑤ 채용 시 안전교육 및 작업내용 변경 시 안전교육, 정기 안전교육을 받았는지 여부
⑥ 사고 당일 작업지시사항 및 안전에 관한 특별지시사항이 있었는지
⑦ 사고 원인이 무엇이라고 생각하는지
⑧ 사고자와 작업하면서 나눈 대화 내용
⑨ 사고 전날 음주 사실이 있는지 여부
⑩ 사고자의 가족관계를 알고 있는지 여부
⑪ 사고자의 일당 등을 문답 형식으로 상세히 조사

8.5 합의와 산재보험급여 청구

사고가 발생되지 않는 것이 가장 좋지만 사고 발생 시에는 불가피하게 유가족과 원만한 합의를 하여야 한다. 건설업의 경우 사고 발생 시 원도급 건설사가 당연히 산재처리를 하여야 한다.

그러나 일반적으로 합의당사자는 단계별로 정하되 1차 합의당사자는 하도급업체 대표가 되어야 유가족과의 대화 및 접근이 용이한 측면이 있다. 이때 원도급사에서는 합의 적정금액 산정 등 합의요령 측면에서 계속 지원하여야 한다.

합의 시작 전에 하도급 업체와 ① 산재보상, ② 사용자 배상책임보험 수령액, ③ 나머지 합

의금, ④ 형사조사에 대한 비용 등 부대비용에 대한 부담방안을 명확하게 하여 하도급업체가 합의에 적극적인 자세로 임할 수 있도록 지원하여야 한다. 만약, 하도급업체가 적극적으로 합의에 참여하지 않는다면 원도급에서 일단 합의하고 부진정연대 채무 원리와 하도급 계약조건에 의거 하도급사의 과실비율만큼 구상권을 행사하면 된다.

합의 첫째 날은 먼저 유가족 측에게 합의 대표자를 선정토록 요구할 필요가 있다. 유가족 대표로 하여금 합의안을 제시토록 하고 이를 들어볼 필요가 있다.

합의 둘째 날은 법적으로 산정된 합의금 산정 내역을 설명할 필요가 있다. 법적 근거를 토대로 합의금이 결정됨을 충분하게 설명해야 한다. 이때 가능하면 유가족들이 변호인이나 노무사가 산출한 근거를 제시하면 회사내부 결재과정에 좀 더 수월해질 수 있음을 알려주는 것이 좋다고 설득하는 것이 바람직하다. 회사에서 선임한 변호인 및 노무사의 의견서에 의하면 민사배상금 및 위자료 금액이 합리적임을 설명한다. 또한 소송 시에 이 금액이 최대금액이라는 점을 합리적이고 논리적으로 설득시킬 필요가 있다.

가합의 단계에서 합의금액과 합의금액 지급 시기 및 합의 시에 필요한 서류를 준비하여 정식 합의할 수 있는 시점을 기재하여 수급권자의 서명날인(무인지장)을 받아두면 좋다. 이때 수급권자임을 확인할 수 있는 간단한 서류(의료보험증 사본, 주민등록증 사본 등)를 첨부해 두어야 한다. 정식합의 필요서류는 다음과 같다.

① 유족 : 인감도장, 인감증명서, 주민등록등본(사망 전, 후), 제적등본, 사망진단서
② 회사 : 유족급여 일시금 및 장의비 청구서, 산재보험급여 대체지급청구서, 대체지급증명원, 장제실행확인서, 원·하도급 각각 법인등기부등본, 법인인감증명서, 그 외 인감날인이 필요한 서류
③ 공증 시 지참서류 : 합의당사자가 공증에 참석할 때는 본인의 주민등록증, 도장, 대리인이 참석 시에는 본인의 인감증명서와 대리인의 주민등록증, 도장 지참

합의는 최대한 예의를 갖추어 협상에 임하되 장기간 설득해도 합의에 응하지 않을 경우는 2~3차례 내용증명으로 합의 의사를 송부하여야 한다. 재해자 인적사항, 합의금액 산정내역, 합의진행 과정을 간략하게 기재한 손해배상 산정 내역서를 첨부하여 공탁할 필요가 있다.

불법체류자의 경우 유가족이 국내에 체류하지 않는 경우는 합의당사자가 없기 때문에 공탁조차도 시행하지 못하는데, 이럴 때도 유가족에게 사고에 대한 합의통보서를 1~2차례 문서(번역)로 보내고 유가족이 국내 도착이 늦어질 때는 위 문서를 첨부한 민사합의 지연사유서를

고용노동부와 경찰서에 제출하면 된다.

사망재해의 경우에는 빠른 시일 내에 선(先) 합의하여 합의금을 모두 지급한 후에 위 합의금에 포함된 산재유족급여 일시금 및 장의비는 회사에서 위임 수령하게 된다.

따라서 회사에서는 산재보험급여 대체지급청구서, 산재보험급여 대체지급증명원, 산재유족급여 및 장의비 청구서, 장제실행확인서에 합의서, 수급권자의 인감증명서, 호적등본(제적 후), 주민등록등본(제적 전, 후), 회사통장계좌번호 사본 및 그 외 사고 관련 서류(고용노동부에 제출한 서류 일체 1부)를 준비하여 현장 관할 근로복지공단지사 보상부에 제출하면, 평균임금에 관한 확인을 위하여 회사 측과 유가족의 문답 진술이 있은 후에 유족급여 및 장의비를 회사가 수령하면 된다.

9 중대재해처벌법에 필요한 최소한의 업무 기준, 절차, 매뉴얼

중대재해처벌법에 필요한 최소한의 업무 기준, 절차, 매뉴얼 등은 다음과 같다.

- 안전보건에 관한 목표와 경영방침 설정(시행령 제4조 제1호)
- 유해·위험요인을 확인하여 개선하는 업무절차(시행령 제4조 제3호)
- 안전보건관계자 등의 업무 수행 평가 기준(시행령 제4조 제5호)
- 종사자 의견 수렴 절차(시행령 제4조 제7호)
- 중대산업재해가 발생하거나 발생할 급박한 위험이 있을 경우를 대비한 매뉴얼(시행령 제4조 제8호)
- 도급·용역·위탁 시 수급인의 산업재해예방 조치 능력에 관한 평가기준, 안전보건을 위한 적정 관리비용 기준, 적정 기간 기준(시행령 제4조 제9호)

일반적으로 공사금액 50억 원 미만 건설공사 현장의 경우에는 중소규모 건설회사가 대부분이다. 따라서 중소규모 기업 특성에 맞는 운영체계를 구축하여 운영할 필요가 있다. 이를 위해서는 사업주 중심 운영체계, 본사 안전·보건 담당자 운영체계, 문서관리 체계 마련이 필요하다.

(1) 사업주 중심 운영체계

중대재해처벌법에서 요구하는 안전보건관리체계를 구축하기 위해서는 현장관리자 중심 운영체계에서 사업주 중심 운영체계로 변경이 필요하다. 중소규모 건설현장의 경우 사업주가 중심이 되어 현장을 관리할 수 있는 운영체계가 이루어져야 한다. 사업주의 지시가 현장 근로자까지 영향을 미칠 수 있도록 하는 것이 가장 기본적인 운영 방법이다.

이를 위해서는 각 현장의 이행사항을 취합·총괄할 수 있는 본사 안전·보건 담당자(또는 안전전담 조직)지정이 필요하다. 또한 사업주의 지시사항 등을 기록할 수 있는 문서관리체계 구축도 필요하다.

그림 1.7 사업주 중심 운영체계 절차

표 1.5 사업주 중심 운영체계 세부내용

구분	세부 내용
① 지시	본사(사업주)는 안전관리를 위하여 필요한 대책을 마련하여 전체 현장에 문서, 업무연락 등을 통하여 지시
② 전파·이행	현장소장은 본사로부터 전달받은 지시사항을 TBM 교육 등을 통해 모든 근로자에게 전파하고 세부 이행계획을 수립하여 현장에 적용
③ 결과 파악	현장에 적용한 실적을 파악하여 효과를 분석하고, 애로사항 및 문제점 등을 근로자로부터 수렴
④ 보고 및 조치	현장소장은 현장 실적 및 애로사항을 본사에 보고하고, 본사는 문제점을 검토한 후 대안을 마련하여 재지시

(2) 본사 안전·보건 담당자 운영체계

중소규모 건설업체의 경우 인력 대부분이 건설현장에 파견되어 있다. 따라서 본사 내 조직이 협소하며 있더라도 대부분 회계, 사무 등 관리업무 위주로 수행되고 있다. 각 건설현장의 안전점검, 안전교육 등 업무를 수행하기 위해서는 본사에서 안전·보건 업무를 총괄하여 컨트롤 타워 역할을 할 수 있는 사람이 필요하다. 안전전담 조직 구성이 어려울 경우에는 누군가는 이와 같은 업무를 수행해야 한다. 본사 안전보건 담당자는 산업안전보건법 제17조, 제18조에 따른 안전관리자, 보건관리자와는 상이하다. 본사 안전·보건 담당자는 안전·보건 관련 기준(매뉴얼·지침·규정 등) 수립 및 관리, 건설현장 대상 안전점검, 안전교육실시 등 현장 안전관리 총괄, 산업재해예방 및 대응 방안 운영 등의 업무를 수행하게 된다.

(3) 문서관리 체계

기업 내에서 발생하는 중요한 정보와 결정 사항을 기록하기 위해서는 문서화가 필요하다. 문서관리는 필요한 정보를 빠르게 확인할 수 있도록 문서화된 자료를 분류하고 문서업무 프로세스를 표준화하여 업무 생산성을 높이는 활동이다.

이를 위해서는 표준 양식, 문서작성방법, 결재방법, 대장관리 등 문서관리에 대한 전반적인 절차 및 기준을 수립하여야 한다. 또한 모든 문서는 문서관리규정에 따라 작성하고 분류하여 편철 보관하여야 한다.

수기 문서관리가 곤란한 경우 업무 효율성을 위해 전자메일, 전자결재, 일정관리, 파일 공유 등 다양한 업무처리를 위한 기업용 소프트웨어를 활용하는 방법도 고려할 수 있다.

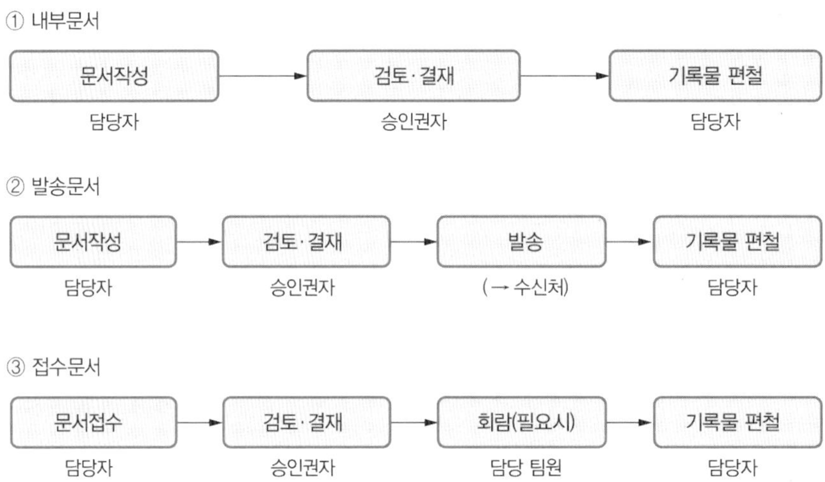

그림 1.8 문서화 및 문서관리 체계

10 서면 보관 의무

조치 등에 관한 서면은 필수적으로 보관 의무를 부여하고 있다. 적용대상은 전체 사업장이다. 조치해야 할 사항은 각종 안전 및 보건 확보의무에 관한 조치 등 이행에 관한 사항을 서면(전자문서 포함)으로 작성해야 한다. 모든 문서는 조치를 이행한 날로부터 5년간 보관해야 하고 필요시 반기별로 이행·조치사항 관련 서류 관리대장을 작성할 필요가 있다.

표 1.6 이행·조치사항 관련 서류 관리대장 (5년 보관)

이행·조치사항 관련 서류 관리대장 (5년 보관) 사업장명 :	
서류 항목	보존기간
안전·보건에 관한 목표와 경영방침 설정 (시행령 제4조 제1호)	
안전·보건 업무 총괄·관리하는 전담 조직 구성 관련 (시행령 제4조 제2호)	
유해·위험요인 파악을 위한 점검 내용 (시행령 제4조 제3호)	
유해·위험요인 제거·대체·통제를 위한 점검 내용 (시행령 제4조 제3호)	
예산 편성 및 집행 관련 (시행령 제4조 제4호)	
안전보건관리책임자의 업무 수행 충실성 점검 내용 (시행령 제4조 제5호)	
관리감독자의 업무 수행 충실성 점검 내용 (시행령 제4조 제5호)	
안전보건총괄책임자의 업무 수행 충실성 점검 내용 (시행령 제4조 제5호)	
안전관리자, 보건관리자, 안전보건관리담당자 및 산업보건의 배치 관련(시행령 제4조 제6호)	
종사자 의견 청취 관련 평가 내용 (시행령 제4조 제7호)	
비상조치계획 수립 점검 내용 (시행령 제4조 제8호)	
도급, 용역, 위탁 시 안전보건 확보 점검 내용 (시행령 제4조 제9호)	
안전·보건 관계법령에 따른 의무 이행 점검 내용 (시행령 제5조 제2항 제1호)	
안전·보건 관계법령에 따른 의무 미 이행 시 조치 내용 (시행령 제5조 제2항 제2호)	
안전·보건 교육실시 점검 내용 (시행령 제5조 제2항 제3호)	
안전·보건 교육 미 이행 시 조치 내용 (시행령 제5조 제2항 제4호)	

11 50억 원 미만 공사 현장의 중대재해처벌법 적용 시 고려할 사항[2)]

50억 원 미만 건설공사 현장에 대한 중대재해처벌법은 2022년 1월 27일부터 시행되었지만 ① 개인사업주 ② 상시 근로자가 50명 미만인 사업 또는 사업장과 ③ 건설업의 경우 공사금액 50억 원 미만의 공사에 관해서는 2024년 1월 27일 부터 적용되었다(부칙 제1조 제1항).

건설업의 경우 기존에는 공사금액 50억 원이 중대재해처벌법 적용의 기준이 되었으므로 공동도급관계에서 공동수급체 간 지분비율에 따른 공사금액 분할 여부, 분리계약 시 공사금액 합산 여부, 재료비·부가세 등 비용 합산 여부가 문제되었지만 위와 같이 적용대상이 확대되면 상시근로자가 5명 이상인 경우 공사금액을 따지지 않고 중대재해처벌법의 적용 대상이 된다.

즉 현재까지는 중대재해처벌법의 주요 수사 대상이 중견기업 및 대기업에 집중되고 있지만 이제부터는 중소기업에 집중될 가능성이 높다. 문제는 중소기업의 경우 대기업에 비하여 안전보건관리체계를 구축할 여력이 매우 부족하다는 점이다. 중소기업중앙회가 2023년 8월 29일에 발표한 설문자료에 따르면 50인 미만 사업장의 경우 80% 가량이 중대재해처벌법 시행에 대비한 준비를 하지 못했다고 한다. 이 때문에 적용 유예기간을 연장하여야 한다는 개정안도 국회에 계류 중이다[2023. 9. 7. 중대재해처벌법 일부개정법률안(임이자 의원 등 12인)].

재해자 유족과 합의를 전제로 경영책임자에 대하여 징역형의 집행유예가 선고되는 사례가 존재하는 상황에서 중소기업들로서는 안전보건관리체계 구축과 사고 예방을 위한 노력을 사실상 포기하려는 움직임이 생길 수 있다. 애써서 만든 법의 규범력이 상실되지 않도록 하기 위한 측면에서 위 개정안도 충분히 의미가 있을 것 같다.

다만, 위 개정안은 2024년에 치러질 국회의원 총선 등 정치적인 역학 구도 하에서 논의될 수밖에 없어 향방을 예단하는 것이 어려운 상황이므로 현재로서는 2024년 1월 27일 부터 50인(50억 원) 미만 사업장에 관해서도 중대재해처벌법이 적용된다는 점을 전제로 중소기업에 적용 시 고려사항을 고민해야 할 것으로 보인다.

그 단서는 중대재해처벌법 제4조 제1항이 '사업 또는 사업장의 특성 및 규모 등을 고려'하여 안전보건확보의무를 이행하도록 한 데에서 찾아볼 수 있다.

2) 정유철·조희태·이동현·김현근, 2024 메가트렌드, 대한경제-소규모 건설현장에 대한 중대재해처벌법 적용과 대응 방향, 2023.

대기업의 경우 포괄적 규정을 통해서도 관리가 가능할 수 있지만 중소기업의 경우 구체적인 규정이 없는 상태에서는 안전보건관리체계의 구축 및 관리 자체가 불가능한 측면이 있으므로 안전보건관리체계의 범위를 압축적으로 제시하고 내용도 더 명확히 할 필요가 있다.

이 점에서 50인(50억 원) 미만의 사업장에 대한 안전보건확보 의무의 내용을 ① 중대재해처벌법상 의무사항이 직접 적용되는 항목 ② 산업안전보건법상 의무사항으로 대체 가능한 항목 ③ 중대재해처벌법이 적용되지 않는 항목으로 구분하여 설명하려는 시도는 기업 입장에서는 고무적일 수 있다.[3)]

다만 이렇게 보더라도 형식적으로 서류만 갖춰 두는 데 그치지 않고 안전보건확보 의무의 실질적 이행을 담보하기 위해 반기 1회 이상 점검을 실시하고 이를 경영책임자에게 보고하도록 하여야 한다는 점은 50인(50억 원) 이상의 사업장의 경우와 동일하다. 이 점을 각별히 유의하여야 한다.

(1) 안전보건확보의무 중 50인(50억 원) 미만의 사업장에 직접 적용되는 항목

중대재해처벌법령상 안전보건확보의무 중 50인(50억 원) 미만의 사업장에 직접 적용되는 항목은 ① 안전보건경영방침 마련(시행령 제4조 제1호) ② 재해예방을 위해 필요한 예산 편성 및 집행(제4호) ③ 안전보건관리책임자 등의 업무수행 평가기준 마련(제5호) ④ 하도급업자에 대한 평가기준 마련(제9호) 항목이다.

① 안전보건경영방침 마련(시행령 제4조 제1호)

안전보건경영방침 마련(제1호) 항목의 경우 중대재해처벌법에서 특유하게 요구하는 사항이지만 다른 항목들에 비하여 비교적 그 내용이 명확하여 충족이 용이한 편이다. 다만, 법원은 업계에서 통용되는 표준적인 양식을 별다른 수정 없이 활용하는 데 그치거나 안전 및 보건을 확보하기 위한 실질적이고 구체적인 방안이 포함되지 않아 명목상의 것에 불과한 경우에는 중대재해처벌법이 요구하는 목표와 경영방침을 설정하였다고 볼 수 없다고 판단하였는바(창원지방법원 마산지원 2023. 8. 25. 선고 2023고합8 판결) 각별한 주의가 요구된다.

---

3) 서용윤, 중대재해처벌법 개선방향 토론회 발표자료, 「50인 미만 사업장 중대재해처벌법 적용 검토 및 안전정책 방향」, 2023. 9. 19.

② 재해예방을 위해 필요한 예산 편성 및 집행(제4호)

재해예방을 위해 필요한 예산 편성 및 집행(제4호) 항목 역시 중대재해처벌법에서 요구하는 사항인데 기준이 명확하지 않아 대비에 어려움이 있을 것으로 보인다. 고용노동부가 발간한 해설서에 따르더라도 이에 관한 구체적인 기준을 제시하지는 않고 "예산의 편성 시에는 예산 규모가 얼마인지가 중요한 것이 아니라 유해·위험요인을 어떻게 분석하고 평가했는지 여부가 중요하며 유해·위험요인 확인 절차 등에서 확인된 사항을 사업 또는 사업장의 재정 여건 등에 맞추어 제거·대체·통제 등 합리적으로 실행 가능한 수준만큼 개선하는 데 필요한 예산을 편성하여야 한다"고 설명하고 있을 뿐인 바 구체적으로 아래의 점들을 고려할 필요가 있다.

1) 필요 예산을 판단하기 위한 별도의 절차를 수립하고 금년도 예산은 전년도 예산의 적정성, 전년도 안전보건 사고, 위험요인 분석결과 등을 반영하여 편성할 필요가 있음
2) 안전보건에 필요한 조치 항목들에 대하여 누락 없이 예산이 책정되었는지 점검할 필요가 있음
3) 사업장(현장)에서 안전예산의 추가 편성을 요청할 경우 그 적정성을 심의하여 추가 편성을 하는 절차를 마련할 필요가 있음
4) 실제로 예산이 집행되었는지 점검하고 예산 집행 현황을 관리 감독할 수 있는 절차를 마련할 필요가 있음
5) 건설업의 경우 산업안전보건법 제72조, 건설업 산업안전보건관리비 계상 및 사용기준에 따른 '산업안전보건관리비 계상 및 사용기준'이 재해 예방을 위해 필요한 인력, 시설 및 장비의 구입에 필요한 예산의 기준이 될 수 있음
6) 산업안전보건법을 포함한 안전보건 관계 법령에 따른 의무로서 갖추어야 할 인력, 시설 및 장비의 구비, 유해·위험요인의 개선을 위한 비용이 모두 포함되어야 함
7) 사업 또는 사업장 특성에 따라 시행령 제4조 제3호에 따라 개선이 필요하다고 판단되면 그 유해·위험요인을 제거·대체·통제하는 데 필요한 예산을 포함되어야 함

③ 안전보건관리책임자 등의 업무수행 평가 기준 마련(제5호)

안전보건관리책임자 등의 업무수행 평가기준 마련(제5호) 항목의 경우 산업안전보건법이 부여한 안전보건관리책임자 등의 의무사항을 토대로 적절한 수행 여부를 평가하여 기록을 남겨 둘 필요가 있다.

④ 하도급업체에 대한 평가기준 마련(제9호) 항목

하도급업체 등에 대한 평가기준 마련(제9호) 항목의 경우 하도급업체 등이 안전보건확보의무를 이행하고 있는지를 평가하여 그 결과를 보관해 둘 필요가 있다. 물론 영세한 하도급업체를 평가하는 데에 어려움이 있는 것이 현실이고 하도급업체를 다른 업체로 대체하는 것이 곤란한 경우 평가결과를 토대로 추후 계약에 불이익을 주는 것이 현실적으로 어려운 측면도 분명히 있다.

그렇지만 평가 결과를 사후에 어떻게 활용할지는 별론으로 하더라도 일단 평가는 하도급업체의 자체 점검 등의 방식을 활용해서라도 반드시 이루어져야 하고 그 결과를 활용하여 하도급업체가 안전보건확보 의무를 이행할 수 있도록 비용지원 등의 방식을 통해 독려할 필요가 있다.

(2) 산업안전보건법상 의무사항 이행으로 일부 갈음하는 것이 가능할 수 있는 항목

중대재해처벌법상 안전보건확보 의무 사항 중 산업안전보건법상 의무사항 이행으로 일부 갈음하는 것이 가능할 수 있는 항목은 ① 유해·위험요인 확인 및 개선절차 마련(제3호) ② 종사자 의견청취 개선방안 마련(제7호) ③ 중대산업재해 대비 매뉴얼 마련(8호) 항목이다. 다만 이를 갈음할 수 있기 위해서는 산업안전보건법상의 의무사항을 충실히 실질적으로 이행하였음이 인정되어야 한다는 점을 각별히 유의해야 한다.

① 유해·위험요인 확인 및 개선절차 마련(제3호)

유해·위험요인 확인 및 개선절차 마련(제3호) 항목의 경우 산업안전보건법에 따른 위험성평가로 갈음할 수 있으므로 앞서 살핀 것처럼 개정된 '사업장 위험성평가에 관한 지침'을 충실히 따름으로써 이행할 수 있다.

② 종사자 의견청취 개선방안 마련(제7호)

종사자 의견청취 개선방안 마련(제7호) 항목의 경우 산업안전보건법에 따른 산업안전보건위원회, 노사협의체 운영으로 갈음할 수 있다. 건설업에서 공사금액이 120억 원 이상인 경우에 산업안전보건위원회, 노사협의체 운영이 의무사항이므로 50억 원 미만의 공사현장에 운영할 의무는 없다. 그렇지만 노사협의체는 공사금액이 20억 원 이상인 공사의 관계수급인의 근로자대표를 포함하여 건설공사도급인이 구성하여 운영하게 되므로 이 절차를 적극 활용함으로써 위 항목을 이행할 수 있다.

그 외에 위험성평가 과정에서의 근로자 참여, TBM, 소리함 등을 통해 종사자의견을 청취하고 이를 반영한 개선대책을 마련하여 실행한 근거자료를 마련해 둘 필요가 있다.

③ 중대산업재해 대비 매뉴얼 마련(8호) 항목

중대산업재해 대비 매뉴얼 항목(제8호)의 경우 작업중지권에 관한 규정을 정립하고 필요시 작업중지권이 실제 행사될 수 있도록 근로자들에게 전파하며 재해 시나리오에 따른 대응 매뉴얼을 마련하여 주기적으로 훈련을 수행한 후 근거자료를 마련해 둘 필요가 있다.

(3) 50인(50억 원) 미만의 사업장에 적용되지 않는 항목

중대재해처벌법령상 안전보건확보의무 사항 중 50인(50억 원) 미만의 사업장에 적용되지 않는 항목은 ① 안전보건 전담조직 설치(제2호) ② 법정 인원수 이상의 안전관리자 등 배치(제6호) 항목이다.

건설업을 기준으로 안전관리자는 공사금액 50억 원 이상(관계수급인은 100억 원 이상)인 경우에 1명 이상을 배치하여야 한다. 보건관리자는 공사금액 800억 원 이상인 경우에 1명 이상을 두도록 하고 있다. 공사금액 50억 원 미만의 사업장을 두고 있는 기업의 경우 안전보건 전담조직 설치(제2호)나 법정 인원수 이상의 안전관리자 등 배치(제6호)는 의무사항이 아니다.

위와 같이 50인(50억 원) 미만의 사업장의 특성을 고려하여 안전보건확보 의무의 내용을 최소화 · 구체화한다고 하더라도 여전히 준비하는 것이 녹록하지 않을 것으로 보인다. 한국산업안전보건공단이 위험성 평가 활성화를 위해 재정적 · 기술적 여력이 상대적으로 부족한 소규모 사업장을 중심으로 컨설팅을 지원하고 있지만 더 적극적인 지원이 필요한 상황이다.

12 안전보건 확보의무, 외부위탁 면책 가능성4)

중대재해처벌법이 2024년 1월 27일부터 공사금액 50인(50억 원) 미만인 건설현장과 중소기업들에 확대 적용됨에 따라 이제는 안전보건 확보의무를 이행하여야 한다. 그러나 안전보건과 관련한 업무 경험이 부족하고 내부적으로 안전보건 조직이 구성되어 있지 않는 회사들에 있어서 중대재해처벌법상 안전보건 확보의무를 자체적으로 이행한다는 것은 현실적으로 쉽지 않다. 이에 따라 안전보건 관련 의무를 외부 기관에 위탁하여 이행하는 방안을 고려하는 회사들이 점차 늘어가고 있다.

이와 관련하여 '중대재해처벌법상 안전보건 확보의무를 외부 기관에 위탁하는 것이 가능한지'가 문제된다. 현행 중대재해처벌법 및 동법 시행령에서는 안전보건 확보의무의 위탁 등의 이행방법과 관련하여 '안전·보건 관계 법령에 따른 의무를 이행했는지를 반기 1회 이상 점검'은 외부 기관에 위탁을 허용하고 있다.

문제는 중대재해처벌법에서 위 내용 외 안전보건 확보의무의 이행방법을 특별히 규정하거나 제한하고 있는 사항은 파악되지 않는 바 '그 외 사항에 대하여도 외부 위탁이 가능한지'라고 할 것이다.

그러나 중대재해처벌법에 의한 안전보건 확보의무는 법문상 경영책임자가 주체가 되어 부담하는 의무로서 안전보건 관계법령에서 정하고 있는 구체적인 안전·보건조치 의무 이행이 충실히 이루어질 수 있도록 사업 내 안전보건관리체계를 구축하고 그 이행에 대하여 점검하고 보고 받아야 한다는 일종의 '관리 의무'인 바 중대재해처벌법상 경영책임자의 안전보건 확보의무의 실행에 필요한 일부 기술적인 내용을 외부의 전문적인 안전보건 전문기관에 위탁하더라도 경영책임자가 주체가 되어 부담하는 '관리 의무' 그 자체를 위탁하는 것은 허용되지 않는다고 보아야 할 것이다.

따라서 외부기관에서 구체적인 안전보건 확보의무를 이행하고 경영책임자에게 보고하는 경우 등과 같이 경영책임자의 '관리 의무' 외의 안전보건 확보의무를 분리하여 이를 외부 안전보건 전문기관에 위탁하여 운영하는 방법을 취하더라도 중대재해처벌법상 안전보건 확보의무의

---

4) 정유철, 대한경제, 중대재해대응 핵심 이슈 72선-안전보건 확보의무, 외부위탁에 따른 면책 가능할까?, 2023.

성질상 외부 기관에서 안전보건 확보의무의 주된 내용을 수행하는 형태의 위탁은 허용되기 어렵다고 보인다.

그리고 설령 중대재해처벌법상 의무를 부담하는 주체가 중대재해처벌법상의 의무 사항을 안전보건 관련 권한을 포함하여 외부 전문업체에 위탁하더라도 그 결과 안전관리 의무의 법적 주체에 변동이 발생하는 것은 아니라고 할 것이다. 그러므로 외부 위탁에 따라 중대재해처벌법상 처벌 가능성이 단절되고 그 법적 책임이 위탁 받은 전문기관에 이전되어 중대재해처벌법에 따른 책임이 면제된다고 할 수도 없을 것이다.

결국 회사가 안전보건관련 조직을 갖추지 못하고 있고 업무 경험이 부족한 상황일지라도 중대재해처벌법상 안전보건 확보의무를 일체 위탁하는 것은 허용되기 어려우며 그러한 형태의 안전보건 확보의무의 이행을 중대재해처벌법상 의무를 충실히 이행하였다고 평가되기도 어렵다고 할 것이다.

13 원·하청의 산업안전 상생방향5)

하청업체 산업재해 사고는 주로 안전·보건관리 능력이 취약한 50인 미만 영세업체들에서 발생하고 있다. 보통 영세 하청업체들은 작업기간 단축 압력을 강하게 받고 실제로 이를 통해 수익을 남기는 상황에서 종사자들의 안전문제는 등한시 될 수밖에 없다.

그 결과 자체적으로 산업재해를 예방하기 위한 안전·보건활동을 하지 못하고 종사자들을 체계적으로 관리할 능력도 부족하다고 할 수 있다. 즉, 영세 하청업체들의 경우 안전·보건활동을 위한 자생적인 동기를 찾기 힘들기 때문에 원청에서 이에 대한 지원·관리가 절대적으로 필요한데 산업안전보건법 제5장 제2절에서 도급인의 안전조치 및 보건조치에 관한 사항을 규정한 것도 그 이유가 될 것이다.

특히, 2022년 1월27일 시행한 중대재해처벌법에서도 종사자의 범위를 도급 시 수급인의 근로자 및 노무를 제공하는 자를 포함하는 것과 도급, 용역, 위탁 등의 경우 종사자의 안전 및 보건 확보를 위한 조치를 규정한 것도 마찬가지라고 할 것이다.

따라서 원청 자신의 안전보건관리체계 구축 등 안전 및 보건 확보를 위한 노력도 중요하지만 영세 하청업체의 경우 위험 작업이 많고 안전 및 보건 조치에 자체의 능력이 부족하기에 원·하청 간 유기적인 재해예방 활동을 통해서 산업재해를 줄이는데 협조적인 관계를 구축해야 한다.

산업현장에서 산업재해를 예방하기 위한 안전·보건활동에 절대적으로 필요한 것은 바로 안전보건조직(인력)과 예산(돈) 확보가 관건이다. 산업재해 예방을 위해서는 안전·보건에 필요한 충분한 인력 충원 및 시설, 장비의 구비와 유해·위험요인의 개선 등에 필요한 예산이 필요하다.

특히 영세 하청업체의 경우 자체적으로 ① 안전보건조직을 구축하고 전문지식을 갖춘 인력을 선임하기 쉽지 않아 일상적인 작업장의 안전보건관리 활동에 어려움이 클 수밖에 없고 ② 하도급 단가 비용절감 등으로 종사자들의 근로조건 악화, 시설·장비 관리 미비, 교육비용에 대한 부담이 상당하다. 이에 원청은 하청업체의 규모를 포함하여 안전보건 인력을 배치하는 등 비용투자를 해야 할 것이다.

---

5) 정유철, 대한경제, 중대재해대응 핵심 이슈 72선-원·하청의 산업안전 상생방향, 2023.

한편 산업안전보건법 제72조에 따라 건설공사에 한하여 도급 시 산업재해예방을 위하여 도급인은 수급인에게 산업안전보건관리비를 계상하여야 한다. 그러나 중대재해처벌법(시행령 제4조 제9호 나목)에서는 건설공사뿐만 아니라 모든 도급·용역·위탁 등을 받는 자의 안전·보건을 위한 관리비용에 관한 기준을 마련하게 함으로써 도급 등을 준 작업의 수행과정에서 안전과 보건을 확보하는 데 충분한 비용을 책정하도록 하고 있다.

이는 원청이 영세 하청업체에게 안전보건관리비용을 지원할 수 있는 제도적 장치로서 영세 하청업체가 독자적으로 산재예방 활동을 하기 어려운 점을 감안하여 원청에게 산재예방을 위한 공동노력 의무를 부여하고 있는 것으로 해석된다.

특히 영세 하청업체의 경우 기업복지, 임금수준, 고용안정 측면에서 상대적으로 열악한데 이는 곧 종사자들의 작업조건 악화로 이어져 산업재해 위험을 높이게 되는 현상을 초래 할 수 있다. 잦은 이직에 따른 현장 적응 문제, 직무교육 및 안전보건교육 등을 통한 체계적인 관리가 부족하다는 점에서 산업재해 발생의 원인으로 작동하고 있음을 알 수 있다.

구체적으로 일용직 근로자들의 경우 짧게 일을 하고 가다 보니 정식으로 안전교육으로 받기 힘들고 원·하청 간의 종사자 사이에서 안전보건에 관한 의식, 교육, 능력 수준차이가 점점 크게 발생한다. 이러한 유동인력에 대하여 제대로 된 관리가 어려우므로 일용직 근로자들을 위한 원청의 비용 지원과 관리가 더욱 필요하다.

그리고 외국인 근로자들도 대부분 영세한 사업장에서 근무하게 되므로 제대로 된 교육을 받지 못하여 소통의 문제로 사고가 발생하는 비중이 매우 높다. 이에 외국인 근로자를 대상으로 안전표지 식별요령, 위험기계의 안전한 작업방법, 보호구의 올바른 착용방법, 화학물질의 안전한 취급방법, 재해사례 등 외국인 근로자가 기본적으로 숙지해야 할 안전교육에 대한 원청의 비용 지원과 투자가 필요하다.

안전보건교육의 경우에도 영세 하청업체가 자체적으로 사업장 내에서 교육장을 설치하고 양질의 안전보건교육을 하는 것은 현실적으로 쉽지 않다. 이에 원청에서 실시하는 교육에 의존할 수밖에 없으므로 원청에서 하청업체에게 지속적으로 안전보건교육을 제공하는 역할(교육장 제공, 교육자료 제공, 양질의 교육 콘텐츠 제공 등)을 이행할 필요가 있다.

고용노동부는 중대재해처벌법과 관련하여 '특히 위험 작업이 많은 수급인의 경우 안전 및 보건 조치 등에 관한 수급인 자체 능력과 노력 없이는 산업재해 예방은 쉽지 않다'라고 보고 있다. 즉, 원청이 영세 하청업체의 안전보건활동에 대한 적극적인 지원·관리를 함으로써 마중물 역할을 하여 영세 하청업체에게 산업안전에 대한 자생적 동기부여 및 능력과 노력을 키울 수 있도록 할 필요가 있다.

고용노동부의 중대재해처벌법 해설을 살펴보면 원청이 수급인을 선정할 때 '기술, 가격 등에 관한 사항뿐만 아니라 안전·보건에 관한 역량이 우수한 업체가 선정될 수 있도록 하고 그 적정 수준에 미달하는 경우 계약하지 않도록' 권고하고 있다.

이에 비추어 영세 하청업체도 안전·보건에 관한 역량이 향후 과업 계약 및 계약연장 등에 미치게 됨을 체감할 수 있도록 하여야 한다. 그리하여 비로소 영세 하청업체 스스로 능력 개발 노력을 기울이게 될 수 있고 산업재해를 줄이는 데 효과적일 수 있다고 보인다. 따라서 이와 같은 활동을 통해 원·하청 간의 협조적인 관계를 구축하는 방향으로 개선의 여지가 크다고 볼 수 있다.

14 중대재해처벌법에 대한 해석상 논란

중대재해처벌법의 해석상의 논란은 여전히 진행 중이다. 중대재해처벌법에 불명확하고 모호한 부분이 많아 해석 및 적용에 혼란이 야기되고 수사기관의 확장 해석에 죄형법정주의 위반 소지가 있다는 비판이 있었으며 위헌법률심판제청 신청을 통해 위헌성도 논의되었다. 법 시행 이후 현재까지 내사종결 사례, 불기소 사례, 기소 사례, 판결 사례들이 축적되는 중이지만 아직은 선례가 다양하지 않고 고용노동부, 검찰 등 수사기관의 의견이 담당자마다 다른 경우도 많다.

판결 사례들의 경우 대부분 사실관계와 법리를 다투지 않고 자백하며 양형상의 선처를 구하였기 때문에 법원도 이를 그대로 받아들여 유죄를 선고하고 법리적인 판단은 최소화한 측면이 있다.

최근에 선고된 중대재해처벌법 4호 판결에서 ① 안전보건에 관한 목표와 경영방침 설정 여부 ② 안전 관련 예산 편성 및 그 용도에 맞는 집행 여부 ③ 안전보건 확보의무 불이행과 중대산업재해 사이의 인과관계 여부 ④ 고의 인정 여부 등에 관하여 법리 판단이 이루어지기는 하였지만(창원지방법원 마산지원 2023. 8. 25. 선고 2023고합8 판결) 정치한 검토가 이루어진 것으로는 보이지 않는다.

오히려 고용노동부가 기소의견으로 검찰에 송치한 데 대하여 검찰이 불기소처분을 한 사례들도 있어 충실하게 안전보건확보 의무를 이행한 경우 불가피하게 발생한 중대산업재해에 관해서까지 경영책임자를 처벌할 수는 없다는 선례도 만들어지고 있다.

중대재해처벌법 시행 초기에 50인(50억 원) 미만의 소규모 기업의 경영책임자들은 '어차피 대기업과 같은 안전보건관리체계를 구축하여 유지하기가 어렵고 구축하더라도 사고 발생 시 처벌받을 수밖에 없다면 굳이 안전보건관리체계를 구축하기 위해 노력할 필요가 없다'는 자포자기식 심정을 가지는 경우도 많았다. 그러나 이러한 사례들을 통해 기업 경영책임자들로 하여금 안전관리에 관심을 기울일 수 있게 하는 동력이 된 측면도 있다.

이러한 불기소 사례로는 ① 안전·보건에 관한 종사자의 의견을 청취하고 유해·위험요인 확인·개선 절차를 마련하는 등 안전보건관리체계를 구축했다고 보아 불기소 처분한 사례 ② 유해·위험요인 확인·개선 절차를 마련하는 업무절차를 마련하고 재해에 대비한 비상대응 매뉴얼을 마련하여 CSO와 대표이사를 불기소 처분한 사례 ③ 작업수칙 등을 마련해 둔 상태에서 이에 위배하여 발생한 사고와 관련하여 산업안전보건법위반의 점에 대하여 예견 불가능했던 작업임을 이유로 중대재해처벌법위반의 점에 대하여 2차적 인과관계가 인정되지 않음을 이유로 각 불기소 처분한 사례 등이 있다.

그리고 고용노동부 단계에서 내사 종결된 사례로 ① 덤프트럭이 작업기능이 아닌 교통기능으로 활용되던 중 발생한 사고에 관하여 산업안전보건법상 안전조치의무 위반이 확인되지 않아 산업안전보건법 및 중대재해처벌법 위반의 점에 관하여 내사 종결된 사례 ② 제 3의 화물운송업체를 통해 물품구매 및 공급이 이루어지는 상황에서 운송업체 소속 운전기사가 사망한 사고에 관하여 재해자가 물품구매업체의 종사자가 아니고 사고 장소가 물품공급업체의 지배운영관리 범위 내에 있는 것도 아님을 이유로 내사 종결된 사례 ③ 개인 질병 등으로 인한 사고에 관하여 내사 종결된 사례 등이 있다.

위와 같은 선례들에도 불구하고 ① 대표이사에 준하여 안전보건에 관한 업무를 담당하는 사람(CSO)을 둔 경우 대표이사의 면책 여부 ② 산업안전보건법 상 안전조치의무 위배가 확인되지 않더라도 중대재해처벌법위반으로 처벌할 수 있는지 여부 ③ 중대재해처벌법 상 안전보건확보의무 미이행과 안전조치의무 위배 및 사망의 결과 간 인과관계 인정 여부 등의 쟁점에 관해서는 해석과 의견이 분분하여 여전히 논란이 진행 중이다.

특히 ③의 인과관계에 관한 쟁점의 경우 원칙적으로 각 안전보건확보의무 항목과 사망의 결과 사이에 인과관계가 인정되어야 하는데 사실 이에 대한 입증은 매우 어려울 수밖에 없다. 이와 관련하여 고용노동부와 검찰은 '중대재해처벌법은 산업안전보건법 상 사업자의 안전조치의무 위반으로 인한 재해 발생이 전제되고 그 안전조치의무 위반의 원인이 경영책임자의 안전보건확보의무 불이행에서 기인하였다는 2단의 인과관계가 인정되어야 한다'라는 입장을 설정한 것으로 보인다. 중대재해처벌법 입법 과정에서 '중대재해에 대한 실효적 대응을 위하여 인과관계 입증요건을 완화해야 한다'는 견해가 있기도 하였으나(2020. 11. 12. 박주민 의원 대표발의, 의안 번호 2105290호) 형법상 책임주의 원칙 등에 부합하지 않아 최종 반려된 점을 고려할 때 위 2단의 인과관계 인정은 매우 신중히 이루어져야 함을 알 수 있다. 위 점에서 관해서는 법원에서 매우 심도 있는 심리 및 판단이 이루어져야 할 것으로 보인다.

15 중대재해처벌법의 미래에 대한 전망

중대재해처벌법이 시행된 이후에도 여전히 사고 사망자의 숫자는 획기적으로 줄어들고 있지는 않고 있는 실정이다. 따라서 당장 중대재해처벌법의 존폐를 논하기에는 동력이 부족해 보인다.

중대재해처벌법의 처벌요건 명확화, 처벌대상 및 수준 등 제재방식 개선, 체계 정비 등을 목표로 2023년 1월 11일 고용노동부 중대재해처벌법령 개선 TF가 발족되기는 하였지만 아직까지 뚜렷한 움직임은 보이지 않는다.

중대재해처벌법에 대한 다양한 논란에도 불구하고 대표이사를 비롯한 기업이 산재 사고에 관심을 기울이게 하는 충격요법으로서는 상당 부분 기능하였다고 판단된다. 충격요법의 특성상 그 유효기간이 길지 않을 수 있고 그에 따라 법의 효용성에 대하여 계속 논의가 이루어질 것으로 보이지만 그렇다고 당장 중대재해처벌법을 폐지하기는 쉽지 않을 것으로 전망된다.

여전히 사고가 다수 발생하고 있는 한편 해석상 논란은 수사기관과 법원의 선례들을 통해 공백이 채워져 가고 있고 너무 포괄적이어서 불가능할 것으로만 보였던 안전보건관리체계 구축이라는 목표도 고용노동부 등의 감독기관과 기업들의 노력을 통해 점차 구체화되고 있기 때문이다.

특히 50인(50억 원) 미만의 소규모 기업의 경우 안전보건관리체계 구축에 어려움을 겪고 있는 것이 현실이지만 그렇다고 체계 구축을 포기할 필요는 없다. 관심과 지원이 있다면 언제나 그랬듯 답을 찾을 수 있을 것이다.

제2장

안전보건관리체계 구축과 이행

1 안전·보건 목표와 경영방침 설정

1.1 관련 조문

중대재해처벌법 시행령 제4조(안전보건관리체계의 구축 및 이행 조치) 제1호에서는 사업 또는 사업장의 안전·보건에 관한 목표와 경영방침을 설정하도록 규정하고 있다.

◘ 시행령 제4조(안전보건관리체계의 구축 및 이행 조치) 제1호

1. 사업 또는 사업장의 안전·보건에 관한 목표와 경영방침을 설정할 것

1.2 조문의 취지

안전보건관리체계 구축과 이행을 위해 가장 중요한 요소는 안전보건 경영을 최우선으로 두겠다는 경영책임자의 관심과 의지가 가장 중요하기 때문에 이 조문이 제정되었다.

안전뿐만 아니라 어떤 프로세스나 체계의 성공은 단순히 제도의 설계나 운영만으로 달성되는 것은 아니다. 프로세스나 체계가 성공하기 위해서는 조직 구성원들의 인식과 행동의 변화에 달려있다. 안전보건에 관한 구성원의 인식과 행동의 변화를 가져오려면 경영책임자가 기업경영의 목표와 방침에 안전보건의 내용을 포함하고 구체적인 실천으로 구성원의 신뢰를 높여야만 가능하다.

1.3 실행전략

(1) 일반사항

① 안전보건에 대한 의지를 밝히고 목표 설정

② 사업 또는 사업장의 유해·위험요인 등 특성과 조직 규모에 적합하도록 수립

③ 안전·보건에 관한 목표와 경영방침 간 일관성 유지

④ 종사자 및 이해 관계자 등이 공감할 수 있어야 하며 종사자와의 협의를 통해 수립하

는 것이 바람직

⑤ 목표를 수정할 필요가 생겼을 때는 필요에 따라 목표를 수정하여 추진하는 것이 합리적

⑥ 사업 또는 사업장의 특성과 조직 규모에 따라 안전경영방침과 안전 목표, 안전추진계획으로 세분화 필요

⑦ 안전·보건 목표와 경영방침은 정기적으로 검토하고 수정

(2) 안전경영방침

① 최고경영자의 정책과 목표, 성과개선에 관한 의지를 제시

② 간결하게 문서화하고 조직의 모든 구성원 및 이해 관계자에게 공개

(3) 안전 목표

① 재해현황, 위험성평가 결과, 성과측정, 경영자 검토를 반영하여 설정

② 안전·보건에 관한 목표는 안전경영방침과의 연계성, 구체성, 측정가능성, 달성 가능성을 고려하여 설정

③ 안전 목표는 가급적 정량적 지표를 활용 필요

(4) 안전추진계획

① 안전경영방침과 안전 목표를 달성하기 위한 구체적인 방안으로서 방법, 일정, 소요자원을 표시

② 추진계획을 이행할 책임자와 추진 결과를 측정할 지표 설정

1.4 실행방법

(1) 안전보건경영방침 작성

안전보건에 관한 목표와 경영방침을 설정하는 데 있어서는 근로자의 안전·보건을 최우선 가치로 하는 안전보건경영방침을 수립할 필요가 있다.

일반적으로 대기업은 조직이 시스템적으로 운영되어 큰 문제는 없다. 그러나 중소규모 기업

일수록 경영책임자 1인의 관심과 실천 여부에 따라서 안전보건관리체계 구축의 성과가 좌우될 가능성이 크다.

안전보건경영방침은 사업 또는 사업장의 모든 종사자의 안전보건 확보, 근로자 참여 활성화, 관련된 법규 준수에 관한 경영자의 의지를 포함시키도록 하여야 한다. 경영책임자는 안전보건경영방침에 사업장 내 모든 종사자에게 안전하고 건강한 작업환경을 제공한다는 확고한 의지와 신념을 반영할 필요가 있다.

안전보건경영방침에는 모든 종사자의 생명 보호와 작업장의 안전을 최우선 목표로 한다는 취지를 명확하게 밝힐 필요가 있다. 또한 사업장의 유해·위험요인의 개선을 위해 우선적으로 예산과 인력을 배정하도록 하는 내용이 포함되도록 해야 한다.

안전보건경영방침의 내용은 종사자와 협의하여 작성할 필요가 있고 경영책임자가 서명하고 그 내용을 행동으로 옮김으로써 의지를 강조해야 한다. 가능하면 안전보건경영방침에 근로자 대표가 같이 협력하여 작성하고 서명을 할 필요가 있다.

작성된 안전보건경영방침은 소속 근로자뿐만 아니라 협력업체, 파견업체, 공급·판매업체, 고객 등에게도 알려 안전보건 목표 달성에 동참할 수 있도록 할 필요가 있다. 안전보건경영방침을 모든 종사자와 이해관계자가 쉽게 알 수 있도록 인트라넷, 게시판 등을 통해 공개할 필요가 있다.

표 2.1 안전보건경영방침 작성 예시

안전보건경영방침

○○기업은 경영활동 전반에 전 사원의 안전과 보건을 기업의 최우선 가치로 인식하고, 법규 및 기준을 준수하는 안전보건관리체계를 구축하여 전 직원이 안전하고 쾌적한 환경에서 근무할 수 있도록 최선을 다한다.
이를 위해 다음과 같은 안전보건활동을 통해 지속적으로 안전보건환경을 개선한다.

1. 경영책임자는 '근로자의 생명 보호'와 '안전한 작업환경 조성'을 기업경영활동의 최우선 목표로 삼는다.
2. 경영책임자는 사업장에 안전보건관리체계를 구축하여 사업장의 위험요인 제거·통제를 위한 충분한 인적·물적 자원을 제공한다.
3. 안전보건 목표를 설정하고 이를 달성하기 위한 세부적인 실행계획을 수립하여 이행한다.
4. 안전보건 관계 법령 및 관련 규정을 준수하는 내부규정을 수립하여 충실히 이행한다.
5. 근로자의 참여를 통해 위험요인을 파악하고 파악된 위험요인은 반드시 개선하고 교육을 통해 공유한다.
6. 모든 구성원이 자신의 직무와 관련된 위험요인을 알도록 하고 위험요인 제거·대체 및 통제기법에 관해 교육·훈련을 실시한다.
7. 모든 공급자와 계약자가 우리의 안전보건 방침과 안전 요구사항을 준수하도록 한다.
8. 모든 구성원은 안전보건활동에 대한 책임과 의무를 성실히 준수토록 한다.

2024년 ○ 월 ○ 일

○○ 기업 대표이사 (서명) ○○ 기업 근로자 대표 (서명)

(2) 안전·보건 목표

안전보건관리체계 이행 수준을 측정할 수 있는 목표와 세부 실행계획을 수립해야 한다. 안전·보건 목표는 기업 전체, 본사, 사업부서별로 설정하고 최종목표 이외에 재해예방 활동의 과정 중심 목표를 포함하여 측정 및 평가가 가능하도록 설정해야 한다.

안전보건에 관한 목표는 재해자 수 등 결과지표와 더불어 안전보건관리체계 구축 및 이행을 위한 과정을 평가할 수 있는 안전보건 활동 등의 과정지표도 같이 포함시킬 필요가 있다. 예를 들어 안전·보건의 최종적인 목표로 사망자 제로(zero) 달성 등과 같이 설정할 경우에는 구성원들의 적극적인 노력 없이 운에 맡기는 현상을 초래할 가능성이 있다. 따라서 재해예방 활동의 과정 중심 목표를 포함하여 설정할 필요가 있다. 특히 중소기업의 경우 중대재해가 발생할 가능성이 높은 위험요소를 1~2개로 특정할 수 있다면 이에 대한 예방 활동을 목표로 설정하는 것이 좋다.

구체적으로는 사업장에서 반복적으로 발생한 재해 또는 유사·동종 업종에서 발생한 재해사례 등을 분석하여 이에 대한 예방 활동을 목표로 설정할 수 있다. 업종에 따라 다르겠지만 중소 제조업체의 경우에는 끼임 위험요인 발굴과 개선 이행률, 끼임 작업 예방 안전작업 절차서 도입·개선 건수 등을 목표로 설정할 수 있을 것이다.

산업안전보건법 제14조, 동법 시행령 제13조 제2항에 해당하는 사업체는 매년 안전보건 목표를 수립하도록 하고 있다. 종사자 의견 청취 등으로 경영진과 종사자가 공감하고 협의하여 안전보건목표를 설정하고 적정성에 대하여 반기 1회 평가한다. 이때 경영방침과 목표 간 일관성을 유지해야 한다. 매년 초 경영방침과 목표, 안전추진계획을 본사, 작업현장, 인트라넷, 게시판 등에 게시할 하는 것이 좋다. 또한 경영방침과 목표, 안전추진계획 적합성과 실천 여부를 반기 1회 이상 주기적으로 점검하고 대표이사에게 보고하며 점검결과 지적사항에 대해서는 필요한 조치를 해야 한다.

일반적으로 과정 중심 안전보건 목표의 예시는 다음과 같다. 각 기업의 여건을 고려하여 적합하도록 변형하여 사용할 필요가 있다.

① 산업재해 감소율
② 안전보건경영방침 게시 건수(온·오프라인)
③ 고위험요소 발굴 및 개선 이행률
④ 위험요인 발굴 건수(추락사고, 끼임사고 등) 및 개선조치 건수
⑤ 작업표준 및 지침서 변경 시 개정률

⑥ 안전보건 경영방침에 대한 근로자 인지율
⑦ 안전보건 예산·인력 증감률
⑧ 근로자의 위험요인·아차사고 신고 건수
⑨ 산업안전보건위원회 개최 건수
⑩ 기계·설비의 정기검사 실시율
⑪ 안전작업절차서 도입·개선 건수
⑫ 작업허가제 등 도입·개선 건수
⑬ 안전보건 교육실시 건수
⑭ 산업안전보건교육 이행률
⑮ 재해시나리오별 조치계획 수립 건수
⑯ 비상조치계획 훈련 건수
⑰ 건강검진 실시율
⑱ 유소견자 상담률
⑲ 배치 전 건강검진 실시율
⑳ 안전보건시정 조치율
㉑ 작업 전 안전미팅(TBM) 실시율
㉒ 종사자 의견 건수

표 2.2 안전보건 목표 월별 추진계획서 작성 예시

작성팀		안전보건 목표 월별 추진계획
작성자		
작성일자		

중요 목표	세부 목표(Target)																	소요 예산	검토
	세부 항목	추진 계획	성과 지표	담당자	구분	추진 일정													
						1	2	3	4	5	6	7	8	9	10	11	12		
추락사고 위험요인 발굴 및 조치					계획														
					실적														
					계획														
					실적														
끼임사고 위험요인 발굴 및 조치					계획														
					실적														
					계획														
					실적														
안전보건 시정조치					계획														
					실적														
					계획														
					실적														
작업 전 안전미팅 (TBM) 실시					계획														
					실적														
					계획														
					실적														

표 2.3 안전보건 목표 분기별 추진계획서 작성 예시

안전보건활동 목표/(분기별)세부 추진계획	결재	작성	검토	승인

안전보건활동 목표 / 세부추진계획											
전사 목표	목표/세부추진계획		추진일정				성과지표	담당 부서	예산 (만원)	달성율 (%)	실적 / 부진사유
			1분기	2분기	3분기	4분기					
산재 사고 Zero 또는 근로 손실 일수 Zero	정기 위험성평가	계획	○				1회 이상	전부서	500		
		실적									
	수시 위험성평가	계획	○	○	○	○	수시	전부서			
		실적									
	고위험 개선	계획	○	○	○	○	개선 이행 100%	전부서	-		
		실적									
	아차사고수집	계획	○	○	○	○	1건/월/인당	안전	-		
		실적									
	안전보건교육 (정기)	계획	○	○	○	○	6시간/분기 (60명)	전부서	100		
		실적									
	안전보건교육 (관리감독자)	계획			○		16시간/연간 (10명)	안전	-		
		실적									
	안전보건교육 (특별안전교육)	계획			○		16시간/연간 (크레인, 유해물질취급자)	안전	50		
		실적									
	안전보건교육 (신규채용시)	계획	○	○	○	○	8시간/연간 (채용 시)	전부서	30		
		실적									
	안전보건교육 (MSDS)	계획	○	○	○	○	2시간/연간 (유해물질 취급자)	전부서	30		
		실적									
	산업안전보건 위원회	계획	○	○	○	○	1회/분기	안전	-		
		실적									
	작업표준 제·개정	계획	○	○	○	○	변경 시	안전	-		
		실적									

	안전검사	계획			○		2년 주기 (크레인 10대, 컨베이어 30대)	안전	50		
		실적									
	계측기 검·교정	계획	○		○		1회/반기 (공기호흡기, 감지기)	안전	100		
		실적									
	소방시설 정기점검	계획	○	○	○	○	1회/월	안전	-		
		실적									
	합동안전점검	계획	○	○	○	○	1회/월	안전	-		
		실적									
	일반 건강검진	계획		○			1회/연 (관리직 1회/2년, 현장직 1회/1년)	안전	500		
		실적									
	특수 건강검진	계획		○			1회/연 (현장직 1회/1년)	안전	300		
		실적									
	배치 전 건강검진	계획	○	○	○	○	해당 시	안전	-		
		실적									
	유소견자 사후관리	계획	○	○	○	○	5명/월	안전	-		
		실적									
	비상조치훈련	계획	○	○	○	○	1회/분기 (화재, 누출, 대피, 구조)	전부서	30		
		실적									
	작업허가서 발부	계획	○	○	○	○	단위 작업별	전부서	-		
		실적									
	TBM 실시	계획	○	○	○	○	단위 작업별	전부서	-		
		실적									
	안전관찰제도 운영	계획	○	○	○	○	1건/월/인당	전부서	-		
		실적									
	안전보건 예산 집행	계획	○	○	○	○	수립예산 이행	전부서	-		
		실적									
	성과측정 및 모니터링	계획		○		○	1회/반기	전부서	-		
		실적									
	시정조치 이행	계획	○	○	○	○	수시	전부서	-		
		실적									
	경영자검토	계획				○	1회/연	안전	-		
		실적									

표 2.4 안전·보건 목표 / 경영방침 게시대장

안전·보건 목표 / 경영방침 게시대장		
구분	게시·안내방법(장소 등)	게시·안내일
1	현장사무실 게시판 게시	2024. 04. 01.
2		
3		
4		
5		
6		

표 2.5 안전·보건 목표 / 경영방침 주기적 관리대장

안전·보건 목표 / 경영방침 관리대장				
구분	개정항목	개정 일자	개정내용	개정 사유
1	안전·보건 목표	2024. 04. 01.	유해·위험요인 월별 1건 이상 발굴 및 개선	유해·위험요인 사전확인 및 개선을 통한 재해예방
2				
3				
4				
5				
6				

(3) 정기점검 및 이에 따른 필요조치 확인보고서 작성

안전보건목표와 경영방침 등에 대해서는 정기점검 및 이에 따른 필요조치 확인보고서를 작성하여 보관할 필요가 있다.

표 2.6 정기점검 및 이에 따른 필요조치 확인보고서

정기점검 및 이에 따른 필요조치 확인보고서

○ 회의구분(상반기/ 하반기) :
○ 회의일자 :
○ 회의장소 :
○ 참석인원 :

결재	작성	검토	승인

1. 회의 주요 내용

회의 안건 및 내용		첨부자료
① 안전경영방침의 적합성 및 유효성 검토(필수)		
결과		
향후 개선방향		
② 안전 목표의 적합성 및 유효성 검토(필수)		
결과		
향후 개선방향		
③ 안전추진계획의 적합성 및 유효성 검토(미 수립 시 제외)		
결과		
향후 개선방향		

(4) 안전보건경영방침 및 안전보건 목표 설정 시 유의사항

안전보건 목표는 달성 가능한 내용으로 본사와 현장별 계량 가능한 목표를 설정해야 한다. 문서작업 자체가 목표가 될 수는 없으며 과도한 문서작업은 유해·위험요소를 확인하고 통제하는 데 오히려 방해가 될 수 있다.

따라서 안전보건경영방침은 간결하게 문서화하여 구성원과 이해관계자에게 e메일, 각종 회의, CEO 메시지 등의 방식으로 주기적으로 알리고 이를 준수하도록 요청할 필요가 있다. 경영책임자가 종사자들에게 안전보건 경영에 계속해서 관심을 가지고 있다는 사실을 알리는 것이 중요하다.

안전보건 목표를 설정하는 것이 어렵다면 사업장의 위험성평가를 통해 개선할 사항을 먼저 확인하고 목표를 설정하는 것이 효과적일 수도 있다.

1.5 고용노동부 질의회시

(1) 안전보건에 관한 경영방침과 목표 명시 방식

사업 또는 사업장에서 설정한 안전보건에 관한 목표와 경영방침을 취업규칙 등에 명시해야 하는지 아니면 회사 내부문서로만 유지하면 되는지 여부가 궁금할 것이다.

고용노동부 질의회시(중대산업재해감독과 - 367, 2022.1.28.)에 따르면 "경영책임자는 중대재해처벌법 시행령 제4조(안전보건관리체계의 구축 및 이행 조치) 제1호에 따라 사업 또는 사업장의 안전보건에 관한 목표와 경영방침을 설정하여야 한다. 그렇지만 이를 취업규칙 등에 명시할 것을 규정하고 있지는 않은 상태이다. 다만 안전보건에 관한 목표와 경영방침은 모든 종사자가 그 목표와 경영방침을 인식하고 실천할 수 있도록 상시적으로 볼 수 있는 장소 또는 매체에 게시하는 등의 방법으로 알리는 것이 바람직하다. 고용노동부는 취업규칙 등에 명시하는 것은 기업 자율적으로 결정할 수 있다"라는 입장이다. 안전보건 경영방침은 홈페이지, 수첩, 사무 공간 등에 게시하여 본사와 현장 종사자에게 전파하고 하청, 파견, 공급, 판매업체 및 이용고객 등에게 알릴 필요가 있다.

1.6 유의사항

구분	유의사항
안전 보건 경영 방침	1. 내용은 종사자와 협의하여 작성 • 협의 내용(회의록, 사진 등) • 간결하게 문서화 • 포함해야 할 내용 - 모든 종사자(도급, 용역, 위탁 등 포함)의 생명보호와 작업장의 안전보건을 최우선한다는 목표 - 유해·위험요인의 개선을 위해 우선적으로 예산과 인력을 배정하는 내용 - 사업 또는 사업장의 유해·위험 특성, 규모를 고려한 방침 수립 - 근로자 참여 활성화, 관련된 법규 준수에 관한 경영자의 의지 포함 2. 경영책임자가 직접 서명 • 서명하고 있는 사진, 홍보자료 등 • 근로자 대표 서명 포함 3. 안전보건 목표 달성에 동참 유도 • 소속 근로자, 협력업체, 파견업체, 공급·판매업체, 고객 등에게도 알리는 노력 • e메일, 각종 회의, 인트라넷, 게시판, CEO 메시지 : 주기적 동참 유도 • 모든 종사자, 이해관계자가 쉽게 알 수 있도록 공개 • 경영방침과 목표/추진계획 게시 사진(또는 사내 홈페이지 공지 사진) 4. 내용을 행동으로 옮겨 의지 강조 • 안전보건 경영에 관심을 갖는 노력 실행 자료 • 안전보건 관련 직접 회의 개최 실적 5. 방침에 대해 정기적으로 평가 실시 • 방침의 적정성에 대하여 정기적으로 평가 실시 여부
안전 보건 목표	1. 기업 전체, 본사, 부서별, 현장별, 팀별로 목표 설정 • 목표 달성에 대해 구성원에게 공개 및 필요 사유 발생 시 수정 2. 최종목표(결과지표) + 과정 중심(안전보건 예방 활동) 목표 포함 • 목표에 재해자 수 등 결과지표와 더불어 안전보건활동 등 과정지표 포함 • 안전보건방침과의 연관성 유지 3. 측정 및 평가 가능하도록 설정 4. 목표의 적정성에 대한 정기적 검토(성과평가) • 안전보건에 관한 노력의 적절한 반영을 위한 목표 적정성에 대한 정기적 검토 여부 • 전 부서 및 구성원을 대상으로 안전보건 목표·세부계획에 따라 성과 평가 • 안전보건에 관한 평가 시 근로자 의견 검토 및 반영, 도급·용역·위탁 시 안전보건 관리에 관한 사항 포함 • 안전보건에 관한 성과평가 결과를 다음 연도 목표설정과 실행계획 수립에 반영 5. 안전 목표 및 추진계획서 목표 • 경영방침 게시 건수(온·오프라인) • 고위험 발굴 및 개선 이행률 • 위험요인(추락, 끼임 등) 발굴 건수 • 아차사고 수집 • 작업표준 및 지침서 변경 시 개정률 • 안전보건 경영방침에 대한 근로자 인지율

구분	유의사항
	• 안전보건 예산·인력 증감률 • 안전보건 예산 집행 • 근로자의 위험요인·아차사고 신고 건수 • 산업안전보건위원회 개최 건수 • 기계·설비의 정기검사 실시율 • 안전작업절차서 도입·개선 건수 • 작업표준 제정, 개정 건수 • 작업허가제 등 도입·개선 건수 • 산업안전보건교육 이행률 • 재해시나리오별 조치계획 수립 건수 • 비상조치계획 훈련 건수 • 건강검진 실시율 • 유소견자 상담률 • 배치 전 건강검진 실시율 • 합동안전점검 • 작업허가서 발부 • 작업 전 미팅(TBM) 실시 • 안전관찰제도 운영 • 성과측정 및 모니터링 • 시정조치 이행 • 경영자 검토 • 위험성평가(최초, 정기, 수시, 상시 등) 횟수 • 위험성평가를 통해 개선한 사항(필요시)
안전 보건 목표 관리 상황 보고서	1. 안전보건 현황 파악을 위한 상황보고서 작성 • 근로자(사무직, 사무직 외) 현황, 연도별 재해발생(사망, 부상, 직업병) 현황 • 현황 포함 내용 - 안전보건관리체제(안전보건관리책임자 등의 선임, 관리감독자의 역할, 산업안전보건위원회 구성 및 운영 등) - 안전보건관리규정 작성 및 관리, 게시 - 산업안전보건법령 요지의 게시 등 - 위험성평가 실시(최초, 수시, 정기, 상시평가) - 안전표지, 작업표준 및 안전수칙 등의 게시 및 준수 - 유해위험방지계획서의 작성 및 제출 등 - 산업재해 발생보고 및 통계의 유지·관리 - 도급인의 안전·보건조치 - 유해·위험기계 등의 안전검사, 안전인증, 자율안전확인의 신고 - 폭발·화재 및 위험물 누출에 의한 위험방지 - 작업시작 전 점검 및 비정상작업에 따른 위험방지조치 - 작업장, 통로, 계단 및 정리·정돈 상태 - 위험성평가 기준 - 기타 산업안전보건에 관한 사항(끼임 재해예방 등)
확인 보고서	1. 정기점검 결과와 이에 따른 필요조치 확인보고서 • 정기점검 결과와 이에 따른 필요조치 이행 확인용 보고서

1.7 안전보건 목표와 경영방침 설정 의무사항 이행점검표

안전보건 목표와 경영방침 설정 및 의무사항 이행점검표
○ 점검일 : ○ 부서명 : ○ 점검자 : (인)

□ 점검 주요 내용

구분	주요 내용	비고(관련근거)
1. 관련근거	1. 중대재해처벌법 시행령 제4조 제1호 (사업 또는 사업장의 안전·보건에 관한 목표와 경영방침 설정) 2. 산업안전보건법 제14조 및 동법 시행령 제13조 제2항 (회사의 안전 및 보건에 관한 계획 수립)	중대재해 해설서 준용 점검 및 관리
2. 법의 취지	1. 종사자의 안전보건 상 유해 또는 위험을 방지하기 위한 안전보건에 관한 목표와 경영방침을 설정 2. 사업 또는 사업장의 안전보건에 관한 지속적인 개선 및 실행 방향을 의미	경영방침 설정
3. 안전보건에 관한 목표와 경영방침 설정 기본원칙	1. 목표와 경영방침은 자율적 설정 2. 목표는 중장기적 관점에서의 시계열적 목표 및 세부적인 로드맵을 포함 설정 3. 목표와 경영방침은 종사자 및 구성원이 공감하고 인식할 수 있도록 설정 4. 목표와 경영방침 수립 후 사업장의 종사자 및 구성원이 그 목표와 방침을 인식하고, 실천할 수 있도록 게시하는 등의 방법으로 알려야 함	목표와 경영방침 설정 기준
4. 안전보건에 관한 목표와 경영방침 설정 시 고려사항	1. 사업 또는 사업장의 유해·위험요인 등 특성과 조직 규모에 적합할 것 2. 달성 가능 내용, 측정이 가능하거나 성과평가 가능할 것 3. 안전보건에 관한 목표와 경영방침 간에는 일관성이 있을 것 4. 종사자 및 이해관계자 등이 공감하여야 하며 종사자와 협의를 통해 수립하는 것이 바람직하며 종사자가 인식하고 이행 노력 필요 5. 목표를 개정할 필요가 생겼을 때는 필요에 따라 개정 시행	목표와 경영방침 설정 시 고려사항
5. 안전보건에 관한 목표와 경영방침 점검 시 고려사항	1. 연간 안전보건에 관한 목표 수립 시기 • 회계연도(1.1~12.31.)에 준한 연간 계획을 수립하며 수립 시기는 전년도 12월 중에 수립을 원칙 • 안전보건경영방침 목표 및 계획/실적 집계는 회계연도(1.1~12.31)에 준한 연간실적을 당해 연도 12월에 집계·분석하여 차기연	

구분	주요 내용	비고(관련근거)
	도 계획에 반영 • 최고경영책임자 및 안전보건관리책임자의 경영목표는 필요(대외 경영환경 변화, 이슈, 사업 리스크 검토 등)에 따라 변경 수립 2. 안전경영방침 설정 및 게시 • 최고 경영책임자, 안전보건관리책임자 등의 경영목표 수정 및 필요(대외 환경변화 등)에 따라 변경 수립한 안전보건관리책임자 승인 문서 • 안전보건관리책임자의 안전보건경영방침에 대해 사업장 종사자 및 구성원이 그 목표와 방침을 인식하고 실천할 수 있도록 게시하는 등의 방법으로 알려야 함(사업장의 경영방침 게시 사진 또는 교육일지) 3. 연간 안전보건에 관한 목표/경영방침 변경 • 최고경영책임자 및 안전보건관리책임자의 경영목표 수정 및 필요(대외 환경변화 등)에 따라 변경 수립 승인 문서 • 연간 안전보건에 관한 목표 수립 시기와 동일 절차 준수	

□ 안전보건에 관한 목표와 경영방침 설정 점검표

구분	본사/사업장의 안전보건에 관한 목표와 경영방침 설정	점검결과	비고(관련근거)
1	연간 안전보건에 관한 목표 및 경영방침 수립 및 설정		수립 문서번호
2	안전보건에 관한 목표 및 경영방침 게시		부서 및 현장별 게시 현황

○ 안전보건에 관한 목표 및 경영방침 설정

근거 자료	근거 자료
안전보건에 관한 목표 내용 (2024년 안전보건관리계획)	안전·보건 경영방침 내용

○ 안전보건경영방침 설정 게시 사진 첨부

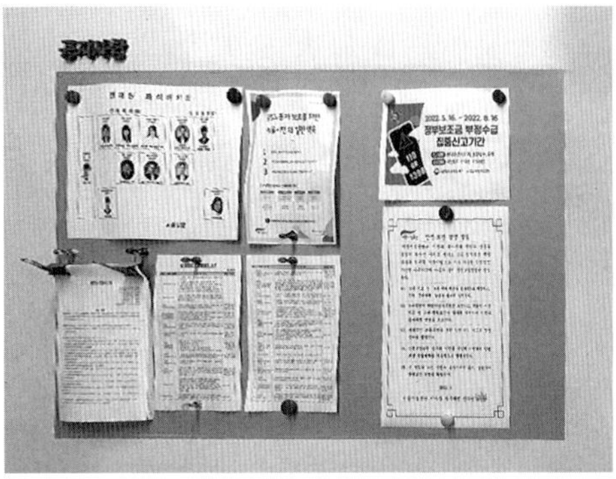	
현관 출입구 또는 사무실 등	현장사무실 등

2 안전·보건업무를 총괄·관리하는 전담 조직 설치

2.1 관련 조문

중대재해처벌법 시행령 제4조(안전보건관리체계의 구축 및 이행 조치) 제2호에서는「산업안전보건법」제17조부터 제19조까지 및 제22조에 따라 두어야 하는 인력이 총 3명 이상이고 다음 각 목의 어느 하나에 해당하는 사업 또는 사업장인 경우는 안전·보건에 관한 업무를 총괄·관리하는 전담 조직을 두도록 하고 있다.

시행령 제4조(안전보건관리체계의 구축 및 이행 조치) 제2호

2. 「산업안전보건법」제17조부터 제19조까지 및 제22조에 따라 두어야 하는 인력이 총 3명 이상이고 다음 각 목의 어느 하나에 해당하는 사업 또는 사업장인 경우는 안전·보건에 관한 업무를 총괄·관리하는 전담 조직을 둘 것. 이 경우 나목에 해당하지 않던 건설사업자가 나목에 해당하게 된 경우에는 공시한 연도의 다음 연도 1월 1일까지 해당 조직을 두어야 한다.
   가. 상시근로자 수가 500명 이상인 사업 또는 사업장
   나.「건설산업기본법」제8조 및 같은 법 시행령 별표 1에 따른 토목건축공사업에 대해 같은 법 제23조에 따라 평가하여 공시된 시공능력의 순위가 상위 200위 이내인 건설사업자

2.2 조문의 취지

중대재해예방을 위한 체계 구축은 기업경영 전반에서 이해되고 중요하게 고려될 때 실질적인 예방효과를 가져올 수 있다. 규모가 큰 기업일수록 위험요소가 다양하고 복합적이기 때문에 안전보건에 관한 기업 전체의 컨트롤 타워 역할을 하는 전담 조직을 구성해야 한다. 기업이 추구하는 다양한 가치들이 충돌할 때 전담 조직이 없다면 안전보건 사항이 고려되기 어렵고 결국에는 더 큰 위기를 초래할 수도 있기 때문이다. 대부분 중소규모 건설기업들은 안전보건 전담 조직을 만들 필요는 없다. 그러나 안전보건관리체계를 구축하고 운영하는 실무자는 있어

야 한다.

2.3 실행전략

① 본사에 안전·보건 총괄 관리 전담부서 설치(중소기업은 선택)
② 전담부서는 사업장의 안전 및 보건에 관한 업무를 총괄 관리하는 것을 목적으로 하며 모든 업무를 직접적으로 수행하는 것은 아님
③ 전담부서에 안전보건 인력을 충분히 확보하고 권한과 책임 부여
④ 안전보건 활동에 참여할 수 있는 시간을 보장하고 인센티브 제공
⑤ 전담 조직을 구성하는 경우 구체적인 권한과 조직원의 자격 및 인원 등은 회사의 특성과 규모 등을 고려하여 자율적으로 정함

2.4 실행방법

(1) 전담 조직을 두어야 하는 기준

사업 또는 사업장이 안전보건 총괄관리 전담부서 설치 요건에 해당되는지를 상시적으로 확인해야 한다.

안전·보건업무를 총괄·관리하는 전담 조직을 두어야 하는 기준은 산업안전보건법에 따라 두어야 하는 사업장별 안전보건 전문 인력인 안전관리자(제17조), 보건관리자(제18조), 안전보건관리담당자(제19조), 산업보건의(제22조) 등의 합이 총 3명(위탁인력 포함) 이상이면서

① 상시근로자 수가 500명 이상인 사업 또는 사업장이거나
② 공사 시공능력 순위 상위 200위 이내인 건설사업자에 대해서는 안전·보건업무를 총괄·관리하는 전담 조직을 설치해야 한다.

중소기업의 경우에는 대부분 전담 조직 설치조건에 해당이 되지 않아 의무사항은 아니지만 산업안전보건법 기준에 따른 안전·보건담당 인력은 배치해야 한다. 만약, 조직 내부에서 안전관리자 또는 보건관리자를 두기 어려운 중소기업의 경우에는 외부 안전보건관리 전문기관 등에 위탁(건설업은 제외)할 필요가 있다.

회사 근처의 안전보건관리전문기관 목록을 확인하는 방법은 안전보건공단 홈페이지 → 자주

찾는 매뉴 → 민간재해예방기관 평가결과 → 분야 선택(안전관리전문기관 등) → 검색을 활용하면 쉽게 찾을 수 있다.

표 2.8 전담 조직을 설치할 때 판단여부에 대한 가이드

Ⅰ. 1단계 : 상시근로자 수 500인 이상

○ 직접고용 근로자 총 수가 500인 이상인지 판단
- 사업장 등이 장소적으로 떨어져 있어도 소속 전체 근로자를 모두 합하여 산정
- 직접고용이면 정규직기간제 등 고용 형태는 불문하고 포함
- 직접고용이므로 용역·도급·위탁업체 소속 근로자는 제외하고 산정

Ⅱ. 2단계 : 산업안전보건법상 안전보건 전문 인력이 3명 이상

○ 사업장이 몇 곳인지 우선 판단
- 별도의 사업장 여부는 장소적 분리 여부, 인사·노무·회계 관리 독립성, 조직운영 및 업무처리능력, 단체협약·취업규칙 적용 단위, 한국표준산업분류상 업종 등을 종합적으로 고려하여 판단

○ 각 사업장별로 산업안전보건법에 따라 선임해야 하는 안전보건 전문 인력(안전관리자, 보건관리자, 산업보건의) 인원(실제 선임 인원이 아니고 법상 선임 의무 인원)의 총합이 3명 이상인지 파악
- 그러나 공공행정의 경우에는 중대재해처벌법에 따른 상시근로자 수 500인 여부(1단계)를 판단할 때는 전체 근로자를 산입하지만, 산업안전보건법에 따른 안전보건 전문 인력 선임 대상(2단계)을 판단할 때는 각 사업장별로 소속 현업 종사자(청소, 시설관리, 경비, 운전 등 업무 종사자) 수를 기준으로 함
- 공공행정의 안전보건 전문 인력 배치기준(각 사업장별 현업종사자 수 기준)
  ① 50명~1천 명 미만 사업장 : 안전관리자 1명, 보건관리자 1명, 산업보건의 1명
  ② 1천 명 이상~5천 명 미만 사업장 : 안전관리자 2명, 보건관리자 2명, 산업보건의 1명
  ③ 5천 명 이상 사업장 : 안전관리자 2명, 보건관리자 2명, 산업보건의 1명

Ⅲ. 3단계: 중대재해처벌법상 전담 조직 설치

○ 1단계, 2단계 요건 충족 시 전체를 단위로 하는 전담 조직(2인 이상) 설치
- 구성 형태(실·과, 계, 팀, TF 등)는 기업 현황에 따라 자율적 판단

현재 근로자 수 500명 이상, 안전관리자, 보건관리자가 총 2명인 사업장에서 산업안전보건법 제22조에 해당하는 산업보건의를 기업규제완화법에 의해 고용을 하지 않은 상태인 경우 전담 조직을 구성하여 운영할 의무가 있는지에 대해 알아보면 다음과 같다.

산업안전보건법에 따라 배치하여야 하는 안전관리자 등 전문 인력의 수와 실제 배치한 전문 인력의 수가 다른 경우에도 중대재해처벌법 시행령 제4조 제2호에서는 같은 조 제6호와는 다르게 다른 법령에 달리 정하는 경우 이에 따른다는 내용을 규정하고 있지는 않고 있다.

따라서 기업활동규제완화에 관한 특별조치법에 따라 배치한 것으로 간주되는 산업안전보건법에 따른 안전관리자 등 전문 인력도 원칙적으로는 개인 사업주나 법인 또는 기관이 모든 사업장에 두어야 하는 전문 인력의 수 산정 시 포함해야 한다.

정리하면 산업안전보건법 제17조 제5항에 따라 안전관리자 등의 업무를 안전관리전문기관에 위탁하거나 기업규제완화법 제29조에 따라 안전관리자를 채용한 것으로 간주하는 경우와 같이 해당 사업 또는 사업장에 실제로 전문 인력을 두지 않은 경우라도 중대재해처벌법상 전담 조직은 설치해야 한다.

안전관리자 등 전문 인력의 수는 전체 사업 또는 사업장에서 선임해야 할 의무가 있는 전문 인력의 수로 판단한다는 점을 이해할 필요가 있다.

따라서 회사(법인) 전체의 모든 사업장에 두어야 하는 안전관리자 등 전문 인력의 수를 합산하여 3명 이상이고 모든 사업장의 상시근로자를 합산하여 500명 이상에 해당한다면 중대재해처벌법 시행령 제4조 제2호에 따른 전담 조직을 구성해야 한다.

그렇다면 이번에는 상시근로자 500명 이상인 사업장에서 사업장별 안전보건 전문 인력의 합이 3명 이상인지 여부를 판단할 때 산업보건의를 선임하지 않고 위촉하여 해당 사업장에 직접 고용되지 않은 경우도 전문 인력에 포함하여 판단해야 하는지에 대해 알아보도록 하겠다.

중대재해처벌법 시행령 제4조 제2호에 따른 전담 조직 설치의 요건인 산업안전보건법 제17조부터 제19조까지 및 제22조에 따라 두어야 하는 안전관리자 등 전문 인력의 수는 전체 사업 또는 사업장에서 선임해야 할 의무가 있는 전문 인력의 수로 판단하고 있다.

회사(법인) 전체의 모든 사업장에 두어야 하는 안전관리자 등 전문 인력의 수를 합산하여 3명 이상이고 모든 사업장의 상시근로자를 합산하여 500명 이상에 해당하는 것으로 볼 수 있다. 따라서 중대재해처벌법 시행령 제4조 제2호에 따른 전담 조직을 구성해야 한다.

이번에는 안전관리자 선임 의무가 없는 감리업체에 대해 전담 조직을 설치하여야 하는지에 대해 알아보도록 하겠다.

산업안전보건법 제17조부터 제19조까지 및 제22조에 따라 두어야 하는 인력이 3명 미만인 경우 중대재해처벌법상 전담 조직을 두어야 하는 경우에 해당되지는 않는다. 따라서 산업안전보건법에 따라 안전관리자, 보건관리자 등을 선임하여야 할 의무가 없다면 중대재해처벌법상 전담 조직을 설치할 의무가 없게 된다.

다만 산업안전보건법을 적용하는 사업의 종류는 사업자등록증만으로 판단하는 것이 아니라 통상 한국표준산업분류 기준에 따라 구분하므로 이에 따라 사업의 종류를 판단하고 법적용 여부를 결정할 필요가 있다.

특히 중대재해처벌법의 적용단위는 개발 사업장 단위가 아니라 하나의 사업 또는 사업장 전체이다. 따라서 전담 조직 설치 의무 역시 사업 또는 사업장 전체를 기준으로 판단하여야 한다.

(2) 전담 조직 구성원의 자격

전담 조직 구성원의 자격에 관한 별도의 기준은 없으나 안전·보건과 함께 경영시스템까지 고려할 수 있는 유능한 인력을 배치하는 것이 바람직하다. 아무래도 안전관리 업무는 독립적이 아니라 기업경영 전반의 필수적인 사항으로 다루어져야 하기 때문이다.

(3) 전담 조직의 인원수

중대재해처벌법에서는 전담 조직원의 자격, 인원 등 구성 방법에 관하여 구체적으로 규정하고 있지는 않으므로 사업 또는 사업장의 특성과 규모 등을 종합적으로 고려하여 자율적으로 전담 조직을 구성할 수 있다. 그러나 일반적으로 전담 조직의 구성은 업무수행을 위해서라도 반드시 2명 이상으로 하는 것이 좋다. 사업장이 여러 곳에 분산되어 있는 경우에는 각 사업장에 두고 있는 전문 인력 외에 별도의 인력으로 전담 조직을 구성하여야 하는데 기업의 규모와 특성을 반영하여 최소 2명 이상의 합리적 인원으로 구성할 필요가 있다.

그룹사의 경우 계열사들로부터 파견받은 인원으로 지주회사의 전담 조직을 구성해도 되는지 여부에 대해 알아보자. 안전보건에 관한 업무를 총괄·관리하는 전담 조직의 인원, 자격 등 구성 방법에 관하여 규정하고 있지는 않은바, 그룹 내 계열사로부터 전출 받아 전담 조직을 구성하고 이들로 하여금 지주회사의 안전보건에 관한 업무를 총괄·관리토록 하는 것은 가능하다.

그러나 전담 조직 업무수행의 전문성과 연속성 등을 위해서는 지주회사 소속 근로자들로 전담 조직을 구성하는 것이 바람직할 것으로 보인다.

안전·보건업무를 총괄·관리하는 전담 조직의 설치 조직도 예시는 다음과 같다.

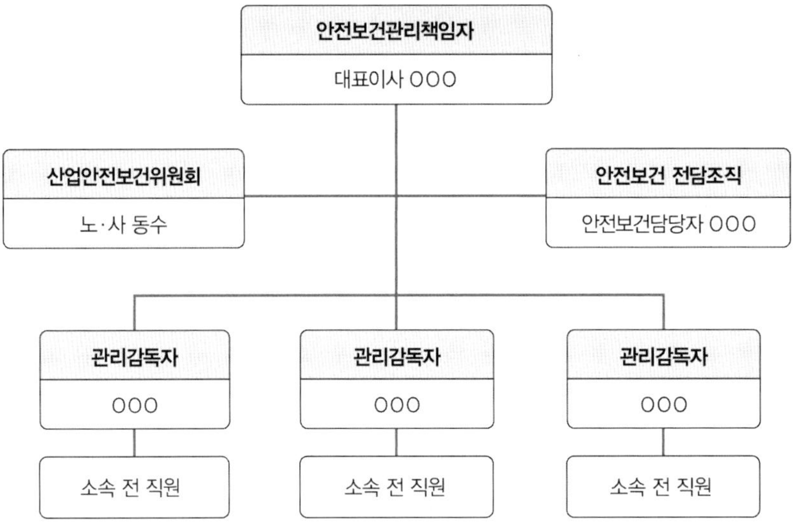

그림 2.1 전담 조직의 설치 조직도

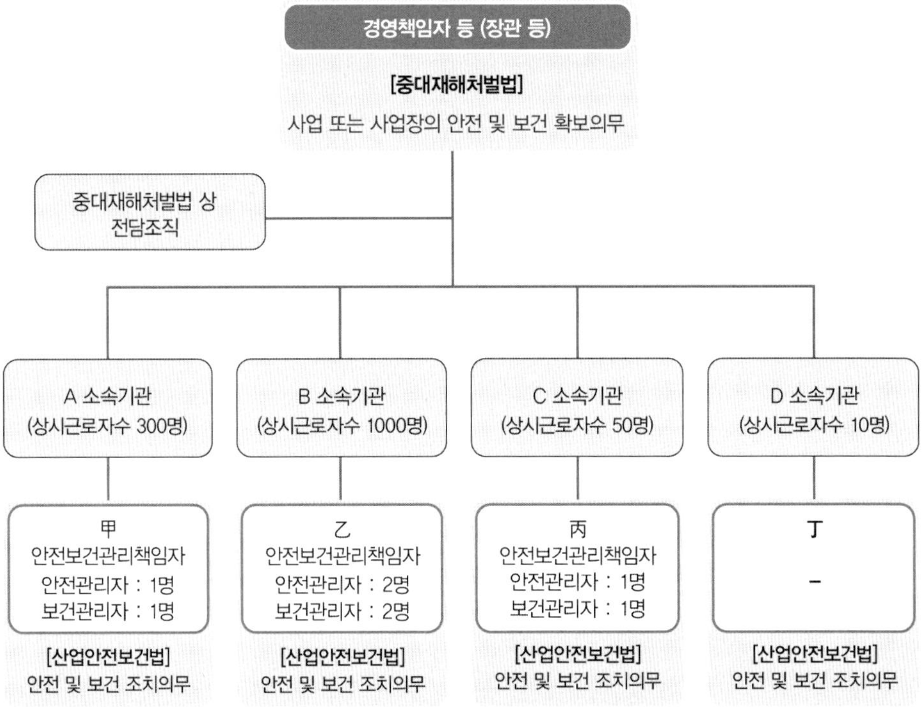

그림 2.2 정부기관 전담 조직 설치 예시도

(4) 안전보건관리 조직 및 업무분장 규정 내용 포함 사항

안전보건 총괄관리 전담 조직의 구성과 담당업무 분장표를 만들어야 한다. 포함되어야 할 주요 업무내용은 종사자의 안전보건상 유해·위험 방지 정책의 수립이나 안전·보건 전문 인력의 배치, 안전·보건 관련 예산의 편성 및 집행관리 등이 포함될 필요가 있다. 또한 각 사업장의 안전보건 관리를 제대로 하고 있는지를 확인하고 이를 지원하는 업무 등도 포함된다.

별도의 안전보건관리 조직 및 업무분장 규정을 제정하든지 아니면 회사 안전보건관리규정 등에 안전보건관리 조직과 업무분장 등에 내용을 포함시켜 업무를 실시하여야 한다. 이때 포함되어야 할 내용은 조직과 업무 내용, 권한과 책임 등에 대한 내용이 포함되도록 할 필요가 있다.

전담 조직 업무수행에 대해 반기 1회 이상 주기적으로 점검하고 대표이사에게 보고해야 한다. 점검결과 개선사항에 대해서는 필요한 조치를 하여야 한다.

표 2.9 안전보건 관련 업무 분장표 예시

직무	업무분장	비고
최고 경영자	가. 안전보건경영방침의 제정 및 승인 나. 안전보건경영목표 및 세부추진계획의 승인 다. 안전보건경영 이행 여부 확인 라. 안전보건경영 실행을 위한 인적, 기술적, 재정적 자원 제공 마. 안전보건경영매뉴얼 승인 바. 경영자 검토 및 승인 사. 비상사태에 대한 대책 수립 승인	
본사 안전보건 담당 임원	가. 회사 안전보건경영이 최고경영자의 요구사항에 따라 수립, 실행 및 유지되도록 보장 나. 회사의 안전보건경영 실적에 대한 결과내용 검토 다. 안전보건경영시스템의 주기적 점검과 교육 라. 위험성평가 이행에 관련된 사항 확인 마. 비상사태에 대한 대책 수립 검토	
본사 안전관리 담당 부서장	가. 안전보건방침/목표 및 세부추진계획 수립, 공표 및 교육실시 나. 안전보건관리체계 구축과 주기적 점검으로 보완·개정 나. 현장안전보건교육, 점검 및 지원 업무 다. 현장목표의 검토 및 이행 여부 확인 라. 안전보건경영 문서관리 절차 수립 및 유지관리 마. 안전보건관련 전산자료 관리 바. 산업안전보건관리비 등 안전비용의 실행예산과 사용계획 및 현장사용 검토 사. 위험성평가 관련사항 계획 수립 아. 현장별 위험성평가 이행 여부 확인 및 관련문서 취합 자. 안전보건 정보 수집/배포 카. 현장별 평가자료 작성	

직무	업무분장	비고
본사 각 부서장	가. 현장지원팀은 안전보건관리체계 실행 및 운영관리에 관한 의사소통 및 정보 공유 나. 경영지원팀은 상·하반기 성과측정 및 내부 심사 평가결과에 대한 포상 지원 다. 인사지원팀은 상·하반기 우수 직원에 대해 인사고과에 반영	
현장 안전보건 관리책임자	가. 현장 안전보건관리체계의 운영관리 총괄 및 업무분장을 통한 책임과 권한의 부분적 위임 나. 현장별 안전보건방침을 이행하기 위한 세부 목표 및 세부 추진계획의 수립 및 이행 다. 현장의 위험성평가 실시 주관 라. 현장매뉴얼 수립·유지관리 마. 현장직원에 대한 교육훈련계획 수립 및 실시 바. 안전보건시설의 운영 및 관리 아. 현장 안전보건관련 업무를 위한 적절한 자원의 확보 및 배치 자. 산업안전보건법 제15조의 안전보건관리책임자의 업무수행	
현장 안전관리자	가. 위험성평가 관련문서 작성 나. 산업안전보건관리비의 사용계획 수립, 집행 및 기록의 유지·관리 다. 현장 안전보건관리 활동 및 관련문서 기록의 유지·관리 라. 기타 안전보건관리체계 운영에 필요한 계획수립 및 시행 마. 산업안전보건법 시행령 제18조 제1항의 안전관리자의 업무	
현장 관리감독자	가. 당해 작업장 정리·정돈 및 통로확보의 확인/감독 나. 근로자 보호구 착용 상태 및 사용에 관한 지도/점검 다. 현장 안전관리(담당)자의 지도/조언에 대한 협조 라. 공종별 위험성평가 및 점검에 관한 사항 마. 근로자에 대한 안전한 작업의 지도/감독 바. 현장 내 재해 발생 시 보고 및 응급처지 사. 기타 산업안전보건법 시행령 제15조 제1항의 관리감독자의 업무	

(5) 안전보건 총괄관리 전담부서의 책임과 권한 부여

안전보건 총괄관리 전담부서에는 다음과 같은 책임과 권한을 부여할 필요가 있다.

① 안전보건방침·목표 및 세부추진 계획 수립, 공표 및 교육실시

② 본사 안전보건조직 구성 및 업무분장 실시

③ 산업안전보건관리비 등 안전비용 실행예산과 사용계획 및 사용 검토

④ 위험성평가 실시기준, 절차 수립 및 이행 여부 확인(현장별 위험성평가 실시 확인, 교육실시 확인)

⑤ 사내에서 안전보건 자료 전산 관리

⑥ 법적인 요구사항과 기타 안전보건 요구사항 파악
⑦ 현장 안전보건방침·목표수립에 필요한 절차수립 및 자료제공
⑧ 성과측정(연 2회 이상) 및 내부 심사(연 1회 이상) 실시
⑨ 안전보건분야 현장 및 직원 인사평가 실시
⑩ 안전보건 정보 수집 및 현장 배포(산업안전보건법 개정사항, 위험성평가 자료 등)
⑪ 사고 발생 시 재해조사 및 재해예방 대책 수립
⑫ 안전보건관리체계 관련 규정 등 제·개정 관리 등

(6) 전담 조직을 사업장마다 별도로 두어야 하는지 여부

전담 조직은 회사 전체의 안전보건에 관한 컨트롤타워 역할을 수행하게 된다. 안전·보건 전담 조직은 부서장과 해당 부서원 모두 안전·보건에 관해 특정 사업장이 아닌 전체 사업 또는 사업장을 총괄·관리해야 한다.

사업장이 여러 개인 경우 전담 조직을 반드시 본사에 두어야 하는 것은 아니다. 다만, 전담 조직은 경영책임자를 보좌하여 여러 사업장 전체에 대한 안전 및 보건에 관한 업무를 총괄·관리하는 기능을 수행해야 하므로 경영책임자가 업무를 수행하는 본사에 설치하는 것이 바람직하다. 이때 본사에 해당하는 사업장에 경영책임자의 직속 조직으로 두는 것이 바람직하다.

중대재해처벌법 시행령 제4조 제2호에 따른 안전보건에 관한 업무를 총괄·관리하는 전담 조직은 경영책임자의 안전 및 보건 확보의무 이행을 위한 집행조직이다. 실질적으로 전체 사업 또는 사업장에 대한 법 제4조 및 제5조에 따른 의무 이행을 총괄하여 관리할 수 있어야 한다.

따라서 전담 조직은 사업 또는 사업장 전체를 관할하므로 사업장이 여러 곳에 분산되어 있는 경우라도 각 사업장별로 두어야 하는 안전관리자 및 보건관리자 등 전문 인력 외에 별도의 인력으로 조직을 구성하여야 한다.

기업 내에 독립성이 없는 여러 사업 부분을 둔 경우 각 본부별로 전문 인력을 선임했다 하더라도 그와는 별도로 사업 또는 사업장 전체를 관할하는 전담 조직을 구성하여야 한다.

다만 하나의 회사에 여러 사업 부분이 독립성을 가지고 분리되어 있어 별개의 사업으로 평가될 수 있고 각 사업별로 대표이사를 선임하는 등 그 사업을 대표하고 총괄하는 권한과 책임이 있는 자가 있다면 각 사업부문별로 안전보건에 관한 업무를 총괄하는 전담 조직을 구성하여야 한다. 그 전담 조직은 산업안전보건법상 전문 인력과 같이 특정 사업장의 안전보건에 관한 업무가 아닌 전체 사업 또는 사업장의 안전보건에 관한 업무를 총괄·관리해야 하므로 해당

전문 인력과는 별로로 구성할 필요가 있다.

(7) 안전·보건 전담 조직의 타 업무 겸직 여부

전담 조직은 안전·보건에 관한 업무만을 총괄·관리하게 되는데 주로 중대재해처벌법 제4조와 제5조에서 정하고 있는 안전 및 보건 확보의무를 총괄·관리하는 역할을 수행하게 된다.

전담 조직은 안전보건관리체계 구축에 필요한 기준, 절차, 매뉴얼 마련, 소속기관 안전·보건 활동 실행계획 수립, 계획 및 절차의 이행 여부 점검 등의 업무를 수행하게 된다. 구체적으로는 사업 또는 사업장의 안전보건관리체계를 관리·감독하는 등 개인사업주 또는 법인의 경영책임자를 보좌하고 개인사업주나 법인 또는 기관의 안전보건에 관한 컨트롤 타워로서의 역할을 수행하게 된다.

이러한 점을 고려할 때 전담 조직은 각 사업장의 직접적인 안전 및 보건 조치에 관한 업무를 수행하는 조직이 아니라 사업장 업무 수행에 대한 유해·위험요인의 개선 여부를 점검하는 등 안전보건상의 관리업무를 하는 조직이다.

따라서 전담 조직은 안전·보건과 무관하거나 생산관리, 일반 행정 등 안전보건과 목표의 상충이 일어날 수 있는 업무를 함께 수행할 수는 없다.

전담 조직은 개인사업주 또는 법인의 경영책임자를 보좌하고 안전·보건에 관한 컨트롤 타워 역할을 하는 조직으로 소방, 시설관리, 전기 등의 업무가 아닌 위 작업들에 대한 유해·위험요인의 개선 여부를 점검하는 등 안전·보건상의 관리업무를 하는 조직이다.

따라서 전담 조직에서 안전·보건 업무를 수행하는 자는 소방, 시설관리, 전기 등의 업무를 함께 수행할 수 없고 생산관리, 일반 행정 등 안전·보건관리와 상충되는 업무도 함께 수행할 수 없다.

(8) 전담 조직 업무를 안전관리자가 수행 금지

상시 근로자 300인 이상인 사업장의 전담 안전관리자(보건관리자)는 산업안전보건법 시행령에서 정한 업무만을 하도록 규정하고 있다. 만약 안전관리자(보건관리자)가 중대재해처벌법상 전담 조직의 관리업무를 수행하게 되면 산업안전보건법 위반으로 볼 수 있다. 더 나아가 중대재해처벌법상 안전보건 관계 법령에 따른 의무 이행에 필요한 관리상의 조치를 위반한 것으로 볼 수 있다.

산업안전보건법 제25조 제1항 제1호의 안전 및 보건관리 조직은 산업안전보건법상 의무를 이행하기 위한 사업장을 관리하는 조직을 의미한다. 반면에 중대재해처벌법상 전담 조직은 사업 또는 사업장 전체를 관할하고 경영책임자의 안전 및 보건 확보의무 이행을 위한 집행 조직이다. 구성원은 실질적으로 전체 사업 또는 사업장에 대한 법 제4조 및 제5조에 따른 의무 이행을 총괄·관리하는 직무를 수행하는 조직이다.

물론 안전관리자, 보건관리자 등 안전보건관리체계를 구성하는 산업안전보건법상 전문 인력으로 구성되는 조직과 전담 조직의 업무가 일부 중첩되는 부분도 있지만 각 법령에 따른 기능과 역할이 다르게 부여된 점에 차이가 있으므로 각 법령상 의무에 맞게 조직을 구성하여 운영할 필요가 있다.

(9) 법인별 안전·보건 전담 조직의 구성 운영

중대재해처벌법 제3조에서 말하는 사업 또는 사업장이란 경영상 일체를 이루면서 유기적으로 운영되는 기업 등 그 조직 그 자체를 의미한다. 통상적으로 법인이 다른 경우 각각의 법인을 하나의 조직으로 보고 있다.

따라서 각 법인의 경영책임자 등이 각자 중대재해처벌법상 안전 및 보건 확보의무를 이행하여야 한다. 이때 전담 조직은 각 법인별로 구성, 운영하여야 한다.

하나의 법인인 국립대학병원에 주사무소(본원), 분사무소(분원)가 있고 각각 병원장이 관리하는 경우 중대재해처벌법상 전담 조직을 본원과 분원에 각각 설치해야 하는지에 대해 알아보면 다음과 같다.

중대재해처벌법 제2조 제9호에 따른 경영책임자 등은 사업을 대표하고 사업을 총괄하는 권한과 책임이 있는 사람이다. 국립대학 병원의 경우 병원장이 대학병원을 대표하고 대학병원의 업무를 총괄하므로 경영책임자에 해당된다. 다만 하나의 법인에 독립성을 가진 복수의 사업부문을 두고 별개의 사업장으로 평가될 수 있는 경우 각 사업을 대표하고 총괄하는 권한과 책임이 있는 사람이 각자 해당 사업부문의 경영책임자에 해당할 수 있다.

따라서 본원과 분원의 운영 형태 및 인사, 예산, 조직 운영의 독립성, 각 병원장의 직무, 책임과 권한 및 의사결정 구조 등을 종합적으로 검토하여 본원과 분원의 병원장이 각각 경영책임자에 해당한다면 각각 법령상 의무를 이행하여야 한다. 전담 조직 설치는 이에 따라 이행하여야 한다.

외국법인(A기업)이 100% 출자한 국내법인(B, C기업)이 있을 경우 전담 조직을 A기업에 두고 B, C기업의 안전보건 업무를 총괄·관리하게 하는 것이 가능할까에 대해 알아보면 다음과 같다.

중대재해처벌법 제3조의 사업 또는 사업장으로 볼만한 특별한 사정이 없는 한 전담 조직은 법인 단위로 설치하면서 해당 법인의 전체 사업장에 대한 안전보건에 관한 업무를 총괄·관리하면 된다.

만약 B기업만 전담 조직 설치대상이라면 B기업에만 전담 조직을 설치하면 된다. B기업의 전담 조직이 C기업의 안전보건에 관한 업무까지 총괄·관리하는 것은 아니다.

(10) 전담 조직에서 중대시민재해 업무수행 여부

중대시민재해 관련 업무는 중대재해처벌법 제9조 및 시행령 제8조부터 제11조까지의 규정에 따라 이용자 또는 그 밖의 사람을 위하여 해당 의무를 이행하는 것이다.

법 제4조 및 제5조에 따라 종사자를 대상으로 한 안전 및 보건 확보의무 이행과는 보호대상, 적용 범위 등에서 차이점이 있다.

중대산업재해예방과 중대시민재해예방 의무를 모두 부담하는 개인 사업주 또는 경영책임자의 경우 종사자와 시민이 혼재되어 있는 장소 등에서 안전 및 보건 확보의무 이행 시 그 내용에 있어 중복되는 부분이 있을 수 있다.

이와 같은 부분의 경우 사업장의 개별적이고 구체적인 사정을 고려하여 전담 조직에서 중대시민재해 관련 업무를 수행하는 경우도 있을 수 있으므로 전담 조직에서 중대시민재해 업무를 수행한다는 사실만으로 위법 여부를 판단할 수는 없다. 그러나 중대시민재해 관련 업무수행으로 인해 전담 조직 본래의 기능을 상실하지 않도록 할 필요가 있다.

2.5 고용노동부 질의회시

(1) 중대재해처벌법 상 전담 조직이 산업안전보건법상 관련 업무수행이 가능한지 여부

전담 조직에서 안전보건관리규정 작성이나 산업안전보건위원회 운영을 하는 경우 중대재해처벌법 위반인지 여부가 궁금할 것이다.

고용노동부 질의회시(중대산업재해감독과 - 2866, 2022.7.25.)에 따르면 "중대재해처벌법상 전담 조직은 안전보건에 관한 업무를 총괄·관리하여야 하며 구체적으로는 사업 또는 사업장의 안전보건관리체계를 관리·감독하는 등 개인 사업주 또는 법인의 경영책임자 등을 보좌하고 개인사업주나 법인 또는 기관의 안전보건에 관한 컨트롤 타워(Control Tower)로서 역할을 수행해야 한다.

이러한 점을 고려할 때 전담 조직은 각 사업장의 직접적인 안전 및 보건조치에 관한 업무를 수행하는 것이 아니라 사업장 업무수행에 대한 유해·위험요인의 개선 여부를 점검하는 등 안전보건상의 관리업무를 하는 조직"이라는 입장이다.

전담 조직은 독립된 조직으로 구성하여 전체사업 또는 사업장의 안전 및 보건에 관한 업무만 전담하도록 하고 그 구성원도 해당 업무만 전담하여 수행하는 것이 바람직하다. 만약 회사 내 EHS 본부가 환경업무와 함께 안전 및 보건에 관한 업무를 하는 경우는 산업안전보건법상 사업장의 안전보건에 관한 업무를 수행해온 산업안전팀, 환경팀을 별도로 구분함으로써 안전 및 보건에 관한 총괄·관리업무를 전담하여 수행하는 인력과 조직을 구분해 주는 것이 좋다.

상시 근로자 300인 이상인 사업장의 전담 안전관리자(보건관리자)는 산업안전보건법 시행령에서 정한 업무만 하도록 하고 있어 중대재해처벌법상 전담 조직의 관리업무를 수행하게 할 경우 산업안전보건법 위반으로 볼 수 있다. 더 나아가 중대재해처벌법상 안전보건 관계법령에 따른 의무 이행에 필요한 관리상의 조치를 위반한 것으로 볼 수 있다.

(2) 전담 조직 구성단위 판단

중대재해처벌법 시행령 제4조 제2호에 따라 안전보건에 관한 업무 총괄·관리하는 전담 조직 구성과 관련하여 상시 근로자 수가 6,000명 이상이고 사업별로 사업본부가 구분되어 있다면 본부별 전문 인력 외에 회사 전체를 관할하는 별도의 조직을 구성해야 하는지가 궁금할 것이다.

고용노동부 질의회시(중대산업재해감독과 - 1720, 2021.12.20.)에 따르면 "전담 조직은 사업 또는 사업장 전체를 관할하므로 사업장이 여러 곳에 분산되어 있는 경우라도 각 사업장별로 두어야 하는 안전관리자 및 보건관리자와 같은 전문 인력 외에 별도의 인력으로 조직을 구성하여야 한다. 회사 내에 독립성이 없는 여러 사업 부분을 둔 경우 각 본부별로 전문 인력을 선임했다 하더라도 그와는 별도로 사업 또는 사업장 전체를 관할하는 전담 조직을 구성"하여야 한다.

중대재해처벌법 시행령 제4조 제2호에 따른 안전보건에 관한 업무를 총괄·관리하는 전담 조직은 경영책임자의 안전 및 보건 확보의무 이행을 위한 집행조직으로서 실질적으로 전체 사업 또는 사업장에 대한 법 제4조 및 제5조에 따른 의무 이행을 총괄하여 관리할 수 있어야 하기 때문이다.

다만 하나의 회사에 여러 사업부문이 독립성을 가지고 분리되어 있어 별개의 사업으로 평가될 수 있고 각 사업별로 대표이사를 선임하는 등 그 사업을 대표하고 총괄하는 권한과 책임이 있는 자가 있다면 각 사업 부문별로 안전보건에 관한 업무를 총괄하는 전담 조직을 구성하여야 한다. 그 전담 조직은 산업안전보건법상 전문 인력과 같이 특정 사업장의 안전보건에 관한 업무가 아닌 전체 사업 또는 사업장의 안전보건에 관한 업무를 총괄·관리해야 하므로 해당 전문 인력과는 별도로 구성하여야 한다.

(3) 사업 또는 사업장 구분

어떤 회사 A가 타사 B와 50대 50으로 투자한 합작회사(조인트벤처사)의 경우 별도의 법인임에도 A사 전담 조직이 관리해야 하는지 여부가 궁금할 것이다.

고용노동부 질의회시(중대산업재해감독과 - 2839, 2022.7.22.)에 따르면 "각 법인의 경영책임자 등이 각자 중대재해처벌법상 안전 및 보건 확보의무를 이행하여야 하며 전담 조직은 각 법인별로 구성·운영하여야 한다"라는 입장이다. 중대재해처벌법 제3조에서 말하는 사업 또는 사업장이란 경영상 일체를 이루면서 유기적으로 운영되는 기업 등 그 조직 그 자체를 의미하며 사업장이 장소적으로 인접할 것을 요하지는 않고 있다. 통상적으로 법인이 다른 경우 각각의 법인을 하나의 조직으로 보고 있다.

만약 A, B, C가 하나의 법인에 소속된 사업장이라면 A, B, C의 전문 인력 수를 합산하여 계산하고 각각의 법인인 경우는 법인별로 전문 인력 수를 계산하게 된다(중대산업재해감독과 - 602, 2022.2.17.).

(4) 전담 조직은 사업장마다 별도로 두어야 하는지 여부

어떤 회사의 본사는 A시(200명), 지사는 B시(390명)에 위치하고 있다. 이때 중대재해처벌법상 전담 조직을 각 사업장별로 별도로 구성하여야 하는지가 궁금할 것이다.

고용노동부 질의회시(중대산업재해감독과 - 1945, 2021.12.15.)에 따르면 "전담 조직은 전체 사업 또는 사업장 전체를 관할하므로 사업장이 여러 곳에 분산되어 있는 경우라도 각 사업장별로 두어야 하는 안전관리자 및 보건관리자 등 전문 인력 외에 별도의 인력으로 전담 조직을 구성"하여야 한다. 전담 조직은 특정 사업장의 안전보건이 아닌 전체 사업 또는 사업장의 안전보건에 관한 업무를 총괄 관리하여야 하므로 경영책임자 직속 조직으로서 본사에 해당하는 사업장에 두는 것이 바람직하다.

이때 전담 조직은 중대재해처벌법 시행령 제4조 제2호에 따른 안전보건에 관한 업무를 총괄하여 관리하는 전담 조직으로서 경영책임자의 안전 및 보건 확보의무 이행을 위한 집행조직이다.

전담 조직은 실질적으로 전체 사업 또는 사업장에 대한 법 제4조 및 제5조에 따른 의무 이행을 총괄하여 관리할 수 있어야 한다.

고용노동부 질의회시(중대산업재해감독과 - 602, 2022.2.17.)에 따르면 "전담 조직을 반드시 본사에 두어야 하는 것은 아니다. 그러나 전담 조직의 기능과 역할에 비추어 경영책임자가 업무를 수행하는 곳에 설치하는 것이 바람직하다"라는 입장이다.

한편 사업장이 여러 곳에 분산되어 있는 경우에는 각 사업장에 두고 있는 전문 인력 외에 별도의 인력으로 전담 조직을 구성해야 한다. 중대재해처벌법은 전담 조직원의 자격, 인원 등 구성방법에 관하여 구체적으로 규정하고 있지 않으므로 사업 또는 사업장의 특성과 규모 등을 종합적으로 고려하여 자율적으로 전담 조직을 구성할 수 있다.

(5) 두 회사를 하나의 전담 조직으로 관리할 수 있는지 여부

A사와 B사는 각각 서로 다른 법인이나 최종결재권자인 대표이사가 같은 경우 두 회사를 아우르는 전담 조직을 한 회사에 설치해도 되는지 여부가 궁금할 것이다.

고용노동부 질의회시(중대산업재해감독과 - 600, 2022.2.17.)에 따르면 "각 법인의 경영책임자 등이 각자 중대재해처벌법령상 안전 및 보건 확보의무를 이행하여야 하며 전담 조직은 각 법인별로 구성, 운영하여야 한다"라는 입장이다.

중대재해처벌법 제3조에서 말하는 사업 또는 사업장이란 법인이 다른 경우 각각 법인을 하나의 조직으로 보기 때문이다.

(6) 기업규제완화법에 따라 산업안전보건법 의무가 완화된 경우 전담 조직 구성 의무 발생 여부 판단

어떤 회사는 현재 근로자 수 500명 이상으로서 안전관리자, 보건관리자가 총 2명인 사업장에서 산업안전보건법 제22조에 해당하는 산업보건의를 기업규제완화법에 의해 고용을 하지 않은 상태인 경우 중대재해처벌법에 따른 전담 조직을 구성 운영하여야 할 의무가 있는지 여부가 궁금할 것이다.

고용노동부 질의회시(중대산업재해감독과 - 633, 2022.2.18.)에 따르면 "산업안전보건법에 따라 배치해야 하는 안전관리자 등 전문 인력의 수와 실제 배치한 전문 인력의 수가 다른 경우에도 중대재해처벌법 시행령 제4조 제2호는 같은 조 제6호와 다르게 다른 법령에 달리 정한 경우 이에 따른다는 내용을 규정하고 있지 않는다. 고용노동부는 기업활동규제완화에 관한 특별조치법에 따라 배치한 것으로 간주되는 산업안전보건법에 따른 안전관리자 등 전문 인력도 원칙적으로 개인사업주나 법인 또는 기관이 모든 사업장에 두어야 하는 전문 인력의 수 산정 시 포함되어야 한다"라는 입장이다.

이 경우 회사(법인) 전체의 모든 사업장에 두어야 하는 안전관리자 등 전문 인력의 수를 합산하여 3명 이상이고 모든 사업장의 상시 근로자를 합산하여 500명 이상에 해당하는 것으로 보아 중대재해처벌법 시행령 제4조 제2호에 따른 전담 조직을 구성해야 한다.

(7) 산업안전보건법상 전문 인력을 위촉 또는 위탁한 경우 전담 조직 구성 의무 판단

사업장별 안전보건 전문 인력의 합이 3명 이상인지 여부를 판단할 때 어떤 회사는 현재 상시근로자 500명인 사업장으로서 산업보건의를 선임하지 않고 위촉하여 해당 사업장에 직접 고용되지 않은 경우도 전문 인력에 포함하여 판단해야 하는지 여부가 궁금할 것이다.

고용노동부 질의회시(중대산업재해감독과 - 1971, 2022.5.26.)에 따르면 "중대재해처벌법 시행령 제4조 제2호에 따른 전담 조직 설치의 요건인 산업안전보건법 제17조부터 제19조까지 및 제22조에 따라 두어야 하는 안전관리자 등 전문 인력의 수는 전체 사업 또는 사업장에서 선임해야 할 의무가 있는 전문 인력의 수로 판단한다"라는 입장이다.

회사(법인) 전체의 모든 사업장에 두어야 하는 안전관리자 등 전문 인력의 수를 합산하여 3명 이상이고 모든 사업장의 상시 근로자를 합산하여 500명 이상에 해당되는 경우에는 중대재해처벌법 시행령 제2조 제2호에 따른 전담 조직을 구성해야 한다.

또한 고용노동부 질의회시(중대산업재해감독과 - 2237, 2022.6.13.)에 따르면 "산업안전보건법 제17조 제5항에 따라 안전관리자 등의 업무를 안전관리전문기관에 위탁하거나 기업규제완화법 제29조에 따라 안전관리자를 채용한 것으로 간주하는 경우와 같이 해당 사업 또는 사업장에 실제로 전문 인력을 두지 않는 경우라도 중대재해처벌법상 전담 조직을 설치"해야 한다.

왜냐하면 안전관리자 등 전문 인력의 수는 전체 사업 또는 사업장에서 선임해야 할 의무가 있는 전문 인력의 수로 판단하기 때문이다.

(8) 안전관리자 선임 의무가 없는 감리업체에 대한 전담 조직 설치 의무

사업자등록증에 건축엔지니어링이라고 명시된 감리업체의 경우 전담 조직 설치 여부가 궁금할 것이다.

고용노동부 질의회시(중대산업재해감독과 - 1512, 2022.5.2.)에 따르면 "산업안전보건법에 따라 안전관리자, 보건관리자 등을 선임하여야 할 의무가 없다면 중대재해처벌법상 전담 조직 설치 의무도 없다. 다만 산업안전보건법을 적용하는 사업의 종류는 사업자등록증만으로 판단하는 것이 아니라 통상 한국표준산업분류 기준에 따라 구분하므로 그에 따라 사업의 종류를 판단하고 법 적용 여부를 결정해야 한다"라는 입장이다.

만약 감리업체의 일부 사업부에서 시공책임형 건설사업관리(CM at Risk)형태의 사업을 영위하며 산업안전보건법에 따라 선임한 안전관리자가 3명 이상이 된다면 전담 조직을 해당 사업부에만 두는지 여부도 궁금할 것이다.

이 경우 중대재해처벌법 제3조의 사업 또는 사업장이란 경영상 일체를 이루면서 유기적으로 운영되는 기업 등 조직 그 자체를 의미하며 사업장이 장소적으로 인접할 것을 요구하지 않고 있다. 따라서 전담 조직 설치 의무 역시 사업 또는 사업장 전체를 기준으로 판단하여야 한다. 따라서 사업 또는 사업장 전체를 기준으로 선임하여야 하는 안전관리자 등 전문 인력 3명 이상이고 상시 근로자가 500명 이상이면 사업 또는 사업장 전체의 안전보건에 관한 업무를 총괄·관리하는 전담 조직을 설치해야 한다.

(9) 계열사들로부터 파견 받은 인원으로 지주회사의 전담 조직을 구성해도 되는지 여부

계열사들로부터 파견받은 인원으로 전담 조직을 구성하여 지주회사의 각종 안전업무를 수행해도 되는지 여부가 궁금할 것이다.

고용노동부 질의회시(중대산업재해감독과 - 3227, 2022.8.18.)에 따르면 전담 조직은 경영책임자의 안전 및 보건 확보의무 이행을 위한 집행조직으로서 실질적으로 전체 사업 또는 사업장에 대한 중대재해처벌법 제4조 및 제5조에 따른 의무 이행을 총괄하여 관리하는 업무를 수행하게 된다.

전담 조직의 경우 안전보건에 관한 업무를 총괄·관리하지만 전담 조직의 인원, 자격 등 구성 방법에 관하여 규정하고 있지는 않다.

고용노동부는 "그룹 내 계열사로부터 전출 받아 전담 조직을 구성하고 이들로 하여금 지주회사의 안전보건에 관한 업무를 총괄·관리하는 것도 가능할 것이지만 전담 조직 업무 수행의 전문성과 연속성 등을 위해서는 지주회사 소속 근로자들로 전담 조직을 구성하는 것이 바람직하다"라는 입장이다.

(10) 산업안전보건법상 안전 및 보건에 관한 관리조직이 있는 경우에도 전담 조직을 두어야 하는지 여부

산업안전보건법 제25조 제1항 제1호의 안전 및 보건에 관한 관리조직이 있는 경우에도 중대재해처벌법상 전담 조직을 추가로 구성해야 하는지 여부가 궁금할 것이다.

고용노동부 질의회시(중대산업재해감독과 - 1971, 2022.5.26.)에 따르면 "산업안전보건법 제25조 제1항 제1호의 안전 및 보건에 관한 관리조직은 산업안전보건법상 의무를 이행하기 위한 사업장을 관리하는 조직을 의미하고, 중대재해처벌법상 전담 조직은 사업 또는 사업장 전체를 관할하고 경영책임자의 안전 및 보건 확보의무 이행을 위한 집행조직이다.

이때 구성원은 실질적으로 전체 사업 또는 사업장에 대한 법 제4조 및 제5조에 따른 의무 이행을 총괄·관리하는 직무를 수행하는 조직을 의미한다"라고 보고 있다.

특히 안전관리자, 보건관리자 등 안전보건관리체계를 구성하는 산업안전보건법상 전문 인력으로 구성되는 조직과 전담 조직의 업무가 일부 중첩되는 부분도 있지만 각 법령에 따른 기능과 역할이 다르게 부여된 점에 차이가 있다. 따라서 각 법령상 기준에 맞게 조직을 구성하여 운영할 필요가 있다.

(11) 중대산업재해가 발생하면 전담 조직의 부서장도 형사처벌 대상인지 여부

중대산업재해가 발생하면 전담 조직의 부서장도 형사처벌 대상인지 여부가 궁금할 것이다.

고용노동부 질의회시(중대산업재해감독과 - 640, 2022.2.21.)에 따르면 "중대재해처벌법상 전담 조직은 안전보건에 관한 업무를 총괄·관리하여야 하며 구체적으로는 사업 또는 사업장의 안전보건관리체계를 관리·감독하는 등 개인사업주 또는 법인의 경영책임자 등을 보좌하고 개인사업주나 기관의 안전보건에 관한 컨트롤 타워로서의 역할을 수행하게 된다.

중대재해처벌법상 종사자에 대한 안전 및 보건 확보의무 이행 주체는 개인사업주 및 경영책임자 등이다. 전담 조직의 부서장은 이에 해당하지 않으므로 중대재해처벌법상 형사처벌 대상에는 해당되지 않는다"라는 입장이다.

(12) 의무는 아니지만 전담 조직을 자율적으로 구성, 운영 중인 경우

어떤 회사는 산업안전보건법상 안전관리자, 보건관리자 선임의무가 없는 사업장으로 중대재해처벌법상 전담조직 설치의무가 없다. 자율적으로 전담 조직을 설치한 경우도 안전관리자 외 2명의 인력으로 전담 조직을 구성해야 하는지가 궁금할 것이다.

고용노동부 질의회시(중대산업재해감독과 - 2127, 2022.6.8.)에 따르면 "의무가 아닌 전담 조직을 설치한 경우 사업 또는 사업장 규모 및 특성 등을 반영하여 전담 조직을 자율적으로 운영할 수 있을 것으로 보고 있다. 그러나 기왕이면 나머지 법령상 의무를 이행하여 회사의 안전보건관리체계를 구축하고 이행하는 데 도움이 되도록 운영하는 것이 바람직하다"라는 입장이다.

고용노동부는 법적 의무가 아닌 자율적으로 법령상 의무를 이행한 경우까지 법령해석 기준을 근거로 행정상 혹은 사법적 조치를 할 수 없다고 보고 있다. 일반적으로 법령에 대한 해석 기준은 경영책임자 등이 중대재해처벌법상 의무를 이행하는 데 도움이 되도록 한 기준이며 사업장에서 중대산업재해가 발생하였을 때 법령상 의무를 제대로 이행하였는지 여부를 판단하기 위한 기준이기 때문이다.

2.6 유의사항

구분	유의사항
전담 조직 설치도	1. 조직도 상 전담 조직 설치 여부 확인 • 전문 인력 총 3명(위탁인력 포함) + 상시근로자 수가 500명 이상 또는 시공능력 순위 상위 200위 이내 건설사업자 • 2명 이상 2. 전담 조직 설치 의무 아닌 경우 • 전문 인력 채용 배치 또는 외부 안전·보건 전문기관 등에 위탁 현황
독립적 권한 부여	1. 권한 부여 • 안전보건 확보를 위한 안전보건 조직(담당자)의 제안이 원활하게 이행될 수 있도록 조직체계 구성 • 안전보건담당 조직을 경영자 직속기구로 배치 여부
전담 조직 구성원 현황표	1. 전담 조직 구성원 자격, 학력, 경험 현황 • 개인별 보유 자격증, 학력, 경력 등
전담 조직 업무 분장표	1. 담당업무 분장표 : 안전보건관리 규정 등에 회사의 안전보건관리 조직 구성원의 업무분장 내용 포함 • 전체 사업 또는 사업장을 총괄·관리(특정 사업장 관리금지) • 안전·보건과 무관 업무수행 금지 2. 권한과 책임감, 독립성 부여
안전보건 관리체계 점검 및 개선, 확인	1. 체계 점검 • 안전보건관리체계가 내부규정에 따라 운영되는지 여부 정기적(반기 1회 이상) 확인 • 안전보건관리체계 점검팀 구성, 점검 종류, 점검 주기, 점검 방법 등을 내부규정으로 정하여 운영 확인 • 산업재해 발생 시 사고 원인조사를 위해 조사팀을 구성하여 현장의 문제점 조사 확인 • 산업재해 발생 시 사고의 근원적인 원인을 찾기 위한 업무절차(특별점검)가 수립되어 있고, 근원적인 원인에 대한 개선이 이루어졌는지 여부 확인 • 안전보건 관계 법령에 따른 의무를 이행했는지 반기 1회 이상 점검 확인(직접 점검하지 않고 대행한 경우에는 점검이 끝난 후 지체없이 점검 결과를 보고 받았는지 여부 확인) 2. 체계 개선 • 평가 및 점검결과 발견된 문제 및 개선방안(조치계획)을 경영층에게 보고하고 근로자에게 교육 등을 통해 전파하는지 여부 확인 • 도출된 문제 및 개선방안 마련 시 근원적인 문제점이 개선되도록 충분한 자원(인력, 예산 등)을 배정하는지 여부 확인 • 평가 및 점검 결과 마련된 개선방안은 개선 시기, 담당, 예산·인력 배정안을 포함하여 조치계획을 수립하는지 여부 확인

2.7 안전보건에 관한 업무를 총괄 관리하는 전담 조직 설치 의무사항 이행점검표

<table>
<tr><td>
안전보건에 관한 업무를 총괄 관리하는 전담 조직 설치 가이드 및 점검표

○ 점검일 :
○ 부서명 :
○ 점검자 : (인)
</td></tr>
</table>

□ 점검 주요 내용

구분	주요 내용	비고(관련근거)
1. 관련 근거	○ 중대재해처벌법 시행령 제4조 제2호 (안전보건에 관한 업무를 총괄 관리하는 전담 조직을 둘 것)	중대재해 해설서 준용 점검 및 관리

□ 전담 조직 구성

<table>
<tr><td>안전보건 전담 조직도</td></tr>
</table>

□ 안전보건관리 부서 구성과 주요 업무

연번	직급/직위	성명	주요 업무
1	부장		• 업무 총괄
2	차장		• 중대산업재해예방 의무사항 이행관리 총괄
3	과장		• 중대산업재해예방관련 업무총괄(중대산업재해 전담) • 중대재해예방 매뉴얼 관리 및 조치 총괄
4	과장		• 중대산업재해예방관련 업무 • 안전보건관리계획 수립 및 이행점검
5	대리		• 중대산업재해예방을 위한 업무처리절차 관리
6	선임		• 중대산업재해예방관련 전담 • 안전보건관리책임자 등의 업무평가 총괄

3 유해·위험요인 확인 개선 절차 마련, 점검 및 필요한 조치

3.1 관련 조문

중대재해처벌법 시행령 제4조(안전보건관리체계의 구축 및 이행 조치) 제3호에서는 사업 또는 사업장의 특성에 따른 유해·위험요인을 확인하여 개선하는 업무절차를 마련하고, 해당 업무절차에 따라 유해·위험요인의 확인 및 개선이 이루어지는지를 반기 1회 이상 점검한 후 필요한 조치를 하도록 규정하고 있다. 다만, 「산업안전보건법」 제36조에 따른 위험성평가를 하는 절차를 마련하고 그 절차에 따라 위험성평가를 직접 실시하거나 실시하도록 하여 실시 결과를 보고 받은 경우는 해당 업무절차에 따라 유해·위험요인의 확인 및 개선에 대한 점검을 한 것으로 보고 있다.

시행령 제4조(안전보건관리체계의 구축 및 이행 조치) 제3호

3. 사업 또는 사업장의 특성에 따른 유해·위험요인을 확인하여 개선하는 업무절차를 마련하고, 해당 업무절차에 따라 유해·위험요인의 확인 및 개선이 이루어지는지를 반기 1회 이상 점검한 후 필요한 조치를 할 것. 다만, 「산업안전보건법」 제36조에 따른 위험성평가를 하는 절차를 마련하고, 그 절차에 따라 위험성평가를 직접 실시하거나 실시하도록 하여 실시 결과를 보고받은 경우에는 해당 업무절차에 따라 유해·위험요인의 확인 및 개선에 대한 점검을 한 것으로 본다.

3.2 조문의 취지

중대재해가 발생하지 않으면 당연히 중대재해처벌법에 따른 경영책임자에 대한 처벌도 없다. 따라서 중대재해를 예방하는 것이 핵심이다. 사업 또는 사업장의 유해·위험요인을 확인하고 개선하는 것이 매우 중요하기 때문에 사업장 내 중대재해를 발생시킬 수 있는 모든 유해·위험요인을 확인 및 개선하는 절차를 마련하고 실제로 이것이 이행되는지 여부를 확인하도록 하고 있다.

3.3 실행전략

① 유해·위험요인 확인 및 개선 업무절차를 담은 위험성평가 실시 규정 수립
  ㉠ 유해·위험요인 확인 및 개선대책 수립 및 이행과 이행 여부의 점검 및 확인절차까지 포함
  ㉡ 위험요인 발굴 및 신고창구 설치와 종사자 의견을 청취하는 절차 마련
  ㉢ 위험요인별 제거·대체·통제 방안과 미개선 시 작업 중지와 조치가 완료된 후 작업을 개시하도록 하는 내용 포함
② 반기 1회 이상 유해·위험요인 확인 및 개선 점검과 이에 관한 실질적 조치 이행
③ 반기 1회 이상 주기적으로 점검하고 대표이사에게 보고할 것
④ 점검결과 개선사항에 대해서는 필요한 조치를 할 것

3.4 실행방법

(1) 유해·위험요인을 일정한 기준에 따라 파악하고 기록

유해·위험요인을 일정한 기준에 따라 파악하고 기록해야 한다. 이를 위해 사전에 사업장별로 보유하고 있는 위험 기계·설비, 유해·위험물질 등의 리스트를 작성하고 위험장소 및 작업형태별 위험요인을 파악할 필요가 있다.

위험요인에 대한 정보를 수집하고 파악된 위험요인은 아래와 같은 유형별로 분류할 필요가 있다.

① 모든 기계·기구·설비의 위험유무 파악
② 산업재해, 아차사고가 발생한 기계는 반드시 위험요인으로 분류
③ 작업 장소 및 작업형태별 위험요인 파악

특히 작업환경이 수시로 변하는 건설현장은 위험장소와 위험작업을 공정의 변화에 맞춰 계속해서 파악해야 한다.

표 2.10 위험 기계·설비 목록 작성 예시

NO	기계·기구·설비명(관리번호)	용량	단위 작업 장소	수량	검사 대상	방호 장치	점검 주기	발생가능 재해형태
1	프레스 (P-1~5)	10ton	1공장	5	산안법 안전검사	광전자식	3개월	끼임
2	프레스 (P-6~10)	30ton	2공장	5	산안법 안전검사	광전자식	3개월	끼임
3	지게차 (A-1,2)	5ton	외부	2	건설기계 관리법 검사	법정방호 장치	1개월	부딪힘, 넘어짐
4	크레인 (C-1,2,3)	20ton	1공장	3	산안법 안전검사	과부하방지, 훅해지장치, 권고방지장치	3개월	부딪힘, 끼임
5	크레인 (C-4,5,6)	10ton	2공장	3	산안법 안전검사	과부하방지, 훅해지장치, 권고방지장치	3개월	부딪힘, 끼임

표 2.11 유해위험 물질, 작업별 위험관리 목록 작성 예시

화학 물질	CAS NO	분자식	폭발 한계(%)		노출 기준	독성치	인화점 (℃)	발화점	증기압 (20℃, mmHg)	부식성 유무	이상 반응 유무	일일 사용량	저장량
			하한	상한									
메틸 알코올	67-56-1	CH_3OH	5.5	4.4	200 ppm	LD_{50} 6,200 mg/kg Rat, LD_{50} 15,800 mg/kg Rabbit, LC_{50} 64,000 ppm /4hr Rat	9.7	464	127	×	고인화성, 자극성·부식성·독성가스	0.2m³	1 m³

① 유해·위험물질은 제출대상 설비에서 제조 또는 취급하는 모든 화학물질을 기재
② 증기압은 상온에서 증기압을 말한다.
③ 부식성 유무는 있으면 ○, 없으면 ×로 표시
④ 이상반응 여부는 그 물질과 이상반응을 일으키는 물질과 그 조건(금수성 등)을 표시하고 필요시 별도로 작성
⑤ 노출기준에는 시간가중평균노출기준(TWA)을 기재
⑥ 독성치에는 LD50(경구, 쥐), LD50(경피, 쥐 또는 토끼) 또는 LC50(흡입, 4시간 쥐) 기재

표 2.12 작업별 위험관리 대장 활용 서식 예시

단위 작업 장소	작업내용	위험 코드	관련기계·기구·설비 (관리번호)	화학 물질명 (CAS No)	발생 가능 재해형태	관련 협력 업체	위험성	비고
P1 구역	지게차 이용 운반 작업	H-P1 -01	지게차 (○○○○)		부딪힘	無	고	작업지휘자 배치
	하부피트				질식			
Q2 구역	화학물질 보충작업		○○탱크 (○○○○)	톨루엔	화재·폭발, 급성 중독	有	고	작업허가서 발급 대상
세척실	부품 세척작업		세척조 (○○○○)	트리 클로로 메탄	급성중독	有	고	- 국소배기장치 성능평가 대상 - 방독 마스크 밀착도 검사

유해·위험요인은 회사의 조직 문화, 설비와 취급물질, 비상상황, 수급인(근로자), 방문객, 인근 주민 등 안전에 영향을 줄 수 있는 요인들을 고려하여 파악해야 한다.

표 2.13 유해·위험요인 파악 기준(ISO 45001 : 2018) 예시

구분	유해·위험요인
조직 문화적 측면	안전을 경시하는 풍토, 과중한 노동, 각종 차별과 괴롭힘 등
설비와 취급물질 등	위험기계, 유해인자, 위험장소, 작업형태
비상시, 긴급상황 발생	화재, 폭발, 천재지변
위험도에 영향을 주는 사람	수급인(근로자), 방문객, 지역주민 등

(2) 유해·위험요인 파악을 위해 위험성평가 적극 활용

사업장 내 위험한 장소와 기계·기구 및 유해인자에 대한 대책을 마련해야 한다. 유해·위험요인 파악을 위해 위험성평가(산업안전보건법 제36조)를 적극 활용할 필요가 있다.

위험성평가 실시(최초, 정기, 수시, 상시)를 통해 위험요인별 우선순위를 결정하고 제어대책을 마련한 후 조치할 자와 확인자를 지정하여 이행에 관한 책임과 역할을 주지시킬 필요가 있다. 위험성평가 시 근로자를 참여시키고 의견을 반영(서명 필수)하고 그 결과를 안전교육,

안전 활동(TBM), 일상점검에 활용할 필요가 있다.

위험성평가 절차를 마련하고 실시하여 결과를 보고받았다면 중대재해처벌법상 유해·위험요인의 확인 및 개선에 대한 점검을 한 것으로 본다. 위험성평가에 관해서는 고용노동부 고시에서 절차를 자세히 설명하고 있으니 내용을 확인하고 이행할 필요가 있다.

일반적으로 중소기업은 유해·위험요인의 수가 상대적으로 적고 단순하므로 정밀한 진단이 아니더라도 일정한 정보와 가이드를 통해 파악할 수 있고 대책 마련이 가능하다.

① 추락의 위험이 있는 장소 파악
② 안전난간, 추락 방호망 등 설치
③ 안전모·안전대 등 보호구 착용
④ 종사자 대상 숙지 교육

사업장 내 모든 종사자로부터 유해·위험요인을 발굴하여 신고하도록 하는 절차를 마련하고 개선 여부를 확인해야 한다.

유해·위험요인을 개선하는 과정 중에는 관련 작업을 반드시 중지하며 개선이 완료된 이후에 작업이 진행되도록 절차를 마련해야 한다.

표 2.14 위험성평가 회의 결과 양식

위험성평가 회의 결과

○ 회의일시, 장소

회의일시	20 년 월 일
회의장소	(회의실)

○ 회의내용

- 위험성평가 추진을 위한 계획수립의 적정성
- 위험성평가 실시에 따른 책임과 역할 부여
- 위험성평가와 관련한 관심사항 토론 등

○ 회의 사진

위험성평가 회의 사진 또는 회의자료 등

○ 참석자 명단

소속/직책	성명	서명	소속/직책	성명	서명

(3) 유해·위험요인 감소대책은 재해감소 효과성이 큰 순서대로 실행

유해·위험요인에 대한 감소대책은 재해감소의 효과성이 큰 순서대로 실행하는 것이 원칙이다.

① 유해·위험요인이 있다면 유해·위험요인을 아예 제거
② 제거가 어렵다면 유해위험이 낮은 작업방식이나 시설, 물질로 대체
③ 유해·위험요인의 대체도 어렵다면 유해·위험 수준을 줄일 수 있도록 방호덮개, 안전난간을 설치하는 등의 통제를 실시(공학적·기술적 통제)
④ 작업방법 변경이나 작업허가제 도입 등의 관리방법을 실행(행정적 통제)

끼임위험 기계기구, 밀폐공간 작업에서도 재해감소 대책의 효과성이 큰 순서대로 실행하는 것은 마찬가지이다. 중소기업에서 유해·위험요인을 제거하거나 통제할 수 없는 불가피한 사유가 있다면 작업방식을 감독하거나 위험작업은 허가제로 운영하는 등의 방법으로라도 관리를 해야 한다. 작업절차서 등 안전수칙에 따라서 행동할 수 있도록 적극적인 교육을 실시하거나 수칙을 준수한 작업자에게는 인센티브를 부여하는 것도 좋은 방법이다.

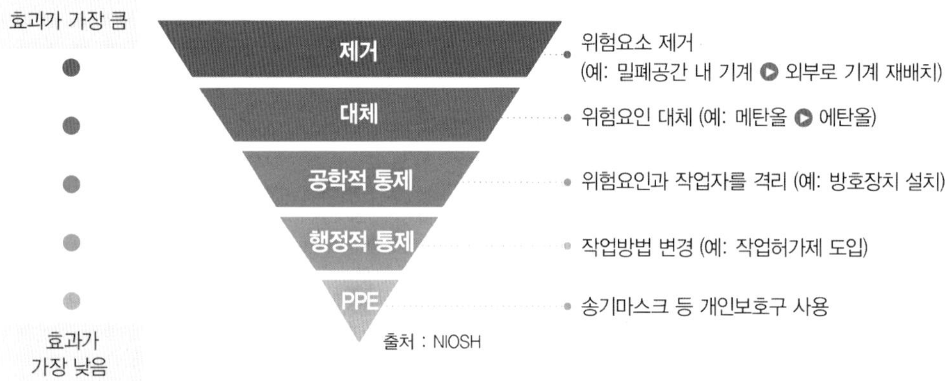

그림 2.3 위험요인의 제거·대체 및 통제의 효과성 비교

표 2.15 유해화학물질에 대한 재해감소대책 예시

① (제거) 유해물질을 제거 ② (대체) 유해물질을 저독성 물질로 대체 ③ (공학적 통제) 국소배기장치를 설치하고 배관, 설비 연결부 등에 누출방지조치 실시 ④ (행정적 통제) 작업 절차서를 준수 ⑤ (개인보호장비) 방독마스크, 보안경을 착용

표 2.16 위험요인별 재해감소대책 예시

위험요인	① 제거·대체	② 공학적 통제	③ 행정적 통제	④ 보호구 착용
끼임위험 기계·기구	끼임위험이 없는 자동화 기계 도입	덮개 등 방호장치 설치	잠금 및 표지부착(LOTO), 작업허가제 도입	말려 들어갈 위험이 없는 작업복 착용
인화성 가스	인화성 완화(예 : 아세틸렌 → LPG)	전기설비 방폭 조치, 가스검지기·긴급차단 장치 연동 설치, 환기·배기장치 설치	작업절차서 준수, 작업허가제 도입	제전작업복 착용, 가스검지기, 방폭 공구 사용
밀폐공간	밀폐공간 내부 가스발생 설비 제거(예 : 발전기를 외부에 설치)	환기·배기장치 설치, 유해가스 경보기 설치	출입금지 표지, 작업허가제 도입, 감시인 배치	송기마스크
화학물질	저독성 물질 사용(예 : 발암성 → 비발암성)	설비 밀폐, 환기·배기장치 설치	취급 화학물질 유해성 교육, 경고표지, 특수건강검진	방독마스크, 피부보호구 등

(4) 형식적 위험성평가 금지

유해·위험요인을 확인하고 개선하는 조치는 안전·보건 확보의무 사항 중에서 가장 중요하다. 다른 사항에 앞서 이 조치는 반드시 준수할 필요가 있다. 또한 위험성평가를 형식적으로 하는 등 소홀히 해서도 안 된다.

대책을 수립할 때 유해·위험요인의 통제·제거가 쉽다는 이유로 위험도가 낮은 요인부터 마련하는 것이 아니라 중대재해 발생 우려가 큰 유해·위험요인부터 확인하고 마련해야 한다. 또한 근로자 참여 없이 실시하거나 전년도 위험성평가에 평가 일자만 바꾸는 등 형식적으로 실시해서도 안 된다.

사실 위험성평가가 실효성이 있으려면 충분한 기술과 지식, 경험을 보유한 적격자에 의해 실시되어야 한다. 자체적으로 실시할 여력이 안 될 경우에는 외부 전문기관에 위탁할 수 있으며 이 경우에도 관리감독자와 해당 작업자가 꼭 참여해야 한다.

(5) 유해·위험요인을 특별히 살펴야 할 시기와 확인 개선

유해·위험요인을 특별히 살펴야 할 시기가 있다. 기계·기구·설비, 원재료가 새로이 도입되거나 변경될 때, 작업자가 변경될 때, 작업방법 또는 작업절차가 변경될 때는 꼭 살펴보아야 한다. 이 경우 작성된 유해·위험요인 리스트를 확인하여 현행화를 도모할 필요가 있다.

산업안전보건법에 따른 위험성평가는 정기평가뿐만 아니라 수시평가 등 위험성평가를 실시해야 하는 모든 경우에 대해 실시하여야 산업안전보건법에 따른 위험성평가를 이행한 것으로 간주될 수 있다.

표 2.17 위험성평가 실시 시기

구분	최초	수시	정기	상시
실시시기	사업 개시일(실 착공)부터 1개월 이내	착수 전(지침 제15조제2항)	최초 평가 후 매년	최초 평가 후 매월(순회점검), 매주, 일일(TBM)
평가대상	본사와 각 현장			

※ 상시평가 시 수시평가, 정기평가를 실시한 것으로 인정(지침 제15조 제4항)

위험성평가 제도를 도입하고 해당 절차에 따라 위험성평가를 모두 실시하고 이에 더하여 그 실시 결과를 경영책임자 등이 보고받았다면 중대재해처벌법에 따른 유해·위험요인의 확인 및 개선에 대한 점검을 반기 1회씩 연 2회 모두 실시한 것으로 간주할 수 있다.

다만, 유해·위험요인의 확인 및 개선조치가 실질적으로 이루어졌는지 여부가 중요하므로 위험성평가 등을 형식적으로 이행하여 제대로 된 개선조치가 이루어지지 않아 중대산업재해를 야기하였다면 유해·위험요인의 확인 및 개선에 관한 점검 의무 위반은 물론 법령상의 다른 의무 위반으로 처벌받을 수 있다.

따라서 유해·위험요인의 확인 및 개선에 대한 점검은 법령상의 최소한의 점검주기에 국한할 것이 아니라 필요한 만큼 수시로 실시하여 실질적인 위험관리가 이루어지도록 하는 것이 바람직하다. 수시 위험성평가 해당 작업은 일반적으로 다음과 같다.

① 사업장 건설물의 설치·이전·변경 또는 해체

② 기계·기구, 설비, 원재료 등의 신규 도입 또는 변경

③ 건설물, 기계·기구, 설비 등의 정비 또는 보수
(주기적·반복적 작업으로써 정기평가를 실시한 경우는 제외)

④ 작업방법 또는 작업절차의 신규 도입 또는 변경

⑤ 중대산업사고 또는 산업재해 발생(휴업 이상의 요양에 한함)

⑥ 그 밖에 사업주가 필요하다고 판단한 경우

상시 위험성평가 이행 방법은 다음과 같다.

① 매월 : 1회 이상 근로자 제안제도 활용, 아차사고 확인, 사업장 순회점검 등을 통해 유해·위험요인 파악 및 개선대책 수립
② 매주 : 안전보건관리책임자, 관리감독자, 안전관리자, 보건관리자 등이 ①항 공유 및 이행·점검
③ 일일 : 작업 전 안전점검 회의(TBM) 등을 통해 ①항, ②항 공유·주지

표 2.18 위험성평가 개선사진 예시

위험성평가 개선사진

개선내용	개선 전 모습	개선 후 모습
	사진	사진
	사진	사진

(6) 모든 사람에게 유해·위험요인과 대책을 알리고 교육실시

조직의 작업 활동에 의해 영향을 받을 수 있는 모든 사람에게 유해·위험요인과 대책을 알리고 교육을 실시해야 한다. 소속 근로자 외에 수급인과 수급인의 근로자, 파견업체 및 고객, 인근 주민, 조직의 공급망에도 관련 정보를 제공해야 한다.

젊거나 숙련되지 못한 근로자, 임신, 장애, 외국인 또는 고령의 근로자와 같은 그룹은 더 큰 위험에 놓일 수 있다. 고령자, 외국인이 혼재된 경우 위험을 알리는 내용을 이해하지 못해 위험요인이 증가할 수 있으니 유해·위험을 색으로 구별하거나 이해 가능한 언어를 병기할 필요가 있다. 고령자는 넘어지거나 높은 곳에서 떨어질 경우 중대재해로 이어질 가능성이 크니 더욱 주의를 필요로 한다.

표 2.19 위험성평가 교육 결과 예시

위험성평가 교육 결과

○ 교육일시, 장소

회의일시	20 년 월 일
회의장소	(교육장)

○ 회의내용

- 위험성평가를 위한 사업주의 방침과 추진목표
- 위험성평가를 위한 사전준비 및 유해·위험요인 파악 방법
- 유해·위험요인에 대한 위험성 추정 및 결정방법
- 위험성 감소대책 수립 및 실행의 절차와 기록유지 방법

○ 회의 사진

위험성평가 교육실시 사진 또는 교육자료 등

○ 참석자 명단

소속/직책	성명	서명	소속/직책	성명	서명

(7) 반기 1회 이상 점검

중대재해처벌법상 반기 1회 이상 점검과 관련하여 점검방법에 대해 규정한 내용은 없다. 따라서 사업 또는 사업장 규모와 특성에 따라 자율적으로 점검 방법을 운영할 수 있다. 다만 중요한 것은 사업장의 유해·위험요인의 확인과 개선조치가 실질적으로 이루어졌는지를 점검하여야 한다는 점이다. 법령상 점검을 형식적으로 이행하여 제대로 된 개선조치가 이루어지지 않아 중대산업재해를 야기했다면 반기 1회 이상 점검 의무를 이행했다고 보기는 어렵다.

중대재해처벌법상 반기 1회 이상 점검은 상반기(1.1부터 6.30까지)와 하반기(7.1부터 12.31까지)를 최소한의 주기로 하여 각 1회 이상 실시하는 것이 타당하다. 일부 기업의 경우 ISO 45001, ISO 14001에 따른 안전보건관리체계를 구축·운영 중이고 ISO 규정에 따라 매년 내부 심사와 외부 심사를 진행하고 있는 경우가 많다. 중대재해처벌법 시행령 제4조의 의무는 법 제4조 제1항 제1호의 재해예방에 필요한 인력 및 예산 등 안전보건관리체계의 구축 및 이행에 관한 조치의 구체적인 사항을 정한 것이다.

반면에 ISO 45001, ISO 14001 등 인증제도는 중대재해처벌법이나 산업안전보건법에서 정한 의무가 아니다. 이행방법, 경영책임자에게 형사책임 부여 등의 내용에 있어서 상이하므로 각 인증 관련 심사활동을 중대재해처벌법상 안전 및 보건 확보의무 이행으로 간주하기는 어렵다. 다만 안전보건경영시스템(KOSHA-MS/ISO 45001)과 중대재해처벌법상 의무는 일정부분 중복되는 내용이 있으므로 의무 이행 방법으로 활용할 수도 있을 것으로 보인다. 이때 중요한 것은 법령상 의무를 실질적으로 이행하고 유해·위험요인을 개선하였는지 여부이므로 안전보건관리체계가 형식적으로 운영되지 않도록 하여야 한다.

(8) 정부 지원

여건이 어려운 소규모 사업장(50인 미만, 건설업 120억 원 미만)은 정부가 무상으로 위험성평가 컨설팅을 지원하고 있으니 활용할 필요가 있다.

3.5 위험성평가

(1) 위험성평가 정의

위험성평가(Risk assessment)는 사업주가 근로자에게 부상이나 질병 등을 일으킬 수 있는 유해·위험요인이 무엇인지 사전에 찾아내어 그것이 얼마나 위험한지를 살펴보고, 위험하다면 그것을 감소시키기 위한 대책을 수립하고 실행하는 과정이다.

위험성평가를 하려면 예상되는 위험이 얼마나 중대한지(강도), 얼마나 자주 일어나는지(빈도), 산업재해나 아차사고 사례가 있는지 근로자의 의견은 어떤지 등을 종합적으로 고려해야 한다.

위험성평가는 「산업안전보건법」 제36조에서는 사업주가 스스로 위험성평가를 실시하도록 의무를 부여하고 있으며 「사업장 위험성평가에 관한 지침」(고시)에서는 위험성평가의 방법, 절차, 시기 및 그 밖에 필요한 사항에 대해 자세하게 규정하고 있다.

◘ 산업안전보건법 제36조(위험성평가의 실시)

① 사업주는 건설물, 기계·기구·설비, 원재료, 가스, 증기, 분진, 근로자의 작업행동 또는 그 밖의 업무로 인한 유해·위험요인을 찾아내어 부상 및 질병으로 이어질 수 있는 위험성의 크기가 허용 가능한 범위인지를 평가하여야 하고, 그 결과에 따라 이 법과 이 법에 따른 명령에 따른 조치를 하여야 하며, 근로자에 대한 위험 또는 건강장해를 방지하기 위하여 필요한 경우에는 추가적인 조치를 하여야 한다.

② 사업주는 제1항에 따른 평가 시 고용노동부 장관이 정하여 고시하는 바에 따라 해당 작업장의 근로자를 참여시켜야 한다.

③ 사업주는 제1항에 따른 평가의 결과와 조치사항을 고용노동부령으로 정하는 바에 따라 기록하여 보존하여야 한다.

④ 제1항에 따른 평가의 방법, 절차 및 시기, 그 밖에 필요한 사항은 고용노동부 장관이 정하여 고시한다.

◘ 산업안전보건법 시행규칙 제37조(위험성평가 실시내용 및 결과의 기록·보존)

① 사업주가 법 제36조제3항에 따라 위험성평가의 결과와 조치사항을 기록·보존할 때에는 다음 각 호의 사항이 포함되어야 한다.

1. 위험성평가 대상의 유해·위험요인
2. 위험성 결정의 내용
3. 위험성 결정에 따른 조치의 내용
4. 그 밖에 위험성평가의 실시내용을 확인하기 위하여 필요한 사항으로서 고용노동부 장관이 정하여 고시하는 사항

② 사업주는 제1항에 따른 자료를 3년간 보존해야 한다.

◘ 「사업장 위험성평가에 관한 지침」(고용노동부고시 제2023-19호, 2023. 5. 22 일부개정)

위험성평가는 2013년「산업안전보건법」에 처음으로 도입되었다. 도입된 이후 다양한 활성화를 위한 노력이 있었지만 사업장에서의 인지도는 낮고 형식적으로 실시되어 제도의 취지를 살리지 못했던 부분이 있었다.

2019년에 실시한 작업환경실태조사 결과 위험성평가 실시율은 전체 사업장 중 단 한 번이라도 위험성평가를 실시한 비율은 33.8%이고 평가별로는 최초평가는 35.5%, 정기평가는 23.7%만이 실시를 하였다.

특히 중·소규모 사업장의 경우 산업안전 업무를 담당할 인력이 부족하고 위험성평가 제도가 어렵고 복잡해 시행이 힘든 부분이 있었다. 위험성평가를 실시하지 못한 사유로서는 시행여력 부족, 시행절차 복잡, 위험성 추정, 위험성 감소대책 수립·시행 어려움 등의 이유였다.

이러한 현장의 상황처럼 기존의 위험성평가 제도는 유해·위험요인의 위험성을 평가할 때 위험성의 빈도(가능성)와 강도(중대성)를 계량적으로 계산하는 방법만을 사용하도록 하여 안전·보건 자원이 부족한 중소규모 사업장에서는 위험성평가를 실시하기 어려운 문제가 있었다. 또한, 매년 최초 위험성평가에 준하여 사업장 내 전체 유해·위험요인에 대한 정기적인 위험성평가를 실시하도록 하여 사업장의 부담이 컸고 사업장의 유해·위험요인에 대해 가장 잘 아는 근로자의 참여도 일부 절차에 한정되는 한계가 있었다. 이런 문제를 해결하기 위해 2023년에 사업장 위험성평가에 관한 지침이 개정되었다.

(2) 위험성평가를 하는 이유

위험성평가의 목적은 사업장 내에서 사업주와 근로자가 함께 산업재해가 발생할 수 있는 유해·위험요인을 찾아내어 누구도 다치거나 병에 걸리지 않도록 하는 것이다.

만약 사업장에서 근로자가 심각한 부상을 입는 등의 산업재해가 발생하게 되면 생산성이 저하되게 된다. 또한 기계가 손상되고 보험료가 오르면 사업주와 그의 사업에 큰 영향을 줄 수 있다. 이를 경험한 다수의 사업주는 사고가 일어나기 전에 유해·위험요인을 찾아내어 그에 대한 해결 대책을 마련하려고 할 것이다.

위험성평가를 실시하면 사업장에서 일하는 사람 중 위험하거나 나쁜 영향을 받을 사람이 누구인지 알게 되고 그 사람들에게 닥칠 위험을 예방하기 위해 해야 하는 일이 무엇인지 알 수 있게 된다.

즉, 위험성평가를 통해 사업주는 그의 사업을 지속적이며 더 안전하고 건강하게 만들어 한정된 자원의 합리적이고 최적의 사용 필요성에 대한 우선순위를 결정하고 생산성과 품질을 개선하고 향상시킬 수 있다.

(3) 위험성평가의 실시 주체

위험성평가의 실시 주체는 안전하고 건강한 작업장을 만들 책임이 있는 사업주이다. 이러한 사업주의 책임하에 ① 안전보건관리책임자, ② 관리감독자, ③ 안전관리자·보건관리자 또는 안전보건관리담당자(선임 의무가 없는 사업장은 그에 대한 역할을 수행하는 자), ④ 대상 작업의 근로자가 위험성평가의 전체 과정에 참여하여 각자의 역할에 따라 위험성평가를 실시하여야 한다. 현장의 유해·위험요인을 제대로 파악하기 위해서는 관리감독자와 근로자의 적극적인 참여가 무엇보다 중요하다.

위험성평가의 실시 주체 관련 규정은 사업장 위험성평가에 관한 지침[고용노동부고시 제2023-19호, 2023. 5. 22] 제5조(위험성평가 실시 주체)에 규정되어 있다.

◑ 사업장 위험성평가에 관한 지침 제5조(위험성평가 실시주체)

① 사업주는 스스로 사업장의 유해·위험요인을 파악하고 이를 평가하여 관리 개선하는 등 위험성평가를 실시하여야 한다.

② 법 제63조에 따른 작업의 일부 또는 전부를 도급에 의하여 행하는 사업의 경우는 도급을 준 도급인(이하 "도급사업주"라 한다)과 도급을 받은 수급인(이하 "수급사업주"라 한다)은 각각 제1항에 따른 위험성평가를 실시하여야 한다.

③ 제2항에 따른 도급사업주는 수급사업주가 실시한 위험성평가 결과를 검토하여 도급사업주가 개선할 사항이 있는 경우 이를 개선하여야 한다.

사업주는 안전하고 건강한 사업장을 만들기 위한 위험성평가의 책임자가 되어야 한다. 위험성평가는 사업주 또는 사업장의 담당자가 단독으로 수행할 수는 없다. 해당 업무를 수행하는 근로자가 함께 참여하여야 하며 관리감독자와 안전관리자 등 안전보건관계자들의 지원과 참여도 필요하다.

어떤 경우에는 특정 분야 전문가의 도움이 필요하며 외부 기관의 컨설팅을 받을 수도 있다.

고시 제5조 규정은 위험성평가 실시를 위해 다양한 주체들이 참여하지만 「산업안전보건법」 제36조에 규정되어 있듯이 최종적이고 궁극적인 책임은 사업주에게 있음을 재확인한 것이다.

건설업과 같이 도급 사업인 경우는 도급사업주와 수급사업주는 각각 위험성평가를 실시하여야 한다. 일반적으로 도급인은 사업장의 유해·위험요인을 잘 알고 있으므로 도급인 사업장에서 작업하는 자신의 근로자와 관계수급인 근로자의 산재예방을 위하여 필요한 안전·보건조치

의무가 부여된다. 단, 보호구 착용의 지시 등 관계수급인 근로자의 작업행동에 관한 직접적 조치는 제외된다.

도급사업주와 수급 사업주가 각각 하여야 하는 이유는 수급 사업주는 소속 근로자의 작업이 있기 때문에 위험성평가를 실시하여야 한다.

반면에 도급사업주는 근로자가 해당 작업에 참여할 수도 있고 없을 수도 있다. 그렇지만 도급사업주의 사업장에서 이루어지는 작업이기 때문에 일반적으로 도급사업주는 작업 및 시설에 대한 상세한 정보를 알고 있고 그것을 변경하거나 개선할 수 있는 권한이 있다. 그러므로 도급사업주도 위험성평가를 하여 필요한 부분은 개선해야 한다. 사업장의 상황에 따라 도급사업주와 수급사업주는 함께 위험성평가를 실시하고 도급사업주 및 수급 사업주 모두 그 내용을 실시규정에 따라 위험성평가 결과를 관리한다면 각각 위험성평가를 실시한 것으로 인정받을 수 있다. 또한, 도급인은 수급인으로 하여금 수급인의 작업 및 해당 사업장에 대한 위험성평가를 실시하도록 하고 도급인과 수급인 또는 수급인 간의 작업과 위험요인이 서로 관련되는 경우에는 이를 조정·관리하여야 한다.

(4) 위험성평가의 특징

① 산업재해를 미리 예방하는 자기 규율 예방체계의 핵심 수단

위험성평가는 정부가 모든 위험한 상황을 예상하여 규제하는 것이 아니라 사업장의 유해·위험요인을 가장 잘 아는 사업주와 근로자가 스스로 유해하거나 위험한 것을 찾아내어 그 위험성을 제거하거나 줄이는 작업을 통해 미리 산업재해를 예방하는 사전적인 자기 규율 예방체계의 핵심 수단이다.

② 사업주와 근로자가 함께 참여하여 개선하는 과정

위험성평가는 사업주뿐만 아니라 근로자가 참여해야만 현장에서 실제 실행이 가능한 제도이다. 규제 중심의 산업안전보건정책 하에서는 근로자 참여가 없더라도 사업주는 법이 정한 최소한의 요건만을 지키면 문제가 없었다.

표 2.20 위험성평가의 특징 요약

NO	구분	특징
1	지속적인 과정	위험성평가는 유해·위험요인을 효과적으로 파악하고 관리하기 위해 정기적인 재검토와 업데이트가 필요한 지속적인 과정
2	법적 규정 준수	사업주 스스로 위험성평가를 통한 체계적이고 지속적인 활동을 통해 법령에서 요구하는 안전조치, 보건조치 등의 요구사항을 만족하도록 관리할 수 있음
3	근로자의 참여	근로자는 위험성평가 과정에 참여함으로써 잠재된 유해·유해요인과 필요한 조치를 찾는데 중요한 역할 수행
4	조직 문화 강화	위험성평가를 실시함으로써 근로자들은 안전과 건강에 대한 인식을 높일 수 있으며, 안전한 작업환경을 유지하는 조직문화를 구축할 수 있음
5	다양한 도구와 방법론	다양한 분야에 사용될 뿐만 아니라, 위험성분석, 평가를 위한 다양한 도구와 방법론을 활용하여 실시할 수 있음
6	교육과 훈련에 활용	근로자는 위험성평가 과정에 참여함으로써 위험성을 인식하고 대응하는 데 필요한 조치가 무엇인지 훈련되고 정기적인 교육에도 평가 결과를 활용할 수 있음
7	비용 절감	중대재해나 산업재해가 발생하면 사업장의 손실은 매우 큼. 위험성평가는 사전에 유해·위험요인을 발굴하고 관리함으로써 사고나 질병을 예방하여 사업장의 손실비용을 줄일 수 있음

위험성평가는 사전준비, 유해·위험요인 파악, 위험성 결정, 위험성 감소대책 수립 및 시행, 위험성평가 결과의 공유 등 전체 과정에 사업장 유해·위험요인을 잘 아는 근로자의 참여가 필수적이다.

근로자가 자발적으로 참여할 수 있도록 위험성평가의 취지를 제대로 알리고 근로자가 자유롭게 의견을 낼 수 있는 환경을 만들어줘야 한다. 근로자의 자유롭고 적극적인 참여가 이루어지면 경비와 시간이 많이 소요되어 실행 가능성에 어려움이 따르는 개선 방식이 아닌 현실적이고 쉽고 간단한 개선 방식을 도출하여 비용과 시간을 아낄 수 있다.

③ 위험성의 판단·결정에 그치지 않고 개선대책 마련·이행으로 이어지는 상시적 체계

위험성평가는 유해·위험요인별로 위험성의 수준을 결정하기만 하면 종료되는 개념이 아니다. 그 위험성의 수준이 허용 가능한지를 판단하여 위험성이 허용 가능할 때까지 줄이거나 위험성을 아예 제거하고자 하는 활동을 포함하는 과정이다.

또한, 위험성평가는 유해·위험요인을 찾아내어 위험성을 결정하고 그 위험성을 줄이는 한 번의 절차로 끝나는 것이 아니라 새롭게 추가되는 유해·위험요인, 위험성의 수준이 변화하는 유해·위험요인을 지속적으로 파악하고 관리하기 위해 정기적인 재검토와 결과

업데이트가 필요한 지속적 과정이다.

위험성평가를 수행하고 나서도 위험성은 남아 있기 마련이므로 근로자들이 위험을 피할 수 있도록 작업 전 안전점검회의(TBM)을 통한 상시적 공유가 중요하다.

(5) 위험성평가의 대상

위험성평가의 대상 관련 규정은 사업장 위험성평가에 관한 지침[고용노동부고시 제2023-19호, 2023. 5. 22] 제5조의2(위험성평가의 대상)에 규정되어 있다.

◗ 사업장 위험성평가에 관한 지침 제5조의2(위험성평가의 대상)

① 위험성평가의 대상이 되는 유해·위험요인은 업무 중 근로자에게 노출된 것이 확인되었거나 노출될 것이 합리적으로 예견 가능한 모든 유해·위험요인이다. 다만, 매우 경미한 부상 및 질병만을 초래할 것으로 명백히 예상되는 유해·위험요인은 평가 대상에서 제외할 수 있다.

② 사업주는 사업장 내 부상 또는 질병으로 이어질 가능성이 있었던 상황(이하 "아차사고"라 한다)을 확인한 경우는 해당 사고를 일으킨 유해·위험요인을 위험성평가의 대상에 포함시켜야 한다.

③ 사업주는 사업장 내에서 법 제2조 제2호의 중대재해가 발생한 때에는 지체 없이 중대재해의 원인이 되는 유해·위험요인에 대해 제15조 제2항의 위험성평가를 실시하고, 그 밖의 사업장 내 유해·위험요인에 대해서는 제15조 제3항의 위험성평가 재검토를 실시하여야 한다.

위험성평가는 사업장 내의 모든 유해·위험요인을 파악하여 개선하기 위해 실시한다. 위험성평가의 대상은 업무 중 근로자에게 노출된 것이 확인되었거나 노출될 것이 합리적으로 예견 가능한 모든 유해·위험요인을 대상으로 한다. 이때 업무 중이란 매일 같은 장소에서 반복하는 작업 외에도 임시·수시로 하는 작업을 포함한다. 오히려 비정형·임시·수시 작업의 경우와 같이 근로자들이 익숙하지 않은 상황에서 사고를 당하기 쉽기 때문이다. 임시·수시·비정형작업은 근로자가 작업에 익숙하지 않거나 사업장 환경에 익숙하지 않은 단시간 근로자가 작업하기 때문에 산업재해 발생 확률이 높다. 그러므로 임시·수시·비정형 작업 시에는 반드시 위험성평가를 실시해야 한다. 만약 이미 위험성평가를 실시한 반복되는 작업이라고 하더라도 추가적인 유해·위험요인이 발생한다면 반드시 위험성평가를 실시하여야 한다.

근로자는 해당 작업을 수행하는 근로자뿐만 아니라 유해·위험요인 주변에서 작업하여 영향을 받을 수 있는 모든 근로자를 의미한다. 예를 들어 화학물질을 취급하는 경우 화학물질이 퍼져서 해당 물질을 취급하는 작업 근로자 외에도 주변 근로자가 노출될 수 있기 때문이다.

다만, 매우 경미한 부상 및 질병만을 초래할 것으로 명백히 예상되는 유해·위험요인은 위험성평가의 대상에서 제외할 수 있다. 매우 경미한 부상과 질병이란 특별히 의사의 진료를 필요로 하지 않고 업무에 바로 복귀할 수 있는 정도로 생각할 수 있다.

동일한 작업(동일한 작업설비를 사용하거나 작업을 수행하는 방법이 같다고 객관적으로 인정되는 작업)인 경우 묶어서 위험성평가 대상으로 선정할 수 있다.

사업장 내에서 아차사고가 발생한 경우 아차사고의 원인이 된 유해·위험요인에 대해서는 반드시 위험성평가를 실시하여야 한다. 아차사고란 사업장 내에서 부상 또는 질병으로 이어질 가능성이 있었던 상황을 의미한다. 결과적으로 사고가 발생하지는 않았지만 향후 얼마든지 그 유해·위험요인으로부터 인적·물적 피해로 이어지는 사고가 발생할 수 있기 때문에 반드시 위험성평가를 실시하는 것이 중요하다. 아차사고의 예는 컨베이어 벨트에 옷자락이 끼이는 사고, 바닥이 미끄러워 넘어질 뻔한 사고, 높은 곳의 적재물이 떨어질 뻔한 사고 등과 같다.

표 2.21 아차사고 사례

① A형 사다리에서 내려오다 발이 미끄러져 넘어질 뻔한 사고
② 지게차로 파이프를 옮기던 도중 작업자를 치이게 할 뻔한 사고
③ 철근다발을 묶은 철선이 하중에 의해 풀리면서 근로자가 깔릴 뻔한 사고
④ 산소용기 호스가 파손되어 산소 누출로 인한 화재 위험
⑤ 알루미늄 사다리를 각재로 연장하여 사용 중 각재가 부러지면서 전도될 뻔한 사고

아차사고는 반복되면 중대재해로 이어질 수 있으므로 아차사고의 발굴·관리는 매우 중요한 활동이다. 아차사고의 발생이 확인된 경우는 반드시 위험성평가를 실시하여 산업재해 발생을 미연에 방지해야 한다.

사업장 내에서 중대재해가 발생했을 때는 지체없이 사고의 원인이 된 유해·위험요인에 대해 위험성평가를 실시하여야 한다.

중대재해란 「산업안전보건법」에 따라 ① 사망자가 1명 이상 발생한 재해, ② 3개월 이상의 요양이 필요한 부상자가 동시에 2명 이상 발생한 재해, ③ 부상자 또는 직업성 질병자가 동시에 10명 이상 발생한 재해를 의미한다.

중대재해가 발생한 경우 사고조사를 통한 재발방지 대책을 수립하는 것과는 별개로 해당 유해·위험요인에 대한 위험성평가를 다시 실시함으로써 위험성평가에 오류가 없었는지 살펴보아야 한다. 또한 나머지 전체 유해·위험요인에 대해서 위험성평가가 제대로 되어 있는지 점검하기 위한 위험성 재검토를 실시하여야 한다. 그동안의 유해·위험요인 파악과 위험성 결정, 감소대책 수립이 제대로 되어 있는지 살펴보면 추가적인 재해발생을 예방하는 효과를 얻을 수 있다.

(6) 위험성평가의 절차

일반적인 위험성평가의 절차는 다음과 같다.

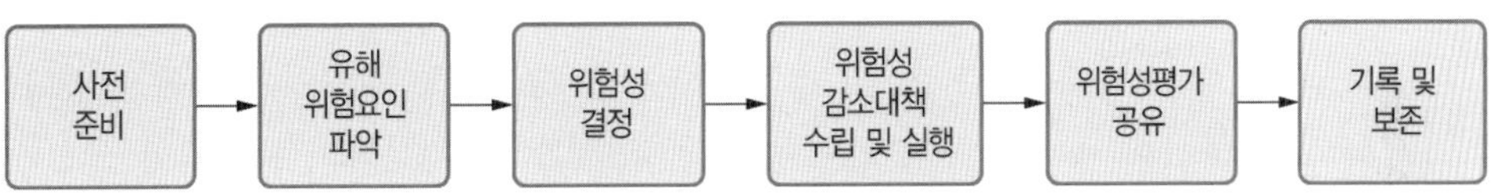

그림 2.4 위험성평가의 절차

① 사전준비

위험성평가 실시규정을 작성하고 위험성의 수준과 그 수준의 판단기준을 정하며 위험성평가에 필요한 각종 자료를 수집하는 단계이다.

② 유해·위험요인 파악

사업장 순회점검, 근로자들의 상시적인 제안제도, 평상시 아차사고 발굴 등을 통해 사업장 내의 유해·위험요인을 빠짐없이 파악하는 단계이다.

③ 위험성 결정

사전준비 단계에서 미리 설정한 위험성의 판단 수준과 사업장에서 허용 가능한 위험성의 크기 등을 활용하여, 유해·위험요인의 위험성이 허용 가능한 수준인지를 추정·판단하고 결정하는 단계이다.

④ 위험성 감소대책 수립 및 실행(근로자 참여)

위험성을 결정한 결과 유해·위험요인의 위험수준이 사업장에서 허용 가능한 수준을 넘는다면 합리적으로 실천 가능한 범위에서 위험성을 낮은 수준으로 감소시키기 위한 대책을 수립하고 실행하는 단계이다.

여기에서 위험성(Risk)이란 유해·위험요인이 사망, 부상 또는 질병으로 이어질 수 있는 가능성과 중대성 등을 고려한 위험의 정도를 의미한다.

가능성은 작업자의 부상·질병 발생의 확률을 의미한다. 유해·위험한 사건(Hazardous situation)에의 노출, 유해·위험한 사건(Hazardous event)의 발생, 피해의 회피·제한 가능성 등이 포함될 수 있다.

중대성은 부상과 질병이 발생했을 때 미치는 영향의 정도(강도 또는 심각성)를 의미한다. 부상 또는 질병의 정도, 치료기간, 사망, 후유 장해 유무, 피해의 범위(한 사람, 여러 사람)를 고려한다. 다르게 표현하면 위험성은 누군가가 유해·위험요인으로 인해 부상 또는 질병으로 이어지는 위험의 높음 또는 낮음이라고 할 수 있다.

유해·위험요인은 기계·기구, 물질, 작업방식 등에 고유하게 내재되어 있어 고정되어있는 한편, 위험성은 개선 조치를 실시하면 줄어들 수 있다는 차이점이 있다.

예를 들어 220 V의 전기는 감전이라는 고정된 위험을 내재하고 있지만, 전선 피복, 접지, 누전차단기 등과 같은 조치를 하면 위험성이 낮아질 수 있는 것과 같다.

기존에는 위험성평가를 실시할 때 위험이 얼마나 자주 일어나는지 어떤 크기의 위험인지를 반드시 숫자로 계산하도록 했다. 막연한 위험을 숫자로 계산하다보니 사업장이 어려움을 겪었다. 그러나 이러한 계산을 하지 않고도 위험성평가를 할 수 있도록 개편된 현 제도에서는 위험성이란 유해·위험요인이 사망, 부상 또는 질병으로 이어질 수 있는 가능성과 중대성 등을 고려한 위험의 정도라고 해석하고 있다.

⑤ 위험성평가 결과의 기록 및 공유

파악한 유해·위험요인과 각 유해·위험요인별 위험성의 수준, 그 위험성의 수준을 결정한 방법, 그에 따른 조치사항 등은 기록·관리해야 한다. 또한 근로자들이 보기 쉬운 곳에 게시하며 작업 전 안전점검회의(TBM) 등을 통해 근로자들에게 위험성평가 실시 결과를 공유해야 한다.

⑥ 기록 및 보존

위험성평가 수행 내용과 결과는 문서화하고 3년간 보존하여야 한다.

(7) 위험성평가의 핵심 포인트

① 파악·참여·공유

위험을 찾으면 안전이 보인다. 일반적으로 위험한 상태나 상황이 보이면 자연스럽게 그 해결방안을 찾을 수 있게 된다.

사업장의 위험은 근로자가 가장 잘 안다. 작업을 직접 하는 근로자가 작업과정의 위험과 그 감소 방법을 잘 알고 있다.

위험을 찾고 근로자가 참여하는 파악·참여·공유가 위험성평가의 핵심 키워드(Keyword)이다. 유해·위험요인 파악을 제대로 하기 위해서는 근로자가 참여하고 그 해결방안을 모색하고 현장에서 작동시키기 위해서는 모두가 공유해야 한다. 위험성평가를 하는 이유이자 핵심 중의 핵심이다.

② 유해·위험요인의 파악

위험성평가를 할 때는 사업장에서 사고를 일으킬 수 있는 유해·위험요인이 무엇인지 빠짐없이 찾아내는 과정이 가장 중요하다. 유해·위험요인에서 빠지게 되면 위험성 수준의 판단과 그에 따른 위험 감소대책 수립도 이루어지지 않게 되기 때문이다.

③ 근로자의 참여와 결과의 공유

일반적으로 사업장에서 마주칠 수 있는 유해·위험요인과 그 위험성을 감소시키는 방법에 대해서는 해당 작업을 하는 근로자가 가장 잘 알고 있는 경우가 많다. 위험성평가의 전체 과정에 근로자가 참여하여야 하는 이유이다.

또한 위험성 감소대책이 현장에서 실행되어 안전한 환경을 만드는 데는 위험성평가의 결과와 근로자들의 안전을 위해 주의하여야 하는 사항들을 안전보건교육, 작업 전 안전점검회의 등을 통해 공유하고 알리는 것이 무엇보다 중요하다.

④ 간편한 절차의 마련

위험성평가 실시규정은 복잡하지 않게 쉽고 간소하게 마련해야 한다. 사업장의 환경을 안전하고 건강하게 만들기 위해서 해야 할 위험관리 대책은 무엇으로 할지 그 대책을 어떻게 실행할 것인지에 집중하는 것이 중요하다.

평가 절차와 관련된 사항에 대해 긴 시간 동안 논의만 하다가는 유해·위험요인을 찾아내고 위험성을 감소시켜 산업재해를 예방하는 위험성평가의 본래 목적을 잃을 수도 있다.

(8) 근로자 참여

위험성평가 과정에서 근로자 참여와 관련된 규정은 사업장 위험성평가에 관한 지침[고용노동부고시 제2023-19호, 2023. 5. 22] 제6조(근로자 참여)에 규정되어 있다.

사업장 위험성평가에 관한 지침 제6조(근로자 참여)

사업주는 위험성평가를 실시할 때, 법 제36조 제2항에 따라 다음 각 호에 해당하는 경우 해당 작업에 종사하는 근로자를 참여시켜야 한다.

1. 유해·위험요인의 위험성 수준을 판단하는 기준을 마련하고 유해·위험요인별로 허용 가능한 위험성 수준을 정하거나 변경하는 경우
2. 해당 사업장의 유해·위험요인을 파악하는 경우
3. 유해·위험요인의 위험성이 허용 가능한 수준인지 여부를 결정하는 경우
4. 위험성 감소대책을 수립하여 실행하는 경우
5. 위험성 감소대책 실행 여부를 확인하는 경우

사업주는 위험성평가를 실시할 때 각 절차에서 해당 작업에 종사하는 근로자를 참여시켜야 한다. 위험성평가에 참여하여야 하는 근로자는 위험성평가를 가장 효과적으로 수행할 수 있는 사업장의 해당 작업에 대해 가장 잘 알고 유해·위험요인을 가장 잘 아는 근로자여야 한다. 위험성평가에 어떤 근로자가 참여해야 하는지에 대해서는 참여 근로자의 범위를 일정한 요건(과반수 이상, 1/3 이상 등)으로 요구하지는 않는다. 단지 위험성평가를 하는 작업의 위험을 가장 잘 아는 근로자가 참여하는 것이 원칙이다. 하지만, 외국인 근로자가 대부분이고 근로자들이 수시로 바뀌는 건설현장 등 근로자의 참여가 어려운 사정이 있다면 관리감독자의 참여도 근로자의 참여로 인정이 가능할 수도 있다.

근로자는 사업주와 함께 사업장의 위험성 수준 판단기준을 마련하는데 참여해야 한다. 근로자는 사업장에서 위험에 직접 노출된다. 따라서 유해·위험요인의 위험성 수준이 높은지 낮은지 판단하는 기준을 마련할 때는 반드시 근로자가 참여하여야 한다. 또한, 사업장에서 허용 가능한 위험성의 수준이 어떤 수준인지를 결정할 때도 위험에 직접 노출되는 근로자들의 참여

가 필수적이다.

사업장의 유해·위험요인을 가장 잘 아는 것은 직접 작업을 수행하는 근로자이다. 따라서 유해·위험요인을 빠짐없이 파악하기 위해서는 근로자들의 적극적인 참여가 필수적이다. 정기적인 사업장 순회점검 외에도 평소에 근로자 안전보건 제안제도나 아차사고 발굴 신고제도 등을 활용하여, 근로자들이 작업장의 유해·위험요인을 눈여겨보고 사업주에게 제보할 수 있도록 하는 것이 중요하다.

유해·위험요인의 위험성이 허용 가능한 수준인지를 판단할 때도 근로자의 참여가 필수적이다. 근로자들은 경험적으로 유해·위험요인이 갖고 있는 위험의 발생 가능성과 그 위험이 가져오는 피해의 중대성에 대한 정보를 잘 알고 있다. 따라서 유해·위험요인의 위험성이 사업장에서 허용 가능한 수준인지 여부를 판단할 때는 근로자들을 반드시 참여시켜 그들의 경험을 활용할 필요가 있다.

일반적으로 근로자들은 위험성 감소에 대한 아이디어를 가지고 있는 경우가 많다. 근로자들은 많은 작업경험을 바탕으로 작업 시 위험성을 감소시킬 수 있는 다양한 방법들에 대한 아이디어를 가지고 있다. 따라서 근로자들은 위험성 감소대책에 대한 유용한 의견을 제시할 수 있다. 위험성 감소대책의 실행 여부 확인에도 실제 위험에 노출되는 근로자들이 반드시 참여해야 한다. 위험성 감소대책의 실행에는 기계·기구에 대한 방호조치 외에도 작업하는 근로자의 주의사항이나 준수사항이 함께 지켜져야 하는 경우가 많으므로 근로자의 참여가 꼭 필요하다.

근로자 참여 범위와 방법을 고시에서는 구체적으로 정하고 있지는 않다. 고시에서는 위험성평가의 참여 주체가 되는 근로자는 위험성평가를 가장 효과적으로 수행할 수 있게 하는 사업장의 유해·위험요인을 가장 잘 아는 근로자로 상정하고 있을 뿐이다. 근로자 참여의 범위와 방법을 일률적이고 구체적으로 규정하게 되면 정해진 참여 방법에만 한정하게 되어 사업장의 사정에 따라 더 효과적으로 근로자를 참여시킬 수 있는 방법을 사용하지 못하게 되는 문제가 생길 수 있다. 이런 이유 때문에 근로자 참여 방법은 위험성평가 절차별로 다양하게 결정할 수 있다.

위험성평가를 사업 개시 이전에 실시하는 경우 실질적으로 근로자의 참여가 어려울 수 있다. 이러한 경우에는 사업주가 전문기관 등의 도움을 받아 사업장의 유해·위험요인에 대해 빠짐없이 위험성평가를 실시하고 사업을 개시한 후 근로자가 참여하여 위험성 결정이 제대로 이뤄졌는지 재검토하며 순회점검 및 제안제도 등을 통해 추가적인 유해·위험요인을 발굴해야 할 것이다.

표 2.22 다양한 근로자 참여 방법에 대한 예시

구분	주요 내용
근로자 안전보건 제안제도	• ① 제안제도 홍보 → ② 근로자의 유해·위험요인 발견·신고 → ③ 제안 접수 → ④ 검토 • 근로자가 발견한 유해·위험요인에 대해 조치를 실시하고 우수 제안자에게는 시상 등 인센티브 제공
아차사고 발굴 신고제도	• 오프라인 게시판, 온라인 시스템을 활용해 아차사고 발생 사실을 근로자들이 자유롭게 신고할 수 있도록 하고 아차사고가 발생한 유해·위험요인에 대해서는 위험성평가를 통해 관리
근로자 안전 소통채널 운영	• 문자메시지·SNS(카카오톡) 등을 활용해 근로자와 채널 관리자 간 1:1 채팅을 통해 유해·위험요인 사진 등을 찍어 신고할 수 있도록 하고 조치결과를 알려줌 • SNS(카카오톡) 채널에서는 정기안전교육자료, 안전보건 이슈 사항, 안전보건 조치사항 등에 관해 근로자들에게 알려줌

(9) 2023년 고시 개정 주요 내용

2023년 개정된 사업장위험성평가에 관한 지침 고시의 주요 내용은 다음 표와 같다.

표 2.23 2023년 개정된 고시 주요 내용

특징	주요 내용
어려운 위험성평가를 쉽게 재정의	• (기존) 위험성평가의 정의에 재해가 일어날 가능성(빈도)과 중대성(강도)을 추정·결정하는 과정을 포함하여 전문가가 아니고서는 이해하기 어려웠음
	• (개선) 부상·질병의 가능성과 중대성을 계량적으로 추정·결정하는 문구를 삭제하고, 위험요인의 파악과 개선 대책 마련에 집중하도록 새로 규정 → 위험성평가의 정의를 사업주가 스스로 유해·위험요인을 파악하고 해당 유해·위험요인의 위험성 수준을 결정하여 위험성을 낮추기 위한 적절한 조치를 마련하고 실행하는 과정으로 재정의
쉽고 간편한 평가방법을 제시	• (기존) 위험성을 추정할 때 가능성(빈도)과 중대성(강도)을 행렬·곱셈·덧셈 등 계량적으로 산출하도록 하여 시행이 어려웠음
	• (개선) 빈도·강도를 계량적으로 산출하지 않고도 위험성평가를 할 수 있도록 하였음 • 체크리스트, 위험성 수준 3단계 판단법, 핵심요인 기술법 등 간편한 방법을 제시하였음 ※ ① 기존의 빈도·강도법 + 【신설 : ② 체크리스트법, ③ 위험성 수준 3단계 판단법, ④ 핵심요인 기술법(One Point Sheet) 등】

특징	주요 내용
평가시기를 명확히 하고, 정기평가의 부담을 낮춤	• (기존) 최초, 정기(1년마다), 수시(일정사유 발생) 평가로 구성되어 있는데 정기평가의 광범위한 대상으로 비효율이 발생하는 한편, 유해·위험요인이 빠르게 변동하는 사업장에서는 일일이 수시평가를 실시하기 어려운 문제점이 있었음
	• (개선) 최초평가 시기는 사업장 성립일 이후 1개월 이내 착수로 명확하게 정하고 정기평가는 최초·수시평가 결과 결정한 위험 수준의 적정성을 재검토하는 수준으로 부담을 낮추며 유해위험요인의 변동이 잦은 사업장을 위한 상시평가 제도를 신설 • [최초평가] 사업장 성립(사업개시·실 착공일) 이후 1개월 이내 착수 • [수시평가] 기계·기구 등의 신규 도입·변경으로 인한 추가적 유해·위험요인에 대해 실시 • [정기평가] 매년 전체 위험성평가 결과의 적정성을 재검토하고 필요시 감소대책 시행 • [상시평가] 월·주·일 단위의 주기적 위험성평가 및 결과 공유·주지 등의 조치를 실시하는 경우 수시·정기평가를 실시한 것으로 간주
위험성평가의 모든 과정에 근로자가 참여	• (기존) 사업장의 위험을 가장 잘 아는 근로자가 사전준비와 위험성 결정 단계에는 참여할 수 없었음
	• (개선) 전체 위험성평가의 과정에 근로자가 참여하도록 하여 협업 강화
위험성평가 결과는 모든 근로자가 알아야 함	• (기존) 위험성평가 결과 모두 제거되지 않고 남은 위험이 있는 경우에만 근로자에게 알리도록 되어 있었음
	• (개선) 위험성평가 결과의 전반을 근로자와 공유하고 무엇보다 중요한 유해·위험요인은 작업 전 안전점검회의(TBM)를 통해 상시적으로 근로자들에게 알리도록 하고 있음
기타	• (개선) 사업장 내 부상 또는 질병으로 이어질 가능성이 있었던 상황 같은 아차사고를 일으킨 유해·위험요인은 반드시 위험성평가를 실시토록 규정 • 5인 미만(건설공사 1억 원 미만) 사업장에 대해 사전준비 절차를 면제 • 사업장 안전보건정보 사전조사는 권장사항으로 변경하여 서류작업의 부담 감소

3.6 위험성평가의 방법

(1) 위험성평가의 수행체계

위험성평가 수행체계와 관련된 규정은 사업장 위험성평가에 관한 지침[고용노동부고시 제2023-19호, 2023. 5. 22] 제7조(위험성평가의 방법)에 규정되어 있다.

▶ 사업장 위험성평가에 관한 지침 제7조(위험성평가의 방법)

① 사업주는 다음과 같은 방법으로 위험성평가를 실시하여야 한다.

1. 안전보건관리책임자 등 해당 사업장에서 사업의 실시를 총괄 관리하는 사람에게 위험성평가의 실시를 총괄 관리하게 할 것
2. 사업장의 안전관리자, 보건관리자 등이 위험성평가의 실시에 관하여 안전보건관리책임자를 보좌하고 지도·조언하게 할 것
3. 유해·위험요인을 파악하고 그 결과에 따른 개선조치를 시행할 것
4. 기계·기구, 설비 등과 관련된 위험성평가에는 해당 기계·기구, 설비 등에 전문 지식을 갖춘 사람을 참여하게 할 것
5. 안전·보건관리자의 선임 의무가 없는 경우에는 제2호에 따른 업무를 수행할 사람을 지정하는 등 그 밖에 위험성평가를 위한 체제를 구축할 것

② 사업주는 제1항에서 정하고 있는 자에 대해 위험성평가를 실시하기 위해 필요한 교육을 실시하여야 한다. 이 경우 위험성평가에 대해 외부에서 교육을 받았거나, 관련학문을 전공하여 관련 지식이 풍부한 경우에는 필요한 부분만 교육을 실시하거나 교육을 생략할 수 있다.

③ 사업주가 위험성평가를 실시하는 경우는 산업안전·보건 전문가 또는 전문기관의 컨설팅을 받을 수 있다.

위험성평가 수행체계는 일반적으로 다음과 같이 구성하며 다음 주체들에게는 위험성평가를 실시하기 위한 전문교육을 실시하는 것을 권장한다. 본사, 현장별로 담당자를 선임하고 근로자가 참여하여 실시하며 전 직원이 공유할 필요가 있다.

표 2.24 위험성평가 담당자 역할

관리감독자	근로자 참여	안전보건관리책임자
• 유해·위험요인 파악	• 유해·위험요인 파악 • 위험성 감소 대책 수립 • 대책 이행여부 확인	• 위험성평가 총괄 (계획·교육·실시·개선 등) • 실시 결과 전 직원과 공유

① 사업주 또는 안전보건관리책임자

법령상 위험성평가는 사업주의 책임이지만 「산업안전보건법」 제15조에 따른 안전보건관리책임자 및 사업장을 실질적으로 총괄하는 사람으로 하여금 위험성평가의 실시를 총괄

관리하게 할 수 있다. 사업주 또는 안전보건관리책임자는 위험성평가를 실시함에 있어 다음과 같은 사항을 책임지고 총괄하여야 한다.

조직의 최고책임자로서 사업주(안전보건관리책임자)의 의지는 전체 근로자 안전보건행동의 기반이 된다. 사업주(안전보건관리책임자)는 위험성평가에 대한 의지와 방향을 실시 주체 및 근로자들에게 전하고 사업장 전체를 하나의 방침에 따라 유도하는 것이 중요하다. 위험성평가는 안전보건관리의 기본이며 회사경영의 중요한 요소이다. 따라서 사업주는 위험성평가 의지를 명확하게 천명하고 사업장 관계자를 이해시킬 필요가 있다. 위험성평가는 계획-실행-확인-조치의 단계에 따라 이루어지도록 방침을 정할 필요가 있다.

② 안전관리자, 보건관리자 및 안전보건관리담당자

안전관리자 등의 업무를 외부 전문기관에 위탁(건설업 제외)을 주거나 안전관리자 등의 선임 의무가 없는 중·소규모 사업장의 경우에는 사업주가 관리감독자나 현장관리자 중 위험성평가의 실시에 관하여 보좌·지도·조언할 사람을 지정하는 등 사업장 내 위험성평가를 위한 체제를 구축하여야 한다.

중·소규모 사업장은 위험성평가의 체제 구축을 위해서 외부 전문기관이나 안전보건공단에 위험성평가 컨설팅을 신청하여 전문적인 지도·조언을 받을 수도 있다.

③ 관리감독자(부서장, 현장감독자)

관리감독자는 현장을 잘 아는 중간 관리자로서 사업주가 목표로 하는 위험성평가의 모습을 이해하고 그 중심이 되어 다음과 같은 역할을 수행해야 한다.

ⓐ 사업주의 위험성평가에 대한 방침을 근로자들에게 올바르게 전달해야 한다.

ⓑ 위험성평가를 효과적으로 실시하기 위한 적절한 인원을 배치해야 한다.

ⓒ 위험성평가 참여자에 대해 교육을 실시한다.

ⓓ 위험성평가 실시 전반을 관리하고 내용과 결과를 분석해야 한다.

④ 대상 작업의 근로자

일반적으로 위험성평가 수행체계의 운영방법은 다음과 같다.

구체적인 실시 방법은 사업장의 사정에 따라 다를 수 있겠지만 중·소규모 사업장에서는 인력의 사정에 따라 1인 2역의 업무분담도 가능하다. 일반적으로 사업주(안전보건관리책임자)는 위험성평가의 총괄 관리자가 되고 부서장은 위험성평가 실시의 책임자, 현장관리감독자는 위험성평가의 실행 담당자가 된다. 안전·보건관리자는 위험성평가의 실시를 지원하는 역할을 하고 근로자는 위험성평가의 실시 주체로 참여하게 된다.

사업장이 스스로 위험성평가를 실시하기 어려운 경우에는 안전관련 기술사, 산업안전·보건지도사, 재해예방지도기관, 산업안전·보건 전문기관 등 외부 전문가(기관)의 컨설팅을 전체적으로 또는 부분적으로 받을 수 있다. 다만, 외부 전문가(기관)의 지원을 받는 경우에도 위험성평가의 최종 책임은 사업주에게 있다는 점을 명심해야 한다. 따라서 외부 전문가(기관)으로부터 조력을 받되 이들에게 전적으로 의존해서는 안 된다. 기본적으로 사업주(안전보건관리책임자)가 중심이 되어 위험성평가를 실시해야 한다. 외부전문가(기관)의 지원을 받는 경우는 사업장에 대한 충분한 정보를 제공해야 내실 있는 위험성평가를 실시할 수 있다

(2) 위험성평가를 갈음하는 조치

위험성평가를 갈음하는 조치와 관련된 규정은 사업장 위험성평가에 관한 지침[고용노동부고시 제2023-19호, 2023.5.22] 제7조(위험성평가의 방법) 제4항에 규정되어 있다.

◘ 사업장 위험성평가에 관한 지침 제7조(위험성평가의 방법)

④ 사업주가 다음 각 호의 어느 하나에 해당하는 제도를 이행한 경우는 그 부분에 대하여 이 고시에 따른 위험성평가를 실시한 것으로 본다.

1. 위험성평가 방법을 적용한 안전·보건진단(법 제47조)
2. 공정안전보고서(법 제44조). 다만, 공정안전보고서의 내용 중 공정위험성평가서가 최대 4년 범위 이내에서 정기적으로 작성된 경우에 한한다.
3. 근골격계 부담 작업 유해·요인조사(안전보건규칙 제657조부터 제662조까지)
4. 그 밖에 법과 이 법에 따른 명령에서 정하는 위험성평가 관련 제도

사업주가 위험성평가와 유사한 산업안전보건법에서 정하는 제도를 이행하는 경우 해당 제도가 적용되는 부분에 대해서는 위험성평가를 실시한 것으로 볼 수 있다. 다만, 적용 부분을 제외하고 나머지 부분은 위험성평가를 실시하여야 한다.

예를 들어 일부 공정에만 안전보건진단을 받은 경우 진단을 받지 않은 나머지 공정에는 위험성평가를 실시해야 한다. 위험성평가를 실시한 것으로 보는 경우는 다음과 같다.

① 위험성평가 방법을 적용한 안전·보건진단(법 제47조)

② 공정안전보고서(법 제44조). 다만, 공정안전보고서의 내용 중 공정위험성평가서가 최대 4년 범위 이내에서 정기적으로 작성된 경우에 한한다.

③ 근골격계부담 작업 유해요인조사(안전보건규칙 제657조부터 제662조까지)

④ 그 밖에 산업안전보건법과 이 법에 따른 명령에서 정하는 위험성평가 관련 제도

(3) 위험성평가의 방법

위험성평가의 방법과 관련된 규정은 사업장 위험성평가에 관한 지침[고용노동부고시 제2023-19호, 2023. 5. 22] 제7조(위험성평가의 방법) 제5항에 규정되어 있다.

사업장 위험성평가에 관한 지침 제7조(위험성평가의 방법)

⑤ 사업주는 사업장의 규모와 특성 등을 고려하여 다음 각 호의 위험성평가 방법 중 한 가지 이상을 선정하여 위험성평가를 실시할 수 있다.

1. 위험 가능성과 중대성을 조합한 빈도·강도법
2. 체크리스트(Checklist)법
3. 위험성 수준 3단계(저·중·고) 판단법
4. 핵심 요인 기술(One Point Sheet)법
5. 그 외 규칙 제50조 제1항 제2호 각 목의 방법

위험성평가의 방법에는 ① 위험 가능성과 중대성을 조합한 빈도·강도법, ② 체크리스트법, ③ 위험성 수준 3단계(저·중·고) 판단법, ④ 핵심요인 기술법 등이 있다.

기존에는 위험성평가를 할 때 위험 가능성과 중대성을 조합한 빈도·강도법만 사용하도록 되어 있었다. 위험의 가능성과 중대성을 수치로 나타내어 덧셈·곱셈·행렬 등으로 계산하여 위험성의 크기를 계산해야만 위험성평가를 할 수 있다 보니 중·소규모 사업장에서는 위험성평가를 하기 어렵고 복잡하다는 의견이 많았다. 이에 '23년 개정된 고시에서는 체크리스트법, 위험성 수준 3단계 판단법, 핵심요인 기술법 등의 방법을 도입하여 위험성의 크기를 계산하지 않고도 위험성평가를 실시할 수 있도록 하였다. 위 방법들은 중·소규모 사업장에서 공정이 간단하고 유해·위험요인이 적은 경우에 권장되는 방법들에 해당한다. 제시된 위험성평가의 방법들은 위험성평가의 절차를 반영한 방법들로 사업주는 한 가지 방법에만 국한하지 않고 사업장에 따라 적절하게 조합하여 위험성평가를 실시할 수도 있다. 위 방법 외에도 산업안전보건법

시행규칙 제50조 제1항 제2호에서 규정한 공정안전보고서 작성을 위한 방법들도 다양하게 활용할 수 있다.

산업안전보건법 시행규칙 제50조(공정안전보고서의 세부 내용 등)

① 영 제44조에 따라 공정안전보고서에 포함해야 할 세부내용은 다음 각 호와 같다.

2. 공정위험성평가서 및 잠재위험에 대한 사고예방·피해 최소화 대책(공정위험성평가서는 공정의 특성 등을 고려하여 다음 각 목의 위험성평가 기법 중 한 가지 이상을 선정하여 위험성평가를 한 후 그 결과에 따라 작성해야 하며, 사고예방·피해 최소화 대책은 위험성평가 결과 잠재위험이 있다고 인정되는 경우에만 작성한다)

가. 체크리스트(Check List)

나. 상대위험순위 결정(Dow and Mond Indices)

다. 작업자 실수 분석(HEA)

라. 사고 예상 질문 분석(What-if)

마. 위험과 운전 분석(HAZOP)

바. 이상위험도 분석(FMECA)

사. 결함수 분석(FTA)

아. 사건수 분석(ETA)

자. 원인 결과 분석(CCA)

차. 가목부터 자목까지의 규정과 같은 수준 이상의 기술적 평가기법

(가) 체크리스트

1) 정의

체크리스트 위험성평가 방법은 평가 대상에 대해 미리 준비한 세부 목록을 사용하여 위험성평가를 하는 방법이다. 일반적으로 각 항목에 대해 "○" 또는 "×" 등으로 표시하여 목록에 제시된 유해·위험요인의 위험성이 우리 사업장에서 허용 가능한 수준의 위험인지 여부를 판단한다.

체크리스트법에서 가장 중요한 것은 정확한 체크리스트의 작성이므로 법령, 고시 및 지침을 참고하고 경험이 많은 사람의 주도하에 체크리스트를 작성하여야 한다. 다만, 체크리스트가 지나치게 단순하게 작성되었거나 주관적으로 작성된 경우 중요한 유해·위험요인을 빠뜨릴 수

있기 때문에 반드시 주의하여야 한다.

예를 들어 이 프레스는 위험한가?(×)보다는 이 프레스는 작업 시 광전자식 방호장치가 제대로 작동하는가?(○)와 같이 작성되어야 한다.

2) 유해·위험요인 파악

① 위험성평가의 대상 : 무엇을 평가하여야 하는가?

우리 사업장의 공정, 작업, 장소, 기계·기구, 물질, 부품, 작업행동, 가스, 분진 등을 꼼꼼히 살펴보고 그동안 있었던 산업재해나 아차사고 등을 고려하여 위험성평가의 대상을 선정하여야 한다.

② 어떻게 유해·위험요인을 파악하는가?

평가의 대상이 된 작업, 기계·기구 등에서 발생할 수 있는 위험한 상황, 결함 상태, 오류 등을 파악하고 간단명료하게 비교할 수 있도록 목록을 질문형 등으로 작성한다.

"어떤 부상·질병 등의 잠재적 부정적 결과가 나타나는지"를 파악한다. 평가항목을 작성할 때는 위험한 상황에 노출되는 현장 근로자의 아차사고, 위험을 느꼈던 순간 등의 경험을 반영하도록 하고 사업장의 안전보건자료 등도 참고할 수 있다.

위험성평가지원시스템(https://kras.kosha.or.kr)에서는 표준 업종/공종/작업 등에 대한 체크리스트 항목 예시를 제공하고 있다.

표 2.25 유해·위험요인 파악 기록 예시

◎ 평가대상 : 자동차 부품 가공공정　　◎ 평가자 : 박관리, 정감독

번호	유해·위험요인 파악 (위험한 상황과 결과)	위험성 확인결과			개선대책	개선 완료일	담당자
		적정	보완	해당 없음			
1	프레스에 방호장치(광전자식, 양수조작식 등)가 설치되었는가?						
2	프레스 방호장치는 정상적으로 작동하는가?						
3	유압 프레스에 안전블럭을 구비하고 있는가?						

3) 위험성의 결정

허용 가능한 위험 여부의 결정은 작성된 평가항목에 따라 기계에 적절한 방호장치가 설치되었는지, 작업절차 준수를 근로자에게 당부하였는지, 기타 필요한 조치 등 안전·보건조치가 이루어졌는지, 현장을 둘러보며 위험성을 확인해야 한다.

이때 사전에 정해 놓은 방법에 따라 유해·위험요인이 사업장에서 허용 가능한 수준의 위험인지를 결정한다.

무시할 수 있는 위험 또는 적정하게 안전조치가 되어 있는 경우에는 적정, 만약 개선이 필요한 유해·위험요인에 대해서는 보완으로 분류한다.

체크리스트 항목을 가지고 현장을 점검하다가 누락된 사항이 발견되면 수시로 평가항목을 추가하여 지속적으로 활용해야 한다.

표 2.26 위험성 결정 기록의 예시

◎ 평가대상 : 자동차 부품 가공공정　　　　◎ 평가자 : 박관리, 정감독

번호	유해·위험요인 파악 (위험한 상황과 결과)	위험성 확인결과			개선대책	개선 완료일	담당자
		적정	보완	해당 없음			
1	프레스에 방호장치(광전자식, 양수조작식 등)가 설치되었는가?		◎				
2	프레스 방호장치는 정상적으로 작동하는가?		◎				
3	유압 프레스에 안전블럭을 구비하고 있는가?	◎					

4) 위험성 감소대책 수립·실행

보완으로 분류된 평가항목에 대해서는 위험성 감소에 대하여 개선대책을 수립하고 실행하여야 한다.

표 2.27 위험성 감소대책 수립·실행 결과의 기록 예시

◎ 평가대상 : 자동차 부품 가공공정　　　　◎ 평가자 : 박관리, 정감독

번호	유해·위험요인 파악 (위험한 상황과 결과)	위험성 확인결과			개선대책	개선 완료일	담당자
		적정	보완	해당 없음			
1	프레스에 방호장치(광전자식, 양수조작식 등)가 설치되었는가?		◎		양수조작식 및 광전자식 방호장치 설치	'23. 05.24	박관리
2	프레스 방호장치는 정상적으로 작동하는가?		◎		• 작업 전 정상 작동상태 확인 후 작업 시작토록 작업절차에 반영 • 관리감독자 등에게 해당 절차 교육	'23. 07.15	정감독
3	유압 프레스에 안전블록을 구비하고 있는가?	◎					

5) 체크리스트를 적용한 결과서(기록) 예시

표 2.28 체크리스트를 적용한 결과서(기록) 예시

◎ 평가대상 : 자동차 부품 가공공정　　　　◎ 평가자 : 박관리, 정감독

번호	유해·위험요인 파악 (위험한 상황과 결과)	위험성 확인결과			개선대책	개선 완료일	담당자	관련근거 (선택사항)
		적정	보완	해당 없음				
1	프레스에 방호장치(광전자식, 양수조작식 등)가 설치되었는가?		◎		양수조작식 및 광전자식 방호장치 설치	'23. 4.21	박관리	규칙 제103조(프레스 등의 위험방지)
2	프레스 방호장치는 정상적으로 작동하는가?		◎		• 작업 전 정상 작동상태 확인 후 작업 시작하도록 작업절차에 반영 • 관리감독자 등에게 해당 절차 교육	'23. 4.21	정감독	규칙 제103조(프레스 등의 위험방지)
3	프레스에 안전블록을 구비하고 있는가?	◎						규칙 제104조(금형 조정 작업의 위험방지)
4	프레스에 비상정지장치가 설치되고 정상작동 하는가?	◎						안전검사 고시 (프레스 검사기준)

번호	유해·위험요인 파악 (위험한 상황과 결과)	위험성 확인결과			개선대책	개선 완료일	담당자	관련근거 (선택사항)
		적정	보완	해당 없음				
5	프레스 정비·청소·수리 등 작업 시 전원투입 잠금장치 사용 또는 조작금지 표지판을 게시하는가?		◎		전원 투입부 키 스위치 설치 및 작업 중 안내 표지판 사용	'23. 5.20	박관리	규칙 제92조(정비 등의 작업 시의 운전정지 등)
6	프레스 정비·청소·수리 등 작업 시 동력의 전원을 차단하는가?		◎		작업자에게 운전정지 필요 작업 방법·절차 교육실시	'23. 5.20	정감독	규칙 제92조(정비 등의 작업 시의 운전정지 등)
7	프레스는 안전검사를 받았는가?	◎						법 제93조(안전검사)
8	작업자는 귀마개, 안전화 등을 착용하는가?	◎						규칙 제516조(청력보호구의 지급 등)

(나) 위험성 수준 3단계 판단법

1) 정의

위험성 수준 3단계 판단법은 위험성 결정을 위해 유해·위험요인의 위험성을 가늠하고 판단할 때 위험성 수준을 상·중·하 또는 고·중·저와 같이 간략하게 구분하고 직관적으로 이해할 수 있도록 위험성의 수준을 표시하는 방법이다.

2) 유해·위험요인 파악

① 위험성평가의 대상 : 무엇을 평가하여야 하는가?
사업장의 공정, 작업, 장소, 기계·기구, 물질, 부품, 작업행동, 가스, 분진 등을 꼼꼼히 펴보고 그간 있었던 산업재해나 아차사고 등을 고려하여 위험성평가의 대상을 선정한다.

② 어떻게 유해·위험요인을 파악하는가?
위험에 노출되는 근로자가 어떤 작업을 하는 몇 명인지, 어떻게 위험한 상황이 발생하는지, 그로 인해 어떤 부상·질병 등의 잠재적 부정적 결과가 나타나는지를 파악한다.

표 2.29 유해·위험요인 파악 기록 예시

◎ 평가대상 : 비계설치공사　　　　　　　　　　◎ 평가자 : 박관리, 정감독

번호	유해·위험요인 파악 (위험한 상황과 결과)	위험성의 수준			개선 대책	개선 완료일	담당자
		상	중	하			
1	비계의 작업발판 위에서 이동 또는 작업 중 떨어짐 위험						
2	비계 조립 작업 중 강관 등 자재가 떨어져 이동하는 근로자에게 맞음 위험						
3	비계 조립 작업 시 강관이 고압선에 접촉되어 감전 위험						

3) 위험성의 결정

① 얼마나 위험한지 결정

파악한 유해·위험요인이 얼마나 위험한지를 가늠하는 단계이다. 위험성의 수준을 상·중·하 또는 빨강·노랑·초록 등과 같이 3단계 등의 등급으로 구분한다. 파악한 각각의 유해·위험요인이 어느 등급에 해당하는지 근로자의 경험 등을 들어 판단하고 기록 양식에 표시한다.

각 단계의 수준과 그 수준을 판단하는 방법은 위험성평가를 준비하는 단계에서 미리 정해 놓은 기준을 사용하고 현재 시행되고 있는 안전·보건 조치사항도 고려하여 판단한다.

② 허용 가능한 위험 여부의 결정

유해·위험요인별로 등급을 매겼다면 그 등급이 사업장에서 허용 가능한 위험성 수준인지 여부를 결정한다.

예를 들어 사업장에서 위험성을 상·중·하로 나누고 그 중 '하'의 위험도만 허용 가능한 수준으로 보기로 사전에 결정하였다면 어떤 기계를 작동할 때의 위험성이 상으로 분류되었을 때 허용 불가능한 위험성의 수준이므로 신속히 위험성을 하로 낮추기 위한 위험성 감소대책을 수립·시행하여야 한다.

표 2.30 위험성 결정 기록 예시

◎ 평가대상 : 비계설치공사　　　　◎ 평가자 : 박관리, 정감독

번호	유해·위험요인 파악 (위험한 상황과 결과)	위험성의 수준			개선 대책	개선 완료일	담당자
		상	중	하			
1	비계의 작업발판 위에서 이동 또는 작업 중 떨어짐 위험	◎					
2	비계 조립 작업 중 강관 등 자재가 떨어져 이동하는 근로자에게 맞음 위험		◎				
3	비계 조립 작업 시 강관이 고압선에 접촉되어 감전 위험			◎			

4) 위험성 감소대책 수립·실행

위험성 감소대책을 수립하고 실행하여야 하는데 위험성 감소대책 수립·실행 결과의 기록 예시는 다음과 같다.

표 2.31 위험성 감소대책 수립·실행 결과의 기록 예시

◎ 평가대상 : 비계설치공사　　　　◎ 평가자 : 박관리, 정감독

번호	유해·위험요인 파악 (위험한 상황과 결과)	위험성의 수준			개선 대책	개선 예정일	개선 완료일	담당자
		상	중	하				
1	비계의 작업발판 위에서 이동 또는 작업 중 떨어짐 위험	◎			• 작업발판 단부에 안전난간을 설치 • 임의 해체구간에서 작업 시 반드시 부착설비에 안전대 체결	‘23. 3.15	‘23. 3.15	박관리
2	비계 조립 작업 중 강관 등 자재가 떨어져 이동하는 근로자에게 맞음 위험		◎		• 비계설치 작업 중 비계 하부에 작업자 출입하지 못하도록 감시자 배치	‘23. 3.15	‘23. 3.15	정감독
3	비계 조립 작업 시 강관이 고압선에 접촉되어 감전 위험			◎				

5) 위험성 수준 3단계 판단법을 적용한 결과서(기록) 예시

표 2.32 위험성 수준 3단계 판단법을 적용한 결과서(기록) 예시

◎ 평가대상 : 비계설치공사 ◎ 평가자 : 박관리, 정감독

번호	유해·위험요인 파악 (위험한 상황과 결과)	위험성의 수준			개선 대책	개선 예정일	개선 완료일	담당자	관련근거 (선택사항)
		상	중	하					
1	비계의 작업발판 위에서 이동 또는 작업 중 떨어짐 위험	◎			• 작업발판 단부에 안전난간을 설치 • 임의 해체구간에서 작업 시 반드시 부착설비에 안전대 체결	'23. 3.15	'23. 3.15	박관리	• 규칙 제43조(개구부), 제44조(안전대의 부착설비 등), 제35조(관리감독자의 유해·위험방지 업무)
2	비계 조립 작업 중 강관 등 자재가 떨어져 이동하는 근로자에게 맞음 위험		◎		• 비계설치 작업 중 비계 하부에 작업자 출입하지 못하도록 감시자 배치	'23. 3.15	'23. 3.15	정감독	• 규칙 제20조(출입의 금지), 제32조(보호구의 지급 등)
3	비계 조립 작업 시 강관이 고압선에 접촉되어 감전 위험			◎					• 규칙 제59조(강관비계 조립시의 준수사항) • 제321조(충전 전로에서의 전기작업)
4	비계 벽 이음 미설치 등으로 무너짐 위험	◎			• 벽 이음 전용철물을 사용하여 5 m이내마다 수직·수평으로 벽체와 긴결	작업 중 계속		정감독	• 규칙 제59조(강관비계 조립시의 준수사항)
5	비계 작업발판 상부에 자재 과적으로 비계 무너짐 위험		◎		• 비계 기둥 간의 적재 하중이 400 kgf을 초과하지 않도록 하고, 표지판 부착 및 근로자 교육실시	'23. 5.20	'23. 5.20	박관리	• 규칙 제60조(강관비계의 구조) • KOSHA GUIDE 강관비계 설치 및 사용안전 지침

(다) 핵심요인 기술법

1) 정의

핵심요인 기술법은 영국 산업안전보건청(HSE), 국제노동기구(ILO)에서 위험성 수준이 높지 않고 유해·위험요인이 많지 않은 중·소규모 사업장의 위험성평가를 위해 안내한 내용에 따른 방법이다. 단계적으로 핵심 질문에 답변하는 방법으로 간략하게 위험성평가를 실시하는

방법이다.

전등 교체, 부품교체 등 유해 위험요인이 적고 간단한 작업에 대해서는 한 장으로 위험성평가 내용을 기록할 수 있다.

2) 유해·위험요인 파악

① 위험성평가의 대상 : 무엇을 평가하여야 하는가?

사업장의 공정, 작업, 장소, 기계·기구, 물질, 부품, 작업행동, 가스, 분진 등을 꼼꼼히 살펴보고 그간 있었던 산업재해나 아차사고 등을 고려하여 위험성평가의 대상을 선정한다.

② 누가, 어떻게 피해를 입는지?

위험에 노출되는 근로자가 어떤 작업을 하고 몇 명인지, 어떻게 위험한 상황이 발생하는지, 그 결과 어떤 부상·질병 등의 잠재적 부정적 결과가 나타나는지를 파악한다.

표 2.33 유해·위험요인 파악 기록 예시

어떤 유해·위험요인이 있는가?	누가 어떻게 피해를 입는가?
정비 중인 컨베이어	• 정비 작업자가 설비를 정지하고 정비하던 중 불시 가동된 컨베이어 회전체에 끼임 • 정비 작업자가 컨베이어 정비 후 방호장치를 복구하지 않아 컨베이어 담당 근로자가 끼임
지게차 운전	• 보행 중인 근로자가 화물을 싣고 가는 지게차와 충돌 • 여름철 옥외에서 지게차를 운전하는 근로자가 열사병에 걸림 • 지게차가 배수로를 밟아 넘어지면서 탈출하던 운전자 또는 보행 중인 근로자가 지게차에 깔림

3) 위험성의 결정

① 현재 시행 중인 안전조치는 무엇인지

누가 어떻게 피해를 입는지 파악했다면 이를 방지하기 위해 기존에 시행하고 있던 위험 예방 조치와 활동을 파악한다. 어떤 유해·위험요인에 대해서는 지금도 안전·보건조치가 시행되고 있을 수도 있기 때문이다.

② 추가적으로 필요한 조치는 무엇인지

기존에 시행하고 있던 안전·보건조치를 살피다 보면 자연스럽게 기존의 시행대책이 얼마나 효과적인지 알 수 있다. 기존 시행대책의 효과를 검토하고 추가적인 조치가 필요한지를 살펴보게 된다.

사전준비 단계에서 결정한 허용 가능한 위험성의 수준과 비교하고 기존에 시행하고 있던 대책이 근로자를 적절히 보호하고 있다고 판단되는 경우에는 해당 유해·위험요인에 대한 추가 개선대책 수립이 불필요하다. 이 경우 추가 조치 없음 또는 현재 조치 유지 등으로 기재하여 결정사항을 기록한다. 기존 시행조치나 추가적인 개선대책이 근로자들의 부상 또는 질병으로 이어지는 위험성을 줄이는 데 얼마나 효과적인지는 다른 사업장의 우수사례, 안전보건자료에 안내되는 안전조치, 법에서 정한 기준 등과 같은 모범사례를 살펴보는 방법이 있다. 이때 위험성 감소대책 수립 순서를 살펴보며 합리적으로 실행 가능한 조치가 되었는지를 따져봐야 한다.

표 2.34 위험성 결정의 기록 예시

어떤 유해·위험요인이 있는가?	누가 어떻게 피해를 입는가?	현재 시행 중인 조치는 무엇인가?	추가적으로 필요한 조치는 무엇인가?
정비 중인 컨베이어	• 정비 작업자가 설비를 정지하고 정비하던 중 불시 가동된 컨베이어 회전체에 끼임	• 정비작업 시 설비정지 • 근로자에게 작업절차 교육실시	
	• 정비 작업자가 컨베이어 정비 후 방호장치를 복구하지 않아 컨베이어 담당 근로자가 끼임	• 작업 전 체크리스트 이용 안전점검 실시	현재 조치 유지
지게차 운전	• 보행 중인 근로자가 화물을 싣고 가는 지게차와 충돌	• 작업지휘자 및 유도자 배치 • 지게차 경광등, 경보장치 설치	
	• 여름철 옥외에서 지게차를 운전하는 근로자가 열사병에 걸림	• 헤드가드 위에 가림막 설치	
	• 지게차가 배수로를 밟아 넘어지면서 탈출하던 운전자 또는 보행 중인 근로자가 지게차에 깔림	• 작업지휘자 및 유도자 배치 • 운전자 안전벨트 착용 • 배수로에 그레이팅 설치	현재 조치 유지

4) 위험성 감소대책 수립·실행

표 2.35 위험성 감소대책 수립·실행 결과의 기록 예시

어떤 유해·위험요인이 있는가?	누가 어떻게 피해를 입는가?	현재 시행 중인 조치는 무엇인가?	추가적으로 필요한 조치는 무엇인가?	담당자		
				담당자	개선기간	완료일자
정비 중인 컨베이어	• 정비 작업자가 설비를 정지하고 정비하던 중 불시 가동된 컨베이어 회전체에 끼임	• 정비작업 시 설비정지 • 근로자에게 작업절차 교육실시	• LOTO(Lock Out, Tag Out) 실시 • 관련 부서간 또는 근로자간 정비일정공유 절차마련	김공무	23. 02.28	’23. 02.25
	• 정비 작업자가 컨베이어 정비 후 방호장치를 복구하지 않아 컨베이어 담당 근로자가 끼임	• 작업 전 체크리스트 이용 안전점검 실시	• 현재 조치 유지			
지게차 운전	• 보행 중인 근로자가 화물을 싣고 가는 지게차와 충돌	• 작업지휘자 및 유도자 배치 • 지게차 경광등, 경보장치 설치	• 지게차 운행 구역과 근로자 작업 장소, 이동 동선 구획 • 반사경, 후방카메라 설치	박총무	’23. 04.12	’23. 04.11
	• 여름철 옥외에서 지게차를 운전하는 근로자가 열사병에 걸림	• 헤드가드 위에 가림막 설치	• 캐빈 및 에어컨이 구비된 지게차 렌탈	박총무	’23. 05.30	진행 중
	• 지게차가 배수로를 밟아 넘어지면서 탈출하던 운전자 또는 보행 중인 근로자가 지게차에 깔림	• 작업지휘자 및 유도자 배치 • 운전자 안전벨트 착용 • 배수로에 그레이팅 설치	• 현재 조치 유지			

5) 핵심요인 기술법(OPS)을 적용한 결과서(기록) 예시

표 2.36 핵심요인 기술법(OPS)을 적용한 결과서(기록) 예시

◎ 공정 또는 작업명 : 물류이송작업　◎ 실시 일자 : 2023.02.15　◎ 평가자 : 정관리(관리감독자), 정작업(근로자)

어떤 유해·위험 요인이 있는가?	유해·위험요인 파악 (위험한 상황과 결과)	현재 시행 중인 조치는 무엇인가?	추가적으로 필요한 조치는 무엇인가?	누가 언제까지 조치하는가?			관련 근거 (선택사항)
				담당자	개선 기간	완료 일자	
정비중인 컨베이어	• 정비 작업자가 설비를 정지하고 정비하던 중 불시 가동된 컨베이어 회전체에 끼임	• 정비작업 시 설비 정지 • 근로자에게 작업 절차 교육실시	• LOTO(Lock Out, Tag Out) 실시 • 관련 부서 간(또는 근로자간) 정비일정 공유 절차 마련	김공무	23. 02. 28	'23. 02. 25	규칙 제92조 (정비 등의 작업 시 운전 정지 등)
	• 정비작업자가 컨베이어 정비 후 방호장치를 복구하지 않아 컨베이어 담당 근로자가 끼임	• 작업 전 체크리스트 이용 안전점검 실시	• 현재 조치 유지				규칙 제35조 (관리감독자의 유해·위험방지업무)
지게차 운전	• 보행 중인 근로자가 화물을 싣고 가는 지게차와 충돌	• 작업지휘자 및 유도자 배치 • 지게차 경광등, 경보장치 설치	• 지게차 운행 구역과 근로자 작업 장소, 이동 동선 구획 • 반사경, 후방카메라 설치	박총무	'23. 04. 12	'23. 04. 11	규칙 제39조, 제172조, 제179조
	• 여름철 옥외에서 지게차를 운전하는 근로자가 열사병에 걸림	• 헤드가드 위에 가림막 설치	• 캐빈 및 에어컨이 구비된 지게차 렌탈	박총무	'23. 05. 30	진행 중	규칙 제556조
	• 지게차가 배수로를 밟아 넘어지면서 탈출하던 운전자 또는 보행 중인 근로자가 지게차에 깔림	• 작업지휘자 및 유도자 배치 • 운전자 안전벨트 착용 • 배수로에 그레이팅 설치	• 현재 조치 유지				규칙 제171조, 제183조

(라) 빈도·강도법(위험성평가지원시스템 활용)

1) 정의

빈도·강도법은 사업장에서 파악된 유해·위험요인이 얼마나 위험한지를 판단하기 위해 위험성의 빈도(가능성)와 강도(중대성)를 곱셈, 덧셈, 행렬 등의 방법으로 조합하여 위험성의 크기(수준)를 산출해 보고 이 위험성의 크기가 허용 가능한 수준인지 여부를 살펴보는 방법이다. 위험성평가지원시스템(https://kras.kosha.or.kr)에서는 기존에 5단계 방법이라는 이름으로 위험성평가 과정을 도와주고 기록하는 서비스를 제공하고 있으므로 이를 토대로 활용하면 된다.

2) 유해·위험요인 파악

① 위험성평가의 대상 : 무엇을 평가하여야 하는가?

사업장의 공정, 작업, 장소, 기계·기구, 물질, 부품, 작업행동, 가스, 분진 등을 꼼꼼히 살펴보고 그동안 있었던 산업재해나 아차사고 등을 고려하여 위험성평가의 대상을 선정한다. 위험성평가지원시스템에서는 사용방법 설명과 함께 위험성평가 실시 서비스를 제공하고 있다.

3) 위험성의 결정

① 얼마나 위험한지

위험성이 얼마나 높은지는 빈도(가능성)와 강도(중대성)를 곱하여 그 크기를 구한다. 여기서 빈도(가능성)는 유해·위험요인에 대한 노출빈도, 노출시간, 피해 사건의 발생 확률 등을 고려하여 추정한 크기이다. 강도(중대성)는 위험한 사건으로 인한 결과로 누구에게 얼마나 큰 피해가 있었는지를 나타내는 척도이다. 빈도(가능성)와 강도(중대성)의 산출 기준은 사전에 정해 놓아야 하고 조합하는 방법은 더하거나 매트릭스와 같은 다양한 방법을 선택할 수 있다. 위험성평가지원시스템에서는 "5×4" 또는 "3×3"의 평가척도를 제공하고 있고 현재의 위험성의 크기를 구할 때는 현재의 안전·보건조치사항을 고려하여 강도와 빈도의 크기를 정하여야 한다. 강도와 빈도의 크기 산출 예시를 들면 다음과 같다.

- 빈도의 크기 : 2 (※사유: 이동식 사다리 작업을 1주일에 1회 실시)
- 강도의 크기 : 3 (※사유: 추락 시 근로자 사망)
- 위험성의 크기 : 6 = 2(빈도의 크기) × 3(강도의 크기)

표 2.37 강도와 빈도의 크기 산출 예시

빈도의 크기 산출 기준			강도의 크기 산출 기준		
구분	빈도의 크기	기준	구분	강도의 크기	기준
빈번	3	1일에 1회 정도	대	3	사망(장애 발생)
가끔	2	1주일에 1회 정도	중	2	휴업 필요
거의 없음	1	3개월에 1회 정도	소	1	비 치료

② 허용 가능한 위험 여부의 결정

산출된 위험성의 크기(수준)를 사전에 정해 놓은 기준과 비교하여 허용 가능한 위험성 수준 여부를 결정한다. 예를 들어 위험성의 수준이 2개의 등급으로 분류되어 있다면 허용 가능한 경우 필요시 개선조치를 계획하거나 현재 상태를 지속 관리하고 허용 불가능한 경우에는 위험성 감소대책을 수립하여 실행하여야 한다.

표 2.38 허용 가능한 위험성 수준인지 여부의 결정 예시

위험성의 크기	허용 가능 여부	개선 여부
4~9	허용 불가능	개선책 마련·이행
1~3	허용 가능	(필요시) 개선

→ 허용 불가능한 위험은 개선대책 마련·이행

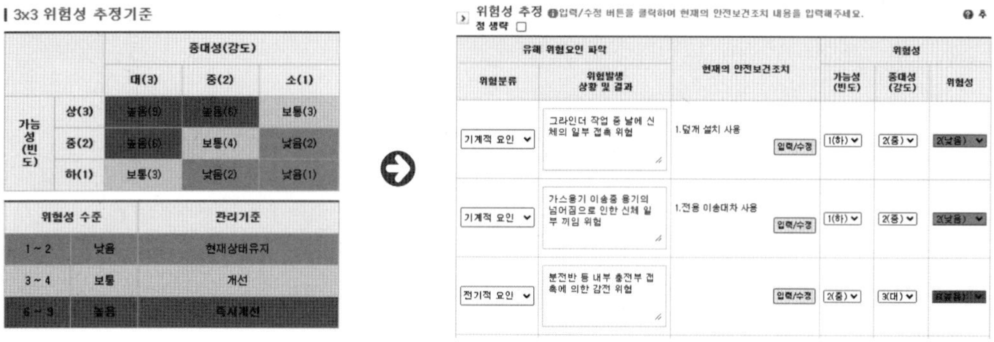

그림 2.5 위험성평가지원시스템에서 위험성 결정 사용 예시

4) 위험성 감소대책 수립·실행

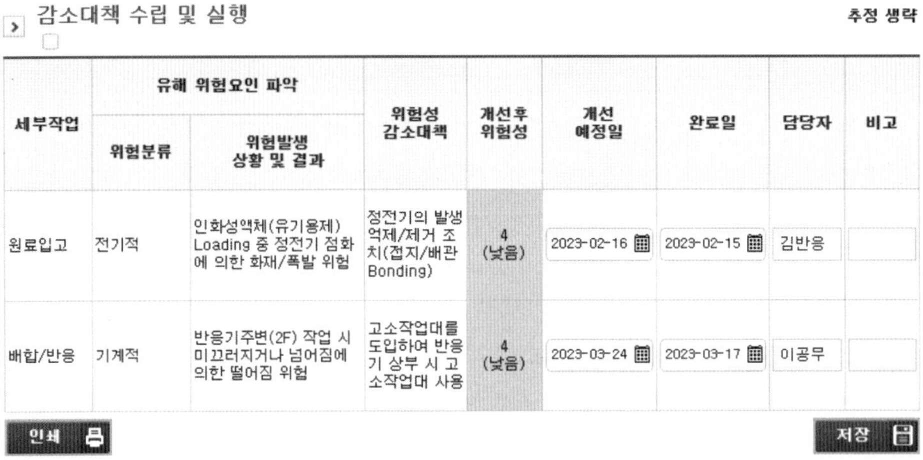

감소대책 수립 및 실행 　　추정 생략

세부작업	유해 위험요인 파악		위험성 감소대책	개선후 위험성	개선 예정일	완료일	담당자	비고
	위험분류	위험발생 상황 및 결과						
원료입고	전기적	인화성액체(유기용제) Loading 중 정전기 점화에 의한 화재/폭발 위험	정전기의 발생억제/제거 조치(접지/배관 Bonding)	4 (낮음)	2023-02-16	2023-02-15	김반응	
배합/반응	기계적	반응기주변(2F) 작업 시 미끄러지거나 넘어짐에 의한 떨어짐 위험	고소작업대를 도입하여 반응기 상부 시 고소작업대 사용	4 (낮음)	2023-03-24	2023-03-17	이공무	

인쇄 　 저장

그림 2.6 위험성평가지원시스템에서 위험성 감소대책 수립·실행 사용 예시

5) 위험성평가지원시스템(KRAS)의 빈도·강도법을 적용한 결과서(기록) 예시

위험성평가지원시스템(KRAS)의 빈도·강도법을 적용한 결과서(기록) 예시는 다음과 같다.

표 2.39 위험성평가지원시스템(KRAS)의 빈도·강도법을 적용한 결과서(기록) 예시

◎ 작업 공정명: 접착제 제조 ◎ 평가일시: 2024-02-10

세부 작업명	유해·위험요인 파악 (위험한 상황과 결과)		현재의 안전보건조치	현재위험성			위험성 감소대책	개선 후 위험성	개선 예정일	개선 완료일	담당자	관련근거 (선택사항)
	위험 분류	위험발생 상황 및 결과		가능성 (빈도)	중대성 (강도)	위험성						
원자재 보관	기계적 요인	원자재 창고 출입구에 적재물이 쌓여있어 지게차 운행 중 보행 중인 근로자와 충돌할 위험	1. 창고 출입구에 지게차 통행 시 경보음 발생	4	4	16	1. 창고 출입구 주변 적재물 이동하여 시야 확보 2. 출입구에 반사경 설치 3. 지게차와 근로자 이동 동선 구분	8	'24년도 1분기	'24. 04.02	김원료	규칙 제11조(작업장의 출입구), 제22조(통로의 설치)
원료 투입	화학(물질)적 요인	원료투입 시 반응기 원료투입구로 화학물질증기(톨루엔 등)가 작업장으로 확산되어 작업자가 노출되어 직업병 발생 위험	1. 작업자 보호구(방독마스크) 지급 및 착용 2. 반응기 원료 투입구에 국소배기 장치 설치 및 사용	3	1	3	-					규칙 제442조(관리대상유해물질과 관계되는 설비), 제450조(호흡용보호구의 지급 등)
배합	기계적 요인	리본믹서 투입구(1.2 m×0.6 m)에서 포대형태(20 kg)의 원료를 투입할 때 균형을 잃고 리본믹서 내부로 근로자가 추락할 위험	-	4	2	8	1. 원료투입구의 크기를 조정(0.4 m×0.4 m) 2. 투입구에 메쉬 형태의 망설치	2	'24. 03.24	'24. 03.20	김원료	규칙 제43조(개구부 등의 방호 조치)
반응	전기적 요인	반응기 상부 원료투입구에서 인화성액체(유기용제) 투입 중 낙차로 인한 정전기 발생으로 화재/폭발 위험	1. 대전방지용 복장 및 도구 사용(대전방지용 작업복 및 작업화, 작업장바닥 도전성 조치) 2. 반응기 및 배관 본딩 접지	3	4	12	1. 딥 파이프 설치 등 원료투입 방법 개선	8	'24. 02.16	'24. 02.15	이공무	규칙 제325조(정전기로 인한 화재폭발 등 방지)
유지 보수	기계적 요인	압력용기 상부에 이동식 사다리를 걸쳐놓고 안전밸브 테스트 시 균형 상실로 인한 추락 위험	1. 2인 1조 작업 실시 2. 이동식 사다리 아웃트리거 사용	2	2	4	1. 난간이 설치된 이동식 비계 또는 말비계 구매·사용	2	'24. 02.28	'24. 03.02	이공무	규칙 제42조(추락의 방지)

(4) 위험성평가의 시기

위험성평가의 시기와 관련된 규정은 사업장 위험성평가에 관한 지침[고용노동부고시 제2023-19호, 2023. 5. 22] 제15조(위험성평가의 실시 시기)에 규정되어 있다.

◑ 사업장 위험성평가에 관한 지침 제15조(위험성평가의 실시 시기)

① 사업주는 사업이 성립된 날(사업 개시 일을 말하며, 건설업의 경우 실 착공일을 말한다)로부터 1개월이 되는 날까지 제5조의2 제1항에 따라 위험성평가의 대상이 되는 유해·위험요인에 대한 최초 위험성평가의 실시에 착수하여야 한다. 다만, 1개월 미만의 기간 동안 이루어지는 작업 또는 공사의 경우에는 특별한 사정이 없는 한 작업 또는 공사 개시 후 지체 없이 최초 위험성평가를 실시하여야 한다.

② 사업주는 다음 각 호의 어느 하나에 해당하여 추가적인 유해·위험요인이 생기는 경우에는 해당 유해·위험요인에 대한 수시 위험성평가를 실시하여야 한다. 다만, 제5호에 해당하는 경우에는 재해발생 작업을 대상으로 작업을 재개하기 전에 실시하여야 한다.

1. 사업장 건설물의 설치·이전·변경 또는 해체
2. 기계·기구, 설비, 원재료 등의 신규 도입 또는 변경
3. 건설물, 기계·기구, 설비 등의 정비 또는 보수(주기적·반복적 작업으로서 이미 위험성평가를 실시한 경우에는 제외)
4. 작업방법 또는 작업절차의 신규 도입 또는 변경
5. 중대산업사고 또는 산업재해(휴업 이상의 요양을 요하는 경우에 한정한다) 발생
6. 그 밖에 사업주가 필요하다고 판단한 경우

③ 사업주는 다음 각 호의 사항을 고려하여 제1항에 따라 실시한 위험성평가의 결과에 대한 적정성을 1년마다 정기적으로 재검토(이때, 해당 기간 내 제2항에 따라 실시한 위험성평가의 결과가 있는 경우 함께 적정성을 재검토하여야 한다)하여야 한다. 재검토 결과 허용 가능한 위험성 수준이 아니라고 검토된 유해·위험요인에 대해서는 제12조에 따라 위험성 감소대책을 수립하여 실행하여야 한다.

1. 기계·기구, 설비 등의 기간 경과에 의한 성능 저하
2. 근로자의 교체 등에 수반하는 안전·보건과 관련되는 지식 또는 경험의 변화
3. 안전·보건과 관련되는 새로운 지식의 습득
4. 현재 수립되어 있는 위험성 감소대책의 유효성 등

④ 사업주가 사업장의 상시적인 위험성평가를 위해 다음 각 호의 사항을 이행하는 경우

제2항과 제3항의 수시평가와 정기평가를 실시한 것으로 본다.

1. 매월 1회 이상 근로자 제안제도 활용, 아차사고 확인, 작업과 관련된 근로자를 포함한 사업장 순회점검 등을 통해 사업장 내 유해·위험요인을 발굴하여 제11조의 위험성결정 및 제12조의 위험성 감소대책 수립·실행을 할 것
2. 매주 안전보건관리책임자, 안전관리자, 보건관리자, 관리감독자 등(도급사업주의 경우 수급사업장의 안전·보건관련 관리자 등을 포함한다)을 중심으로 제1호의 결과 등을 논의·공유하고 이행상황을 점검할 것
3. 매 작업일마다 제1호와 제2호의 실시결과에 따라 근로자가 준수하여야 할 사항 및 주의하여야 할 사항을 작업 전 안전점검회의 등을 통해 공유·주지할 것

단계	항목	내용
① 사업장별 유해·위험요인 확인 (수시)	사업장 순회점검	사업장 순회·점검을 통한 유해·위험요인 파악
	청취조사	현장 종사자와의 면담을 통한 유해·위험요인 파악
	안전보건자료 검토	사업장에서 발생한 재해발생보고서, 건강검진 등의 자료를 통한 유해·위험요인 파악
	안전보건 체크리스트 작성	작업별 안전보건 체크리스트 작성을 통한 유해·위험요인 파악

↓

② 유해·위험요인 개선방안 수립

구분	주요 내용	비고
제거	위험요소를 물리적으로 제거	효율 우수
	예시) 밀폐 공간 내 모터를 외부모터로 변경	
대체	위험성이 상대적으로 낮은 요인으로 대체	↓
	예시) 설계변경을 통한 개구부 최소화	
공학적 통제	위험요소와 작업자와의 격리	
	예시) 방호장치, 환기장치 등의 설치	
행정적 통제	작업방법(절차) 변경, 작업허가 신청	
	예시) 작업절차서 정비, 작업허가제 작성 등	
보호구 착용	제거, 대체, 통제가 불가능한 경우의 최후조치 수단	비효율
	예시) 방독마스크, 귀마개 등의 보호구 지급 및 착용	

↓

③ 개선 이행

- 유해·위험요인 목록 작성
- 유해·위험요인 알림 및 표시
- 유해·위험요인 개선 요청 및 안전조치 실시
- 유해·위험요인 관련 담당자 지정
- 안전작업절차 표시 및 게시

↓

④ 유해·위험요인 확인점검
⑤ 개선조치 점검 (반기1회 이상)

- 내부 관련규정 제·개정
- 반기별 유해위험요인 파악 및 제거·조치 점검 보고

그림 2.7 유해·위험요인 확인 개선 절차도

① 사업장별 유해·위험요인 확인

유해·위험요인 확인

사업장명 : 점검일자 : 년 월 일

점검자 (담당자)	(서명)	확인자 (현장소장 /사업주 등)	(서명)

	유해·위험작업				질병
	작업내용	장소	위험정도 (상중하)	사고유형	질병 유형
유해 · 위험 요인 조사	케이블드럼 등 자재 운반	야외현장		③ 깔림 ④ 부딪힘	
	이동용 사다리, 고소작업대 사용	실내·외		① 추락·떨어짐	
	케이블 포설	도로맨홀		① 추락·떨어짐 ⑮ 교통사고 ⑰ 질식	
	케이블선로공사	전주		① 추락·떨어짐 ⑬ 전도 ⑮ 교통사고	

〈사고유형〉
① 추락·떨어짐 ② 끼임 ③ 깔림 ④ 부딪힘 ⑤ 낙하·맞음 ⑥ 붕괴·무너짐 ⑦ 넘어짐 ⑧ 절단 ⑨ 베임 ⑩ 찔림 ⑪ 감전 ⑫ 화재·폭발 ⑬ 전도 ⑭ 무리한 동작 ⑮ 교통사고 ⑯ 누출·접촉 ⑰ 질식 ⑱ 기타
〈질병 유형〉
① 진폐 ② 중독 ③ 난청 ④ 요통 ⑤ 기타

② 유해·위험요인 개선방안 수립

<table>
<tr><td colspan="5">유해·위험요인 확인에 따른 개선방안

사업장명 : 점검일자 : 년 월 일</td></tr>
<tr><td colspan="2">점검자
(담당자)</td><td>(서명)</td><td>확인자
(현장소장 /사업주 등)</td><td>(서명)</td></tr>
<tr><td colspan="2" rowspan="3">현황 및 문제점</td><td colspan="3">① CCTV 설치 및 배선작업을 위하여 이동용 사다리 사용 시 떨어짐 가능성
② 지중케이블 포설을 위한 맨홀 진입 시 산소결핍 또는 유해가스 누출</td></tr>
<tr><td colspan="3">사진</td></tr>
<tr><td colspan="2"></td><td></td></tr>
<tr><td rowspan="3">개선
방안</td><td></td><td colspan="2">〈단기〉</td><td>〈장기〉</td></tr>
<tr><td>점검자
의견</td><td colspan="2">① 이웃트리거 설치된 이동용 사다리 사용
② 작업 전 안전교육실시</td><td>①, ② 작업에 대한 외부교육을 위한 예산편성</td></tr>
<tr><td>근로자
의견</td><td colspan="2">①, ② 작업에 대한 위험요인 교육</td><td>①, ② 보조인력 배치를 위한 예산편성</td></tr>
<tr><td colspan="2">작성 시
유의사항</td><td colspan="3">※ 작성 시 유해·위험요인 구체적으로 기재
※ 개선방안 작성 시 단기 및 장기 계획으로 구분하여 구체적으로 기재</td></tr>
</table>

③ 개선 이행

<table>
<tr><td colspan="4">

유해·위험요인 개선조치 결과

사업장명 :   점검일자 : 년 월 일</td></tr>
<tr><td colspan="2">점검자
(담당자)</td><td>(서명)</td><td>확인자
(현장소장 /사업주 등)   (서명)</td></tr>
<tr><td colspan="2">유해
위험요인</td><td colspan="2">이동용 사다리 사용에 따른 떨어짐</td></tr>
<tr><td rowspan="3">개선
방안</td><td rowspan="2">점검자
의견</td><td>〈단기〉</td><td>〈장기〉</td></tr>
<tr><td>① 아웃트리거 설치된 이동용 사다리 사용
② 작업 전 안전교육실시</td><td>①, ② 작업에 대한 외부교육을 위한 예산편성</td></tr>
<tr><td>근로자
의 견</td><td>①, ② 작업에 대한 위험요인 교육</td><td>①, ② 보조인력 배치를 위한 예산편성</td></tr>
<tr><td colspan="2" rowspan="3">조치결과</td><td colspan="2">• 작업 전 유해·위험요인 교육실시 및 보호구 지급, 착용확인
• 외부교육을 위한 내년 예산 편성 및 교육계획 수립
• 2인1조 작업을 위한 보조인력 예산편성
• 아웃트리거 설치된 이동용 사다리 구매</td></tr>
<tr><td colspan="2">사진</td></tr>
<tr><td></td><td></td></tr>
<tr><td colspan="2">유의사항</td><td colspan="2">※ 제거 → 대체 → 통제 → 보호구 착용 순으로 개선 필요(왼쪽이 가장 효율적)
※ 개선조치 시 점검자 및 근로자의 의견이 반영되어 조치 필요
※ 유해·위험요인 관리를 위한 담당자 필수 지정</td></tr>
</table>

④ 유해·위험요인 확인 점검

유해·위험요인 확인 점검표

사업장명 : 점검일자 : 년 월 일

점검자 (담당자)	(서명)	확인자 (현장소장 /사업주 등)	(서명)

점검 사항	이행	미이행	개선사항
안전보건관리책임자, 현장 작업자의 참여를 바탕으로 유해·위험요인 주기적 파악 여부			
근로자뿐만 아니라 도급, 위탁, 용역 등 모든 구성원이 유해·위험요인을 신고·제보할 수 있는 절차 또는 제도 운영 여부			
산업재해 및 아차사고 조사를 통해 유해·위험요인 파악 여부			
동종업체 산업재해를 조사·참고하여 유해·위험요인 파악 여부			
보유하고 있는 위험기계·기구·설비 또는 유해·위험요인 현황을 관리대장 등을 통해 관리하는지 여부			
새로운 기계·기구·설비 또는 유해·위험요인 도입 시 사전에 유해·위험요인을 파악하는 절차 수립 여부			
위험장소에 안전보건표지를 부착하고, 출입 및 작업 시 별도 관리 여부			
작업방법을 고려한 위험·요인 파악 여부			
새로운 작업의 경우 위험성평가, 교육 등의 실시 여부			

※ 점검 후 이행되지 않은 사항 추가 조치
※ 반기 1회 이상 점검 및 보고

⑤ 유해·위험요인 개선조치 점검

유해·위험요인 개선조치 점검표

사업장명 : 　　　　　　　　　　　　　　점검일자 : 　　년　　월　　일

점검자 (담당자)	(서명)	확인자 (현장소장 /사업주 등)	(서명)

점검 사항	이행	미이행	개선사항
각각의 위험요소에 대하여 사고발생 가능성(빈도)과 중대성(강도)을 예측하여 위험의 정도 평가 여부			
위험요인 우선순위를 정하고 감소대책 수립 여부			
위험요인별 개선방안 마련 시 현장작업자가 참여하고 사업주의 검토 여부			
위험요인별 개선방안 마련 시 제거→대체→통제→보호구 순으로 검토 여부			
위험요인별 개선방안 마련 시 가능한 공학적 통제방안 이상으로 복수의 방안 마련 여부			
위험요인별 개선방안이 결정되면 개선시기, 예산 배정, 담당자 지정을 포함한 종합적인 대책 마련 여부			
위험요인 제거·대체·통제를 위한 종합적인 대책을 모든 구성원에게 공유·교육 이행 및 점검 여부			
보유하고 있는 기계·기구·설비 등에 대한 점검 및 정비절차 마련 여부			
새로운 기계·기구·설비를 도입하거나 작업 변경 시 사전 교육 등 안전을 고려한 절차 마련 여부			
위험작업에 대한 작업 절차서 작성 여부			
모든 종사자에게 안전보건관리체계 전반에 대한 주기적인 교육실시 여부			

※ 점검 후 이행되지 않은 사항 추가 조치
※ 반기 1회 이상 점검 및 보고

3.7 고용노동부 질의회시

(1) 유해·위험요인의 확인 개선에 갈음한 위험성평가의 주기

산업안전보건법에 따른 위험성평가를 실시한 경우에 중대재해처벌법 시행령 제4조 제3호에 따른 유해·위험요인 점검을 한 것으로 볼 수 있는지가 궁금할 것이다.

예를 들면 5인 이하 소규모 사업장(경비, 단시간 미화원 등)에 최초 위험성평가 후 1년에 1회 정기평가를 실시한다면(다년간 산업재해가 발생한 적이 없고 유해·위험요인의 변화가 없음) 유해·위험요인의 확인 및 개선이 이루어지는지 반기 1회 이상 점검한 것으로 볼 수 있는지 여부이다.

고용노동부 질의회시(중대산업재해감독과 - 2542, 2022.7.1.)에 따르면 "산업안전보건법에 따른 위험성평가는 정기평가뿐만 아니라 수시평가 등 위험성평가를 실시해야 하는 모든 경우에 대해 실시하여야 산업안전보건법에 따른 위험성평가를 이행한 것으로 간주한다"라는 입장이다.

위험성평가 제도를 도입하고 해당 절차에 따라 위험성평가를 모두 실시하고 이에 더하여 그 실시 결과를 경영책임자 등이 보고받았다면 중대재해처벌법에 따른 유해·위험요인의 확인 및 개선에 대한 점검을 반기 1회씩 연 2회 모두 실시한 것으로 간주할 수 있다.

다만 유해·위험요인의 확인 및 개선조치가 실질적으로 이루어졌는지 여부가 중요하므로 위험성평가 등을 형식적으로 이행하여 제대로 된 개선조치가 이루어지지 않아 중대산업재해를 야기했다면 유해·위험요인의 확인 및 개선에 관한 점검 의무 위반은 물론 법령상의 다른 의무 위반으로도 처벌받을 수 있다.

따라서 유해·위험요인의 확인 및 개선에 관한 점검은 법령상 최소한의 점검 주기에 국한할 것이 아니라 필요한 만큼 수시로 실시하여 실질적인 위험 관리가 이루어지도록 하는 것이 바람직할 것으로 보인다.

(2) 반기 1회 이상 점검 시 반드시 현장점검을 해야 하는지 여부

중대재해처벌법상 반기 1회 이상 점검을 반드시 현장점검으로만 이행해야 하는지 아니면 현장에서 전산 시스템에 기록한 내용을 본사에서 열람하여 점검해도 되는지가 궁금할 것이다.

고용노동부 질의회시(중대산업재해감독과 - 1996, 2022.5.27.)에 따르면 "중대재해처벌법상 반기 1회 이상 점검과 관련하여 점검 방법에 대해 규정한 내용은 없고 사업 또는 사업장의 규모, 특성에 따라 자율적으로 점검 방법을 운영할 수 있다”라는 입장이다.

다만 중요한 것은 사업장 현장의 유해·위험요인의 확인 및 개선조치가 실질적으로 이루어졌는지 등을 점검하여야 한다는 점이다. 법령상 점검을 형식적으로 이행하여 제대로 된 개선조치가 이루어지지 않아 중대산업재해를 야기했다면 반기 1회 이상 점검 의무를 제대로 이행했다고 보기는 어렵다.

중대재해처벌법상 반기 1회 이상 점검은 상반기(1월 1일부터 6월 30일 까지)와 하반기(7월 1일부터 12월 31일까지)를 최소한의 주기로 하여 각 1회 이상 실시하는 것이 타당하다.

(3) ISO 45001 등 인증심사를 진행할 경우 반기별 점검 활동을 이행하는 것으로 갈음되는지 여부

중대재해처벌법에서 요구하는 점검 및 조치사항이 ISO 450001, ISO 14001의 내용에 모두 포함될 때, 내부 심사 및 외부 심사 활동이 중대재해처벌법에서 규정하는 반기별 점검 활동으로 대체할 수 있는지가 궁금할 것이다,

고용노동부 질의회시(중대산업재해감독과 - 2796, 2022.7.21.)에 따르면 “중대재해처벌법 시행령 제4조의 의무는 법 제4조 제1항 제1호의 재해예방에 필요한 인력 및 예산 등 안전보건관리체계의 구축 및 이행에 관한 조치의 구체적인 사항을 정한 것이다. 반면에 ISO 45001, ISO 14001 등 인증제도는 중대재해처벌법이나 산업안전보건법에서 정한 의무가 아니며 이행방법, 경영책임자에게 형사책임 부여 등 구체적인 내용에 있어 상이하므로 원칙적으로 각 인증 관련 심사 활동을 중대재해처벌법상 안전 및 보건 확보의무 이행으로 간주하기는 어렵다”라는 입장이다.

다만 안전보건경영시스템(KOSHA-MS/ISO 45001)과 중대재해처벌법상 의무는 일정부분 중복되는 내용이 있으므로 의무 이행 방법으로 활용할 수는 있을 것이다.

이때 중요한 것은 법령상 의무를 실질적으로 이행하고 사업장의 유해·위험요인을 개선하였는지 여부이므로 안전보건관리체계가 형식적으로 운영되지 않도록 해야 한다.

3.8 유의사항

구분	유의사항
위험 기계 설비 목록	1. 보유하고 있는 위험 기계·설비 현황 • 기계·기구·설비명(관리번호), 용량(규격), 단위작업 장소, 수량, 검사대상, 방호장치, 점검주기, 발생가능 재해형태, 사진 • 보유 장소에 목록 비치 2. 위험기계·기구, 설비의 관리방안, 예산, 책임자 지정 및 관리 3. 산업재해, 아차사고가 발생한 기계·기구·설비에 대해서는 위험요인으로 분류하여 관리 • 동종업계에서 발생한 산업재해와 관련된 기계·기구·설비에 대해서는 위험요인으로 분류하여 관리
유해 위험 물질 목록	1. 보유하고 있는 유해·위험물질(화학물질) 현황 • 보유 장소, 수량, 규격, 사진 • 화학물질, CAS No, 분자식, 폭발한계(상한, 하한, %), 노출기준, 독성, 인화점(℃), 발화점(℃), 증기압(20℃, mmHg), 부식성 유무, 이상반응 유무, 일일 사용량, 저장량 • 보유 장소에 목록 비치 2. 유해·위험물질(화학물질)의 관리방안, 예산, 책임자 지정 및 관리방안 3. 산업재해, 아차사고가 발생한 유해·위험물질(화학물질)에 대해서는 위험요인으로 분류하여 관리 • 동종업계에서 발생한 산업재해와 관련된 유해·위험물질(화학물질)에 대해서는 위험요인으로 분류하여 관리
위험 장소 목록	1. 보유하고 있는 사업장 내 위험장소 현황 • 위험장소, 위험요인, 사진 등 • 위험장소와 위험작업 조사 시 현장작업자 참여 여부 • 공정변화에 따라 위험장소와 위험작업에 대한 파악 여부 2. 위험작업에 대한 위험요인 파악 절차 마련 여부 • 정형작업과 비정형작업 포함
작업별 위험 관리 목록	1. 작업별 위험관리 현황 • 단위작업 장소, 작업내용, 위험 코드, 관련 기계·기구·설비(관리번호), 화학물질명(CAS No), 발생 가능 재해형태, 관련 협력업체, 위험성 • 유해·위험요인 리스트 : 위험성평가 활용 • 위험유형별 사고사례 및 원인과 대책 자료
위험성 평가 절차 규정	1. 위험성평가 절차(규정) 마련 • 사업장 위험성평가에 관한 규정 - 발굴한 위험요인에 대해 유형별로 분류하여 기록관리 - 위험성평가 관련 시기, 대상, 방법, 인원 구성 - 발생 가능성과 중대성을 예측하여 위험요인별 정도 평가 및 우선순위 결정 - 절차에 따른 위험성평가를 상시·주기적으로 실시하는지 여부

구분	유의사항
	- 제거, 대체, 공학적 통제, 행정적 통제, 보호구 순으로 대책 마련 - 위험요인별로 복수의 통제 방안을 마련 - 개선방안 마련 시 현장작업자, 관리감독자, 안전보건담당자 등의 참여 - 필요시 관련분야 전문가 자문 활용 - 개선방안에 대한 사업주의 검토
위험성 평가 실시 자료	1. 위험성평가 자료 • 유해·위험요인, 감소대책 • 위험요인을 유형별로 분류하여 정리 • 위험요인 정보 파악을 위해 충분한 자료수집 실시 • 사전안전보건정보 제공 자료 • 위험요인 정보 변경 시 수시로 위험요인 파악 2. 위험성평가 결과 • 종합대책 수립 - 위험유형별 개선방안을 종합하여 총괄 위험관리계획 수립 - 개선방안별 담당부서 지정을 통해 권한과 책임 명확화 - 위험요인별 개선시기 및 위험요인 확인·제거 등을 위한 점검·정비 주기를 구체적으로 명시 - 경영자 또는 사업주의 검토와 예산, 인력 등에 대한 배정방안 마련 - 개선 전에는 원칙적으로 작업을 중지하고 조치 완료 후 작업 재개하는 절차 포함 3. 위험성평가 실시 • 위험성평가 회의 결과서 • 근로자, 관리감독자 참여 증빙 자료 • 유해·위험요인의 실질적인 확인 및 개선조치 이행 • 유해·위험을 색으로 구별, 이해 가능한 언어로 병기 • 위험성평가표 • 위험성평가 개선 사진 4. 위험성평가 교육, 정보공개 실시 내용 자료 • 소속 근로자, 수급인과 수급인의 근로자, 파견업체 및 고객, 인근 주민, 조직의 공급망 • 모든 구성원에게 위험요인 인지, 위험요인의 통제기법 등에 대한 교육·훈련실시 • 모든 구성원이 적극적으로 참여하도록 하고 교육의 효과성 제고를 위한 노력(사업주 교육 등) • 급박한 위험에 따른 대응훈련을 주기적으로 실시 • 위험성평가 교육 결과서
안전 작업 절차서	1. 안전작업 절차서 • 작업별 안전수칙 포함 • 수칙 준수자 : 인세티브 부여
위험 작업 허가제 규정	1. 위험작업 허가제 운영 규정 • 실시 내용

구분	유의사항
유해 위험요인 신고 절차서	1. 유해·위험요인을 발굴 후 신고 절차 마련 • 절차 마련 • 신고에 대한 개선 여부 확인 2. 유해·위험요인을 개선하는 과정 중 작업 중지 절차 마련 • 작업 중지 • 개선 완료된 이후 작업 진행 절차
이행 여부 점검	1. 반기 1회 이상 이행 여부 점검 • 필요한 개선방안 마련 • 개선방안 이행 여부 점검 • 추가적인 조치 필요한 경우는 조치 실행

3.9 유해·위험요인을 확인 및 개선하는 업무절차 수립 및 점검 의무사항 이행점검표

유해·위험요인을 확인 및 개선하는 업무절차 수립 및 점검 가이드
○ 점검일 : ○ 부서명 : ○ 점검자 : (인)

□ 점검 주요 내용

구분	주요 내용	비고(관련근거)
1. 관련 근거	1. 중대재해처벌법 시행령 제4조(안전보건관리체계의 구축 및 이행조치) • 사업장의 특성에 따른 유해·위험요인을 확인하여 개선하는 업무절차를 마련하고 필요한 조치를 할 것 2. 산업안전보건법 제36조(위험성평가의 실시) 및 동법 시행규칙 제37조(위험성 평가 실시 내용 및 결과의 기록·보존) • 사업주는 건설물, 기계·기구·설비, 원재료, 가스, 증기, 분진, 근로자의 작업 행동 또는 그 밖의 업무로 인한 유해·위험요인을 찾아내어 부상 및 질병으로 이어질 수 있는 위험성의 크기가 허용 가능한 범위인지를 평가하여야 하고 그 결과에 따라 조치를 하여야 하며 근로자에 대한 위험 또는 건강장해를 방지하기 위하여 필요한 경우에는 추가적인 조치를 하여야 한다.	중대재해 해설서 준용 점검 및 관리
2. 위험성 평가 가이드	1. 위험성평가 실시 시기 가. 최초평가(모든 업무 및 내·외부 현안에 대한 위험요인 또는 위험성을 평가하고 개선) 나. 정기평가(정기평가는 최초평가 후 정기적으로 실시) 다. 수시평가(아차사고, 공정변경 및 작업사항 변경, 재해발생 작업을 대상으로 작업을 재개하기 전 등) 라. 상시평가(일, 주, 월 단위 상시평가) 2. 위험성평가 실시 확인 대상 : 본사 및 전 사업장 3. 단계별 수행절차 가. (1단계) 평가대상 작업 선정 : 평가자료 준비(유해·위험요인 정보, 주변 환경 정보, 혼재 작업 위험성, 재해사례 등) 나. (2단계) 유해위험요인 파악 : 원인, 피해대상, 피해형태를 현장순회점검 등을 통해 조사 다. (3단계) 위험성평가 : 발생가능성과 중대성에 따라 평가 • 가능성 추정 : 피해(부상 또는 질병)의 발생 가능성은 사업장 특성에 따라(3~5단계 등)을 정한다.	

	- 최상, 상, 중, 하, 최하 • 중대성 추정 : 치명적(사망 등), 중대, 중등, 경상 라. (4단계) 위험성 수용 정도 검토 • 위험성 수준평가 결과를 기준으로 위험성 수용 정도를 검토 마. (5단계) 개선계획 수립 및 검토 • (1순위) 본질적 대책 • (2순위) 공학적 대책 • (3순위) 관리적 대책 • (4순위) 개인보호구의 사용 바. (6단계) 기록 및 보존 • 위험성평가 자료는 최소 3년간 보존	

□ 정기 및 수시 위험성평가 실시결과

연번	구분	위험성 평가시행결과	유해·위험요인	허용 여부	감소대책	개선 실적	점검 결과
1	정기	2024년 상반기 위험성 평가 실시 결과 문서	하루 4시간 이상 집중적 자료입력 작업으로 근골격계 질환 위험	-	• 사무 작업 시 일정시간마다 스트레칭 실시 권고	-	이상 없음
			물품 상자 이동시 깔림 및 부딪힘 위험	-	• 무거운 중량 물품 이동 시 손수레 우선 사용 • 다인 1조 작업원칙 준수 및 안전교육실시	-	이상 없음
			사무실 문 개폐 시 문 끼임 위험	-	• 문 개폐 시 말발굽 설치로 끼임 예방	설치 완료	확인

□ 유해·위험요인을 확인 및 개선하는 업무절차 수립 및 점검 점검표

구분	위험성평가(최초, 정기, 수시) 점검사항	점검 결과	비고
1. 위험성평가 (최초, 정기, 수시, 상시) 시행 계획 수립 및 점검	• 계획 : 실시규정 작성 및 관리(서류화 등) 가. 위험성평가 실시규정 문서화 및 관리 여부 나. 위험성평가 실시규정 수립의 적정성 다. 위험성평가 평가팀 구성 대상 라. 위험성평가 안전보건정보 사전조사서 등 관련 서류 마. 안전보건정보 사전 조사 대상 및 활용 여부		
	• 이행 : 위험성평가(최초, 정기, 수시, 상시) 이행 여부 가. 위험성평가 참여자 참여 여부(관리감독자, 해당 작업종사자, 전문지식을 갖춘 자 등) 나. 위험성평가 대상의 적정성(재해사례 반영 여부) 다. 유해·위험요인 파악 방법의 적정성(사업장 순회점검, 청취조사 등) 라. 위험성 추정방법 중 1가지 이상 적용 여부 확인(곱셈)		

구분	위험성평가(최초, 정기, 수시) 점검사항	점검 결과	비고
	마. 위험성 추정 시 유의사항 준수 여부(예상 부상 또는 질병) 바. 위험성평가 결과, 위험성 크기가 허용 가능한 위험 여부 확인		
2. 위험성평가 개선대책 이행점검 및 결과 보고(반기 1회 이상)	• 개선활동 : 위험성 결정 결과의 대책수립 적정성 여부 - 개선활동 확인(위험성 감소대책 실행 여부)		
	• 기록 : 위험성평가서 기록 및 보존 - 위험성평가 실시 내용 및 결과 기록·보존 여부		
	• 교육 : 실시 전·후 교육 가. 위험성평가 전 사전교육 시행 여부 나. 위험성평가 종료 후 남아 있는 유해·위험요인에 대한 게시, 주지 등의 실시 여부		

□ 추가 유해·위험요인 개선 업무절차

○ 위험요인 발굴을 위한 소통절차 개선실적

연번	장소	접수내용	개선결과	점검결과	비고
1					

○ 아차사고 사례도출 및 조치현황

연번	발생일	발생장소	발생형태	점검내용	개선결과	점검결과	비고
1							

○ 부서 SNS(밴드, 카카오톡 등)를 활용한 유해·위험요인 발굴 및 개선

연번	유해·위험요인	개선결과	점검결과	비고
1				

4 재해예방에 필요한 안전·보건에 관한 인력·시설·장비 구비와 유해·위험요인 개선에 필요한 예산 편성 및 집행

4.1 관련 조문

중대재해처벌법 시행령 제4조(안전보건관리체계의 구축 및 이행 조치) 제4호에서는 다음 각 목의 사항을 이행하는 데 필요한 예산을 편성하고 그 편성된 용도에 맞게 집행하도록 규정하고 있다.

▫ 시행령 제4조(안전보건관리체계의 구축 및 이행 조치) 제4호

4. 다음 각 목의 사항을 이행하는 데 필요한 예산을 편성하고 그 편성된 용도에 맞게 집행하도록 할 것
   가. 재해예방을 위해 필요한 안전·보건에 관한 인력, 시설 및 장비의 구비
   나. 제3호에서 정한 유해·위험요인의 개선
   다. 그 밖에 안전보건관리체계 구축 등을 위해 필요한 사항으로서 고용노동부 장관이 정하여 고시하는 사항

4.2 조문의 취지

이 조문은 각 기업의 수준에 따라서 유해·위험요인을 발굴하고 개선하는데 필요한 관련 예산이 충분히 편성되고 집행되었는지를 확인하는 조항이다. 이때 유해·위험요인의 발굴과 개선을 위한 예산투입 노력이 기업의 경영상 과도한 손해를 가져올 정도까지 조치해야 하는 것은 아니다. 그러나 후 순위가 되어서도 안 된다는 것을 의미한다. 안전보건관리를 위해서는 충분한 인력과 조직을 확보해야 한다. 이 조문은 재해예방을 위해 필요한 인력, 시설, 장비 구비를 위한 예산을 확보하기 위한 조문이다.

사업장의 안전보건 확보를 위해서는 안전보건 조직(담당자)의 제안이 원활하게 이행될 수 있도록 해야 한다. 정부의 기술지도 사업, 안전관리 전문기관 등 외부자원 활용방안을 검토하고 유해·위험요인 개선에 필요한 예산을 반영할 필요가 있다.

4.3 실행전략

① 재해예방을 위해 필요한 인력, 시설 및 장비의 구입에 필요한 예산 편성(건설업의 경우 고용노동부고시 '산업안전보건관리비 계상 및 사용기준'을 참고하되 그 외에 안전 및 보건 확보의무 이행을 위한 예산 추가 편성)

② 유해·위험요인 확인 절차 등에서 확인된 사항을 사업 또는 사업장의 재정 여건 등에 맞추어 합리적으로 실행 가능한 수준만큼 개선하는 데 필요한 예산 편성

③ 종사자의 의견 청취에 따라 재해예방을 위해 필요한 개선방안을 마련하고 이행하는 데 소요되는 예산 포함

4.4 실행방법

(1) 예산 편성 원칙 수립

예산 편성의 기본원칙은 예산 규모가 얼마인지가 중요한 것이 아니라 유해·위험요인을 어떻게 분석하고 평가했는지의 여부가 중요하다. 유해·위험요인 확인 절차 등에서 확인된 사항을 사업 또는 사업장의 재정 여건 등에 맞추어 제거·대체·통제 등 합리적으로 실행 가능한 수준만큼 개선하는 데 필요한 예산을 편성하여야 한다.

예산 편성의 첫 번째 원칙은 재해예방을 위해 필요한 안전·보건에 관한 인력, 시설 및 장비의 구비를 위한 예산을 편성하여야 한다는 점이다. 이때 재해예방을 위해 필요한 인력 시설 및 장비란 「산업안전보건법」 등 종사자의 재해예방을 위한 안전·보건 관계법령 등에서 정한 인력 시설 장비를 말한다.

특히, 재해예방을 위해 필요한 인력이란 안전관리자, 보건관리자, 안전보건관리담당자, 산업보건의 등 전문 인력뿐만 아니라 안전·보건 관계 법령 등에 따른 필요 인력을 의미한다. 예를 들어 정보통신공사 관련 안전보건 관계법령은 정보통신공사업법 제33조(정보통신기술자의 배치), 정보통신공사업법 시행령 제34조(정보통신기술자의 현장배치기준 등)에 따르며 이에 따라 필요한 인력은 다음 표와 같다.

표 2.40 정보통신공사업법에 따른 필요인력

구분	배치기준
도급금액 5억 원 이상의 정보통신공사	중급기술자 이상인 정보통신기술자
도급금액 5천만 원 이상 5억 원 미만인 정보통신공사	초급기술자 이상인 정보통신기술자

예산 편성의 두 번째 원칙은 유해·위험요인 개선에 필요한 예산을 확보해야 한다는 점이다. 유해·위험요인 확인·개선 절차서에 따라 확인된 유해·위험요인의 개선을 위해 산업안전보건법, 건설산업기본법, 건설기술진흥법 등에서 정한 인력, 시설·장비를 구비하는 데 필요한 예산뿐만 아니라, 안전·보건 관계 법령에 따른 의무 내용은 아니지만 사업 또는 사업장 특성에 따라 개선이 필요하다고 판단되면 그 유해·위험요인을 제거·대체·통제하는 데 필요한 예산을 포함하여야 한다. 재해예방에 필요한 예산은 전년도 안전관리 성과, 금년도 안전보건계획을 반영하여 수립할 필요가 있다.

예산 편성의 세 번째 원칙은 종사자의 의견 청취에 따른 재해예방을 위해 필요한 개선방안을 마련하여 이행하는 데 소요되는 예산을 포함할 필요가 있다.

예산 편성을 할 때 경영책임자는 재해예방에 필요한 예산이 적정하게 편성되었는지 확인하여야 한다. 또한 예산 집행의 명확성을 확보하기 위해 예산 금액 기준과 항목별 지출 승인에 대한 위임전결 사항을 규정할 수 있다.

현장에서 안전보건활동에 사용될 수 있도록 안전보건관리책임자에게 예산 집행의 권한을 부여하고 재해예방 예산이 안전보건관리 목적 외 사용되지 않도록 관리하여야 한다.

(2) 기본적인 안전수칙 준수에 필요한 인력·시설·장비 구비에 필요한 예산 편성

사고방지를 위한 안전관리를 수행하는 데 있어 인력·시설·장비가 필요하고 이에 수반되는 예산확보는 필수적이다. 이에 따라 기본적인 안전수칙 준수에 필요한 인력·시설·장비를 구비할 예산은 반드시 편성되어야 한다. 특히 안전보건관리책임자가 주도하여 위험성평가, TBM 등 실시로 도출된 유해·위험성 요인의 개선에 필요한 예산은 반드시 편성되고 집행되어야 한다.

예를 들어 위험요인 대체·제거 및 통제를 위한 시설과 장비확충, 안전보건 담당자 등 인력배치, 비상조치 계획 수립 및 훈련 등에 필요한 예산 등이 이에 포함된다. 여기에서 위험요인 대체·제거 및 통제를 위한 시설과 장비확충 등은 안전·보건 관계 법령 준수를 위한 조치, 위험성평가에 따른 개선조치에 소요되는 비용 등을 포함한다. 또한 안전보건 담당자 등 인력 배치 등은 안전관리자, 보건관리자 등 전문 인력, 타워크레인 작업 시 신호수 등이 필요한 작업에 대한 인력 소요비용 등을 포함한다.

끼임 방지시설, 위험 기계·기구 방호장치 등 유해·위험요인의 개선에 필요한 비용을 정부가 지원해주거나 필요한 자금을 저리로 융자해 주는 사업이 있으니 중소기업 입장에서는 적극 활용할 필요가 있다. 이러한 사업의 종류로는 위험기계 교체나 위험 노후 공정 개선 필요비용을 지원해주는 안전투자 혁신사업이 있다. 또한 유해·위험요인 개선 비용을 지원해주는 클린 사업장 조성지원 사업, 산재예방시설 투자비용을 장기 저리로 융자해 주는 산재예방시설융자 지원 사업 등이 있다.

유해·위험요인의 제거·대체에 필요한 인력투입·장비·시설개선 등의 예산을 불가피하게 편성하기 어려운 경우 종사자에 대한 교육과 함께 다각적인 점검을 진행하고 방호조치, 작업절차 변경 등 보완조치를 할 필요가 있다. 다만, 종사자 교육과 점검은 유해·위험요인이 완전히 제거될 때까지는 임시적인 관리 방법이라는 점을 반드시 유의할 필요가 있다.

표 2.41 안전·보건 관련 구매가 필요한 권장장비 목록 예시

구분		기기명	용도	보유현황
안전관리	1	산소농도측정기	밀폐공간 작업 전 산소농도 측정	
	2	복합가스농도 측정기(5가스)	일산화탄소, 황화수소, 산소, 이산화탄소, 가연성가스 측정	
	3	절연저항측정기	전자기기나 배선공사의 안정성 확보를 위해 이들의 직류 절연저항을 측정하는 계측기	
	4	접지저항측정기	접지 전극과 대지 사이의 저항 측정	
	5	검전기	전선로 등의 활선, 사선 상태 측정	
보건관리	1	조도측정기	단위 면적이 단위 시간에 받는 빛의 양 측정	
	2	표면온도계	금속을 비롯한 각종 물체의 표면 온도를 측정	
	3	혈압계	팔 밴드와 압력계로 이루어진 측정기	
	4	혈당측정기	적절한 혈당 관리를 위한 측정기	

표 2.42 안전·보건에 관한 인력, 시설 및 장비의 구비

인력	장비	시설
• 안전보건 전담인력 확충 • 안전보건 중심 인력운영 • 안전보건 전문 인력 채용	• 노후장비 적기교체 • 안전검사 적기실시 • 안전장구 완비	• 위험시설 정비, 개·보수 • 시설 안전 검검 강화

(3) 기업 특성을 고려하여 재정 여건에 맞게 합리적으로 실행할 수 있는 수준으로 편성

대기업에 비해 중소기업은 상황이 쉽지 않은 실정이다. 중소기업의 경우 안전·보건 관리에 소요될 예산은 기업의 규모와 보유한 유해·위험요인에 따라 다르게 된다. 따라서 재정 여건에

맞게 합리적으로 실행할 수 있는 수준으로 예산을 편성할 필요가 있다.

예산편성 항목은 따로 정해져 있지는 않은 실정이다. 따라서 건설업 산업안전보건관리비와 고용노동부의 「대표이사의 안전보건계획 수립 가이드」에서 제시하고 있는 아래의 9개 항목을 참고하여 기업의 실정에 맞게 활용하면 될 것 같다.

① 설비 및 시설물에 대한 안전점검비용
② 근로자 안전보건교육 훈련비용
③ 안전관련 물품 및 보호구 등 구입비용
④ 작업환경 측정 및 특수건강검진 비용
⑤ 안전진단 및 컨설팅 비용
⑥ 위험설비 자동화 등 안전시설 개선비용
⑦ 작업환경 개선 및 근골격계 질환 예방비용
⑧ 안전보건 우수사례 포상 비용
⑨ 안전보건활동을 촉진하기 위한 캠페인 비용

표 2.43 안전보건 예산 편성항목 예시 (단위 : 백만 원)

구분		2023	2024
인력 및 시설분야	• 위험시설 정비 및 개보수		
	• 안전검사 실시		
	• 안전시설 신규 설치 및 투자		
	• 안전보건조직 노무관리		
안전 분야	• 안전인력 육성 및 교육		
	• 안전보건 진단 및 컨설팅		
	• 위험성평가 실시		
	• 안전보호구 구입		
보건 분야	• 작업환경측정 실시		
	• 특수건강검진 실시		
	• 근골격계 질환 예방		
	• 휴게·위생시설 관리		
기타	• 협력사 안전관리 역량 지원 - 교육 지원 / 시설 지원		
	• 안전보건 캠페인 추진		
예비	• 예비비		

표 2.44 안전·보건 예산집행 관리대장 예시

안전·보건 예산집행 관리대장

(단위 : 백만 원)

구분	집행일	집행비용	집행항목 / 내역	확인자(확인일)
1	24.04.01	10,000	안전 분야 / 안전보호구 구입 (안전모, 안전벨트 등)	○○○ (서명) ('24.04.01.)
2				
3				
4				
5				

표 2.45 재해예방을 위한 예산편성 주요항목

	구분	상세 내역
1	방호장치, 안전장치 구입비용	• 프레스 등 방호장치, 급정지장치, 과부하방지장치 등
2	안전보건관련 물품 및 보호구 등 구입비용	• 안전보건물품 : 각종 안전표지, 소모성 물품 구입비, 물품 수리·관리비 등 • 보호구 : 귀마개, 보안경, 안전화, 안전모, 각반 등 • 건강관련 물품(AED, 혈압계 등)
3	위험설비 자동화 등 안전시설 개선비용	• 위험시설의 안전 환경 시설 개선비용
4	설비 및 시설물에 대한 안전점검비용	• 위험기계·기구·설비, 지게차 등의 안전점검 비용 • 기타 시설물 점검 비용
5	안전보건진단, 위탁, 컨설팅 비용	• 외부전문가 또는 기관을 활용하여 실시하는 각종 진단 비용
6	작업환경측정 및 특수건강진단 비용	• 작업환경측정비용 : 위탁비용 또는 자체측정을 위한 측정 장비 등의 구입비 • 특수건강진단비용 : 종사자의 건강지표를 보기 위한 특수건강진단 소요 비용
7	공상자 치료 및 응급구조 비용	• 3일 이하의 치료를 요하는 공상자 관련 진료·치료비 • 응급구조 관련 물품(사설 엠뷸런스 등)
8	종사자, 관리감독자, 사업주 안전보건교육 훈련비용	• 종사자 : 강사비, 자료수집비, 출장비, 교재 제작비, 교육운영비 등 • 관리감독자 : 교육비, 출장비 등 • 사업주 : 교육비, 출장비 등
9	안전보건관계자 외부교육 및 훈련비용	• 직무교육 : 교육비, 출장비, 교통비 등 • 훈련 : 전문기관 가입비, 학회 및 협회 참가비 등

구분		상세 내역
10	안전보건 포상비용	• 우수참여자 : 상금 또는 상품에 필요한 비용, 행사비용 등 • 안전보건경진대회, 위험발굴자 포상 관련 비용 등
11	안전보건활동 촉진을 위한 캠페인 등 지원비용	• 캠페인, 홍보 등에 필요한 비용 등
12	안전보건조직 운영 및 재해 예방 인력비용	• 회의비, 운영비, 출장비, 유관기관 협력비 등
13	협력업체 관리 비용	• 협력업체 업무 지원 및 감독 관련 비용 등

(4) 용도에 맞게 집행되도록 관리 필요

재해예방 및 유해·위험요인의 개선에 필요한 예산은 편성에 그쳐서는 안 되고 집행을 계획한 것은 그 용도에 맞게 집행되도록 관리할 필요가 있다.

유해·위험요인의 제거·대체 또는 통제를 위한 예산을 편성하지 않았거나, 예산은 편성했지만 용도에 맞지 않게 집행했다면 시행령 제4조 제4호의 의무를 이행한 것으로 볼 수 없다.

예를 들어 작업발판, 안전난간 미설치로 근로자가 추락하면 산업안전보건법 위반이 되지만 작업발판 등의 설치에 필요한 예산이 편성되지 않은 경우에는 중대재해처벌법 위반이 될 수도 있다.

(5) 종사자 의견 청취에 따른 재해예방에 필요한 내역 포함

종사자 참여 측면에서 유해·위험요인의 개선에 필요한 예산은 반드시 종사자 의견 청취에 따른 재해예방에 필요한 내역을 포함하여 편성할 필요가 있다. 종사자의 의견 청취에 따라 도출된 개선방안을 마련하고 이행하는 데 소요되는 예산을 포함하여야 한다.

(6) 안전보건 예산편성 및 집행 매뉴얼 작성

회사가 재해예방을 위해 필요한 안전·보건에 관한 인력과 시설 및 장비의 구비, 산업안전보건법에서 정한 유해·위험요인의 개선, 그 밖에 안전보건관리체계 구축 등을 위해 필요한 사항으로서 안전보건 예산을 편성하고 그 편성된 용도에 맞게 집행하여 경영책임자의 안전보건 확보 의무를 달성하기 위해서는 안전보건 예산편성 및 집행 매뉴얼을 작성할 필요가 있다.

(7) 반기 1회 이상 주기적으로 점검하고 대표이사에게 보고

반기 1회 이상 주기적으로 점검하여 대표이사에게 보고하고 점검결과 개선사항에 대해서는 필요한 조치를 해야 한다.

표 2.46 안전보건 예산편성 및 집행 매뉴얼 예시

안전보건 예산편성 및 집행 매뉴얼

1. 목적

본 규정은 회사가 재해예방을 위해 필요한 안전·보건에 관한 인력과 시설 및 장비의 구비, 산업안전보건법에서 정한 유해·위험요인의 개선, 그 밖에 안전보건관리체계 구축 등을 위해 필요한 사항으로서 안전보건 예산을 편성하고 그 편성된 용도로 맞게 집행하여 경영책임자의 안전 및 보건 확보의무를 달성하기 위하여 제정되었다.

2. 책임과 권한

가. 경영책임자

(1) 유해·위험요인의 개선사항을 이행하는 데 소요된 안전보건 예산을 반기 1회 이상 보고받아 검토

(2) 안전보건예산의 계획 대비 실적 확인 및 개선의지 표명

(3) 안전보건관리책임자 등에게 안전보건 업무수행에 필요한 권한과 예산 부여

나. 안전보건 담당 부서장

(1) 전년도 실적 및 다음 연도 경영방침 및 목표를 반영하여 안전보건 예산 수립

(2) 안전보건예산 규모의 적정성 심의·의결 시 그에 따른 안전보건 예산 편성 및 지출 계획 수립

다. 해당 부서장

(1) 안전보건예산 규모를 보고 받고 그 적정성을 심의·의결하여 경영책임자에게 안전보건예산 보고

(2) 승인이 완료된 안전보건예산을 전산에 등록하고 확정하여 전사에 공유

3. 업무흐름도

프로세스 흐름도	책임부서	주요 활동(작업 내용)	입력물	출력물
계획수립	안전보건 담당 실무 부서	• 관리팀에서 매년 10월경 전년도 안전보건예산 실적을 확인하고 차년도 안전보건 경영방침 및 목표에 따른 예산 수립을 안전보건담당 실무 부서에 요청한다. • 안전보건담당 실무 부서는 전년도 안전보건관리 성과를 반영하여 안전보건예산 규모를 산출한다.	안전보건 예산실적	안전보건 예산규모
안전보건 예산 편성	안전보건 담당 실무 부서	• 안전보건담당 실무 부서에서는 사업장 안전보건예산의 적정성을 판단하고, 지출 계획에 대한 산출 근거를 검토하여 안전보건예산 규모에 따른 안전보건 예산 및 지출 계획 수립하고 각 항목에 안전보건 예산을 편성하여 관리팀에 제출한다.	안전보건 예산규모	안전보건 예산 및 지출계획
심의 의결	관리팀	• 매년 11월경 안전보건담당 실무 부서에서 보고받은 안전보건 예산계획을 검토하고 검토가 완료된 안전보건 예산 및 지출을 계획을 년 초에 경영책임자에게 보고하여 승인을 득한다. • 관리팀은 승인을 득한 안전보건예산을 확정한다.	안전보건 예산 및 지출계획	안전보건 예산확정
집행 및 결산	관리팀	• 안전보건담당 실무 부서는 매월 소요에 따른 상세 결산 내역을 작성하고 전결 규정에 따라 결재가 완료되면 관리팀에 매월 결의서를 제출한다. • 접수가 완료된 결의서는 관리팀에서 회계 마감일에 도래하여 결산을 진행한다.	결의서 제출	결산
보고	안전보건 담당 실무 부서	• 안전보건담당 실무 부서는 반기 1회 이상 안전보건 활동 실적을 분석하여 검토하고 경영책임자에게 보고한다.	실적 보고	차년도 계획수립

4. 세부 업무절차

가. 계획 수립

(1) 안전보건 예산 수립의 요건

① 안전보건 예산은 당해 연도 안전보건관리 업무에 투입된 총 안전보건예산에 당해 연도 사업계획 및 전년도 안전보건관리 성과를 반영하되 사업의 특성, 인력 규모 등을 고려하여 매년 말, 다음 연도의 안전보건예산 규모를 산출하여야 한다.

② 전년도 안전보건 실적을 분석하여 그 성적을 평가하고 안전보건 활동이 계획대로 실시되

었는지 확인 개선하여 안전보건활동 계획을 수립한다.

③ 본사 및 사업부서별 안전보건 목표를 수립하고 안전보건 목표는 본사 조직별, 현장별 목표와 전체 목표가 연계될 수 있도록 설정하고 개선 및 이행 여부를 확인하여야 한다.

(2) 안전보건 목표를 달성하기 위한 본사 및 사업부서별 안전보건 활동 추진계획 수립 시 전년도 활동실적 평가결과를 분석하여 안전보건 환경 변화에 따른 세부 안전보건 예산계획을 마련하여야 하며 다음과 같은 사항을 고려한다.

① 목표와 안전보건활동 추진계획과 연계성
② 방법, 일정, 소요자원 등 구체적인 추진계획
③ 추진내용을 측정할 지표를 포함
④ 안전보건활동 추진계획 책임자를 지정
⑤ 충분한 재정 및 기타 자원을 지원
⑥ 유해위험도를 정량적으로 파악하고 개선하기 위한 우선순위 위험성평가를 결정
⑦ 용도에 맞게 예산을 집행하여야 하며 안전보건 목적 외 사용을 금지함

나. 안전보건 예산의 편성

(1) 경영책임자 등은 재해예방을 위해 필요한 안전·보건에 관한 인력·시설·장비의 구비와 유해·위험요인의 개선 등에 필요한 안전보건 예산을 편성하고 그 편성된 용도에 맞게 집행해야 한다. 안전보건 예산의 편성 시에는 예산 규모가 얼마인지가 중요한 것이 아니라 유해·위험요인을 어떻게 분석하고 평가했는지 여부가 중요하다. 필요비용 등이 안전보건 예산에 충분히 반영되었는지 평가하는 기준은 다음 사항을 고려한다.

① 설비 및 시설물에 대한 안전점검 비용
② 근로자 안전보건교육 훈련비용
③ 안전관련 물품 및 보호구 등 구입비용
④ 작업환경 측정 및 특수건강검진 비용
⑤ 안전진단 및 컨설팅 비용
⑥ 위험 설비 자동화 등 안전시설 개선비용
⑦ 작업환경개선 및 근골격계 질환 예방비용
⑧ 안전보건 우수사례 포상 비용
⑨ 안전보건활동을 촉진하기 위한 캠페인 등 비용

(2) 안전보건 예산 편성 기준 및 산출근거 작성방법은 다음과 같은 기준으로 한다.

안전보건 예산 편성 기준	평가	안전보건 예산 산출 근거
1. 설비 및 시설물에 대한 안전 점검 비용	월 1회	• 각 사업장 현장 순회 점검(출장비, 진단 비용 등) • 안전보건관련 대응(우편 발송, 통신비)
2. 근로자 안전보건교육 훈련 비용	월 1회	• 안전보건 관계자(안전보건관리책임자, 안전관리자, 관리감독자 등) • 온라인 정기 안전보건교육
3. 안전관련 물품 및 보호구 등 구입비용	월 1회	• 안전 분야 업무 지침서 구입 및 제작 • 안전·보건 표지, 안전 인식 강화 홍보물 제작 • 사업장 안전보호구, 시설물 설치 지원 및 구입
4. 작업환경측정 및 특수건강검진 비용	반기 1회	• 작업 환경 측정
5. 안전진단 및 컨설팅 비용	월 1회	• 각 사업장 현장 물품 지원, 안전진단 컨설팅 • KOSHA MS 인증 수수료
6. 위험 설비 자동화 등 안전시설 개선비용	반기 1회	• 제조설비, 지게차 안전 검사비용
7. 작업환경개선 및 근골격계 질환 예방 비용	월 1회	• 임직원 검진 비용, 구급약품 구매, 건강증진
8. 안전보건 우수사례 포상 비용	월 1회	• 표어·그림그리기 공모전, 안전 문화 강화 • EHS 클린펀드 운영, 가족 친화, 스트레스 저감
9. 안전보건활동을 촉진하기 위한 캠페인 등 비용	월 1회	• 안전보건관련 정기회의 및 서포터즈 운영비

다. 심의·의결

(1) 안전관리부서장은 매년 회사의 안전 및 보건에 관한 계획을 수립하여 경영책임자에게 보고하고 승인을 받아야 한다.

(2) 경영책임자는 안전 및 보건에 관한 예산계획에 다음 각 호의 사항을 이행하는 데 필요한 예산이 편성되었는지 검토하여야 한다.

① 재해예방을 위해 필요한 안전·보건에 관한 인력, 시설 및 장비의 구비

② 사업장의 유해·위험요인의 개선

③ 그 밖에 안전보건관리체계 구축 등을 위해 필요한 사항으로서 고용노동부 장관이 정하여 고시하는 사항

(3) 경영책임자는 안전보건관리책임자 등이 산업안전보건법 제15조, 제16조 및 제62조에서 규정한 각각의 업무를 각 사업장에서 충실히 수행할 수 있도록 다음 각 호의 조치를 취해야 한다.

① 안전보건관리책임자 등에게 해당 업무수행에 필요한 권한과 예산을 부여할 것
② 안전보건관리책임자 등이 해당 업무를 충실하게 수행하는지를 평가하는 기준을 마련하고 그 기준에 따라 반기 1회 이상 평가·관리할 것

(4) 안전보건예산은 회사의 재무 상황 및 사업계획을 바탕으로 적정성을 심의, 의결한다.

라. 집행 및 결산

(1) 안전보건예산은 근로자의 산업재해 및 건강재해 예방을 위한 목적으로만 사용하여야 하며 재해예방에 필요한 안전보건 인력·시설·장비를 구비하고 유해·위험요인 개선에 사용된 안전보건 예산만을 집행하고 결산한다
(2) 안전보건담당 조직은 안전보건 예산이 용도에 맞게 집행되었는지 여부를 경영책임자에게 보고하여야 한다.
(3) 경영책임자는 안전보건 점검 또는 보고 결과에 따라 인력을 배치하거나 안전보건 예산을 추가로 편성·집행하도록 하는 등 안전·보건 관계 법령에 따른 의무가 이행되도록 필요한 조치를 취해야 한다.

마. 분석 및 보고

(1) 안전보건담당 조직은 사업장에서 안전보건 관계 법령에 따른 의무를 이행하는지 점검하여야 한다.
(2) 안전보건담당 조직은 점검 및 조치 결과를 반기 1회 이상 경영책임자에게 보고하여야 한다.
(3) 경영책임자는 전항의 보고를 받고 안전보건 관계 법령에 따른 의무가 이행되지 않은 사실이 확인되는 경우는 인력을 배치하거나 예산을 추가로 편성·집행하도록 하는 등 해당 의무 이행에 필요한 조치를 취해야 한다.
(4) 안전·보건 예산을 검토하는 과정에서 경영책임자는 사업장 안전보건관리책임자로부터 각 사업장에서 발생한 산업재해의 사고내용·빈도, 위험성이 높은 작업의 원인과 개선방안 등에 관한 의견을 청취하고, 사업장의 유해·위험요인에 대한 자체평가와 이에 대한 개선방안이 차년도 안전보건예산 수립 시 반영될 수 있도록 하여야 한다.

4.5 고용노동부 질의회시

(1) 건설업 산업안전보건관리비와 예산편성·집행 의무 이행과의 연관성

건설업의 경우 건설현장에서 사용하는 산업안전보건관리비의 편성 및 집행실적이 있는 경우 중대재해처벌법 시행령 제4조 제4호의 재해예방 등에 필요한 예산편성 및 집행 의무를 이행한

것으로 인정되는 여부가 궁금할 것이다.

고용노동부 질의회시(중대산업재해감독과 - 1946, 2021.12.15.)에 따르면 "건설업의 경우 산업안전보건법 제72조 및 건설업 산업안전보건관리비 계상 및 사용기준(고용노동부 고시)에 따른 산업안전보건관리비 계상기준을 중대재해처벌법 시행령 제4조 제4호의 기준으로 참고는 가능하다"라는 입장이다.

다만 산업안전보건관리비의 계상은 산업안전보건법상 건설공사 발주자의 의무이고 중대재해처벌법 시행령 제4조 제4호의 의무는 통상적으로 도급인(시공사)의 경영책임자에게 부여된 의무로서 의무주체와 내용 등이 다른 별개의 독립적인 의무이다.

산업안전보건관리비 계상기준만이 아니라 산업안전보건법을 포함한 안전·보건 관계법령에 따른 의무에 비추어 갖추어야 할 인력, 시설 및 장비의 구비와 유해·위험요인의 개선에 관한 비용 등 재해예방을 위해 필요한 예산을 편성하고 집행하여야 한다.

(2) 예비비 편성과 예산편성·집행 의무 이행과의 연관성

중대재해처벌법상 재해예방을 위해 필요한 예산으로 예비비(다른 부서도 사용 가능) 명목으로 긴급 시설 투자나 재해예방 등을 위하여 사용하도록 편성하였다면 중대재해처벌법 시행령 제4조 제4호의 재해예방 등에 필요한 예산편성과 집행 의무를 이행한 것으로 인정되는지가 궁금할 것이다.

고용노동부 질의회시(중대산업재해감독과 - 2293, 2022.6.13.)에 따르면 "중대재해처벌법상 상시적으로 이행해야 하는 의무 수행에 필요한 예산은 정규예산으로 편성토록 하고 있다. 다만 예산 편성 시에 예측하지 못한 긴급 시설투자, 재해예방 등에 사용될 예산은 예비비로 편성하는 것은 가능하다"라는 입장이다.

중대재해처벌법 시행령 제4조 제4호에 따라 경영책임자에게 재해예방에 필요한 예산의 편성 및 용도에 맞게 집행하도록 한 취지는 각 기업의 수준에 따라서 유해·위험요인을 발굴하고 그 유해·위험요인을 개선할 수 있도록 관련 예산이 충분히 편성되고 집행되었는지를 확인하고자 함이다. 비용절감 등을 이유로 유해·위험요인 개선에 관한 사항이 사업 경영에서 고려하여야 할 사항 중 후순위로 되지 않도록 하려는 목적에서 만들어진 조항이다.

(3) 사내근로복지기금과 예산 편성·집행 의무 이행과의 연관성

중대재해처벌법 시행령 제4조 제4호의 재해예방과 유해·위험요인 개선을 위한 예산 편성

·집행과 관련하여 사내근로복지기금에서 예산 편성·집행을 해도 법률에서 요구하는 의무를 이행한 것으로 볼 수 있는지가 궁금할 것이다.

고용노동부 질의회시(중대산업재해감독과-4348, 2022.11.7.)에 따르면 "중대재해처벌법상 개인사업주 또는 경영책임자 등의 안전 및 보건 확보의무의 이행으로 보기는 어렵다"라는 입장이다.

사내근로복지기금제도는 사업주로 하여금 사업 이익의 일부를 재원으로 사내근로복지기금을 설치하여 효율적으로 관리·운영하게 함으로써 근로자의 생활안정과 복지증진에 이바지하게 함을 목적으로 하고 있다. 사내기금법인의 재산은 근로복지기본법 제62조에 규정된 목적사업과 대부사업만 가능하며 목적 사업의 경우 사용자가 임금 및 그 밖의 법령에 따라 근로자에게 지급할 의무가 있는 것은 목적사업으로 시행할 수 있다.

따라서 근로자에게 제공해야 할 안전보건에 관한 시설, 장비는 산업안전보건법 및 중대재해처벌법에 따라 그 의무가 부여된 것이므로 기금법인의 목적사업으로 하는 것은 타당하지 않다. 또한 사내기금법인은 사업주가 출연한 기금이지만 해당 사업 또는 사업장과 별도의 법인이고 운영 주체는 복지기금협의회이다. 기금법인의 목적사업으로 안전보건에 관한 예산을 편성·집행하더라도 이것은 중대재해처벌법상 개인사업주 또는 경영책임자 등의 안전 및 보건확보 의무의 이행으로 보기는 어렵다.

4.6 유의사항

구분	유의사항
안전 보건 예산 편성표	1. 필수 포함 예산 항목 • 위험요인 대체·제거 및 통제를 위한 시설과 장비확충 • 안전보건 담당자 등 인력 배치 • 비상조치 계획 수립 및 훈련 등에 필요한 예산 • 안전·보건 관계 법령 준수를 위한 조치 • 위험성평가에 따른 개선조치 등 포함 2. 안전보건 예산 편성항목 • 인력 및 시설분야 - 위험시설 정비 및 개보수 - 안전검사 실시 - 안전시설 신규 설치 및 투자 - 안전보건조직 노무관리 • 안전 분야

구분	유의사항
	- 안전인력 육성 및 교육 - 안전보건 진단 및 컨설팅 - 위험성평가 실시 - 안전보호구 구입 • 보건 분야 - 작업환경측정 실시 - 특수건강검진 실시 - 근골격계질환 예방 - 휴게·위생시설 관리 • 기타 - 협력사 안전관리 역량 지원(교육 지원, 시설 지원) - 안전보건 캠페인 추진 • 예비비 3. 대표이사의 안전보건계획 수립 가이드(고용노동부) 요구 항목 ① 설비 및 시설물에 대한 안전점검비용 ② 근로자 안전보건교육 훈련비용 ③ 안전관련 물품 및 보호구 등 구입비용 ④ 작업환경 측정 및 특수건강검진 비용 ⑤ 안전진단 및 컨설팅 비용 ⑥ 위험설비 자동화 등 안전시설 개선비용 ⑦ 작업환경 개선 및 근골격계 질환 예방비용 ⑧ 안전보건 우수사례 포상 비용 ⑨ 안전보건활동을 촉진하기 위한 캠페인 비용 4. 종사자 의견청취에 따른 재해예방에 필요한 내역 포함 • 유해·위험요인의 개선에 필요한 예산
안전 보건 예산 편성 및 집행 매뉴얼	1. 안전보건 예산 편성 및 집행 매뉴얼 작성 • 안전보건 예산 편성 항목 및 기준 제시 • 심의 의결 • 집행 및 결산 • 분석 및 보고
집행 서류	1. 예산 편성 및 집행서류 • 용도에 맞게 집행되도록 관리
주기적 점검, 보고	1. 반기 1회 이상 주기적으로 점검하고 대표이사에게 보고 2. 점검결과 개선사항에 대해서는 필요한 조치 이행 서류

4.7 필요한 예산 편성 및 집행 관리 의무사항 이행점검표

필요한 예산 편성 및 집행 관리 가이드 점검표
○ 점검일 : ○ 부서명 : ○ 점검자 : (인)

□ 점검 주요 내용

구분	주요 내용	비고(관련근거)
1. 관련 근거	○ 중대재해처벌법 시행령 제4조 제4호 가. 재해예방을 위해 필요한 안전보건에 관한 인력, 시설 및 장비의 구비 나. 제3호에 정한 유해·위험요인의 개선 다. 그 밖에 안전보건관리체계 구축을 위해 필요한 사항으로써 고용노동부 장관이 정하여 고시하는 사항	중대 재해 해설서 준용 점검 및 관리
2. 법의 의의	○ 개인사업주 또는 경영책임자 등은 가. 재해예방을 위해 필요한 안전보건에 관한 인력, 시설, 장비의 구비와 유해·위험요인의 개선 등에 필요한 예산을 편성하고 편성된 용도에 맞게 집행하도록 하여야 함	
3. 예산편성 기본원칙	○ 예산편성 원칙 가. 예산 편성 시에는 예산 규모가 얼마인지가 중요한 것이 아니라 유해·위험요인을 어떻게 분석하고 평가했는지 여부가 중요함 나. 유해·위험요인 확인 절차 등에서 확인된 사항을 사업 또는 사업장의 재정 여건 등에 맞추어 제거, 대체, 통제 등 합리적으로 실행 가능한 수준만큼 개선하는 데 필요한 예산을 편성해야 함 다. 재해예방을 위해 필요한 인력, 시설 및 장비 • 산업안전보건법 등 종사자의 재해예방을 위한 안전보건 관계법령 등에서 정한 인력, 시설, 장비를 말함 • 재해예방을 위해 필요한 인력이란 안전관리자, 보건관리자, 안전보건관리담당자 등 전문 인력뿐만 아니라 안전보건 법령 등에 따른 필요한 인력을 의미	예산 편성 및 관리 원칙
4. 예산운용 시 착안사항	○ 착안사항 가. 안전예산이 적정시기에 집행 될 수 있도록 관리(목적 달성 시 예산집행 완료로 간주)	준수 사항
	○ 준수사항 가. ○○년도 안전예산 편성 대비 실적 반기별 점검	

□ 안전·보건 인력 현황

직위	성명	선임일	업무 내용	점검결과	비고

1. 안전·보건 인력증빙 내역 첨부

분야	부서명	성명	선임 증명	비고

□ 중대산업재해 예방관련 예산 총괄표(단위 : 백만 원)

항목	편성	집행	집행률	비고
총계				
시설(안전보건 관리를 위한 시설)				
장비(안전 및 보건관리 장비)				
안전 장구류(개인보호구 등)				
점검				
교육훈련				
기타(산업안전보건 관련예산)				

□ 중대산업재해 예방관련 예산 편성 및 집행 관리 점검표

예산편성 및 집행	편성		집행		집행률	

1. 시설(안전보건 관리를 위한 시설)

항목	사업명	편성	하반기(12월)		점검결과	비고
			실적	집행률		
시설				%		

2. 장비(안전 및 보건관리 장비)

항목	사업명	편성	하반기(12월)		점검결과	비고
			실적	집행률		
장비				%		

3. 안전장구류(개인보호구 등)

항목	사업명	편성	하반기(12월)		점검결과	비고
			실적	집행률		
안전장구류				%		

4. 점검

항목	사업명	편성	하반기(12월)		점검결과	비고
			실적	집행률		
점검				%		

5. 교육훈련

항목	사업명	편성	하반기(12월)		점검결과	비고
			실적	집행률		
교육훈련				%		

6. 기타(산업안전보건 관련예산)

항목	사업명	편성	하반기(12월)		점검결과	비고
			실적	집행률		
기타				%		

※ 안전예산 집행률은 이행실적 관리를 위한 지표로써 안전예산 사업 목적달성 시 예산집행 완료로 간주함

5 안전보건관리책임자 등의 충실한 업무수행 지원 (권한과 예산 부여, 평가기준 마련 및 평가·관리)

5.1 관련 조문

중대재해처벌법 시행령 제4조(안전보건관리체계의 구축 및 이행 조치) 제5호에서는 「산업안전보건법」 제15조, 제16조 및 제62조에 따른 안전보건관리책임자, 관리감독자 및 안전보건총괄책임자가 같은 조에서 규정한 각각의 업무를 각 사업장에서 충실히 수행할 수 있도록 조치할 것을 규정하고 있다.

◘ 시행령 제4조(안전보건관리체계의 구축 및 이행 조치) 제5호

5. 「산업안전보건법」 제15조, 제16조 및 제62조에 따른 안전보건관리책임자, 관리감독자 및 안전보건총괄책임자(이하 이 조에서 "안전보건관리책임자 등"이라 한다)가 같은 조에서 규정한 각각의 업무를 각 사업장에서 충실히 수행할 수 있도록 다음 각 목의 조치를 할 것
   가. 안전보건관리책임자 등에게 해당 업무수행에 필요한 권한과 예산을 줄 것
   나. 안전보건관리책임자 등이 해당 업무를 충실하게 수행하는지를 평가하는 기준을 마련하고, 그 기준에 따라 반기 1회 이상 평가·관리할 것

5.2 조문의 취지

안전보건관리(총괄)책임자, 관리감독자는 산업안전보건법에 따른 역할에 대한 평가표를 작성하고 반드시 평가를 실시해야 한다.

이 조문은 경영책임자가 모든 현장을 일일이 확인할 수 없으므로 사업장의 안전·보건관리를 실질적으로 총괄하는 안전보건관리책임자와 관리감독자 등이 업무를 충실히 수행할 수 있도록 지원하기 위해 만든 조문이다. 이들에게 권한과 예산을 부여하고 이들의 업무수행을 평가·관리함으로써 사업장의 안전·보건 조치의 실효성을 높일 수 있기 때문이다.

안전보건 조직의 통제 능력이 유지되도록 권한과 책임을 부여하는 조직체계를 구축할 필요가 있다. 동일한 작업 장소에서 작업하는 작업자 간의 협조체제 구축과 유해·위험요인을 통제

하기 위하여 기술적 문제뿐만 아니라 인적 요소를 고려한 안전보건 관리를 수행하기 위해서 필요한 조문이다.

5.3 실행전략

① 안전보건관리책임자 등이 본연의 업무를 수행하고 안전관리자 및 보건관리자를 지휘·감독하는 데 필요한 권한과 예산 부여
② 안전보건관리책임자 등이 본연의 업무를 수행하는 데 필요한 시간과 비용지원
③ 안전보건관리책임자 등의 업무수행 및 충실성을 평가할 수 있는 기준 마련

5.4 실행방법

(1) 안전보건관리책임자 등의 권한과 책임 명확화

사업주 또는 경영책임자 등은 안전보건 경영방침과 목표를 달성할 수 있도록 안전보건관리규정 등 내부규정에 안전보건관리책임자 등의 권한과 책임을 명확히 정해야 한다. 또한 사업주, 경영책임자는 안전보건 담당자 주요 업무에 대한 권한과 이를 수행하기 위한 예산 편성과 집행에 대한 독립성을 부여하여야 한다.

(2) 안전보건관리책임자 담당업무 명확화

안전보건관리책임자는 사업장을 실질적으로 총괄하여 관리하는 사람으로서 공장장, 현장소장 등이 이에 해당한다. 안전보건관리책임자 담당업무는 다음 표와 같으며 건설업 기준으로 20억 원 이상이면 선임하여야 한다.

표 2.47 안전보건관리책임자 담당업무

직책	담당업무(산업안전보건법 제15조)
안전보건 관리 책임자	1. 사업장의 산재예방계획 수립에 관한 사항 2. 안전보건관리규정(산안법 제25조, 제26조)의 작성 및 변경에 관한 사항 3. 근로자에 대한 안전보건교육(산안법 제29조)에 관한 사항 4. 작업환경의 점검 및 개선에 관한 사항 5. 근로자의 건강진단 등 건강관리에 관한 사항 6. 산업재해의 원인 조사 및 재발 방지대책 수립에 관한 사항 7. 산업재해에 관한 통계의 기록 및 유지관리에 관한 사항 8. 안전장치 및 보호구 구입 시 적격품 여부 확인에 관한 사항 9. 위험성평가의 실시에 관한 사항 10. 안전보건규칙에서 정하는 근로자의 위험 또는 건강장해 방지에 관한 사항

(3) 관리감독자 담당업무

관리감독자는 생산과 관련되는 업무와 그 소속 직원들을 직접 지휘하고 감독하는 사람으로서 부서장, 직장·반장 등의 중간관리자가 이에 해당한다. 안전관리를 하는 데 있어서 관리감독자가 얼마나 안전에 대해 관심을 가지고 활동하느냐는 매우 중요하다.

표 2.48 관리감독자 담당업무

직책	담당업무(산업안전보건법 제16조, 시행령 제15조)
관리 감독자	1. 사업장 내 관리감독자가 지휘·감독하는 작업과 관련된 기계·기구 또는 설비의 안전·보건 점검 및 이상 유무의 확인 2. 관리감독자에게 소속된 근로자의 작업복·보호구 및 방호장치의 점검과 그 착용·사용에 관한 교육·지도 3. 해당 작업에서 발생한 산업재해에 관한 보고 및 이에 대한 응급조치 4. 해당 작업의 작업장 정리·정돈 및 통로 확보에 대한 확인·감독 5. 안전관리자, 보건관리자, 안전보건관리담당자, 산업보건의의 지도·조언에 대한 협조 6. 위험성평가를 위한 유해·위험요인의 파악 및 개선조치 시행에 참여

(4) 안전보건총괄책임자 담당업무

안전보건총괄책임자는 도급을 주고 수급인의 근로자가 도급인의 사업장에서 작업을 하는 경우 지정되어야 한다. 그 사업장에 안전보건관리책임자가 있다면 안전보건관리책임자가 안전보건총괄책임자가 된다.

건설현장에서는 현장소장이 안전보건에 대해 실질적인 권한과 책임이 있기에 현장소장이 안전보건관리책임자이면서 도급사업인 경우는 안전보건총괄책임자가 된다.

그러나 현장대리인의 개념은 다르다. 현장대리인은 건설산업기본법에 따라 일정한 자격자가 현장대리인으로 선임되게 된다. 일부 현장에서는 현장대리인이 현장소장을 겸하는 경우도 있지만 일부 현장에서는 현장소장과 현장대리인이 별개인 경우도 있다.

표 2.49 안전보건총괄책임자 담당업무

직책	담당업무(산업안전보건법 제62조, 시행령 제53조)
안전보건 총괄 책임자	1. 위험성평가의 실시에 관한 사항 2. 산업재해가 발생할 급박한 위험이 있는 경우 및 중대재해 발생 시 작업의 중지 3. 도급 시 산업재해예방조치 4. 산업안전보건관리비의 관계수급인 간의 사용에 관한 협의·조정 및 그 집행의 감독 5. 안전인증대상기계 등과 자율안전확인대상기계 등의 사용 여부 확인

(5) 안전보건관리책임자 등에게 필요한 인력과 예산을 편성하고 이를 집행할 수 있는 권한 부여

안전보건관리책임자 등에게는 권한을 충실히 수행하는 데 필요한 예산도 주어야 한다. 특히, 유해·위험요인을 적절하게 개선하는 데 필요한 인력과 예산을 편성하고 이를 집행할 수 있도록 권한을 주어야 한다.

만약 권한을 제한하거나 예산의 부족으로 권한을 행사하지 못한다면 법령을 위반한 것으로 볼 수 있다.

따라서 안전보건관리규정 등 내부규정을 통해서 사전에 안전보건관리책임자 등에게 권한과 책임, 예산 등을 명확하게 부여할 필요가 있다.

(6) 안전보건관리책임자 등의 역량 강화 조치

안전보건관리책임자 등은 작업장에서 안전과 보건에 관한 사항을 직접 지시하고 집행하므로 충분한 역량을 갖추는 것이 매우 중요하다. 따라서 경영책임자 등은 이들이 역량을 유지하거나 향상하도록 조직 내·외부 교육 또는 전문가 지원 등을 적극적으로 실시해야 한다.

(7) 안전보건관리책임자 등의 평가 기준 마련과 반기 1회 이상 평가·관리 실시

안전보건관리책임자 등이 업무를 충실히 수행하고 있는지 평가 기준을 마련하고 반기 1회 이상 평가·관리를 하여야 한다. 안전보건관리책임자 등을 평가하는 기준은 가능한 구체적이고 세부적으로 마련할 필요가 있다.

중대재해처벌법상 반기 1회 이상 점검의 의미는 상반기(1.1부터 6.30까지)와 하반기(7.1부터 12.31까지)를 최소한의 주기로 하여 각 1회 이상 실시해야 한다. 따라서 법 시행일이 ' 22.1.27이지만 최초 반기인 '22.6.30까지는 법령상 점검이 이루어져야 하며 이 기간이 지나는 동안 한 번도 점검이 이루어지지 않았다면 반기 1회 이상 점검하지 않은 것으로 판단할 수 있게 된다. 평가 방법은 자체평가와 위탁평가 방법으로 실시할 수 있다.

① 자체평가

회사 내부의 안전 전문성을 가진 사업주, 경영책임자, 안전관리자가 평가를 실시한다.

② 위탁평가

안전보건 관계법령 의무사항에 대하여 산업안전보건법 제47조에 따른 안전보건진단기관인 외부전문기관이 위탁을 받아 평가를 실시할 수도 있다.

평가내용은 안전보건관리책임자 등의 산업안전보건법상 의무사항 이행 여부를 평가하게 된다. 평가 결과는 반드시 조치하고 반기 1회 이상 사업주 또는 경영책임자에게 보고해야 한다. 점검 결과 개선사항에 대해서는 필요한 조치를 하고 평가 결과를 인사고과에 반영하여야 한다.

표 2.50 안전보건 전문 인력 평가 기준 및 평가표 예시 1

○ 평가기준

구분	평가기준
양호	법령에 따른 업무수행으로 수립된 안전보건목표를 달성하고 재해예방에 기여함
보통	법령에 따른 업무를 적정하게 수행함
미흡	법령에 따른 업무를 일부 수행하지 않음

○ 평가표(안)

직책	성명	담당업무	평가		
			미흡	보통	양호
안전보건 관리 책임자		1. 사업장의 산재예방계획 수립에 관한 사항 2. 안전보건관리규정(산안법 제25조, 제26조)의 작성 및 변경에 관한 사항 3. 근로자에 대한 안전보건교육(산안법 제29조)에 관한 사항 4. 작업환경의 점검 및 개선에 관한 사항 5. 근로자의 건강진단 등 건강관리에 관한 사항 6. 산업재해의 원인 조사 및 재발 방지대책 수립에 관한 사항 7. 산업재해에 관한 통계의 기록 및 유지관리에 관한 사항 8. 안전장치 및 보호구 구입 시 적격품 여부 확인에 관한 사항 9. 위험성평가의 실시에 관한 사항 10. 안전보건규칙에서 정하는 근로자의 위험 또는 건강장해의 방지에 관한 사항			
관리 감독자		1. 사업장 내 관리감독자가 지휘·감독하는 작업과 관련된 기계·기구 또는 설비의 안전·보건 점검 및 이상 유무의 확인 2. 관리감독자에게 소속된 근로자의 작업복·보호구 및 방호장치의 점검과 그 착용·사용에 관한 교육·지도 3. 해당 작업에서 발생한 산업재해에 관한 보고 및 이에 대한 응급조치 4. 해당 작업의 작업장 정리·정돈 및 통로 확보에 대한 확인·감독 5. 안전관리자, 보건관리자, 안전보건관리담당자, 산업보건의의 지도·조언에 대한 협조 6. 위험성평가를 위한 유해·위험요인의 파악 및 개선조치 시행에 참여			
안전보건 총괄 책임자		1. 위험성평가의 실시에 관한 사항 2. 산업재해가 발생할 급박한 위험이 있는 경우 및 중대재해 발생 시 작업의 중지 3. 도급 시 산업재해예방조치 4. 산업안전보건관리비의 관계수급인 간의 사용에 관한 협의·조정 및 그 집행의 감독 5. 안전인증대상기계 등과 자율안전확인대상기계 등의 사용 여부 확인			

* 평가 주기 : 반기 1회 이상 평가

표 2.51 안전보건관리책임자 평가표 예시 2

평가항목	평가 기준	평가점수
산업재해예방계획 수립	• 경영방침에 부합한 산업재해예방계획이 수립되었는지	6점
안전보건관리규정 작성 및 변경	• 안전보건관리규정을 관계 법령 및 현장 상황에 맞게 개정하였는지	6점
안전보건교육	• 법령에 정한 것 이상으로 안전보건교육을 실시하였는지(경영방침 및 목표에 따른 교육 횟수 반영)	10점
작업환경 점검 및 개선	• 작업환경측정 실시(3점) • 작업환경 개선 사항 이행(5점)	8
산업재해 원인 조사 및 재발 방지대책	• 원인 조사(5점) • 재발방지대책 수립/이행(5점)	10점
산업재해 통계	• 통계 기록 및 유지 상황	5점
안전장치 및 보호구 구입 시 적격품 여부 확인	• 안전장치 및 보호구 구입 시 적격품 여부 확인하였는지 점검	5점
위험성평가 실시	• 유해, 위험요인 발굴 건수(5점) • 위험성감소대책 수립 건수(5점) • 위험성감소대책 이행률(5점)	15점
안전보건규칙 준수	• 위반 사항 발견 시마다 위반의 정도에 따라 감점 • 형사 처벌 대상 -3점 • 과태료 대상 -2점 • 시정조치 대상 -1점	15점
재해발생률	• 무재해 달성 시 20점 • 재해 1건당 -2점 • 중대재해 1건당 -5점 • 사망사고 1건당 -20점	20점
합계		100점

표 2.52 관리감독자 평가표 예시 3

평가 항목	평가 기준	평가점수
기계 등 안전점검	• 기계 등 안전보건 점검 및 이상 유무 확인 후 체크리스트 작성 - 작성내용 검토 후 평가 - 안전보건 점검 시 이상 여부 발견 및 유해·위험요인 발견 시 가점 부여	10점
작업 전 설비점검 (산업안전보건기준에 관한 규칙 별표 3 점검업무 포함)	• 작업 전 설비점검 체크리스트 작성 • 설비점검 여부에 관하여 안전관리자 및 작업자 다면평가	10점
작업복 등 방호장치 점검 및 교육, 지도	• 작업복 등 방호장치 지적 사항 발생 시 감점	10점
산업재해 보고 및 응급조치	• 산업재해 보고(5점) • 응급조치 관련 훈련 참가 및 평가(5점)	10점
작업장 정리·정돈 등에 대한 감독	• 안전관리자 순찰 시 정리·정돈에 대한 지적 사항 발생 시 감점	5점
안전관리자 및 보건관리자 업무 협조	• 안전관리자 및 보건관리자의 평가	5점
위험성평가 참여	• 위험성평가 참여 및 협조/위험감소대책 참여 및 협조 - 안전관리자 및 보건관리자의 평가	10점
유해위험방지업무(산업안전보건기준에 관한 규칙 별표 2)	• 작업계획서 작성 실적(5점) • 작업자의 표준안전 작업지침 및 안전수칙 숙지 여부(작업자 평가, 5점)	10점
관리감독자 교육 참여	• 정기교육 참석율 및 교육 평가 점수	10점
재해발생률	• 무재해 달성 시(20점) • 재해 1건당(-5점) • 중대재해 1건당(-10점) • 사망사고 1건당(-20점)	20점
합계		100점

5.5 고용노동부 질의회시

(1) 안전보건관리책임자 등에게 주어야 하는 권한과 예산의 구체적 의미

중대재해처벌법 시행령 제4조 제5호 가목에 따라 안전보건관리책임자 등에게 주어야 하는 해당 업무수행에 필요한 권한과 예산의 의미가 무엇인지 궁금할 것이다.

고용노동부 질의회시(중대산업재해감독과 - 2009, 2021.11.22.)에 따르면 "각 사업장마다 안전보건관리책임자 등의 구체적 업무 내용과 방식, 작업장소 등이 달라 필요한 권한과 예산을 일률적으로 정할 수는 없다고 보고 있다. 그러나 보다 상위 조직의 개별 업무지시 없이 해당 업무를 수행할 수 없거나 예산 부족으로 실질적으로 안전관리를 할 수 없는 경우가 발생하지 않도록 하여 법령에 따른 업무수행을 통해 각 사업장의 안전보건을 확보할 수 있도록 하여야 한다"라는 입장이다.

산업안전보건법 제15조, 제16조, 제62조는 안전보건관리책임자, 관리감독자, 안전보건총괄책임자의 업무를 각각 규정하고 있다. 중대재해처벌법 시행령 제4조 제5호 가목에서는 개인사업주 또는 경영책임자 등은 안전보건관리책임자 등이 각 업무를 충실히 수행할 수 있도록 필요한 권한과 예산을 주도록 하고 있다.

(2) 안전보건관리책임자 등의 업무수행에 대한 평가 기준 마련 및 평가·관리의 구체적인 방법

중대재해처벌법 시행령 제4조 제5호에는 안전보건관리책임자, 안전보건총괄책임자 외에 관리감독자도 명시하고 있으므로 관리감독자에 대한 업무 수행 평가도 반드시 실시되어야 한다. 안전보건관리책임자 등의 업무수행에 대한 평가기준 마련과 평가·관리의 구체적인 방법이 궁금할 것이다.

고용노동부 질의회시(중대산업재해감독과 - 1917, 2022.5.24.)에 따르면 "사업장 내 다수의 관리감독자가 있어 관리감독자로 구성된 조직을 평가하는 것으로 개별 관리감독자에 대한 평가를 갈음할 수는 없다"라고 보고 있다. 관리감독자에 대한 평가는 관리감독자가 산업안전보건법 제16조 및 동법 시행령 제15조에 따른 업무를 충실히 수행하기 위한 조치 중의 하나로서, 조직에 대한 평가만으로는 개별 관리감독자의 업무수행에 대한 평가가 누락될 수 있다.

이런 경우에는 중대재해처벌법 시행령 제4조 제5호의 평가가 이루어졌다고 보기는 어렵다고 보고 있다.

관리감독자가 반기 중 관리감독자 외의 업무를 순환하여 수행할 경우와 관련하여 고용노동부는 관리감독자의 업무와 그 외 업무를 순환하는 자에 대하여 관리감독자 직무기간에 따른 평가 배점 비율 등은 조정할 수는 있다할지라도 관리감독자의 업무를 수행한 부분에 대한 평가 자체가 배제되어서는 안 된다고 보고 있다.

평가대상에 관리감독자가 반드시 포함되어야 하는지와 관련해서 중대재해처벌법 시행령 제4조 제5호에서는 안전보건관리책임자, 안전보건총괄책임자 외에 관리감독자도 명시하고 있으므로 관리감독자에 대한 업무 수행 평가는 반드시 실시되어야 한다.

(3) 경영책임자가 안전보건관리책임자인 경우 평가방법

사업주가 안전보건관리책임자인 경우 중대재해처벌법 시행령 제4조 제5호에 따른 평가방법이 궁금할 것이다.

고용노동부 질의회시(중대산업재해감독과 - 1842, 2022.5.19.)에 따르면 "중대재해처벌법 시행령 제4조, 제5호의 취지는 경영책임자가 모든 현장(사업장)을 일일이 확인할 수 없으므로 개별 사업장의 안전보건관리를 실질적으로 총괄하는 안전보건관리책임자가 업무를 충실히 수행할 수 있도록 권한과 예산을 부여하고 업무 수행을 평가·관리함으로써 사업장의 안전보건 조치의 실효성을 높이는 데 그 의의가 있다"라고 보고 있다.

따라서 경영책임자가 개별 사업장의 안전보건관리책임자인 경우 자신을 제외한 관리감독자 등을 대상으로 평가를 실시하면 된다.

(4) 안전보건관리책임자 등 평가 및 그 결과 활용

안전보건관리책임자 등이 해당 업무를 충실하게 수행하는지를 평가하는 기준을 마련하고 그 기준에 따라 반기 1회 이상 평가·관리를 해야 한다. 그런데 여기에서 관리에는 평가결과를 인사평가에 반영하는 것도 포함되는지 여부가 궁금할 것이다.

고용노동부 질의회시(중대산업재해감독과 - 3610, 2022.9.14.)에 따르면 "관리에 대해서는 법령상 정의한 바가 없으므로 관리하는 구체적인 방법 등은 사업장 규모 및 특성 등에 따라 해당 의무가 실질적으로 이행될 수 있도록 사업 또는 사업장에서 자율로 정하여 운영할 수 있다"라는 입장이다. 따라서 인사평가 반영 여부 역시 사업 또는 사업장에서 자율적으로 정하여 운영할 수 있다. 경영책임자는 모든 현장(사업장)을 일일이 확인할 수 없으므로 개별 사업장의 안전보건관리를 실질적으로 총괄하는 안전보건관리책임자 등이 업무를 충실히 수행할 수 있도록 권한과 예산을 부여하고 업무수행을 평가·관리함으로써 사업장의 안전보건 조치의 실효성을 높이는 데 그 의의가 있다.

5.6 유의사항

구분	유의사항
안전보건 관리 규정	• 안전보건관리책임자, 관리감독자 등의 역할과 책임 규정 - 안전보건관리책임자 등의 권한과 책임을 명확히 규정 - 안전보건관리책임자(산업안전보건법 제15조), 관리감독자(산업안전보건법 제16조), 안전보건총괄책임자(산업안전보건법 제62조)에 따른 담당업무 기재 • 인력과 예산을 편성하고 집행할 수 있도록 권한 규정 - 안전보건 조직의 통제 능력이 유지되도록 권한 및 책임 부여 - 안전보건 조직의 통제 능력이 유지되도록 조직체계를 구축 - 동일한 작업 장소에서 작업하는 작업자간의 협조체제 구축 - 조직 내의 유해·위험요소를 통제하기 위하여 기술적 문제뿐만 아니라 인적 요소를 고려한 안전보건 관리
업무 분장표	• 권한과 예산 담당업무 부여(안전보건관리책임자, 관리감독자, 안전보건총괄책임자) - 인력과 예산을 편성하고 집행할 수 있는 권한 - 조직 내 실질적 의사결정과정과 결재 서류 등 확인
평가 기준 및 평가표	• 안전보건 전문 인력 평가 기준 및 평가표 - 안전보건관리책임자 등이 업무를 충실히 수행하고 있는지 평가 기준 마련 - 구체적이고 세부적으로 마련 - 평가결과를 피드백하여 개선조치하고 내용 보관 • 반기 1회 이상 평가·관리 - 평가결과를 피드백하였던 개선조치 내용
조치 결과서	• 안전보건관리책임자 등 업무평가 조치 결과서 - 점검결과 개선사항에 대해서는 필요한 조치를 하고 평가결과를 인사고과에 반영 여부
역량 향상 계획과 내용	• 역량 강화를 위한 조직 내·외부 교육 - 전문가 지원 등

5.7 안전보건관리책임자 등에 대한 평가기준 마련 및 평가 의무사항 이행점검표

안전보건관리책임자 등에 대한 평가기준 마련 및 평가 가이드 점검표
○ 점검일 : ○ 부서명 : ○ 점검자 : (인)

□ 점검 주요 내용

구분	주요 내용	비고(관련근거)
1. 관련 근거	○ 중대재해처벌법 시행령 제4조 제5호 및 산업안전보건법 제15조, 제16조, 제62조에 따른 안전보건관리책임자, 관리감독자 및 안전보건총괄책임자가 각 사업장에서 충실히 업무를 수행할 수 있도록 다음 각 목의 조치를 할 것 1. 안전보건관리책임자 등에게 해당 업무수행에 필요한 권한과 예산을 줄 것 2. 안전보건관리책임자 등이 해당 업무를 충실하게 수행하는지 평가 기준을 마련하고, 그 기준에 따라 반기 1회 이상 평가 관리할 것	중대 재해 해설서 준용 점검 및 관리
2. 법의 의의	○ 개인사업주 또는 경영책임자 등 1. 산업안전보건법에 정해진 각각의 업무를 충실히 수행할 수 있도록 안전보건관리책임자 등의 업무수행에 필요한 권한과 예산을 부여 2. 해당 업무를 충실하게 수행하는지 평가 기준을 마련하여 그 기준에 따라 반기 1회 이상 평가 관리하여야 함	평가기준 운영
3. 관리감독의 업무	○ 관리감독자의 업무(산업안전보건법 시행령 제15조 제1항) 1. 사업장 내 법 제16조 제1항에 따른 관리감독자가 지휘·감독하는 작업과 관련된 기계·기구 또는 설비의 안전·보건 점검 및 이상 유무의 확인 2. 관리감독자에게 소속된 근로자의 작업복, 보호구 및 방호장치 점검과 그 착용·사용에 관한 교육, 지도 3. 해당 작업에서 발생한 산업재해에 관한 보고 및 이에 대한 응급조치 4. 해당 작업의 작업장 정리·정돈 및 통로 확보에 대한 확인·감독 5. 사업장의 다음 각 목의 어느 하나에 해당하는 사람의 지도·조언에 대한 협조 가. 법 제17조제1항에 따른 안전관리자 또는 같은 조 제5항에 따라 안전관리자의 업무를 같은 항에 따른 안전관리전문기관에 위탁한 사업장의 경우에는 그 안전관리전문기관의 해당 사업장 담당자 나. 법 제18조제1항에 따른 보건관리자 또는 같은 조 제5항에 따라 보건관리자의 업무를 같은 항에 따른 보건관리전문기관에 위탁한 사업장의 경우에는 그 보건관리전문기관의 해당 사업장 담당자	관리감독자의 권한과 주요 수행업무

구분	주요 내용	비고(관련근거)
	다. 법 제19조제1항에 따른 안전보건관리담당자 또는 같은 조 제4항에 따라 안전보건관리담당자의 업무를 안전관리전문기관 또는 보건관리전문기관에 위탁한 사업장의 경우에는 그 안전관리전문기관 또는 보건관리전문기관의 해당 사업장 담당자 라. 법 제22조제1항에 따른 산업보건의 6. 법 제36조에 따라 실시되는 위험성평가에 관한 다음 각 목의 업무 가. 유해 위험요인의 파악에 대한 참여 나. 개선조치의 시행에 대한 참여 7. 그 밖에 해당 작업의 안전 및 보건에 관한 사항으로서 고용노동부령으로 정하는 사항	
4. 업무점검 업무	○ 관리감독자 업무 준수 여부 내부경영평가 기준에 따라 반기 1회 이상 평가	착안사항

□ 안전보건관리책임자 등에 대한 평가기준 마련 및 점검표

평가항목	평가기준	점검결과	비고
관리감독자 업무 수행평가	• 근로자 안전보건교육 이수율	내부인사고과 연계	
	• 산업재해 재발방지 대책 수립률		
	• 안전관리자 지도, 조건에 대한 협조 노력		
	• 위험성평가 실시 개선		

□ 평가항목별 세부 평가기준

1. 근로자 안전보건교육 이수율(1.5%, 부서, 현장)

• 평가점수 = $\frac{\text{전직원 정기교육 참여인원}}{\text{전직원 대상인원}} \times 50 + \frac{\text{신입직원 교육 참여인원}}{\text{신입직원 대상인원}} \times 50$

(4회) (8시간 이상)

• 평가기준
- (전 직원 대상) 근로자 안전보건 교육 분기별 1회 이수(총 4회)
- (신규 채용직원 대상) 근로자 안전보건 교육 이수(8시간 이상)
※ 대상 : 24년 신규 채용 근로자
※ 24년 신규 채용직원 미발생 부서의 경우 전 직원 정기교육 참여율 평가 100% 반영

• 추가 가점 부여 : 근로자 안전보건 교육 이수율(배점 1점) 내에서 가점 부여(초과 불가)
- 가점 인정 대상 : 사이버 안전교육(중대재해처벌법) 이수 또는 부서장(관리감독자)이 실시한 중대재해처벌법 관련 교육 참여인원
※ 단, 산업안전보건법에서 규정하는 안전보건교육과는 별도 실시
- 이수율에 따른 가점

이수율	90%이상	90%미만~80%이상	80%미만~70%이상	70%미만
가점	0.2점	0.15점	0.1점	0점

2. 산업재해 재발방지 대책 수립률(1.0%, 부서)

• 평가점수 = $\frac{\text{재발방지 대책수립 건수}}{\text{산업재해발생 건수}} \times 100$

※ 산업재해 발생 건수 : 근로복지공단 산업재해 인정 건 중 현장에서 발생한 재해로 한정(근로복지공단 산업재해 승인일자를 기준으로 적용)

※ 산업재해로 인한 i) 중상, ii) 사망사고, iii) 산업재해 발생 미보고[사고발생 지연보고로 산업재해 제출기한(사고 발생일로부터 30일) 초과한 건] ⇒ ① 산업재해 재발방지 대책수립 지표 '0'점 부여

※ 산업재해 미발생 시 만점 부여

3. 안전관리자 지도·조언에 대한 협조 노력(1.0%, 부서, 현장)

• 평가점수 = $\frac{\Sigma \text{ 안전보건관리 방침 수립(5건) 기간 내 이행 점수}}{\text{총 5건}}$

※ 산업안전보건관리 관련 방침 수립 (총 5건)

구분	상반기 방침 수립(3건)	하반기 방침 수립(2건)
산업안전 보건관리 관련 방침 수립	1. 안전보건관리계획(1건) 2. 중대재해처벌법 제5조에 따른 의무이행 점검결과(1건) 3. 위험성평가 (1건)	1. 중대재해처벌법 제5조에 따른 의무이행 점검결과 보고 (1건) 2. 위험성평가 (1건)

• 평가기준

- 안전보건관리 계획 수립 여부 평가
  (1) 안전보건관리계획(연1회)
  (2) 중대재해처벌법 제5조에 따른 의무이행 점검결과(반기별)
  (3) 위험성평가(반기별)
  ➡ 항목별 기간 내 수립 여부 : (1)번 항목 : 연 1회 점검
  (2, 3)번 항목 : 반기별 점검
- 기간 내 이행 점수 : 위 항목 5건에 대한 기간 내 이행 점수를 총 합산하여 평균점수로 최종 평가

내용	기간 내 수립	수립 지연		
		7일 미만	7일 이상 14일 미만	14일 이상
점수	100점	95점	90점	80점

4. 위험성평가 실시·개선(2.5%, 부서, 현장)

• 평가점수 $= \dfrac{\text{실적}}{\text{위험성 감소대책 수립 및 시행 건수}} \times 100$
(하반기 목표건수 5건)

• 평가기준
※ 위험성평가 중 위험성 감소대책 수립 및 시행 건수 평가항목으로 반영

• 위험성 감소대책 수립 및 시행 건수 5건 이상이면 만점

6 산업안전보건법에 따른 안전관리자, 보건관리자 등 전문 인력 배치

6.1 관련 조문

중대재해처벌법 시행령 제4조(안전보건관리체계의 구축 및 이행 조치) 제6호에서는 「산업안전보건법」 제17조부터 제19조까지 및 제22조에 따라 정해진 수 이상의 안전관리자, 보건관리자, 안전보건관리담당자 및 산업보건의를 배치하도록 규정하고 있다.

시행령 제4조(안전보건관리체계의 구축 및 이행 조치) 제6호

5. 「산업안전보건법」 제17조부터 제19조까지 및 제22조에 따라 정해진 수 이상의 안전관리자, 보건관리자, 안전보건관리담당자 및 산업보건의를 배치할 것. 다만, 다른 법령에서 해당 인력의 배치에 대해 달리 정하고 있는 경우에는 그에 따르고, 배치해야 할 인력이 다른 업무를 겸직하는 경우는 고용노동부 장관이 정하여 고시하는 기준에 따라 안전·보건에 관한 업무 수행시간을 보장해야 한다.

6.2 조문의 취지

이 조문은 안전보건관리책임자 등은 안전 또는 보건에 관한 전문가는 아니므로 안전·보건에 관한 기술적인 사항에 대해 지도·조언하는 전문 인력을 배치토록 하기 위한 조문이다.

사업주 또는 경영책임자 등은 안전관리자(산안법 제17조), 보건관리자(산안법 제18조), 안전보건관리담당자(산안법 제19조), 및 산업보건의(산안법 제22조)를 안전·보건 관계 법령에서 정한 인원 이상으로 배치할 필요가 있다.

또한 전문 인력이 안전·보건에 관한 업무를 충실하게 수행할 수 있도록 충분한 시간을 보장해 주도록 하기 위한 조문이다.

6.3 실행전략

① 안전관리자, 보건관리자, 안전보건관리담당자, 산업보건의 배치기준 마련

② 사업장의 특성(위험성, 규모 등)을 고려하여 전문 인력 추가 배치계획 수립
③ 전문 인력에 대해서 산업안전보건법의 선임기준에 따라 적법하게 신고
④ 안전관리자 등의 전문 인력이 다른 업무와 겸직할 경우는 해당 업무를 수행할 수 있도록 충분한 업무시간 보장

6.4 실행방법

(1) 법령상 정해진 수 이상의 전문 인력(안전·보건관리자, 안전보건관리담당자, 산업보건의) 배치 여부 확인

전문 인력의 적정 배치 여부 확인을 위해서 안전관리자, 보건관리자, 안전보건관리담당자의 경력, 자격보유, 역량을 고려한 사업장 배치기준 수립과 해당자 명단을 관리할 필요가 있다. 사업 또는 사업장의 안전관리자, 보건관리자, 안전보건관리담당자 배치현황을 정리하고 변동 시 신속히 수정·보완이 필요하다.

산업안전보건법 제17조부터 제19조까지 및 제22조에 따라 사업장에 정해진 수 이상의 전문 인력이 배치되었는지를 확인해야 한다. 해당 전문 인력은 안전관리자, 보건관리자, 안전보건관리담당자 및 산업보건의를 말한다.

중소기업은 안전·보건관리자, 안전보건관리담당자 등 전문 인력을 직접 채용하지 않고 외부 안전·보건관리 전문기관에 위탁(건설업제외)할 수 있다.

산업안전보건법 제17조부터 제19조까지 전문 인력을 외부 전문기관에 위탁이 가능한 기준은 다음과 같다.

① 건설업을 제외한 상시근로자 수 300명 미만인 사업장 안전관리자, 보건관리자, 안전보건관리담당자의 업무위탁 가능

기업규제완화법에서 전문 인력 배치 의무를 면제하거나 전문 인력을 채용한 것으로 간주하는 요건을 충족하는 경우(예 : 산업보건의)는 해당 전문 인력을 배치하지 않아도 법 위반은 아니다.

중대재해처벌법 시행령 제4조 제6호 단서에 따라 다른 법령에서 산업보건의 등의 배치에 대해 달리 정한 내용이 있으면 그 규정이 우선 적용된다. 따라서 기업활동규제완화에 관한 특별조치법에서 산업보건의를 선임하지 않을 수 있도록 산업안전보건법의 예외를 규정하고 있으

므로 산업보건의를 둘 것인지 여부는 기업에서 자율적으로 선택할 수 있다.

산업안전보건법에 따른 안전보건 업무 담당자 배치기준과 안전보건 전문 인력 등의 배치표와 담당업무는 아래 표와 같다.

표 2.53 산업안전보건법에 따른 안전보건 업무 담당자 배치기준 등

구분	적용 사업	선임자격	주요 업무
안전보건관리 책임자(제15조) * 공장장, 현장소장 등	• 업종별 상이 - (건설) 20억 원 이상 - (제조) 50명 이상 - (서비스업, 농업, 어업 등) 300명 이상 - (기타) 100명 이상	실질적 사업장 총괄·관리자	• 산재예방계획 수립, 안전보건관리규정 작성·변경 • 안전보건교육, 근로자 건강관리 • 산재 원인조사 및 재발방지 대책 수립 • 안전장치·보호구 적격품 여부 확인 • 근로자 위험, 건강장해 방지
관리감독자 (제16조) * 부서장, 직장·반장 등 중간관리자	• 5인 이상	생산 관련 직원(업무) 지휘(감독) 담당자	• (해당 작업)기계·기구 또는 설비 점검, 작업장 정리·정돈 • 작업복, 보호구, 방호장치 점검, 교육·지도 • 보고 및 응급조치 • 업무에 대한 협조 • 관련 위험요인 파악 및 개선
안전보건총괄 책임자(제62조)	• 업종별 상이 - (건설) 관계수급인 공사 금액을 포함한 20억 원 이상 - (제조 등) 관계수급인 근로자를 포함한 100명 이상 ※ 선박 및 보트 건조업, 1차 금속 제조업 및 토사석 광업은 50명 이상	실질적 사업장 총괄·관리자 * 안전보건 관리 책임자를 둔 경우 안전보건관리 책임자로 지정	• 위험성평가의 실시에 관한 사항 • 작업 중지 • 도급 시 산업재해예방조치 • 산업안전보건관리비의 관계수급인 간의 사용에 관한 협의·조정 및 그 집행의 감독 • 안전인증대상기계 등과 자율안전확인대상기계 등의 사용 여부 확인
안전관리자 (제17조) *건설120억 원 이상, 제조 등 300명 이상 사업장은 전담자 선임	• 업종별 상이 - (건설) 50억 원 이상 - (제조 등) 50명 이상 - (부동산, 사진처리업) 100명 이상	관련 자격증 또는 학위 취득자 등	• 위험성평가, 위험기계·기구, 안전교육, 순회점검에 대한 지도·조언 및 보좌 • 산재 발생원인 조사·분석, 재발방지를 위한 기술, 산재통계 유지·관리·분석 등에 대한 지도·조언 및 보좌

<table>
<tr><td>보건관리자
(제18조)</td><td>• 업종별 상이
- (건설) 800억 원 이상
※ 토목 공사는 1,000억 원 이상
- (제조 등) 50명 이상
※ 300명 이상 사업장은 전담자 선임</td><td>관련 자격증 또는 학위 취득자 등</td><td>• 위험성평가, 개인 보호구, 보건교육, 순회점검에 대한 지도·조언 및 보좌
• 산재 발생원인 조사·분석, 재발방지를 위한 기술, 산재통계 유지·관리·분석 등에 대한 지도·조언 및 보좌
• 가벼운 부상에 대한 치료, 응급처치 등에 대한 의료 행위(의사 또는 간호사에 한함)
• MSDS 게시·비치, 지도·조언 및 보좌</td></tr>
<tr><td>안전보건관리
담당자(제19조)</td><td>• 아래 업종 20~49인 사업장은 1명 이상 선임
※ 제조, 임업, 하수·폐수 및 분뇨처리 등 업종</td><td>안전·보건 관리자 자격 또는 교육 이수(겸임 가능)</td><td>• 안전관리자 및 보건관리자의 역할 수행</td></tr>
<tr><td>산업보건의
(제22조)
* 보건관리자를 의사로 선임하거나 위탁한 경우 미선임 가능</td><td>• 보건관리자 선임 대상 사업장과 동일</td><td>작업환경 또는 예방의학 전문의</td><td>• 건강진단 결과 검토 및 근로자 건강보호 조치
• 건강장해 원인조사 및 재발방지 조치</td></tr>
<tr><td colspan="4">주요 업종의 전문 인력 배치 기준</td></tr>
<tr><td>제조업</td><td colspan="3">• 안전관리자, 보건관리자
- (50명 이상) 1명 이상, (500명 이상) 2명 이상</td></tr>
<tr><td>건설업</td><td colspan="3">• 안전관리자 / (50억 원 이상) 1명 이상, (800억 원 이상) 2명 이상
* 2022년 7월 1일부터 60억 원 이상, 2023년 7월 1일부터 50억 원 이상으로 확대(산업안전보건법 시행령 부칙 제2조 제4항)
• 보건관리자 / (800억 원 이상, 600명 이상) 1명 이상</td></tr>
<tr><td>그 외 업종</td><td colspan="3">• 안전보건관리담당자 / (20명 이상 50명 미만) 1명 이상
* 대상 업종 : 제조업, 임업, 하수·폐수 및 분뇨처리업, 폐기물 수집, 운반, 처리 및 원료재생업, 환경 정화 및 복원업</td></tr>
<tr><td>산업보건의</td><td colspan="3">• (대상) 50명 이상 보건관리자를 두어야 하는 사업장
• (제외대상) 의사를 보건관리자로 선임한 경우, 보건관리전문기관에 업무를 위탁한 경우</td></tr>
</table>

표 2.54 안전보건 전문 인력 등 배치표 및 담당업무

직책	성명	담당업무	비고
안전관리자 (산안법 제17조)		1. 산업안전보건위원회 또는 안전·보건에 관한 노사협의체에서 심의·의결한 업무와 해당 사업장의 안전보건관리규정 및 취업규칙에서 정한 업무 2. 위험성평가에 관한 보좌 및 지도·조언 3. 안전인증대상기계 등과 자율안전확인대상기계 등 구입 시 적격품의 선정에 관한 보좌 및 지도·조언 4. 해당 사업장 안전교육계획의 수립 및 안전교육실시에 관한 보좌 및 지도·조언 5. 사업장 순회점검, 지도 및 조치 건의 6. 산업재해 발생의 원인조사·분석 및 재발방지를 위한 기술적 보좌 및 지도·조언 7. 산업재해에 관한 통계의 유지·관리·분석을 위한 보좌 및 지도·조언 8. 법 또는 법에 따른 명령으로 정한 안전에 관한 사항의 이행에 관한 보좌 및 지도·조언 9. 업무수행 내용의 기록·유지 10. 그 밖에 안전에 관한 사항으로서 고용노동부 장관이 정하는 사항	
보건관리자 (산안법 제18조)		1. 산업안전보건위원회 또는 노사협의체에서 심의·의결한 업무와 안전보건관리규정 및 취업규칙에서 정한 업무 2. 안전인증대상기계 등과 자율안전확인대상기계 등 중 보건과 관련된 보호구 구입 시 적격품 선정에 관한 보좌 및 지도·조언 3. 위험성평가에 관한 보좌 및 지도·조언 4. 물질안전보건자료의 게시 또는 비치에 관한 보좌 및 지도·조언 5. 시행령 제31조제1항에 따른 산업보건의의 직무(보건관리자가 「의료법」에 따른 의사인 경우에 한함) 6. 해당 사업장 보건교육계획의 수립 및 보건교육실시에 관한 보좌 및 지도·조언 7. 해당 사업장의 근로자를 보호하기 위해 자주 발생하는 가벼운 부상에 대한 치료, 응급처치가 필요한 사람에 대한 처치, 부상·질병의 악화를 방지하기 위한 처치, 건강진단 결과 발견된 질병자의 요양지도 및 관리, 위 의료행위에 따르는 의약품의 투여에 해당하는 의료행위(보건관리자가 「의료법」에 따른 의사 또는 간호사인 경우에 한함) 8. 작업장 내에서 사용되는 전체 환기장치 및 국소 배기장치 등에 관한 설비의 점검과 작업방법의 공학적 개선에 관한 보좌 및 지도·조언 9. 사업장 순회점검·지도 및 조치의 건의 10. 산업재해 발생의 원인조사·분석 및 재발 방지를 위한 기술적 보좌 및 지도·조언	

직책	성명	담당업무	비고
		11. 산업재해 통계의 유지·관리·분석을 위한 보좌 및 지도·조언 12. 법 또는 법에 따른 명령으로 정한 보건에 관한 사항의 이행에 관한 보좌 및 지도·조언 13. 업무수행 내용의 기록·유지 14. 그 밖에 보건과 관련된 작업관리 및 작업환경관리에 관한 사항	
안전보건 관리담당자 (산안법 제19조)		1. 안전보건교육실시에 관한 보좌 및 지도·조언 2. 위험성평가에 관한 보좌 및 지도·조언 3. 작업환경측정 및 개선에 관한 보좌 및 지도·조언 4. 건강진단에 관한 보좌 및 지도·조언 5. 산업재해 발생의 원인조사, 산업재해 통계의 기록 및 유지를 위한 보좌 및 지도·조언 6. 산업안전·보건과 관련된 안전장치 및 보호구 구입 시 적격품 선정에 관한 보좌 및 지도·조언	
산업보건의 (산안법 제22조)		1. 건강진단 결과의 검토 및 그 결과에 따른 작업 배치, 작업 전환 또는 근로시간의 단축 등 근로자의 건강보호 조치 2. 근로자의 건강장해의 원인 조사와 재발 방지를 위한 의학적 조치 3. 그 밖에 근로자의 건강 유지 및 증진을 위하여 필요한 의학적 조치에 관하여 고용노동부 장관이 정하는 사항	

표 2.55 안전·보건 전문 인력 선임 관리대장

안전·보건 전문 인력 선임 관리대장

구분		안전관리자	보건관리자	산업보건의
1	성명			
	직책			
	선임일			
2	성명			
	직책			
	선임일			
3	성명			
	직책			
	선임일			
4	성명			
	직책			
	선임일			
5	성명			
	직책			
	선임일			
※ 적용 사업장		공사금액 50억 원 이상	공사금액 800억 원 또는 상시근로자 50명 이상	공사금액 800억 원 이상이면서 상시근로자 50명 이상

표 2.56 안전관리자 선임서 예시

안전관리자 선임서

사 업 장 명 :
소속 및 직책 :
성 명 :

위 사람을 「산업안전보건법」 제17조에 의거 안전보건관리책임자를 보좌하고 관리감독자에게 지도·조언하기 위한 안전관리자로 선임합니다.

※ 안전관리자 업무

1. 산업안전보건위원회 또는 안전 및 보건에 관한 노사협의체에서 심의·의결한 업무와 해당 사업장의 안전보건관리규정 및 취업규칙에서 정한 업무
2. 위험성평가에 관한 보좌 및 지도·조언
3. 안전인증대상기계 등과 자율안전확인대상기계 등 구입 시 적격품의 선정에 관한 보좌 및 지도·조언
4. 해당 사업장 안전교육계획의 수립 및 안전교육실시에 관한 보좌 및 지도·조언
5. 사업장 순회점검, 지도 및 조치 건의
6. 산업재해 발생의 원인 조사·분석 및 재발 방지를 위한 기술적 보좌 및 지도·조언
7. 산업재해에 관한 통계의 유지·관리·분석을 위한 보좌 및 지도·조언
8. 법 또는 법에 따른 명령으로 정한 안전에 관한 사항의 이행에 관한 보좌 및 지도·조언
9. 업무수행 내용의 기록·유지
10. 그 밖에 안전에 관한 사항으로서 고용노동부 장관이 정하는 사항

년 월 일

○○기업(주) 대표이사 (인)

표 2.57 보건관리자 선임서 예시

보건관리자 선임서

사 업 장 명 :
소속 및 직책 :
성　　　명 :

위 사람을 「산업안전보건법」 제18조에 의거 보건에 관하여 안전보건관리책임자를 보좌하고 관리감독자에게 지도·조언하기 위한 보건관리자로 선임합니다.

※ 보건관리자 업무

1. 산업안전보건위원회 또는 노사협의체에서 심의·의결한 업무와 안전보건관리규정 및 취업규칙에서 정한 업무
2. 안전인증대상기계 등과 자율안전확인대상기계 등 중 보건과 관련된 보호구 구입 시 적격품 선정에 관한 보좌 및 지도·조언
3. 위험성평가에 관한 보좌 및 지도·조언
4. 물질안전보건자료의 게시 또는 비치에 관한 보좌 및 지도·조언
5. 산업보건의의 직무(보건관리자가 시행령 별표 6 제2호에 해당하는 사람인 경우로 한정)
6. 사업장 보건교육계획의 수립과 보건교육실시에 관한 보좌, 지도, 조언
7. 해당 사업장의 근로자를 보호하기 위한 다음의 조치에 해당하는 의료행위(보건관리자가 시행령 별표 6 제2호 또는 제3호에 해당하는 경우로 한정)
    1) 자주 발생하는 가벼운 부상에 대한 치료
    2) 응급처치가 필요한 사람에 대한 처치
    3) 부상·질병의 악화를 방지하기 위한 처치
    4) 건강진단 결과 발견된 질병자의 요양지도 및 관리
    5) 1)부터 4)까지의 의료행위에 따르는 의약품의 투여
8. 작업장 내에서 사용되는 전체 환기장치 및 국소 배기장치 등에 관한 설비의 점검과 작업방법의 공학적 개선에 관한 보좌 및 지도·조언
9. 사업장 순회점검, 지도 및 조치 건의
10. 산업재해 발생의 원인 조사·분석 및 재발 방지를 위한 기술적 보좌 및 지도·조언
11. 산업재해에 관한 통계의 유지·관리·분석을 위한 보좌 및 지도·조언
12. 법 또는 법에 따른 명령으로 정한 보건에 관한 사항의 이행에 관한 보좌 및 지도·조언
13. 업무 수행 내용의 기록·유지
14. 그 밖에 보건과 관련된 작업관리 및 작업환경관리에 관한 사항으로서 고용노동부 장관이 정하는 사항

년　　월　　일

○○기업(주) 대표이사　　　　　　(인)

표 2.58 산업보건의 선임서 예시

산업보건의 선임서

사 업 장 명 :

소속 및 직책 :

성　　　명 :

위 사람을 「산업안전보건법」 제22조에 의거 근로자의 건강관리나 그 밖에 보건관리자의 업무를 지도하기 위한 산업보건의로 선임합니다.

※ 산업보건의 업무

1. 건강진단 결과의 검토 및 그 결과에 따른 작업 배치, 작업 전환 또는 근로시간의 단축 등 근로자의 건강보호 조치
2. 근로자의 건강장해의 원인 조사와 재발 방지를 위한 의학적 조치
3. 그 밖에 근로자의 건강 유지 및 증진을 위하여 필요한 의학적 조치에 관하여 고용노동부 장관이 정하는 사항

년　　월　　일

○○기업(주) 대표이사　　　　　　(인)

<table>
<tr><th colspan="4">안전관리자 · 보건관리자 · 산업보건의 선임 등 보고서(건설업)</th></tr>
<tr><td rowspan="3">본사</td><td colspan="3">사업장명</td></tr>
<tr><td colspan="2">사업주 또는 대표자</td><td>전화번호</td></tr>
<tr><td colspan="3">소재지</td></tr>
<tr><td colspan="4">※ *란은 원수급인인 경우에만 작성합니다.</td></tr>
<tr><td rowspan="8">현장 개요</td><td colspan="2">현장명</td><td>발주자 또는 도급인</td></tr>
<tr><td colspan="2">전화번호</td><td>휴대전화번호</td></tr>
<tr><td colspan="3">소재지</td></tr>
<tr><td colspan="2">공사기간</td><td>공사금액(상시근로자 수) (명)</td></tr>
<tr><td colspan="2">굴착 깊이(m)*</td><td>건축물 · 공작물의 최대높이(m)*</td></tr>
<tr><td colspan="2">건축물의 연면적(m^2)*</td><td>건축물의 최대 층고(m)*</td></tr>
<tr><td colspan="2">PC(Precast Concrete)조립작업 유무*</td><td>교량의 최대 지간 길이(m)*</td></tr>
<tr><td colspan="2">터널길이(m)*</td><td>댐의 용도 및 저수용량(ton)*</td></tr>
<tr><td rowspan="9">안전 관리자</td><td colspan="2">성명</td><td>기관명</td></tr>
<tr><td colspan="2">전자우편주소</td><td>전화번호</td></tr>
<tr><td colspan="3">자격/면허번호</td></tr>
<tr><td rowspan="2">경력</td><td>기관명</td><td>기간</td></tr>
<tr><td></td><td></td></tr>
<tr><td rowspan="2">학력</td><td>학교</td><td>학과</td></tr>
<tr><td></td><td></td></tr>
<tr><td colspan="3">선임 연 · 월 · 일</td></tr>
<tr><td colspan="3">전담 · 겸임구분</td></tr>
<tr><td rowspan="9">보건 관리자</td><td colspan="2">성명</td><td>기관명</td></tr>
<tr><td colspan="2">전자우편주소</td><td>전화번호</td></tr>
<tr><td colspan="3">자격/면허번호</td></tr>
<tr><td rowspan="2">경력</td><td>기관명</td><td>기간</td></tr>
<tr><td></td><td></td></tr>
<tr><td rowspan="2">학력</td><td>학교</td><td>학과</td></tr>
<tr><td></td><td></td></tr>
<tr><td colspan="3">선임 연 · 월 · 일</td></tr>
<tr><td colspan="3">전담 · 겸임구분</td></tr>
</table>

<table>
<tr><td rowspan="9">산업
보건의</td><td colspan="2">성명</td><td>기관명</td></tr>
<tr><td colspan="2">전자우편 주소</td><td>전화번호</td></tr>
<tr><td colspan="3">자격/면허번호</td></tr>
<tr><td rowspan="2">경력</td><td>기관명</td><td>기간</td></tr>
<tr><td></td><td></td></tr>
<tr><td rowspan="2">학력</td><td>학교</td><td>학과</td></tr>
<tr><td></td><td></td></tr>
<tr><td colspan="3">선임 연·월·일</td></tr>
<tr><td colspan="3">전담·겸임구분</td></tr>
<tr><td colspan="4">「산업안전보건법 시행규칙」 제11조 및 제23조에 따라 위와 같이 제출합니다.
년 월 일
보고인 (사업주 또는 대표자) (서명 또는 인)
지방고용노동청(지청)장 귀하</td></tr>
<tr><td colspan="4"></td></tr>
<tr><td colspan="4">공지사항</td></tr>
<tr><td colspan="4">이 건의 민원처리결과에 대한 만족도 조사 및 관련 제도 개선에 필요한 의견조사를 위하여 귀하의 연락처로 전화조사를 실시할 수 있습니다.</td></tr>
</table>

표 2.59 안전보건일지 예시

<table>
<tr><td colspan="7">안전보건일지

사업장명 : 점검일자 : 년 월 일</td></tr>
<tr><td colspan="2">점검자
(안전관리자)</td><td>(서명)</td><td colspan="4">점검 시간</td></tr>
<tr><td colspan="2">확인자
(현장소장/사업주 등)</td><td>(서명)</td><td colspan="4"></td></tr>
<tr><td rowspan="6">작업
사항</td><td colspan="2">작업 내용</td><td colspan="2">인원 현황</td><td colspan="2">위험기계·기구</td></tr>
<tr><td colspan="2" rowspan="5"></td><td>직원</td><td></td><td></td><td></td></tr>
<tr><td>근로자</td><td></td><td></td><td></td></tr>
<tr><td></td><td></td><td></td><td></td></tr>
<tr><td></td><td></td><td></td><td></td></tr>
<tr><td>계</td><td>0</td><td></td><td></td></tr>
<tr><td>안전
교육
사항</td><td colspan="6"></td></tr>
<tr><td>안전
회의
관련
사항</td><td colspan="6"></td></tr>
<tr><td rowspan="2">안전
점검</td><td>점검구간</td><td colspan="2">지적사항</td><td colspan="3">조치사항</td></tr>
<tr><td></td><td colspan="2"></td><td colspan="3"></td></tr>
<tr><td>기타</td><td colspan="6"></td></tr>
</table>

표 2.60 안전관리자(겸직) 업무수행 관리대장 예시

안전관리자(겸직) 업무수행 관리대장

사업장명 : 점검일자 : 년 월 일

구분	수행일시	업무 내용
1		
2		
3		
4		
5		
6		
7		
8		
9		
10		

(2) 외부 위탁할 경우 유능한 전문기관 선택 여부를 보고받고 확인 필요

중소기업에서 안전보건관리를 위탁하는 경우 사업주 또는 경영책임자 등은 유능한 전문기관을 선택했는지, 해당 전문가의 조언을 충실하게 이행했는지 보고받고 확인할 필요가 있다.

(3) 안전관리자 등 전문 인력에 대한 안전·보건 업무 수행시간 보장

특히, 해당 업무를 전담하는 경우가 아니라 겸직하고 있는 전문 인력에 대해서는 안전·보건에 관한 업무 수행시간을 보장해야 한다. 상시근로자가 300명 미만(건설공사 120억 원 미만) 사업장의 전문 인력은 다른 업무를 겸직할 수 있다. 다만, 이 경우에도 고용노동부 고시에 따라 일정 기준 이상의 시간을 안전 또는 보건업무를 수행할 수 있도록 보장해야 한다.

재해율 상위 10% 세부업종인 금속광업, 철강 및 합금철제품 제조업 등 25개의 경우 안전·보건 관리 전문 인력의 안전·보건 관리 업무시간을 요약하면 다음 그림과 같다.

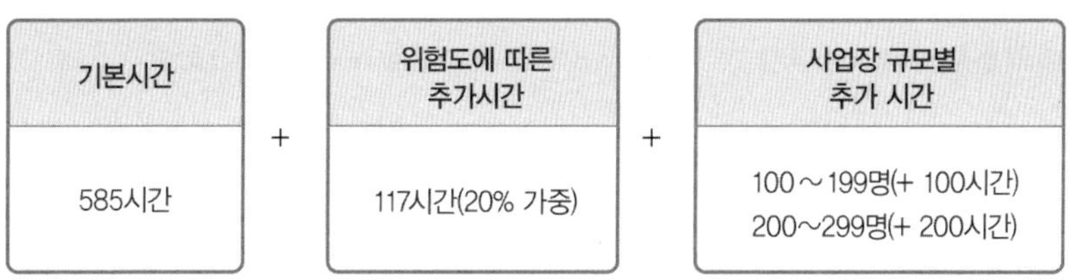

그림 2.8 전문 인력의 안전·보건 관리 업무시간

안전관리자 등의 전문 인력이 다른 업무와 겸직한 경우에는 안전보건 업무일지를 작성하여 충분한 업무시간(최소 연간 702시간)을 확보하였음을 증명할 수 있어야 한다.

(4) 안전관리자와 보건관리자에게 업무수행에 필요한 권한 부여와 지원 필요

산업안전보건법에서 사업주는 전문 인력 중 안전관리자와 보건관리자에게 업무수행에 필요한 권한을 부여하고 시설·장비·예산 그 밖에 업무수행에 필요한 지원을 하도록 특별히 규정하고 있다는 점도 유의할 필요가 있다.

> **◑ 산업안전보건법 시행령 제18조 제5항 및 제22조 제3항**
>
> 사업주는 안전관리자, 보건관리자에게 해당 업무의 수행에 필요한 권한을 부여하고 시설·장비·예산 그 밖에 업무수행에 필요한 지원을 하여야 함

(5) 유능한 전문 인력 배치

전문 인력은 유능한 인력을 배치하는 것이 중요하다. 유능한 인력의 배치는 경영책임자의 안전보건 경영에 대한 의지를 보여준다. 이는 경영책임자가 안전보건에 대한 업무를 최우선 순위에 두고 있다는 사실을 보여줌으로써 조직 내 신뢰를 높이고 조직문화 개선을 앞당길 수 있다.

6.5 고용노동부 질의회시

(1) 기업규제완화법에도 불구하고 안전관리자를 배치해야 하는지 여부

중대재해처벌법 시행령 제4조 제6호에 따르면 산업안전보건법에 따라 정해진 수 이상의 산업보건의를 배치해야 한다고 규정되어 있는데 기업활동규제완화에 관한 특별조치법(기업규제완화법)에 따라 산업보건의를 선임하지 않아도 되는 경우도 산업보건의를 선임해서 배치해야 하는지가 궁금할 것이다.

고용노동부 질의회시(중대산업재해감독과 - 2004, 2021.12.20)에 따르면 "중대재해처벌법 시행령 제4조 제6호 단서는 다만 다른 법령에서 해당 인력의 배치에 대해 달리 정하고 있는 경우에는 그에 따르라고 규정되어 있다. 따라서 기업규제완화법 등 다른 법령에서 산업안전보건법상 산업보건의 등의 배치에 대해 달리 정한 내용이 있다면 중대재해처벌법 시행령에도 불구하고 그 다른 법령에 정한 규정이 우선 적용된다.

결과적으로 기업규제완화법 제28조 제1항 제1호는 산업안전보건법상 산업보건의를 선임하지 않을 수 있도록 규정하고 있으므로 사업주 또는 경영책임자 등은 중대재해처벌법상 산업보건의 배치의무에도 불구하고 실제로 산업보건의를 선임할 것인지 여부는 자율적으로 선택이 가능하다"라는 입장이다.

(2) 안전보건에 관한 업무 수행시간 적용범위

중대재해처벌법 시행령 제4조 제 6호의 안전보건에 관한 업무수행시간을 준수하면 산업안전보건법상 상시 근로자 300명 이상 사업장 전담 안전관리자도 겸직이 가능한지 궁금할 것이다.

고용노동부 질의회시(중대산업재해감독과 - 2267, 2022.6.13)에 따르면 "상시근로자 300명 이상 사업장의 전담 전문 인력은 산업안전보건법에 따라 해당 업무만을 전담하여야 한다"라는 입장이다.

중대재해처벌법 시행령 제4조 제6호 단서 중 배치해야 할 인력이 다른 업무를 겸직하는 경우는 고용노동부 장관이 정하여 고시하는 기준에 따라 안전보건에 관한 업무 수행시간을 보장해야 한다라는 말은 산업안전보건법상 선임된 안전관리자, 보건관리자 등 전문 인력이 상시근로자 300명 미만 사업장에 소속된 경우 다른 업무와 겸직이 가능하다는 의미이다.

해당 전문 인력이 업무를 겸직하는 경우 안전보건에 관한 업무수행 시간의 기준고시(고용노동부 제2022-14호)에 따라 일정 기준 이상의 시간을 안전 또는 보건 업무를 수행할 수 있도록 보장하기 위한 것이다.

고시에 따른 업무 수행시간의 기준은 다음과 같다.

◘ 안전·보건에 관한 업무 수행시간의 기준 고시

제3조(업무 수행시간의 기준)

① 안전관리자, 보건관리자 및 안전보건관리담당자 각각의 안전·보건에 관한 업무 수행을 위한 최소시간은 연간 585시간 이상이 되도록 하여야 한다.

② 재해위험이 높은 업종(「고용보험 및 산업재해보상보험의 보험료징수 등에 관한 법률」 제14조 제3항 및 같은 법 시행규칙 제12조에 따라 분류되어 해당 사업장이 가입된 산업재해보상보험상 세부업종을 말한다)에 속하는 사업장의 경우 제1항에도 불구하고 사업장의 안전관리자, 보건관리자 및 안전보건관리담당자 각각의 안전·보건에 관한 업무 수행의 최소시간은 702시간 이상으로 한다. 재해위험이 높은 업종은 별표 1과 같다.

③ 제1항 및 제2항에도 불구하고 사업장의 상시근로자 수(「산업안전보건법 시행령」 별표 3 및 별표 5의 "사업장의 상시근로자의 수"와 동일한 방법으로 산출한다)가 100명 이상인 경우에는 사업장의 안전관리자, 보건관리자 및 안전보건관리담당자 각각의 안전·보건에 관한 업무 수행의 최소시간에 100명 이상 200명 미만인 사업장의 경우에는 100시간을, 200명 이상 300명 미만인 사업장의 경우에는 200시간을 추가하여야 한다.

6.6 유의사항

구분	유의사항
배치 기준 현황표	1. 안전관리자 등 전문 인력 배치기준 현황표 • 산업안전보건법 제17조부터 제19조까지 및 제22조에 따른 안전관리자, 보건관리자, 안전보건관리담당자 및 산업보건의 • 법적 요건 이상 배치 • 구분, 적용 사업장, 선임자격, 주요 업무 현황표 • 중소기업은 외부 안전·보건관리 전문기관에 위탁 가능(건설업은 제외) - 유능한 전문기관 선택 이유 - 해당 전문가의 조언 충실 이행 여부 - 경영자 보고 및 확인 필수 • 기업규제완화법 배치의무 면제 조건 확인 • 조직도(사진) 비치 2. 안전관리자 등 선임 등 보고서 3. 안전관리자 등 안전보건 업무일지 4. 권한 부여 • 안전보건 확보를 위한 안전보건 조직(담당자)의 제안이 원활하게 이행될 수 있도록 조직체계 구성 5. 분야별 담당업무 명시 • 업무수행에 필요한 권한 부여 • 시설·장비·예산 그 밖에 업무수행에 필요한 지원 • 안전보건관리규정과 일치 • 안전보건 전문 인력 등 배치표 및 담당업무(직책, 성명, 담당업무, 비고) • 사업장 안전보건관리조직도 6. 유능한 인력 배치 확인 서류 • 자격, 학력, 경력, 연봉, 직위 7. 외부 전문기관 활용 검토 • 정부의 기술지도 사업, 안전관리 전문기관 등 외부자원 활용방안 검토
업무수행 시간 보장 서류	1. 전문 인력 겸직이 가능한 중소기업(300명 미만, 건설 120억 원 미만) • 일정 시간이상 안전보건업무 수행 보장 • 업무수행일지와 업무수행 시간표 작성

6.7 안전관리자, 보건관리자 법적 기준 이상 배치 의무사항 이행점검표

안전관리자, 보건관리자 법적 기준 이상 배치 가이드 및 점검표

○ 점검일 :

○ 부서명 :

○ 점검자 : (인)

□ 점검 주요 내용

구분	주요 내용	비고(관련근거)
1. 관련 근거	○ 산업안전보건법 제15조 및 시행령 제16조(안전관리자의 선임 등) 상시근로자 수 등에 따른 선임 - 상시근로자 1,000명 이상인 사업장은 안전관리자 2명 이상 선임 ○ 산업안전보건법 제15조 및 시행령 제16조(안전관리자의 선임 등) - 공사금액 50억 원 이상 안전관리자 1명 이상 선임(23.7.1. 이후 건설공사 발주시)	중대재해 해설서 준용 점검 및 관리
2. 법의 의의	○ 시행령 제4조, 제6조 - 산업안전보건법 제17조(안전관리자) 제3항에 따라 대통령이 정하는 사업의 종류 및 사업장의 상시근로자 수에 해당하는 사업장의 사업주는 안전관리자에게 그 업무만을 하도록 하여야 한다.	안전관리자 배치의무사항

□ 안전 및 보건관리자 현황

부서	직급	직위	성명	선임일	자격요건	점검결과	비고

□ 부서 및 현장별 안전 및 보건관리자 현황

부서	직급	직위	성명	선임일	자격요건	점검결과	비고

7 종사자 의견 청취 절차 마련, 청취 및 개선방안 마련·이행

7.1 관련 조문

중대재해처벌법 시행령 제4조(안전보건관리체계의 구축 및 이행 조치) 제7호에서는 사업 또는 사업장의 안전·보건에 관한 사항에 대해 종사자의 의견을 듣는 절차를 마련하고, 그 절차에 따라 의견을 들어 재해예방에 필요하다고 인정하는 경우는 그에 대한 개선방안을 마련하여 이행하는지를 반기 1회 이상 점검한 후 필요한 조치를 하도록 규정하고 있다.

◑ 시행령 제4조(안전보건관리체계의 구축 및 이행 조치) 제7호

7. 사업 또는 사업장의 안전·보건에 관한 사항에 대해 종사자의 의견을 듣는 절차를 마련하고, 그 절차에 따라 의견을 들어 재해예방에 필요하다고 인정하는 경우는 그에 대한 개선방안을 마련하여 이행하는지를 반기 1회 이상 점검한 후 필요한 조치를 할 것. 다만, 「산업안전보건법」 제24조에 따른 산업안전보건위원회 및 같은 법 제64조·제75조에 따른 안전 및 보건에 관한 협의체에서 사업 또는 사업장의 안전·보건에 관하여 논의하거나 심의·의결한 경우에는 해당 종사자의 의견을 들은 것으로 본다.

7.2 조문의 취지

사업주 또는 경영책임자 등은 사업 또는 사업장의 안전·보건에 관한 사항에 대해 종사자의 의견을 듣는 절차를 반드시 마련해야 한다.

이 조문은 안전 및 보건의 확보는 경영책임자 등의 일방적인 조치만으로는 충분하지 않기 때문에 근로자, 수급인 등의 의견을 충분히 반영하기 위한 조문이다.

종사자의 참여가 없고 현장 작동성이 없다면 안전보건관리는 성공할 수 없다. 따라서 현장의 잠재된 위험요인을 가장 잘 알고 있는 종사자의 참여가 반드시 필요하다. 종사자가 자유롭게 의견을 제시하는 기업문화를 만든다면 노사 간의 신뢰가 형성되어 타 분야의 다양한 문제를 쉽게 해결할 수 있을 것이다.

산업안전보건위원회 등 의결사항, 안전보건 관련 회의 결과, 유해위험기계·기구·물질, 아차

사고 발생 현황 및 관련 정보 등은 공유하거나 공개해야 한다. 또한 안전보건 확보 관련 의견 청취를 위해 근로자 참여의 공식적인 절차도 마련할 필요가 있다.

7.3 실행전략

① 안전·보건 전반에 관한 정보 공개
② 모든 구성원이 참여할 수 있는 절차 마련
③ 자유롭게 의견을 제시할 수 있는 문화 조성
④ 종사자의 의견을 청취하고 난 후 그 의견을 반영할 것인지 여부 등을 판단하기 위한 방식이나 절차, 기준 등 마련
⑤ 종사자의 의견을 청취하기 위해 산업안전보건법에 따라 운영 중인 산업안전보건위원회 및 안전보건에 관한 협의체 등이 있는 경우 이를 적극 활용

7.4 실행방법

(1) 종사자와 유의미한 정보 공유

종사자의 의견을 들으려면 먼저 종사자와 유의미한 정보를 공유하는 것이 필요하다. 종사자와 공유할 정보는 경영방침, 안전보건관리규정, 유해위험기계·기구와 유해물질의 정보, 위험요인별 제거관리방안, 산업재해 원인조사 및 재발방지 대책 등이 있다.

(2) 안전·보건에 관한 의견을 듣는 절차

종사자 의견 반영 여부를 판단하기 위한 방식이나 절차 기준 등을 수립할 필요가 있다. 사업장 전체의 모든 종사자는 누구나 자유롭게 유해·위험요인 등을 포함하여 안전보건에 관한 의견을 개진할 수 있도록 사업장 규모, 특성에 따라 절차를 마련하고 해당 절차에 따라 의견 청취를 해야 한다.

안전보건에 관한 사항(문제점 및 개선방안 등)에 대해 종사자의 의견을 듣는 신고·제안 제도 등의 절차를 마련하여 운영하여야 한다. 이때 체계적인 절차를 마련하고 문서화하여 기록 및 보존(사진, 참석자 서명 등)하여야 한다.

종사자에게 안전·보건에 관한 의견을 듣는 절차는 법령에 규정된 절차만을 의미하는 것은

아니다. 온라인 시스템, 건의함, 신고·제안 제도 또는 정기회의, 간담회, 특히 작업 전 안전미팅(TBM : Tool Box Meeting) 등 가능한 방법을 활용하면 된다.

종사자의 참여는 형식적이어서는 안되고 안전보건 목표 및 경영방침의 설정, 유해·위험요인의 확인과 개선 등 전 과정에서 충분하게 이뤄질 때 산업재해 예방에 효과적이다.

근로자가 참여하는 안전보건 활동의 예시는 다음과 같다.

① 안전보건관리체계 목표 설정

② 부서별·공정별 위험요인 파악 및 제거·관리, 통제방안 마련

③ 안전작업 지침 작성 및 문서화

④ 안전절차 수립 및 개정

⑤ 사내 산업재해 발생 원인분석 및 재발방지 대책 마련

⑥ 근로자 교육훈련 프로그램 개발 및 평가

⑦ 작업환경측정, 건강진단 시 근로자대표 참석

⑧ 현장 안전점검 실시

(3) 종사자가 참여하는 공식적인 협의체 운영

건설업의 경우 공사금액 120억 원 이상(토목공사 150억 원 이상) 현장과 그 이하 현장으로 구분하여 종사자 의견 청취 절차를 마련할 필요가 있다.

공사금액 120억 원 이상(토목공사 150억 원 이상) 현장은 공식적인 협의체인 산업안전보건법에 따른 산업안전보건위원회나 노사협의체 등을 효과적으로 운영할 필요가 있다.

산업안전보건위원회를 운영할 때 대표되지 않는 수급인 근로자, 파견업체(근로자) 등도 별도의 참여기회를 부여하는 것이 바람직하다. 산업안전보건위원회의 구성·운영을 지원하기 위한 매뉴얼이 시중에 제작·배포되어 있으니 적극 활용할 필요가 있다.

반면에 공사금액 120억 원 미만(토목공사 150억 원 미만) 현장은 안전보건협의체 건의함, 홈페이지, 제안제도, TBM 등을 활용하여 종사자 의견을 청취할 수 있다.

산업안전보건법 제64조(도급인·수급인 협의체), 제75조(노사협의체)에 따른 안전보건관련 협의체는 모든 업종의 도급사업에서 구성하여 운영할 필요가 있다. 도급인은 자신의 사업장에서 관계 수급인의 근로자가 작업을 하는 경우 도급인과 수급인 전원을 구성원으로 하는 협의체를 구성토록 산업안전보건법 제64조 제1항에 규정되어 있다.

건설업의 경우에는 120억 원 건설공사의 경우 도급인과 수급인 및 근로자 대표(20억 원 이

상 공사 관계수급인의 근로자대표 포함)를 포함하는 노사협의체를 구성·운영(법 제75조)해야 한다. 이를 구성·운영한 경우 산업안전보건위원회(법 제24조)와 도급인의 안전보건에 관한 협의체(법 제64조제1항)를 각각 운영한 것으로 본다.

① 산업안전보건위원회

사업주는 사업장의 안전 및 보건에 관한 중요 사항을 심의·의결하기 위해 산업안전보건법 제24조에 따른 산업안전보건위원회(산업재해예방계획의 수립, 안전보건관리규정, 안전보건교육 등)를 구성·운영하여야 한다.

구성 대상은 공사금액 120억 원 이상 건설업(건설산업기본법 시행령 별표1의 종합공사를 시공하는 업종의 건설업종란 제1호에 따른 토목공사업의 경우 150억 원 이상)과 상시근로자 수 100명 이상이 대상이다.

산업안전보건위원회는 분기 1회 시행(정기), 위원장 소집 시(임시)로 구분하여 운영한다. 운영구성은 사용자위원과 근로자위원 동수로 구성한다. 이때 사용자위원은 대표자, 안전관리자, 보건관리자 등이고 근로자위원은 근로자대표, 명예산업안전감독관 등이다.

산업안전보건위원회에서 심의·의결을 한 경우 그 사업장의 모든 종사자 의견을 청취한 것으로 간주할 수 있는지에 대해 궁금할 것이다. 근로자위원과 사용자위원으로 구성된 산업안전보건위원회의 심의·의결을 거쳤다 하더라도 모든 종사자의 의견을 청취한 것으로 간주되지는 않는다. 따라서 해당 사업장 소속 근로자가 아닌 종사자(수급인 근로자 등)도 산업안전보건위원회, 도급인과 수급인이 함께하는 안전보건협의체 등에서 의견을 개진할 수 있도록 하거나 별도의 의견 청취 절차를 두는 것이 좋다. 산업안전보건위원회 구성해야 할 사업 종류 및 상시근로자 수는 아래 표와 같다.

표 2.61 산업안전보건위원회를 구성해야 할 사업 종류 및 상시근로자 수

사업의 종류	사업장의 상시근로자 수
1. 토사석 광업 2. 목재 및 나무제품 제조업 : 가구제외 3. 화학물질 및 화학제품 제조업 : 의약품 제외(세제, 화장품 및 광택제 제조업과 화학섬유 제조업은 제외한다) 4. 비금속 광물제품 제조업 5. 1차 금속제조업 6. 금속가공제품 제조업 : 기계 및 가구 제외 7. 자동차 및 트레일러 제조업 8. 기타 기계 및 장비 제조업(사무용 기계 및 장비 제조업은 제외한다) 9. 기타 운송장비 제조업(전투용 차량 제조업은 제외한다)	상시근로자 300명 이상
10. 농업 11. 어업 12. 소프트웨어 개발 및 공급업 13. 컴퓨터 프로그래밍, 시스템 통합 및 관리업 14. 정보서비스업 15. 금융 및 보험업 16. 임대업 : 부동산 제외 17. 전문, 과학 및 기술 서비스업(연구개발업은 제외한다) 18. 사업지원 서비스업 19. 사회복지 서비스업	상시근로자 300명 이상
20. 건설	공사금액 120억 원 이상(건설산업기본법 시행령 별표 1의 종합공사를 시공하는 업종의 건설업종란 제1호에 따른 토목공사업의 경우에는 150억 원 이상)
21. 제1호부터 제20호까지의 사업을 제외한 사업	상시근로자 100명 이상

② 안전 및 보건에 관한 협의체(산업안전보건법 제64조)

안전 및 보건에 관한 협의체의 협의 사항은 작업관련 사항 협의(작업의 시작 시간, 작업 또는 작업장 간의 연락방법, 재해발생 위험 시 대피방법, 위험성평가 실시에 관한 사항 등)이다. 구성 대상은 도급인이며 제외 대상 업무는 다음과 같다.

ⓐ 자재·부품 납품, 우편물 배달 등

ⓑ 제품 구매 후 납품 및 이에 따른 설치·하자보수 등

ⓒ 용역제공 관련 회의 등 각종 회의 참석
ⓓ 사업장 내 정수기 설치, 생수공급 및 이와 유사한 업무
ⓔ 위험기계·기구 정기검사, 안전·보건관리대행, 안전보건·경영진단(평가), 컨설팅, 행사, 교육 및 강의 등 사업장 내에서 수행하는 위탁업무
ⓕ 기타 위와 유사한 출입업체가 수행하는 업무
ⓖ 30일 이내 일시적 작업, 연간 총 60일 이내 간헐적 작업

안전 및 보건에 관한 협의체의 운영주기는 매월 1회 이상이며 운영방법은 본사와 각 현장(안전보건총괄책임자 주최)에서 시행한다.

도급에 따른 안전 및 보건에 관한 협의체는 도급 시 산업재해예방 운영지침에 따를 경우에는 재하도급을 받는 관계수급인은 제외된다. 그러나 관계수급인까지 포괄하여 종사자의 안전 및 보건 확보의무를 규정하고 있는 중대재해처벌법의 입법 취지를 고려할 때 협의체 운영 시 관계수급인 사업주까지 포함하여 운영할 필요가 있다.

③ 노사협의체(산업안전보건법 제75조)

노사협의체 협의사항은 산업재해예방방법 및 산업재해가 발생한 경우의 대피 방법, 작업의 시작 시간, 작업 및 작업장 간의 연락 방법, 그 밖의 산업재해예방과 관련한 사항 등이다. 노사협의체를 구성·운영하는 경우는 산업안전보건위원회, 안전 및 보건에 관한 협의체를 각각 구성·운영하는 것으로 본다.

노사협의체 구성 대상은 공사금액 120억 원 이상 건설업(토목공사업의 경우 150억 원 이상), 상시근로자 100명 이상이다. 운영주기는 1회/2개월(정기)이고 위원장 소집 시(임시) 운영이 가능하다.

운영구성은 근로자위원과 사용자위원으로 구성된다. 근로자위원은 도급 또는 하도급 사업을 포함한 전체 사업의 근로자대표, 근로자대표가 지명하는 명예산업안전감독관 1명(다만, 명예산업안전 감독관이 위촉되어 있지 않은 경우는 근로자대표가 지명하는 해당 사업장 근로자 1명), 공사금액이 20억 원 이상인 공사의 관계수급인의 근로자대표가 해당된다. 반면에 사용자위원은 도급 또는 하도급 사업을 포함한 전체 사업의 사용자대표, 안전관리자 1명, 보건관리자 1명, 공사금액이 20억 원 이상인 공사의 관계수급인의 대표가 해당된다.

표 2.62 법적 종사자 의견 청취 절차

<table>
<tr><th>산업안전보건위원회</th><th>안전보건협의체</th><th>노사협의체</th></tr>
<tr><td>공사금액 120억 원 이상</td><td>원도급 사업장에서 하도급업체 근로자 작업 시</td><td>공사금액 120억 원 이상</td></tr>
<tr><td colspan="3">주요 업무</td></tr>
<tr><td>사업장의 안전·보건에 관한 중요 사항을 심의·의결하기 위해 구성하는 위원회
[정기회의(분기별), 임시회의]</td><td>도급인과 수급인을 구성원으로 하는 안전 및 보건에 관한 협의체
[매월 실시]</td><td>건설공사도급인이 해당 건설공사 현장에 구성하는 협의체
[정기회의(2개월), 임시회의]</td></tr>
<tr><td>• 산업재해예방계획 수립
• 안전보건관리규정 작성·변경
• 작업환경 점검 및 개선
• 근로자 안전·보건교육
• 근로자 건강관리
• 중대재해 원인조사 및 재발방지 대책수립
• 산업재해 통계 기록 및 유지
• 근로자 안전보건 유지·증진에 필요한 사항</td><td colspan="2">• 작업 시작 시간
• 작업 또는 작업장 간 연락 방법
• 재해발생 위험존재 시 대피 방법
• 위험성평가 실시 관련 사항 등</td></tr>
</table>

※ 노사협의체를 구성한 경우 산업안전보건위원회, 안전보건협의체를 각각 구성·운영하는 것으로 간주
※ 상시 근로자 100명 이상일 경우 「산업안전보건법」 제25조에 따라 안전보건관리규정 작성

표 2.63 산업안전보건위원회 등의 회의개최 관리대장

산업안전보건위원회 등의 회의개최 관리대장				
구분	일시	장소	참석인원	주요 내용
1				
2				
3				
4				
5				
6				
7				
8				
9				
10				
※ 산업안전보건위원회, 노사협의체 : 공사금액 120억 원 이상 ※ 안전보건협의체 : 도급사업 ※ 노사협의체를 구성한 경우 산업안전보건위원회, 안전보건협의체를 각각 구성·운영하는 것으로 간주				

표 2.64 종사자 의견청취 절차에 따른 결과 관리대장

종사자 의견청취 절차에 따른 결과 관리대장

사업장명 :

구분	일시	청취방법	주요 내용	조치 내역	
				조치일	조치사항
1					
2					
3					
4					
5					
6					
7					
8					
9					
10					

표 2.65 종사자 의견청취 절차에 따른 이행여부 점검표

종사자 의견청취 절차에 따른 이행여부 점검표

사업장명 : 점검일자 : 년 월 일

점검자 (담당자)	(서명)	확인자 (현장소장 /사업주 등)		(서명)
점검 사항		**이행**	**미이행**	**개선사항**
안전·보건 경영방침과 목표, 산업안전보건법령의 주요내용, 안전보건관리규정 등을 홈페이지, 게시판 등에 게시 여부				
종사자에게 사업장 내 유해·위험관련 기계·기구·설비·물질, 위험장소 등의 안내 여부				
종사자에게 산업재해 및 아차사고 발생 현황 등의 공개 여부				
안전·보건 확보와 관련 사업장 내 구성원들이 참여할 수 있는 공식적인 절차 적극적 안내 여부				
사내 게시판, 건의함, 간담회 등을 통해 종사자의 의견 적극적 수렴 여부				
T.B.M, 안전제안활동, 신고함 등 법적 절차 외 종사자의 의견 수렴절차 운영 여부				
위험요인 파악 및 제거·대체·통제 방안 마련 시 해당 작업 관련 종사자 참여 여부				
위험요인별 재해 발생 시나리오 및 조치계획 수립 시 해당 작업 관련 종사자 참여 여부				
위험요인 신고·제안자에게 불이익이 없으며 자유롭게 의견 제시 가능한 환경 조성 여부				
신고 및 제안에 대한 조치결과 주기적 공개 여부				

※ 점검 후 이행되지 않은 사항 추가 조치
※ 반기 1회 이상 점검

(4) 안전보건관리에 작업자를 참여시킬 수 있는 방안 마련

중소기업의 경우 안전보건관리에 작업자를 참여시킬 수 있는 적절한 방법을 찾아 운영할 필요가 있다. 작업자의 관심을 불러일으킬 수 있는 토의, 안전순찰, 안전미팅(TBM), 회의, 게시판 등을 통해 종사자들이 이야기를 할 수 있도록 할 필요가 있다. 특히, 종사자들이 작업장의 위험요인을 발견하고 신고했을 때 이를 인정하고 긍정적으로 평가하는 것은 좋은 방안이다. 작업 전 안전미팅 활동(TBM)은 작업 시작 전, 현장에서 소규모로 단시간에 실시하는 회의로 안전 확보를 위한 세부 작업방법 등을 논의하고 결정한다. 작업 전 안전미팅 활동(TBM)을 실시할 때 유의사항은 관리감독자가 주요 위험요인을 공유하고 자유로이 토의토록 할 필요가 있다. 안전한 작업방법 선택을 논의하고 가급적 전원이 합의한 작업방법으로 결정해야 한다. 회의 종료 전 관리감독자는 기본 안전수칙 준수, 개인보호구 착용을 강조해야 한다. 안전 미팅 후 안전보건이 확보되는 경우 공식적인 작업절차에 들어가게 된다.

표 2.66 제안제도 시행 공고문

제안제도 시행 공고문

○○기업(주) 전 직원 및 현장 근로자가 안전·보건을 위한 개선과제를 제시함으로써 안전한 작업환경을 조성하고자 제안제도를 시행한다.

1. 시행목적
   - 직원 및 현장 근로자가 안전·보건관리를 위한 개선과제를 직접 제시하여 안전한 작업환경 조성

2. 제안자
   - 건설중인 건물 및 시설물이나 현장 작업에 참여하고 있는 모든 근로자

3. 제안내용
   - 각 현장의 안전·보건관리 개선에 관련된 모든 내용

4. 제안방법
   - ○○기업(주) 홈페이지 게시판 또는 현장 안전보건관리책임자에게 제안서 제출

5. 처리절차
   - 근로자(제안서 제출) → 안전부서(접수 및 심사) → 안전부서(결과통보) → 실행부서(시행)

표 2.67 제안서 예시

제안서

<table>
<tr><td colspan="2">제안자</td><td colspan="3">소속 : 직급 : 성명 :</td></tr>
<tr><td colspan="2">제출 일자</td><td>접수번호</td><td>행정·제도분야</td><td>기술분야</td></tr>
<tr><td colspan="2"></td><td></td><td>( )</td><td>( )</td></tr>
<tr><td colspan="2">제목</td><td colspan="3"></td></tr>
<tr><td colspan="2">현행 방법</td><td colspan="3"></td></tr>
<tr><td colspan="2">문제점</td><td colspan="3"></td></tr>
<tr><td colspan="2">개선</td><td colspan="3"></td></tr>
<tr><td rowspan="2">개선
효과</td><td>안전한
작업환경 개선</td><td colspan="3"></td></tr>
<tr><td>경비절감
(수익증대)</td><td colspan="3"></td></tr>
<tr><td colspan="2">특기사항</td><td colspan="3"></td></tr>
</table>

공사금액 120억 원 미만(토목공사 150억 원 미만) 현장은 건의함, 홈페이지, 제안제도, TBM 등을 활용하여 종사자 의견을 청취할 필요가 있다.

안전보건 경영방침과 목표, 산업안전보건법령의 주요 내용, 안전보건관리규정, 의결사항 등을 홈페이지나 현장 게시판에 게시하여야 한다. 또한 사업장 내 유해위험기계·기구 및 물질, 아차사고 발생현황 등 그 밖에 안전보건과 관련된 정보도 TBM 활동 시 공개할 필요가 있다.

이외에도 안전제안제도 운영을 통해 개선의견 제안에 대해 독려하고 인센티브를 부여하는 방안도 강구할 필요가 있다.

(5) 종사자 의견 검토, 확인과 필요시 개선방안 마련 이행

종사자의 의견은 검토하고 확인해서 재해예방에 필요한 경우 개선방안을 마련하고 이행해야 한다.

(6) 조치한 결과 종사자에게 공식적으로 알리고 기록 관리

의견수렴을 통해 조치한 결과는 종사자에게 공식적으로 알리고 기록하여 관리해야 한다.

(7) 개선방안 이행했는지 반기 1회 이상 점검

종사자의 의견만을 들어서는 법적 의무를 다했다고 볼 수 없다. 종사자의 의견을 듣고 재해예방에 필요하다고 인정하는 경우 개선방안을 마련하여 이행 여부를 반기 1회 이상 점검한 후 필요한 조치를 해야 한다. 점검결과 개선사항에 대해서 추가적인 조치가 필요한 경우에는 그 조치를 실행해야 한다.

7.5 고용노동부 질의회시

(1) 산업안전보건위원회와 종사자 의견 청취의 관계

산업안전보건법상 산업안전보건위원회를 구성하여야 할 의무가 없는 사업장에서 자율적으로 산업안전보건위원회를 구성 운영한 경우 중대재해처벌법상 사업 또는 사업장의 안전보건에 관한 사항에 대해 종사자의 의견을 들은 것으로 간주되는지 여부가 궁금할 것이다.

고용노동부 질의회시(중대산업재해감독과 - 2000, 2022.5.27.)에 따르면 "중대재해처벌법 시행령 제4조 제7호 단서의 산업안전보건법 제24조에 따른 산업안전보건위원회 등에서 사업 또는 사업장의 안전보건에 관하여 논의하거나 심의·의결한 경우란 산업안전보건법상 산업안전보건위원회 등의 구성 의무가 있는 경우를 전제로 한 것"으로 판단하고 있다.

산업안전보건위원회 등의 구성 의무가 없는 사업장에서 자율적으로 산업안전보건위원회를 구성·운영하였다면 이는 해당 사업장의 안전보건을 위해 자율적으로 추가적인 조치를 한 것이다. 따라서 종사자의 의견을 청취하기 위한 하나의 방법으로 인정될 수는 있다.

다만, 중대재해처벌법 제4조 제7호의 의무는 해당 사업장의 근로자만이 아닌 조직 전체의 노무 제공자 등을 포함한 종사자 전체의 의견을 청취하는 것이다. 해당 사업장의 근로자만 참여하는 산업안전보건위원회는 개최만으로 그 의무가 모두 갈음되는 것은 아니다.

사업장 전체 모든 종사자라면 누구나 자유롭게 유해·위험요인 등을 포함하여 안전보건에 관한 의견을 개진할 수 있도록 사업장 규모, 특성에 따라 절차를 마련하고 해당 절차에 따라 의견 청취를 해야 한다.

7.6 유의사항

구분	유의사항
정보 공유 현황	1. 공유할 정보 현황 • 경영방침, 목표 • 안전보건관리규정 • 위험기계·기구와 유해물질의 정보 • 위험요인별 제거관리방안 • 산업재해 원인조사 및 재발방지 대책 • 산업안전보건법 주요내용 • 산업안전보건위원회 의결사항, 안전보건 관련 회의 결과 공개 • 유해·위험기계·기구, 물질, 아차사고 발생현황 등 관련정보 공개 • 안전보건 확보 관련 근로자 참여의 공식적인 절차 등 2. 정보 공유 자료 • 게시, 알림 건수 • 안전보건관련 정보 홈페이지 게시 사진
종사자 의견 청취 절차 및 활동 사항	1. 안전보건관리규정에 포함 • 신고·제안 절차서 작성 • 안전보건 확보 관련 근로자 참여의 공식적인 절차 등 2. 법적 사항 : 산업안전보건위원회(산안법 제24조) • 대표되지 않는 수급인 근로자, 파견업체(근로자) 등에게 별도로 참여기회 부여 • 구성, 운영 규정 작성

	• 산업안전보건위원회 등을 활용한 안전보건 확보를 위해 필요한 정보 제공 3. 법적 사항 : 안전보건협의체(산안법 제64조제1항) • 도급인은 자신의 사업장에서 관계 수급인의 근로자가 작업을 하는 경우에 도급인과 수급인 전원을 구성원으로 하는 협의체를 구성 4. 법적 사항 : 건설관련 노사협의체(120억 원 건설공사) • 도급인과 수급인 및 근로자 대표(20억 원 이상 공사 관계수급인의 근로자대표 포함) • 산업안전보건위원회(법 제24조)와 도급인의 안전보건에 관한 협의체(법 제64조제1항)를 각각 운영한 것으로 갈음 5. 기타 의견 청취 • 온라인 시스템(Safety Market) • 신고·제안 제도(익명 안전 의견함) • 게시판 • 간담회, 토의 • 안전순찰 • 작업 전 안전미팅(TBM:Tool Box Meeting) 등 6. 근로자 참여 안전보건 활동 : 근로자 참여 증빙 필요 • 안전보건관리체계 목표 설정 • 부서별·공정별 위험요인 파악 및 제거·관리, 통제방안 마련 • 안전작업 지침 작성 및 문서화 • 안전절차 수립 및 개정 • 사내 산업재해 발생원인 분석 및 재발방지 대책 마련 • 근로자 교육훈련 프로그램 개발 및 평가 • 작업환경측정, 건강진단 시 근로자대표 참석 • 현장 안전점검 실시 • 현장 TBM 활동일지
참여 문화 조성	1. 안전신고 및 안전제안 시 인센티브 부여 방안 2. 안전신고 및 안전제안 조치결과 공개 3. 신고 및 제안자에 대한 업무부담 또는 불이익 금지 4. 위험성평가 개선대책 마련 시 해당 작업자 참여 5. 하청 및 파견, 공급업체 포함하여 운영
의견 청취 결과 개선 조치	1. 의견청취 내용에 대한 개선조치 사항 현황 • 검토 의견서, 조치계획서 • 제안제도 이행결과 보고서 2. 조치 결과 통보 • 공식적으로 종사자에게 통보 • 기록, 관리
이행 여부 점검	1. 반기 1회 이상 이행 여부 점검 • 필요한 개선방안 마련 • 개선방안 이행 여부 점검 • 추가적인 조치 필요한 경우 조치 실행

7.7 종사자 의견청취 절차 마련 및 필요시 개선 의무사항 이행점검표

종사자 의견 청취 절차마련 가이드 및 점검표

○ 점검일 :

○ 부서명 :

○ 점검자 : (인)

□ 점검 주요 내용

<table>
<tr><th>구분</th><th>관련 근거
(산업안전보건법, 사규 등)</th><th>시행
주기</th><th>위원 구성</th><th>비고</th></tr>
<tr><td rowspan="3">1. 산업안전보건위원회</td><td>1. 산업안전보건법 제24조(산업안전보건위원회)
2. 회사 안전보건관리규정(위원회 구성)</td><td>분기</td><td>• 사용자위원(사업주 등 11명 내외)
• 근로자위원(근로자대표 등 11명 내외)</td><td></td></tr>
<tr><td colspan="4">① 회의결과 이행 및 공지
• 회의 결과에 따른 시행 및 결과 게시
• 회의 결과에서 발의된 안건에 대해서는 개선 또는 조치하고 정보를 공유하여야 한다.
② 산업안전보건위원회만 개최하는 사업장은 분기마다 1회 실시</td></tr>
<tr><td>3. 현장별 산업안전보건위원회 운영 (정기 산업안전보건위원회 결과보고)</td><td>분기</td><td>• 노·사 동수위원 참여
- 사용자 위원은 안전관리자(안전담당자) 포함</td><td></td></tr>
<tr><td>2. 안전보건간담회</td><td>1. 안전보건관리규정(안전보건간담회)</td><td>반기</td><td>• 안전보건관리규정에 따름</td><td></td></tr>
<tr><td rowspan="2">3. 부서별 종사자 의견청취</td><td>1. 중대재해처벌법 시행령 제4조 제7호</td><td>수시</td><td>-</td><td></td></tr>
<tr><td colspan="4">① 회의결과 이행 및 공지
• SNS 등 다양한 청취방법을 통한 각 부서 종사자 의견 청취 및 회의 결과에 따른 개선사항 등 근로자 공유 실시
② 회의 결과에서 발의된 안건에 대해서는 개선 또는 조치한다.</td></tr>
</table>

□ 안전·보건 관련사항 종사자 의견청취 및 개선관련 점검표

○ 산업안전보건위원회 안건 부서이행 현황(산업안전보건법 제24조)

연도	분기 (개최일)	논의내용	조치현황	점검 결과	비고 (관련문서)
			-		

○ 현장별 산업안전보건위원회 이행 현황

연도	분기 (개최일)	논의내용	조치현황	점검 결과	비고 (관련문서)
			-		

○ 부서별 별도 종사자 의견청취

연도	의견청취 방법	청취결과	조치현황	점검 결과	비고 (관련문서)
			-		

8 중대산업재해 발생 시 조치 매뉴얼 마련 및 조치 여부

8.1 관련 조문

중대재해처벌법 시행령 제4조(안전보건관리체계의 구축 및 이행 조치) 제8호에서는 사업 또는 사업장에 중대산업재해가 발생하거나 발생할 급박한 위험이 있을 경우를 대비하여 이에 관한 매뉴얼을 마련하고 해당 매뉴얼에 따라 조치하는지를 반기 1회 이상 점검하도록 규정하고 있다.

시행령 제4조(안전보건관리체계의 구축 및 이행 조치) 제8호

8. 사업 또는 사업장에 중대산업재해가 발생하거나 발생할 급박한 위험이 있을 경우를 대비하여 다음 각 목의 조치에 관한 매뉴얼을 마련하고, 해당 매뉴얼에 따라 조치하는지를 반기 1회 이상 점검할 것
   가. 작업 중지, 근로자 대피, 위험요인 제거 등 대응조치
   나. 중대산업재해를 입은 사람에 대한 구호조치
   다. 추가 피해방지를 위한 조치

8.2 조문의 취지

사업주 또는 경영책임자 등은 중대산업재해가 발생하거나 발생할 급박한 위험이 있을 경우를 대비하여 작업 중지, 근로자 대피, 위해·위험요인 제거 등 대응조치, 피해자 구호조치, 추가 피해방지를 위한 조치에 관한 매뉴얼을 마련할 필요가 있다.

이 조문은 중대산업재해의 급박한 위험 발생 시 준비된 시나리오와 매뉴얼에 따라 신속하게 대응하여 재해발생 초기 인명피해를 최소화할 수 있도록 하기 위한 조문이다.

또한 이러한 조치는 2차 피해 등 추가 피해를 줄일 수 있고 사고신고와 조사·수사 등 법령에서 정한 사항에 대한 대응을 가능하게 한다.

매뉴얼은 작업 중지, 근로자 대피, 위해·위험요인 제거 순으로 작성되고 경보체계 운영과 대피방법, 비상연락체계, 구급조치 방안, 현장통제, 정보공유 및 재발방지 대책이 포함된다.

8.3 실행전략

① 중대재해 발생 등을 대비한 매뉴얼 마련

② 위험요인을 바탕으로 시나리오 작성

③ 재해발생 시나리오별 조치계획 수립 및 비상조치계획에 따라 주기적으로 훈련

④ 매뉴얼에 포함되어야 하는 사항

- 비상연락체계, 내·외부 전파, 작업중지, 근로자 대피, 위해·위험요인 제거 등 대응조치
- 중대재해를 입은 사람에 대한 구호조치, 추가 피해방지를 위한 조치

8.4 실행방법

(1) 중대산업재해가 발생하거나 급박한 위험에 대비하여 유해·위험요인을 바탕으로 대응 매뉴얼 작성

파악한 유해·위험요인을 바탕으로 대응 매뉴얼을 작성할 필요가 있다. 위험요인별로 어떠한 재해가 발생할 수 있는지를 사전에 검토하고 사망사고로 이어질 수 있는 재해는 대응 시나리오를 작성하여야 한다. 특히 사업장을 다수 보유한 기업체라면 사업장의 특성을 반영하여 대응 시나리오를 별도로 작성하는 것이 좋다.

표 2.68 대응·조치 매뉴얼 작성

단계	내용	담당
중대 산업 재해 발생	• 발생 즉시 해당 작업 중지 • 최초 발견자는 재해발생 장소 및 환자상태를 관리감독자에 즉시 연락 ※ 비상연락망 갱신·공유 및 숙지 후 신속 연락 • 인명피해, 화재 등의 발생시 119 또는 112 등에 즉시 신고	최초 발견자
⇩		
응급 조치	• 지혈장비 또는 구급키트를 이용하여 환자의 상태에 따라 응급조치 실시 • 피해자 상태가 중할 경우 119 지시에 따른 응급조치 실시	최초 발견자 관리 감독자
⇩		
사고 현장 처리	• 2차재해 등의 발생 우려에 따른 작업 중지 및 작업자 대피 • 조사가 이루어지기 전까지 그대로 현장 보존 • 관계자 외 현장 출입통제	관리 감독자
⇩		
이송	• 재해자 발견 즉시 인근 병원으로 이송 • 119 또는 112에 따른 지시 업무수행 • 재해자 보호자에게 재해자 상황 및 상태 알림	관리 감독자
⇩		
사후 관리	• 보고대상인 경우 관계기관으로 사고발생 보고(고용노동부 등) • 재해자 및 보호자에 대한 보상 및 관리 • 재해발생원인 조사 및 재발방지 대책 수립 • 해당사항 전직원 공유를 통한 경각심 강조 • 사고 원인 및 보완사항에 대한 안전교육 실시 • 교육을 통한 훈련 또는 시뮬레이션 실시 • 작업자 안전보건장비 현행화	관리 감독자 사업주 등

방대한 서류만으로 작성된 매뉴얼은 조치에 방해가 될 수 있다. 오히려 간결한 매뉴얼에 따라 종사자가 내용과 역할을 명확히 알고 있다면 훨씬 더 유용할 것이다.

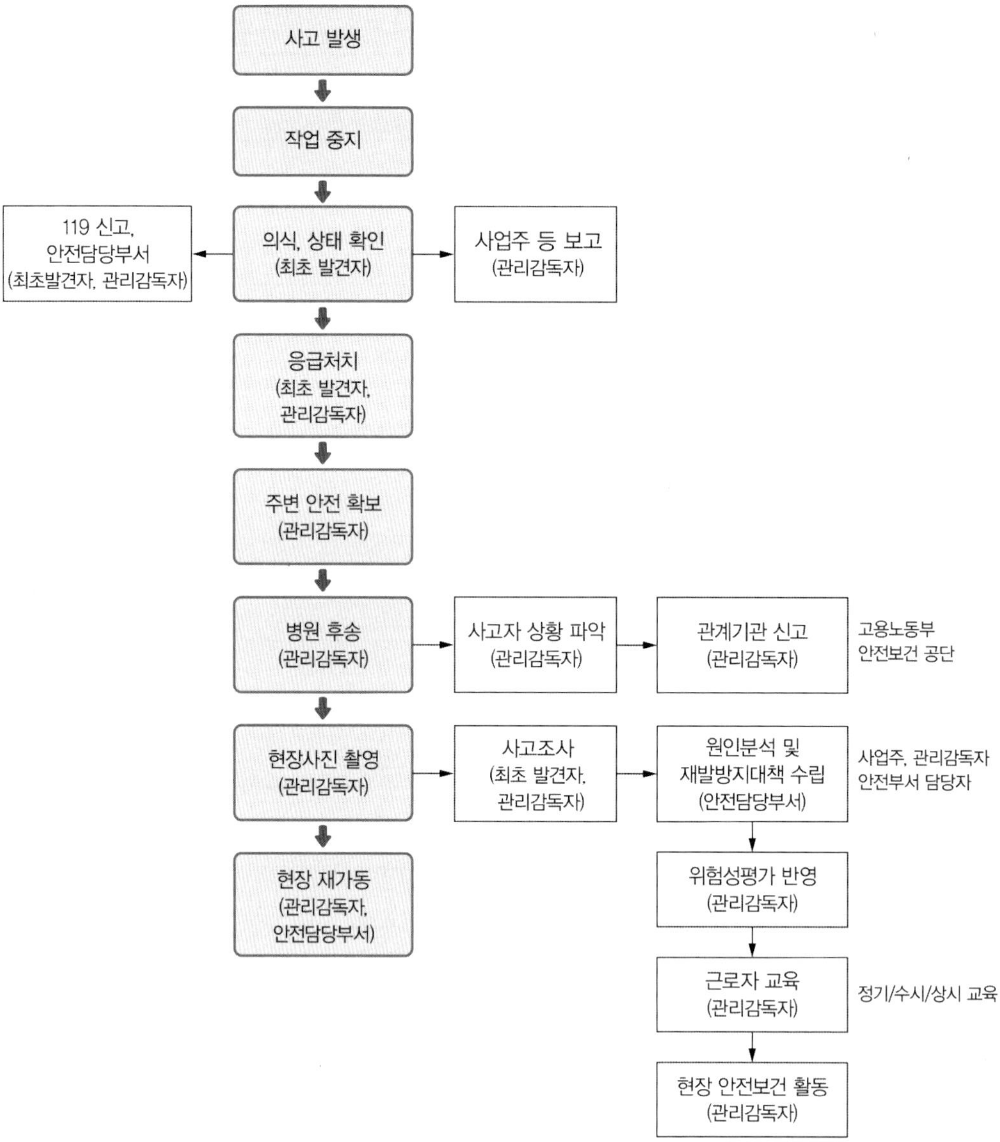

그림 2.9 중대산업재해 발생 시 대응·조치 흐름도 작성

(2) 대응 시나리오에는 단계별로 구체적인 조치계획을 포함

중대재해요인을 파악하고 사업장 단위로 재해발생 시나리오를 작성해야 한다. 이를 위해서는 유해·위험요인을 바탕으로 작성한 대응 매뉴얼(시나리오)에는 단계별로 구체적인 조치계획이 포함되어 있어야 한다.

포함되어야 할 주요 내용은 ① 작업 중지, ② 근로자의 신속한 대피, ③ 위험요인의 제거, ④ 재해자에 대한 구호조치, ⑤ 추가 피해방지를 위한 조치가 포함되어야 한다. 특히 산업재해가 발생할 급박할 위험이 있는 경우에는 산업안전보건법 제51조(사업주의 작업 중지), 제52조(근로자의 작업 중지)에 따라 근로자, 사업주 등 누구든지 작업을 중지하고 대피할 수 있음을 명확하게 반영할 필요가 있다.

시나리오별 조치계획 작성, 급박한 위험 등에 대비한 작업 중지 권한을 명확히 해야 한다.

표 2.69 작업 중지, 근로자 대피, 위험요인 제거 등 대응조치 주요내용

구분	행동 및 조치절차 (사업주 지위)
작업 중지 및 대피	• 중대산업재해가 발생한 경우 해당 작업을 중지시키고 종사자를 대피시키는 등 안전 및 보건에 관한 필요 조치를 취해야 하고, 지체 없이 관할 지방고용노동관서에 보고
출입의 통제 및 위험요인 제거	• 2차 재해 우려 시 모든 종사자는 작업장에서 대피 및 출입통제 • 유해·위험요인에 대한 안전확보시 현장조사, 구조 등은 출입 허용 • 현장조사, 구조 등 추가조치 중 2차 재해 등 우려가 있는 경우 종사자는 모든 행위 중지 및 대피 후 관리감독자에게 보고
사고의 보고	• 내부연락체계를 구축하여 중대재해나 중상이 발생한 경우 즉시 최초 보고 • 행정기관에 신고하여야 하는 사고는 절차에 따라 신고
사고의 조사	• 관계행정기관의 조사가 마무리될 때까지 현장 보존 • 사고조사 시 종사자대표의 요청이 있는 경우 입회 • 사고대책본부나 사고조사위원회 별도로 구성 운영
작업 중지 해지	• 작업 중지 해제를 위한 개선조치 실시를 위해 종사자의 의견을 들어야 한다. • 작업 중지 명령 해제신청서를 작성하여 지방고용노동관서의 장에게 제출한 후 근로감독관의 현장 확인을 받아야 한다. • 시행부서의 장은 지방고용노동관서의 작업 중지해제 절차를 따른다.

산업안전보건법 제54조에서는 중대재해 발생 시 사업주의 조치의무를 명확하게 규정하고 있다.

산업안전보건법 제54조(중대재해 발생 시 사업주의 조치)

사업주는 중대재해가 발생하였을 때 산업안전보건법에 따라 즉시 해당 작업을 중지시키고 근로자를 작업장소에서 대피시켜야 하며 지체 없이 발생개요, 피해상황, 조치 및 전망 등을 지방고용노동관서에 보고해야 한다.

예를 들어 작업을 하고 있는 근로자의 신체 일부가 건설현장 리프트와 건물 사이에 협착된 사고가 발생한 경우 대응조치와 매뉴얼 필수포함 사항을 살펴보면 다음과 같다.

① 1단계 : 가장 먼저 사고를 목격한 인근 작업자 등이 해당 리프트의 비상정지 버튼을 눌러 리프트를 정지시켜야 한다. 주변 작업자는 작업을 중지하고 현장 관리감독자에게 무전·전화를 통해 재해 사실을 알리도록 한다. 이때 대응조치와 매뉴얼에 비상정지 버튼의 위치와 작동법, 재해발생 시 보고체계를 필수적으로 포함시켜야 한다.

② 2단계 : 관리감독자는 119 신고, 사업주 보고와 함께 근로자를 대피시키고 재해자의 의식 상태를 확인하며 현장에서 지혈 등 응급조치와 후송조치를 한다. 이때 대응조치와 매뉴얼에 대피경로와 대피장소의 지정, 응급조치 방법 등을 필수적으로 포함시켜야 한다.

③ 3단계 : 재해발생 장소 주변에 추가 위험요인이 없는지 확인하고 출입을 통제하는 등 안전을 확보하여 2차 피해를 방지한다. 이때 대응조치와 매뉴얼에 출입통제 및 안전확보 조치 방법 등을 필수적으로 포함시켜야 한다.

④ 4단계 : 재해자의 상황을 지속적으로 확인하면서 관계기관 등에 재해발생 사실과 내용을 신고한다. 이때 대응조치와 매뉴얼에 지방고용노동관서 등 관계기관 연락처, 보고항목 등을 필수적으로 포함시켜야 한다.

표 2.70 중대산업재해를 입은 사람에 대한 구호 조치

구분	행동 및 조치절차
유관기관 구호요청	• 중대산업재해 특성에 따라 구호·구난 기관(119 구급대, 소방서, 경찰서 등)에 즉시 구호요청을 하고 필요시 기관별 비상연락망 체계를 구축·관리한다.
응급처치	• 사업장 내 각종 재해 및 사고로 인한 응급환자를 즉각적으로 적절한 조치와 보호를 통해 의사의 치료를 용이하게 하여 환자의 생명을 구출할 수 있도록 한다.
재해자 관리	• 재해자의 병원 이송 완료 여부 및 도착시간, 건강상태 등을 확인한다.

표 2.71 중대산업재해 발생 보고서(내부 보고용)

중대산업재해 발생 보고서

문서번호 : 일자 :
수 신 : 발신 :

1. 사업장 개요

사업장명	원청	(대표:)	공사금액	백만원
	하청	(대표:)	공사기간	
현장명	(소재지:)		근로자수	
			발주자	

2. 재해자 인적사항

성명	주민등록번호	직 종	입 사 일	동종경력	재해 정도
					□ 사망 □ 부상 (치료예정기간 개월)

3. 재해발생내용

일시		장소	○ ○ 회 사 ○ ○ 작업장	발생 형태		기인물	

4. 사고 경위(6하 원칙)

5. 조치 및 전망

6. 기타 중요 사항

7. 중대재해 원인 분석표

1) 재해발생의 경위(6하원칙에 의거 작성)

2) 재해발생원인
(1) 사고당시 안전시설 설치 여부 :
(2) 피해자의 보호구 착용 여부 :
(3) 안전작업 미숙 여부 :
(4) 담당기사(관리감독자)의 감독 불충분 여부 :
(5) 타인의 안전작업 미숙 여부 :

3) 피해자에 대한 조치사항

4) 상기 사고에 대한 예방책

5) 상기사고에 대한 책임
(1) 1차 책임자 : 피해자 및 가해자 본인 (서명)
(2) 2차 책임자 : 담당기사 차상위자 (서명)
(3) 3차 책임자 : 현장소장 (서명)

표 2.72 산업재해 발생 시 고용노동부 보고용

산업재해 조사표

※ 뒤쪽의 작성 요령을 읽고, 아래의 각 항목에 적거나 해당항목의 '[ ]'란에 '[√]'표시를 합니다. (앞쪽)

Ⅰ. 사업장 정보	①산재관리번호 (사업개시번호)			사업자등록번호		
	②사업장명			③근로자수		
	④업종			소재지	(-)	
	⑤재해자가 사내 수급인 소속인 경우(건설업 제외)	원도급인 사업장명		⑥재해자가 파견근로자인 경우	파견대표이사 사업장명	
		사업장 산재관리번호 (사업개시번호)			사업장 산재관리번호 (사업개시번호)	
	건설업만 기재	⑦원수급 사업장명		공사현장명		
		⑧원수급 사업장 산재 관리번호(사업개시번호)				
		⑨공사종류		공정률	%	공사금액 백만원

※ 아래 항목은 재해자별로 각각 작성하되, 같은 재해로 재해자가 여러 명이 발생된 경우 별도 서식에 추가로 적습니다.

Ⅱ. 재해 정보	성명		주민등록번호 (외국인 등록번호)		성별	[ ]남 [ ]여
	국적	[ ]내국인 [ ]외국인 [국적: ⑩체류자격:]			⑪직업	
	입사일	년 월 일			⑫같은 종류업무 근속기간	년 월
	⑬고용형태	[ ]상용 [ ]임시 [ ]일용 [ ]무급가족종사자 [ ]자영업자 [ ]그 밖의 사항 [ ]				
	⑭근무형태	[ ]정상 [ ]2교대 [ ]3교대 [ ]4교대 [ ]시간제 [ ]그 밖의 사항 [ ]				
	⑮상해종류(질병명)		상해부위(질병부위)		휴업예상일수	휴업 [ ]일
					사망여부	[ ] 사망

Ⅲ. 재해 발생 개요 및 원인	⑱재해 발생 개요	발생일시	[ ]년 [ ]월 [ ]일 [ ]요일 [ ]시 [ ]분
		어디서	
		누가	
		무엇을	
		어떻게	
		왜	
	재해발생원인		
Ⅳ. 재해 방지 계획			

작성일 년 월 일 작성자 성명 작성자 전화번호

대표이사 (서명 또는 인)

근로자대표(재해자) (서명 또는 인)

고용노동부 **(지)청장** 귀하

재해 분류자 기입란 (사업장에서는 적지 않습니다)	발생형태	□□□	기인물	□□□□□
	작업지역·공정	□□□	작업내용	□□□

210mm×297mm[백상지 80g/㎡(재활용품)]

⑤ 5단계 : 사업주는 해당 작업의 관리감독자와 안전관리자 등과 함께 재해발생 원인을 조사하고 재발방지 대책을 수립한다. 이때 대응조치와 매뉴얼에 재발방지 대책 수립에 관한 내용을 필수적으로 포함시켜야 한다. 이때 재발방지 대책 수립에 관한 내용은 중대재해처벌법 제4조 제1항 제2호(재해 발생 시 재발방지 대책의 수립 및 그 이행에 관한 조치)와 연계하여 작성하여야 한다.

구분	책임	주요 업무내용
비상상황 선정	현장소장 관리감독자 안전관리자	최초/정기/수시/상시 위험성평가 공정별 "상" 등급 위험요인에 대한 비상상황 선정
비상시 대응 절차 수립	현장소장 안전관리자	상황별(비상 모의훈련 시나리오 참조) - Slab con'c 타설 시 붕괴, 시스템 동바리 붕괴 - 시스템 비계 붕괴, 추락/낙하물 사고 발생 - 풍수해, 화재/폭발, 건설장비 전도
비상 모의훈련 (비상조치 사전교육)	현장소장 안전관리자	해당년도 모의훈련 실시 : 2회/년(상반기/하반기) - 모의훈련 결과 보고서 작성/보관
모니터링	현장소장 안전관리자	매주 위험성평가 회의 시 비상조치 관련 내용 Q&A TBM 시 작업반장 및 근로자들에게 비상조치 내용 Q&A
평가	안전관리자	Q&A를 통하여 관리감독자 평가(관리감독자 활동평가 반영)

그림 2.10 비상상황 조치계획 수립 및 대응훈련 업무 흐름 예시

표 2.73 재해 재발방지 계획서

재해 재발방지 계획서

사업장명 : 점검일자 : 년 월 일

재해 개요			
소속		성명	
근로형태		생년월일	
발생일시		발생장소	
산업재해조사표제출일		재해유형	

재해발생 내용

사진	

발생원인

재발방지 계획	
〈단기계획〉	〈장기계획〉

작성자 (담당자)	(서명)	확인자 (현장소장/사업주 등)	(서명)

※ 재해발생 내용은 발생상황을 충분히 파악하여 6하원칙에 의거 작성
※ 발생원인과 방지 계획은 상호대응이 되도록 작성
※ 재발방지 계획은 사업장에서 즉시 개선이 가능한 것은 단기계획으로, 큰 비용이 소요되거나 개선기간이 필요한 사항은 장기계획으로 제시

(3) 작성한 매뉴얼은 종사자 전원과 공유하고 주기적으로 교육·훈련

대응조치, 구호조치 및 추가 피해방지 조치에 관한 매뉴얼은 긴급 상황에서 체계적으로 대응하고 해당 조치에 응할 수 있도록 종사자 전원에게 공유하여야 한다.

또한, 종사자에 대하여 주기적으로 교육·훈련하여 즉각적으로 대응할 수 있도록 하여야 한다. 예를 들어 비상정지 버튼의 위치와 작동법, 관계기관 연락체계 파악, 응급조치 방법 등을 주기적으로 교육하고 훈련할 필요가 있다.

산업안전보건법 제64조에서는 중대재해 발생 시 사업주의 조치의무를 명확하게 규정하고 있으니 준수를 하여야 한다.

◑ 산업안전보건법 제64조(도급에 따른 산업재해예방조치)

도급인은 작업장소에서 발파작업을 하는 경우, 작업장소에서 화재·폭발, 토사·구축물 등의 붕괴 또는 지진 등이 발생한 경우에 대비한 경보체계 운영과 대피방법 등에 관한 훈련을 해야 한다.

재해가 발생할 수 있는 시기, 위치, 공정, 작업내용 등을 검토하고 위험요인별로 발생 가능한 재해 형태(화재, 누출, 끼임, 떨어짐)를 모두 고려하여 교육·훈련을 실시하여야 한다. 설비결함, 운전원 조작 미숙, 비정상 운전상태, 기상상황 등 여러 재해 원인을 가정하여 사망사고로 이어질 수 있는 중대한 위해·위험요인에 대해서는 재해 발생 시나리오를 반드시 작성하고 교육·훈련할 필요가 있다.

추락사고 대응 시나리오 작성 예시를 들면 다음과 같다.

표 2.74 추락사고 대응 시나리오 작성 예시

시간 및 상황	조치사항	담당	비고
00:00~00:01 추락사고 발생/ 환자 발생	• 비계에서 고소작업 중 몸의 균형을 잃고 근로자 추락 • 사내 방송 또는 비상경보로 비상상황을 전파하고 지원 요청		
00:01~00:06 환자 구조	• 동료 근로자 등이 호흡 정지 여부를 확인하고 인공호흡과 심폐소생술 실시 • 출혈이 심하면 지혈하고 쇼크를 막기 위해 담요 등으로 보온 조치		
119 구조대 신고 및 환자 응급조치	• 119 구조대에 추락사고 발생상황 신고 • 골절이 있으면 그 부위를 부목으로 움직이지 못하도록 고정 • 외상이 있으면 소독 및 필요한 연고 약을 상처에 바르고 거즈 또는 붕대로 상처 부위를 보호 • 119 구조대 도착 시 현장으로 안내하고 필요시 지원 • 2차 재해가 발생하지 않도록 현장을 출입 통제하고 표지판을 게시하는 등 필요한 안전조치 실시		
00:06~00:10 상황 보고	• 관계기관 등 상황 보고 "△△현장입니다. 비계에서 고소작업 중 몸의 균형을 잃고 근로자가 추락하는 사고가 발생했습니다. 119 구조대에 구조를 요청하고 현재 직원이 외상 임시 치료 및 심폐소생술 등 필요한 응급조치를 했습니다."		
현장 보존	• 현장 보존 조치 - 사고 현장 주위에 아무도 출입하지 못하도록 울타리를 치고 재해 발생 원인 조사 종료 시까지 현장 보존		
00:10~ 환자 병원 후송	• 119 구조대 도착하여 응급조치 후 병원으로 후송		

표 2.75 질식, 감전재해 대응 시나리오 작성 예시

시간 및 상황	조치사항	담당	비고
00:00~00:01 질식/감전사고 발생/환자 발생	• (질식) 물탱크에서 밀폐공간 작업 중 근로자가 산소결핍으로 질식사고 발생 • (감전) 전기실에서 정전작업 중 제 3자가 전원을 투입하여 작업 중인 근로자가 감전 • 사내 방송 또는 비상경보로 비상상황을 전파하고 지원 요청		
00:01~00:06 환자 구조	• (질식) 동료 근로자 등이 공기호흡기를 착용하고 재해자 구조 • (감전) 동료 직원 등이 전원을 차단하고 재해자 구조 • 호흡 정지 여부를 확인하고 인공호흡과 심폐소생술 실시		
119 구조대 신고 및 환자 응급조치/ 2차 재해방지 조치	• 119 구조대에 질식사고 발생상황 신고 • 119 구조대 도착 시 현장으로 안내하고 필요시 지원 • 2차 재해가 발생하지 않도록 현장을 출입 통제하고 표지판을 게시하는 등 필요한 안전조치 실시		
00:06~00:10 상황 보고	• 관계기관 등 상황 보고 "△△현장입니다. 건설현장 물탱크에서 질식사고가 발생하여 119 구조대에 구조를 요청하고 현재 직원이 심폐소생술 등 필요한 응급조치를 했습니다."		
현장 보존	• 현장 보존 조치 - 사고 현장주위에 아무도 출입하지 못하도록 울타리를 치고 재해 발생 원인 조사 종료 시까지 현장 보존		
00:10~ 환자 병원 후송	• 119 구조대 도착하여 응급조치 후 병원으로 후송		

협착사고 대응 시나리오(처리흐름도)를 예시하면 다음 그림과 같다.

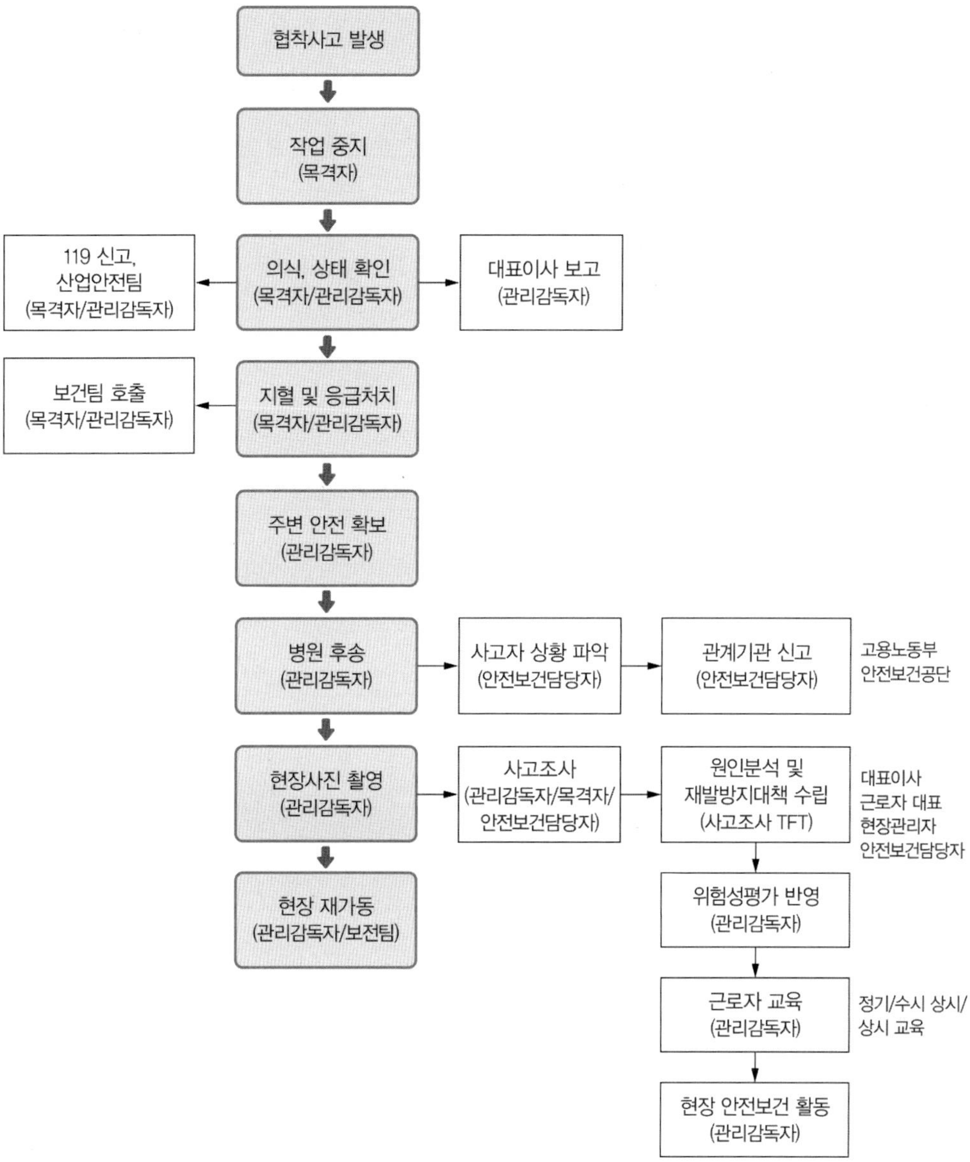

그림 2.11 협착사고 발생 시 대응 시나리오(처리 흐름도)

표 2.76 (추락사고) 대비·대응조치 점검표

(추락사고) 대비·대응조치 점검표

<table>
<tr><th>구분</th><th>단계</th><th>점검내용</th><th>확인</th></tr>
<tr><td rowspan="7">대비
단계</td><td>사전활동</td><td>추락방지 조치 여부
1순위 : 작업발판 설치
2순위 : 추락방호망 설치
3순위 : 안전대 착용 및 걸기</td><td></td></tr>
<tr><td rowspan="5">준비활동</td><td>조명 설치 및 유지 여부</td><td></td></tr>
<tr><td>비계 작업발판 설치기준 점검 여부</td><td></td></tr>
<tr><td>안전난간 설치기준 점검 여부</td><td></td></tr>
<tr><td>추락 방호망 설치기준 점검 여부</td><td></td></tr>
<tr><td>개구부 방호조치 점검 여부</td><td></td></tr>
<tr><td>작업활동</td><td>응급조치 장비 준비상태 점검 여부</td><td></td></tr>
<tr><td rowspan="9">대응
단계</td><td>비상상황</td><td>비상상황임을 인식할 수 있는지 여부
* 작업자 추락
* 작업자가 고소에서 추락 중 안전대에 매달려 있거나 추락방호망에 걸친 상태</td><td></td></tr>
<tr><td>작업중지</td><td>근로자의 작업 중지 가능 여부</td><td></td></tr>
<tr><td>상황전파</td><td>위험상황에 대해 타 근로자에게 전파 가능 여부</td><td></td></tr>
<tr><td>추가피해
방지</td><td>추가 피해방지를 위한 조치계획 수립 여부
(추가적으로 추락 또는 추락방지시설 붕괴 우려 시 보완조치)</td><td></td></tr>
<tr><td>구조</td><td>구조장비(이동식 크레인, 고소작업대 등) 투입 가능 여부</td><td></td></tr>
<tr><td>응급조치</td><td>재해자 상태에 따른 응급조치 계획 수립 여부</td><td></td></tr>
<tr><td>인계</td><td>119, 112로 재해자 인계 및 발생상황 설명 여부</td><td></td></tr>
<tr><td>현장 보존</td><td>작업장 통제, 사진, CCTV 확보 등의 현장보존 계획수립 여부</td><td></td></tr>
<tr><td>조사</td><td>내부조사 계획수립, 외부기관 조사협조 가능 여부</td><td></td></tr>
</table>

표 2.77 중대산업재해 발생 시 대응 매뉴얼 점검표

중대산업재해 발생 시 대응 매뉴얼 점검표

사업장명 :　　　　　　　　　　　　　　　　점검일자 :　　년　월　일

점검자 (담당자)	(서명)	확인자 (현장소장/사업주 등)	(서명)

점검 사항	이행	미이행	개선사항
중대산업재해 발생 즉시 관리감독자(담당자) 보고 및 모든 근로자에게 전파하도록 절차 규정 여부			
중대산업재해 발생 시 작업 중지 및 현장보존 계획이 구체적인지 여부			
관할 고용노동청 및 119 등 관련 기관에 중대산업재해 발생 신고 규정 여부			
중대산업재해 발생 시 사업주를 비롯한 관리감독자 및 근로자 포함 작업 중지 절차화 여부			
중대산업재해 발생 현장에 관계자 외 현장 출입통제 절차 규정 여부			
중대산업재해 발생 시 재해자 및 그 가족의 관리를 위한 구체적 절차 규정 여부			
중대산업재해 발생에 대비한 비상연락망 작성 및 갱신 여부			
중대산업재해 발생 원인을 분석하여 그에 맞는 재발방지 계획서 작성에 대한 규정 여부			
중대산업재해 재발을 예방코자 작업환경을 개선하기 위한 계획이 구체적인지 여부			
중대산업재해 발생 대비 대피 훈련 등의 사전대응 훈련 진행 여부			

※ 점검 후 이행되지 않은 사항 추가조치
※ 반기 1회 이상 점검

표 2.78 비상대비 훈련 관리대장

비상대비 훈련 관리대장				
구분	일시(장소)	참석인원	훈련유형	훈련 내용
1	2024.04.01. 10:00~11:00 (○○○)	○○ 명	추락대응	추락사고 발생에 따른 조치 훈련
2	2024.05.02. 14:00~15:00 (○○○)	○○ 명	질식대응	환자 응급조치 훈련
3				
4				
5				
6				
7				
8				
9				
10				

표 2.79 비상훈련계획서

비상훈련계획서

결재	작성	검토	승인

훈련일시		훈련구분	
훈련장소		대상인원	
훈련목적			
훈련내용			

○ 훈련개요 :

첨부 : 1. 비상사태훈련 시나리오 1부.
2. 직원 비상연락망 1부.

표 2.80 비상훈련 결과 보고서

비상훈련 결과 보고서

<table>
<tr><td rowspan="2">결
재</td><td>작성</td><td>검토</td><td>승인</td></tr>
<tr><td></td><td></td><td></td></tr>
</table>

<table>
<tr><td>훈련명</td><td colspan="2"></td><td>훈련 일시</td><td></td></tr>
<tr><td>훈련장소</td><td colspan="2"></td><td>훈련 주관
부서</td><td></td></tr>
<tr><td>참석인원</td><td colspan="2"></td><td>사용
기자재</td><td></td></tr>
<tr><td>훈련내용</td><td colspan="4"></td></tr>
<tr><td>훈련결과 및
성과강평</td><td colspan="4"></td></tr>
<tr><td rowspan="2">문제점 및
시나리오 등
개선사항</td><td colspan="2">문제점</td><td colspan="2">개선사항</td></tr>
<tr><td colspan="2"></td><td colspan="2"></td></tr>
<tr><td>차기계획</td><td colspan="2"></td><td colspan="2"></td></tr>
</table>

첨부 : 1. 사후처리상황 1부
2. 훈련사진 1부

(4) 추가 피해방지를 위한 조치에는 재해 발생 사실 공유, 발생 원인분석 및 재발방지 대책을 포함

추가 피해방지를 위한 조치에는 재해 발생 사실의 공유, 발생 원인분석 및 재발방지 대책을 포함하여야 한다. 재해 발생 사실과 조사내용은 소속 직원뿐만 아니라 도급·용역·위탁업체 등에도 알리고 교육하도록 조치할 필요가 있다.

표 2.81 추가 피해방지를 위한 조치

구분	행동 및 조치절차
사고 원인 조사	• 근본적 원인을 조사하고 대책을 수립하여 동종사고 재발방지와 사고 예방을 할 수 있어야 한다. • 현장에 남아있는 증거가 될 만한 것은 모두 수집하고 사고 당시의 종사자 및 운전원, 목격자들로부터 사고 상황에 대한 정보를 입수한다.
재발방지 대책수립	• 재해발생시 재발방지 대책의 수립 및 이행에 관한 조치 계획수립
외부 전문가 컨설팅	• 실효성 있는 재발방지대책 수립을 위해 필요한 경우에는 안전분야 외부 전문가 자문 시행
수시 위험성평가	• 중대산업재해가 발생한 작업을 재개하기 전에 수시 위험성평가 실시 - 내부직원이 중대산업재해를 입은 경우 - 수급업체의 종사자가 중대산업재해를 입은 경우

(5) 응급구조대, 응급기관과 일상적으로 접촉하는 직원을 사전에 지정

고위험 또는 복잡한 위해·위험요인을 가진 사업장의 경우 경영책임자 등은 응급구조대, 응급기관과 일상적으로 접촉하는 직원을 사전에 지정해 놓는 것이 좋다. 또한 비상상황시 응급구조대 및 응급기관이 적절한 조치를 취할 수 있도록 사업장에 대한 정보를 사전에 충분히 제공해야 한다.

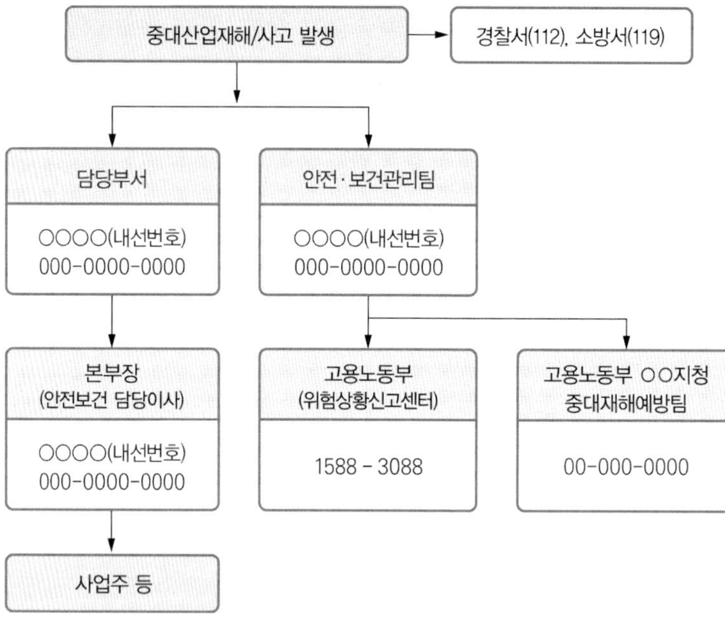

※ 주요 연락처

구분	부서(기관) 명	전화번호
사내	경비실	000 - 0000 - 0000 (내선 0000)
	안전·보건 담당부서	000 - 0000 - 0000 (내선 0000)
	본부장실	000 - 0000 - 0000 (내선 0000)
사외	○○ 구청 재해담당과	00 - 000 - 0000
	고용노동부○○지청	00 - 000 - 0000
	○○ 지구대	00 - 000 - 0000
	○○ 119안전센터	00 - 000 - 0000

그림 2.12 사업장 비상연락망

(6) 비상조치계획(매뉴얼) 이행·검증과 주기적 반복 개선

비상조치계획(매뉴얼)을 이행하여 검증하고 주기적으로 반복해서 개선하여야 한다.

(7) 매뉴얼에 따라 조치하는지를 여부를 반기 1회 이상 점검

사업장별로 작성된 재해 발생 시나리오는 최소 반기 1회 이상 점검하여야 하고 경영책임자 등은 매뉴얼에 따라 조치하는지를 반기 1회 이상 점검해야 한다. 점검결과 개선사항에 대해서는 즉시 필요한 조치를 해야 한다.

8.5 고용노동부 질의회시

(1) 중대재해처벌법 시행령 제4조 제8호에 따른 점검 이행방법

중대재해처벌법 시행령 제4조 제8호의 해당 매뉴얼에 따라 조치하는지를 점검하도록 규정하고 있다. 실제 위험한 상황이 발생하지 않은 경우 가상 상황을 구성하여 모의훈련을 실시한 경우만 조치한 것에 해당하는지 아니면 해당 매뉴얼에 대한 직원교육 등도 조치한 것에 해당하는지 여부가 궁금할 것이다.

고용노동부 질의회시(중대산업재해감독과 - 4369, 2022.11.7.)에 따르면 "중대재해처벌법 시행령 제4조 제8호 각목에 대한 조치의 구체적인 방법 등의 내용은 사업 또는 사업장 규모와 특성 등에 해당 의무가 실질적으로 이행될 수 있도록 사업 또는 사업장에서 자율로 정하여 운영할 수 있다"라는 입장이다.

가상 상황을 구성하여 모의훈련을 실시하거나 직원교육을 실시하는 등 다양한 방법을 매뉴얼로 마련하는 것은 가능하다. 이때 해당 매뉴얼에 따라 조치하는지 여부를 반기 1회 이상 점검하여야 한다.

형식적으로 조치·점검하는 것이 아니라 해당 의무가 중대산업재해가 발생하거나 발생할 급박한 위험이 있을 경우를 대비하여 실질적으로 재해예방 조치가 이행될 수 있도록 운영하여야 한다.

(2) 건설업, 제조업 외에 일반사무직 등의 경우도 매뉴얼을 만들고 반기 1회 이상 점검해야 하는지 여부

건설업, 제조업 등 위험성이 높은 업종을 제외한 일반사무직 등의 경우에도 중대재해처벌법 시행령 제4조 제8호에 따라 중대산업재해가 발생할 급박한 위험을 대비하여 매뉴얼을 만들고 반기 1회 이상 점검하여야 하는지 여부가 궁금할 것이다.

고용노동부 질의회시(중대산업재해감독과 - 2171, 2022.6.9.)에 따르면 "사업 또는 사업장의 규모나 업종, 유해 위험도에 따라 의무를 달리 규정하고 있지 않으므로 상시 근로자 5명 이상인 모든 사업 또는 사업장의 개인 사업주 및 법인 또는 기관의 경영책임자는 해당 의무를 이행하도록 하고 있다. 다만, 사업 또는 사업장의 규모나 특성에 맞게 중대산업재해가 발생하거나 발생할 급박한 위험이 있을 경우를 대비하여 작업 중지, 근로자 대피 등의 조치에 관한 매뉴얼을 마련해야 한다"라는 입장이다.

(3) 비상 매뉴얼에 있는 모든 훈련을 반기 1회 실시하여야 하는지 여부

중대재해처벌법 시행령 제4조 제8호의 비상 매뉴얼에 각 유형별 시나리오(예 : 지진, 화재, 풍수해, 독성가스 누출, 가연성 가스 누출, 화학물질 누출, 상해사고 등)에 대한 여러 훈련을 진행하도록 한 상황에서 모든 훈련을 반기 1회 이상 실시하여야 하는지 아니면 이 중 일부만 선택하여 진행하여도 되는지 여부가 궁금할 것이다.

고용노동부 질의회시(중대산업재해감독과 - 3334, 2022.8.2.)에 따르면 "매뉴얼 상 훈련을 예정하고 있는 경우 해당 훈련을 어떻게 실시할지는 사업 또는 사업장에서 자율적으로 정하여 운영할 수 있으며 반드시 모든 훈련을 반기 1회마다 실시하는 것은 아니니다"라는 입장이다.

작성한 매뉴얼에 시행령 제4조 제8호 각 목의 내용에 대한 조치의 구체적인 방법 등은 사업장 규모 및 특성 등에 따라 해당 의무가 실질적으로 이행될 수 있도록 사업 또는 사업장에서 자율로 정하여 운영할 수 있다.

8.6 유의사항

구분	유의사항
시나리오별 대응 매뉴얼	1. 비상 시나리오 및 대응 매뉴얼 • 위험요인별로 어떠한 재해가 발생할 수 있는지를 검토 • 사망사고로 이어질 수 있는 재해 대응 시나리오 작성 • 재해 발생 시나리오별 조치계획을 작성하여 관계 부서, 공정, 유해·위험물질, 재해유형, 원인, 피해범위 등을 목록화하여 관리 • 비상조치계획에 필요한 인력 및 시설·장비(인적·물적 자원)를 적절히 포함 • 비상조치계획에 상황보고 및 전파체계, 조치별 대응조직 및 담당자의 역할을 적절히 구분 • 비상상황 대비한 병원, 소방서 등 유관기관과 협조체계 마련 2. 대응 매뉴얼에는 필수적으로 단계별 조치계획 포함 ① 작업 중지 • 산업재해가 발생할 급박할 위험이 있는 경우 근로자, 사업주 등 누구든지 작업을 중지하고 대피할 수 있음을 명확히 반영 필요 • 불이익 조치금지 반영 • 적극적인 의견 개진 내용 포함 ② 근로자의 신속한 대피 ③ 위험요인의 제거 ④ 재해자에 대한 구호조치 ⑤ 추가 피해방지를 위한 조치 • 재해 발생 사실의 공유, 발생 원인분석 및 재발방지 대책 포함 • 추가 피해방지를 위해 현장 출입통제

	⑥ 기타 • 노동관서 보고 등 • 재해발생 장소에 대한 급박한 위험 여부 확인 및 안전·보건에 대한 조치 후 작업 재개 가능 여부 • 비상연락체계 및 기본적 응급조치 방안 • 유사사업장 정보공유 • 원인분석 및 재발방지대책 수립에 대한 사항 3. 사고 요인별, 작업별 대응매뉴얼 작성 • 추락사고, 협착 사고, 질식·감전재해 대응 시나리오 • 종사자 이해 쉽도록 간결하게 작성 • 시간 및 상황, 조치사항, 담당, 비고 4. 사고 발생개요 양식 작성(고용노동부 보고용) • 발생개요, 피해상황, 조치 및 전망, 사진
대응 매뉴얼 정보 공유	1. 작성한 매뉴얼의 종사자 전원과 공유 • 온라인, 작업장 내 게시 • 소속 직원+도급·용역·위탁업체 등 포함
교육 훈련	1. 주기적으로 교육·훈련 • 비상정지 버튼 위치와 작동법, 관계기관 연락체계 파악, 응급조치 방법 등을 주기적으로 교육·훈련 • 비상시 즉각 탈출할 수 있는 비상구를 충분히 마련하고 즉각 알아볼 수 있는 형태로 표시 • 다양한 재해발생 시나리오에 대하여 훈련을 주기적으로 실시하고 적정성 검토 • 소속 직원 + 도급·용역·위탁업체 등 포함 • 훈련과정에서 발견된 문제점을 검토하여 비상조치계획을 개선 2. 비상조치 대응 훈련계획서 3. 비상조치 대응 훈련실시 결과 보고서
유관 기관과 비상 연락망	1. 유관기관 비상연락망 작성 • 응급구조대, 응급기관, 고용노동부, 안전보건공단 2. 담당자 지정 및 평소 유대관계 형성 • 일상적으로 접촉하는 직원 사전 지정 3. 유관기관에 사업장 정보 사전 제공 • 현황, 유해·위험 정보
이행 여부 점검	1. 반기 1회 이상 이행 여부 점검 • 필요한 개선방안 마련 • 개선방안 이행 여부 점검 • 추가적인 조치 필요한 경우 조치 실행

8.7 중대산업재해 발생 대비 매뉴얼 제정 및 조치 여부 점검 의무사항 이행점검표

중대산업재해 발생 대비 매뉴얼 제정 및 조치 여부 점검표

○ 점검일 :

○ 부서명 :

○ 점검자 : (인)

□ 점검 주요 내용

구분	주요 내용	비고(관련근거)
1. 관련근거	1. 중대재해처벌법 시행령 제4조 제8호(중대산업재해가 발생하거나 발생할 급박한 위험이 있을 경우를 대비하여 매뉴얼을 마련하고 운영) 2. 산업안전보건법 제51조(사업주의 작업 중지), 제52조(근로자의 작업 중지)	중대재해 해설서 준용 점검 및 관리
2. 법의 의의	1. 사업장의 중대산업재해 발생대비 매뉴얼 운영 가. 사업장 내 급박한 위험이 있는 경우 작업 중지, 대피, 보고, 위험요인 제거 등 대응절차 수립 및 이행 나. 중대산업재해 발생 시 구호조치, 추가 피해방지 조치 등 절차 수립 및 이행	매뉴얼 운영
3. 중대산업재해 발생 대비 대응 절차 수립 및 이행 여부 설정 기준	1. 중대산업재해 발생 시 대응절차 수립 및 이행 여부 설정 기준 가. 작업 중지, 근로자 대피, 위험요인 제거 등 대응조치 나. 중대산업재해를 입은 사람에 대한 구호조치 다. 추가 피해방지를 위한 조치	대응절차 수립 및 이행 여부 설정기준
4. 대응 조치, 구호 조치, 추가피해 방지를 위한 조치 이행시 고려사항	1. 공통사항 가. 작업 중지, 근로자 대피, 위험요인 제거 등 대응조치, 중대산업재해 발생 시 구호조치, 추가피해 방지조치 및 발생보고 등 지침의 운영 여부 나. 구체적인 시나리오(추락, 질식, 화재, 감전, 협착 등) 발굴 및 교육훈련 이행 다. 비상사태 모의훈련 실시 및 훈련 후 피드백 결과 확인 라. 대응조치, 구호조치, 추가 피해방지 조치가 이행되었는지 반기 1회 이상 점검 마. 중대산업재해 발생보고 현황 2. 대응조치 이행시 고려사항 가. 근로자가 작업 중지를 요청한 경우 안전에 관하여 필요한 조치 실시 확인	

구분	주요 내용	비고(관련근거)
	나. 요청내용과 조치결과를 기록하고 보존 실적 확인 다. 작업 중지를 요청한 근로자와 근로자가 소속된 수급인에게 불리한 처우 여부 확인 라. 근로자가 안전한 장소로 대피했는지 확인 마. 위험요인들을 제거하거나 최소화하기 위한 위험관리대책 지시 확인 3. 구호조치 이행시 고려사항 가. 비상대응 시설·장비(소화기, 방독면, 구급함 등) 관리의 이행 여부 나. 사업장별 병원 지정 및 연락체계 수립 여부 확인(게시물 등) 다. 구급함 등을 이용하여 적절한 응급조치 실시(응급처치방법을 정확히 모를 경우 상태를 관찰하며 119 구급대 등 전문가 도착까지 대기) 4. 추가 피해방지 조치 이행시 고려사항 가. 비상시 피해 최소화 및 확산방지를 위한 대응지침 운영 여부 나. 재해 등의 원인조사 지침 보유 및 운영 여부 다. 산업재해 발생 시 재해조사 보고서 작성 여부, 방법, 조사팀 구성, 재발방지 대책의 이행 여부 라. 재해발생 작업에 대한 수시 위험성평가의 시행 여부 및 안전작업 절차의 보완 또는 제정 여부	

□ 중대산업재해 발생 대비 매뉴얼 제정 및 조치여부 점검표

<table>
<tr><th>구분</th><th>관련 근거(산업안전보건법, 사규 등)</th><th>추진실적 문서화</th><th>점검결과</th><th>비고</th></tr>
<tr><td>1.
작업 중지
요청제
운영 실적</td><td>1. 산업안전보건법 제51조, 제52조
- 사업주의 작업 중지, 근로자의 작업 중지
2. 중대재해처벌법 시행령 제4조 제8호 가목 (작업 중지 등 대응조치)
3. 안전보건관리규정
4. 작업 중지 요청제(Safe- Helper) 운영 계획</td><td>1. 반기별 작업 중지 요청서
- 운영실적 결과보고(문서 번호)</td><td></td><td>모든
사업장</td></tr>
<tr><td rowspan="2">2.
재해자
구호조치
훈련시행</td><td>1. 산업안전보건법 제64조(산업재해예방조치)
2. 중대재해처벌법 시행령 제4조 제8호 나목 (구호조치)
3. 안전보건관리규정</td><td>• 재해자 구호조치 훈련 계획 수립, 결과보고
• 계획수립 시 산업재해 유형별 연락체계 게시 등 포함
• 반기별 1건 이상 훈련</td><td></td><td>모든
사업장</td></tr>
<tr><td colspan="4">① 밀폐공간 작업 시 구조
② 화재 발생 시 구조
③ 감전 사고발생 시 구조
④ 협착 사고발생 시 구조훈련 등
※ 부서 특성에 맞는 상황별 시나리오 작성</td></tr>
</table>

<table>
<tr><th>구분</th><th>관련 근거(산업안전보건법, 사규 등)</th><th>추진실적 문서화</th><th>점검결과</th><th>비고</th></tr>
<tr><td rowspan="2">3.
재해
발생시
재발 방지
대책 수립
및 이행</td><td>1. 산업안전보건법 제64조(산업재해예방조치)
2. 중대재해처벌법 시행령 제4조 제8호 다목 (추가피해 방지조치)
3. 안전보건관리규정</td><td>• 산업재해조사표 제출
• 재발방지대책 수립 및 조치 결과 등 제출</td><td></td><td>재해
발생
사업장</td></tr>
<tr><td colspan="4">① 산업재해 보고 : 재해발생 사업장 → 본사 안전담당부서
※ 재해발생시 산업재해조사표를 1개월 이내에 작성 및 제출하여야 한다(고용노동부).
② 시간, 장소, 경중 불문하고 사건·사고 발생(인지) 즉시 SNS 재난 대응방(카카오톡)에 공유
※ 회사 자체 재난사고 초기대응 매뉴얼(지침서)</td></tr>
</table>

□ 중대산업재해 예방대응 매뉴얼 수립 및 조치

연번	주요내용	수립여부	조치내용	점검결과	비고
1	중대산업재해 예방 업무 매뉴얼 공유 및 주요내용 숙지	교육완료	중대산업재해 예방대응 교육실시		

9 도급, 용역, 위탁 시 산재예방 조치 능력 및 기술에 관한 평가기준·절차 및 관리비용, 업무수행기관 관련 기준 마련·이행 여부 점검

9.1 관련 조문

중대재해처벌법 시행령 제4조(안전보건관리체계의 구축 및 이행 조치) 제9호에서는 제 3자에게 업무의 도급, 용역, 위탁 등을 하는 경우는 종사자의 안전·보건을 확보하기 위해 기준과 절차를 마련하고, 그 기준과 절차에 따라 도급, 용역, 위탁 등이 이루어지는지를 반기 1회 이상 점검하도록 규정하고 있다.

시행령 제4조(안전보건관리체계의 구축 및 이행 조치) 제9호

9. 제 3자에게 업무의 도급, 용역, 위탁 등을 하는 경우는 종사자의 안전·보건을 확보하기 위해 다음 각 목의 기준과 절차를 마련하고, 그 기준과 절차에 따라 도급, 용역, 위탁 등이 이루어지는지를 반기 1회 이상 점검할 것
   가. 도급, 용역, 위탁 등을 받는 자의 산업재해예방을 위한 조치 능력과 기술에 관한 평가기준·절차
   나. 도급, 용역, 위탁 등을 받는 자의 안전·보건을 위한 관리비용에 관한 기준
   다. 건설업 및 조선업의 경우 도급, 용역, 위탁 등을 받는 자의 안전·보건을 위한 공사기간 또는 건조기간에 관한 기준

9.2 조문의 취지

이 조문은 도급·위탁·용역 등 업체를 선정할 경우는 반드시 안전보건 역량을 갖춘 업체를 선정토록 하기 위해 마련된 조문이다. 안전보건관리비용과 충분한 작업 기간 등을 보장할 때 종사자의 안전을 확보할 수 있다.

사업주 또는 경영책임자 등은 제 3자에게 업무의 도급, 용역, 위탁 등을 하는 경우는 종사자 안전·보건을 확보하기 위한 노력을 기울여야 한다.

도급·위탁·용역 등 외부 인력은 수시로 작업장소가 변하고 작업하는 사업장의 유해·위험

요인에 대한 정보가 부족하여 재해에 쉽게 노출될 가능성이 크다.

사고발생이 잦은 소규모 공사일수록 이러한 조치를 소홀히 하여 사고 위험이 크기 때문에 안전보건 역량을 갖춘 업체 선정은 매우 중요하다.

표 2.82 제 3자 도급·용역·위탁 시 종사자 안전·보건 확보 기준의 종류 및 내용

구분	업무 내용
산업재해예방을 위한 조치 능력과 기술에 관한 평가기준절차	• 안전·보건 수준을 평가하고 결과가 낙찰 과정에서 충분히 반영할 수 있도록 다음과 같은 항목 포함 - 수급인의 안전·보건 확보를 위한 안전보건관리체계 구축 여부 - 안전보건관리규정, 작업절차 준수, 안전보건교육실시 여부 - 산업안전보건법 준수 여부, 중대산업재해 발생 여부 - 도급받은 업무와 관련된 안전·보건조치 능력과 기술 역량
안전·보건을 위한 관리비용에 관한 기준	• 안전·보건 확보를 위한 금액으로 정하되 총 금액이 아닌 항목별로 다음에 대한 구체적인 기준 마련 - 수급인이 사용하는 시설, 설비, 장비 등에 대한 안전조치 - 안전보건조치에 필요한 비용, 종사자의 개인 보호구 등
안전·보건을 위한 공사기간 또는 건조기간에 관한 기준	• 수급인 종사자가 안전하게 작업할 수 있는 기간을 고려한 계약기간 • 비용절감 등을 목적으로 공사기간을 정해서는 안 되며 기상상황, 중대재해가 발생할 급박한 위험상황 등 돌발사태 등을 충분히 고려 • 공사기간 = 준비기간 + 비 작업 일수(기후상황) + 작업 일수(순 작업) + 정리기간 - 준비기간 : 설계도서 검토, 측량, 현장사무소 개설 등 착공준비 기간 - 비 작업 일수 : 법정 공휴일 수 + 기상조건으로 인한 비작업 일수 - 중복일수 - 작업일수 : 실적자료, 경험치, 동종 사례, 표준품셈 활용하여 산출 - 정리기간 : 준공 전 1개월의 범위에서 청소, 정리기간

9.3 실행전략

① 산업재해예방 능력을 갖춘 사업주 선정

② 안전보건관리체계 구축·운영 시 사업장 내 모든 구성원이 보호받을 수 있도록 함

③ 제 3자에게 도급·용역·위탁 시 안전·보건확보 기준·절차 마련 시 포함사항

㉠ 산업재해예방 조치능력과 기술에 관한 평가기준·절차

㉡ 안전·보건을 위한 관리비용에 관한 기준

㉢ 건설업의 경우 안전·보건을 위한 공사기간 또는 건조기간에 관한 기준과 절차

9.4 실행방법

(1) 관련 법상 금지 또는 승인 대상인지 여부 검토

도급·용역·위탁 등을 통해 수행하려는 업무가 관련 법상 금지 또는 승인 대상인지를 검토해야 한다. 산업안전보건법에서는 위험의 외주화 방지를 위한 조치로 도급금지 작업(제58조), 도급승인(제59조) 및 도급의 승인 시 하도급 금지(제60조) 등을 규정하고 있다.

(2) 산재예방 능력이 있는 도급·용역·위탁업체 선정을 위한 도급·용역·위탁업체 선정기준과 절차 마련 및 평가

산재예방 능력이 있는 도급·용역·위탁업체를 선정하는 것은 매우 중요하다. 그러기 위해서는 도급·용역·위탁업체의 산업재해 예방을 위한 조치 능력과 기술에 관한 평가기준과 절차를 마련해야 한다. 안전보건 확보가 어려운 경우에는 그 업체와 계약하지 않는 것이 좋다.

도급 등 계약서에 안전보건관리규정의 제출, 표준작업계획, 작업허가제 등 작업절차 준수, 정기 순회점검 및 작업 전 안전미팅 실시, 비상훈련 참여 등 사업장의 안전보건확보에 필요한 조건을 명시하는 것도 좋은 방법이다. 도급·용역·위탁업체 안전보건 수준 평가 예시는 다음과 같다.

표 2.83 도급·용역·위탁업체 안전보건 수준 평가 예시 1

평가항목	평가기준	배점	점수
I. 안전보건관리체계	도급·용역·위탁받는 자의 안전보건관리 체계구축 수준	40	
1) 리더십	- 경영방침, 인력·시설·장비 등 자원 배정의 적정성 등	10	
2) 근로자 참여	- 종사자 의견수렴 절차 및 이행 적정성	10	
3) 위험요인 파악 및 제거·대체·통제	- 위험요인 파악과 개선절차 및 수준의 적정성	10	
4) 비상조치계획	- 비상조치계획 적정성	10	
II. 도급·용역·위탁 안전보건 관리계획	도급·용역·위탁받는 업무에 대한 안전보건관리계획 적정성	60	
1) 위험요인 파악 및 제거·대체·통제	- 도급·용역·위탁받는 업무에 대한 위험요인 파악, 제거·대체 및 통제 방법의 적정성(위험성평가 및 대책의 적정성)	15	
2) 자원 배정(시설·장비)	- 도급·용역·위탁받는 업무의 위험요인 관리에 적합한 시설·장비 배정 및 운영 - 사용 기계·기구와 설비의 종류 및 관리계획	15	
3) 자원 배정(인력)	- 도급·용역·위탁받는 업무의 위험요인 관리에 적합한 인력 배정 및 운영 - 도급·용역·위탁받는 업무 관련 실적, 작업자 이력·자격·경력 현황	15	
4) 비상조치계획	- 도급·용역·위탁받는 업무 시 발생 가능한 비상상황과 대처에 적합한 비상조치계획	15	

표 2.84 도급·용역·위탁업체 안전보건 수준 평가기준 예시 2

적격 수급업체 선정 평가표

결재	작성	검토	승인

○ 사업장명 :

구분	배점	득점
합계	100	
A. 안전보건관리체계	20	
B. 실행수준	40	
C. 운영관리	20	
D. 재해발생 수준	20	

○ 평가항목 및 기준

평가항목	평가 기준	배점	득점
A. 안전보건관리체계		20	
1. 일반원칙	수급인의 안전보건방침 적정 여부	5	
2. 계획수립	산업재해예방 활동에 대한 수급인의 이행계획 적정 여부	10	
3. 역할 및 책임	이행계획 추진을 위한 구성원의 역할 분담(본사, 현장)	5	
B. 실행수준		40	
4. 위험성평가	도급작업의 위험성평가 결과에 대한 이해수준 및 자체 유해·위험요인 평가수준	5	
5. 안전점검	안전점검 및 모니터링(보호구 착용확인 포함)	10	
6. 이행확인	안전조치 이행 여부 확인(도급업체의 지도·조언에 대한 이행 포함)	10	
7. 교육 및 기록	안전보건교육 계획 및 기록관리	5	
8. 안전작업허가	유해·위험작업에 대한 안전작업허가 이행수준	10	
C. 운영관리		20	
9. 신호 및 연락체계	도급·수급업체 간 신호 및 연락체계	5	
10. 위험물질 및 설비	유해·위험 물질 및 취급 기계·기구·설비의 안전성 확인	10	
11. 비상대책	비상시 대피 및 피해 최소화 대책(고용부, 소방서, 병원 포함)	5	
D. 재해발생 수준		20	
12. 산업재해 현황	최근 3년간 산업재해발생 현황	20	

○ 평가항목별 세부 평가기준

(1) 일반원칙

구분	득점	도급·수급인의 안전보건방침 적정 여부
우수	5	• 도급사업주의 안전보건방침에 따라 적정하게 수립 • 수급사업주의 안전보건방침이 수급업체의 규모와 특성에 적합함 • 안전보건방침에는 안전보건을 확보하기 위한 지속적인 개선 및 실행의지 포함
보통	3	• 안전보건방침의 상호 어긋남이 없으나 수급 사업주의 방침 일부 내용이 누락되거나 구체적이지 않음
미흡	1	• 안전보건방침이 상호 어긋나거나 또는 방침이 없거나 또는 내용이 상당 부분이 결여됨

(2) 계획수립

구분	득점	산업재해예방 활동에 대한 수급인의 이행계획 적정 여부
우수	10	• 산재예방활동에 따른 수급업체의 이행계획에는 도급업체의 활동에 부합하는 목표와 측정 가능한 성과지표가 수립됨 • 이행계획에는 관련법규의 요구사항을 반영하고 인적·물적 투입범위를 포함
보통	5	• 도급업체 활동에 대한 이행계획이 수립되었으나 일부 내용 누락 또는 구체적이지 않음
미흡	1	• 이행계획의 상당 부분이 결여되거나 법적 요구사항을 충족하지 못함

(3) 역할 및 책임

구분	득점	이행계획 추진을 위한 구성원의 역할 분담(본사, 현장)
우수	5	• 이행계획의 효율적 추진을 위한 수급업체 안전보건조직의 구성, 역할, 책임 및 권한 명시(하청업체의 본사 및 현장별 구분) • 유해·위험작업을 수행하는 구성원은 업무수행에 필요한 자격과 능력을 가지고 있고 교육·훈련을 통하여 자격과 능력을 유지
보통	3	• 수급업체의 안전보건조직은 구성되었으나 조직구성원의 역할, 책임과 권한의 일부 내용이 누락되거나 구체적이지 않음
미흡	1	• 안전보건조직이 구성되지 않거나 조직구성원 역할, 책임과 권한 내용의 상당 부분이 미흡

(4) 위험성평가

구분	득점	도급작업의 위험성평가 결과에 대한 이해수준 및 자체 유해·위험요인 평가수준
우수	5	• 도급작업의 위험기계·기구, 유해위험물질 및 위험작업에 대한 아차사고를 포함한 재해사례를 숙지하고 유해·위험요인에 대한 자체 위험성평가 실시 • 수급업체 규모 및 위험작업 특성을 고려, 적절한 위험성평가기법으로 절차에 따라 실시
보통	3	• 도급작업에 사용되는 설비, 물질 및 작업특성에 대한 유해·위험요인 파악이 일부 누락되거나 자체 위험성평가 결과가 구체적이지 않음
미흡	1	• 도급작업의 유해·위험요인 파악이 상당부분 누락되거나 자체 위험성평가 절차 또는 결과가 없음

(5) 안전점검

구분	득점	안전점검 및 모니터링(보호구 착용확인 포함)
우수	10	• 도급작업의 화재·폭발, 질식·중독, 붕괴등 대형사고 예방을 위한 작업 전·중·후 필수 안전점검 항목을 숙지함 • 안전보건 이행계획별 목표가 달성되고 있는지를 주기적으로 측정함 • 작업개시 전 공정별로 적절한 보호구의 지급과 착용확인이 절차에 따라 운영됨
보통	5	• 안전점검 및 모니터링이 상기 내용의 상당부분을 만족하나 안전점검 항목이 일부 누락되거나 구체적이지 않음
미흡	1	• 작업 중 또는 작업 후 안전점검 계획이 없거나 점검항목이 상당부분 누락됨

(6) 이행확인

구분	득점	점검결과 개선사항에 대한 안전조치 이행 여부 확인절차 (도급업체의 지도조언에 대한 이행 및 확인 포함)
우수	10	• 도급업체의 안전보건 지도조언에 대한 개선 및 확인절차가 수립되어 이행 • 안전점검 및 모니터링으로 도출된 유해·위험요인에 대한 안전조치 개선방안이 수립되고 작업개시 전 안전조치 개선완료 확인 및 이행 • 개선사항에 대한 추가 위험성평가 실시 및 해당 작업자에게 결과 주지함
보통	5	• 이행확인절차가 상기 내용의 상당 부분을 만족하나 작업 중지 및 추가 위험성평가 등이 일부 누락되거나 구체적이지 않음
미흡	1	• 안전조치 개선방안이 미수립 되거나 안전조치 이행 여부 확인이 불분명하는 등 상기 내용의 요건이 상당 부분 누락됨

(7) 교육 및 기록

구분	득점	안전보건교육 계획 및 기록관리
우수	5	• 안전보건교육 종류별로 교육내용, 시기, 대상자, 장소, 성과지표 등을 포함하여 계획 수립 • 안전보건교육계획 대비 이수자 현황 및 성과분석 등 교육결과 기록
보통	3	• 법정 안전보건교육 요구사항을 준수
미흡	1	• 법정 안전보건교육 요구사항을 일부 충족하지 못함

(8) 안전작업허가

구분	득점	유해·위험작업에 대한 안전작업허가 및 관리자 배치계획
우수	10	• 안전작업허가 대상의 종류와 허가절차에 대한 이행계획이 수립됨 • 안전작업허가서 작성자, 검토자 등이 지정되고 역할이 부여됨 • 안전작업허가 절차, 허가서의 기록, 경유 및 보관에 대한 계획이 수립
보통	5	• 도급업체의 안전작업허가 대상인 유해·위험작업의 종류와 허가 절차를 준수하기 위한 이행계획이 수립되어 있으나 검토자 등의 지정과 역할 부여가 미흡함
미흡	1	• 도급업체의 안전작업허가 대상인 유해·위험작업의 종류가 일부 누락되거나 허가 절차에 대한 이행계획이 상당 부분 결여됨

(9) 신호 및 연락체계

구분	득점	도급·수급업체간 신호 및 연락체계
우수	5	• 도급작업 시 중량물 취급 작업, 밀폐공간작업, 화재폭발위험작업, 정전 및 활선 작업 등 신호체계가 필요한 작업 종류와 신호방법, Lock-out/Tag-Out이 구체적으로 수립됨 • 도급업체와 수급업체 상호간 연락체계가 구체적으로 수립됨
보통	3	• 도급작업에서 필요한 신호체계, 연락체계가 상기내용의 상당부분을 만족하나 상호간 연락체계가 구체적이지 않음
미흡	1	• 도급작업에서 필요한 신호 및 연락체계, Lock-out/Tag-out이 구체적이지 않거나 상당 부분 내용 누락됨

(10) 위험물질 및 설비

구분	득점	유해·위험물질 및 취급 기계·기구·설비의 안정성 확인
우수	5	• 유해·위험물질 및 취급 기계설비에 대한 점검, 정비 등의 관리방법과 권한에 대한 업무절차가 수립됨 • 도급업체에서 제공되는 기계설비 또는 자체 기계설비에 대한 위험요인 및 방호조치 내역을 파악함
보통	3	• 안전성 확인계획이 상기 내용의 상당부분을 만족하나 기계설비별로 작업 전 점검항목 또는 도급업체에서 제공하는 설비에 대한 위험요인 파악에서 일부분 누락이 있거나 업무절차가 구체적이지 않음
미흡	1	• 유해·위험물질 및 취급 기계기구·설비에 대한 관리방법과 업무절차가 없거나 또는 상기 내용의 상당부분이 누락됨

(11) 비상대책

구분	득점	비상시 대피 및 피해 최소화 대책(고용노동부, 소방서, 병원 포함)
우수	5	• 안전사고 발생유형별 비상대응계획이 수립됨 • 비상대응계획에는 비상연락체계, 책임과 권한, 대응절차 및 사후조치가 포함됨 • 발생유형별로 피해 최소화를 위한 비상대응절차(시나리오)를 구비하고 훈련이 실시됨 • 비상연락 체계에는 고용부, 소방서 등 유관기관과 피해발생 유형별 연락체계 및 전문 의료기관을 포함
보통	3	• 비상시 대피 및 피해 최소화 대책이 상기 내용의 상당부분을 만족하나 소방훈련 등 일부 유형의 비상대응 훈련만 실시됨
미흡	1	• 사고발생 유형별로 비상대응계획이 누락되거나 책임과 권한, 대응절차 등 비상대응계획의 상당 부분이 누락됨

(12) 산업재해 현황

구분	득점	최근 3년간 산업재해 발생현황
우수	5	• 최근 휴업을 제외한 2년 동안 무재해사업장을 유지하거나 3년 연속 동종업종 평균 재해율 미만으로 재해율이 지속적으로 감소함
보통	3	• 2년 연속 동종업종 평균 재해율 미만임
미흡	1	• 최근 2년 동안 사망재해가 있거나 2년 동안 동종업종 평균 재해율 이상임

산업안전보건법 제24조에 따른 일반적인 적격 수급인 선정방법은 다음과 같다. 평가대상은 지배·운영·관리하는 사업 또는 사업장에서 시행되는 도급, 용역, 위탁업무 중 종사자의 안전보건 확보 관련 책임이 있는 경우가 된다. 이때 수급업체 사업장 내에서 이루어지는 도급사업(연구용역, 개발용역 등)과 사업주가 의뢰한 제조, 구매한 물품 등을 제조·판매업자 소속 근로자가 사업장에 방문하여 상담·설치하는 등의 부수 작업 등은 평가제외 대상이다.

평가절차는 평가표에 따른 점수를 산정하여 도급업체 산업재해예방 능력을 평가하게 된다. 평가 시기는 계약 전 평가를 실시하며 평가항목은 도급작업 시 사망사고 예방에 중요한 항목 등을 평가하게 된다. 평가항목별 득점에 따라 안전보건수준 등급분류를 하게 된다.

표 2.85 평가항목별 득점에 따라 안전보건수준 등급분류

등급	득점	이행 수준
S	90점 이상	도급작업을 안전하게 수행할 역량이 우수함
A	80점 이상	도급작업을 안전하게 수행할 기본적인 역량을 갖춤
B	70점 이상	도급작업을 수행할 안전보건관리 역량이 보통임
C	60점 이상	도급작업을 수행할 안전보건관리 역량이 부족함
D	60점 미만	도급작업을 수행할 안전보건관리 역량이 매우 낮음

□ 평가등급 분류기준
- S등급 : 90점 이상, A등급 : 80~89점, B등급 : 70~79점, C등급 : 60~69점, D등급 : 60점 미만
- 평가항목 4개 분류 중 하나라도 50% 미만 시 D등급 판정

□ 등급별 관리기준(B등급 평가 이상 업체와의 계약만 가능)

구분	S 등급	A 등급	B 등급	C 등급	D 등급
판단결과	적합	적합	적합	부적합	부적합

등급을 제한하는 경우도 있는데 평가항목의 분류에서 개별분류의 득점중 하나라도 50% 미만 시 D등급으로 분류하는 것도 하나의 방법이다. 평가결과에 따라 선정하는 기준은 다음과 같다.

① S등급은 차기 선정 시 안전보건수준평가 면제 또는 인센티브 부여

② 화재폭발 우려 장소 및 밀폐 공간 작업장소 : A등급 이상

③ 산업재해발생 위험장소(산안법 제29조제3항) 중 화재폭발 우려 장소 및 밀폐공간 작업

장소 제외 : B등급 이상

④ 일반작업 : C등급 이상

평가가 평가로만 끝나서는 안 된다. 평가결과에 따른 수급업체 관리 및 환류를 실시하여야 한다.

평가결과에 따라 우수한 사업장은 차기 도급 계약 시 가점 부여 등의 혜택을 제공하고 미흡한 사업장은 자체 안전관리계획 수립 등을 통해 안전관리 활동을 강화하도록 유도할 필요가 있다.

평가결과를 통해 수급업체의 안전보건 수준과 문제점 도출이 가능하며 평가결과를 수급업체 지원방안 수립에 활용한다. 안전보건수준평가 결과를 수급업체 선정에 반영함으로써 수급업체에서 자발적, 점진적으로 안전보건 수준 향상을 유도한다.

또한 수급업체의 안전보건 수준이 미흡한 점을 파악하여 도급업체에서 수급업체 지원 필요사항을 도급작업 전에 확인하여 안전보건관리에 반영할 필요가 있다.

(3) 안전보건 확보를 위한 충분한 비용과 기간 보장

업종의 특성을 고려하여 사업장 내 안전보건 확보를 위한 충분한 비용과 작업 기간 등을 보장하고 수행내용을 최종 평가해야 한다.

이를 위해서는 도급, 용역, 위탁 등을 받는 자의 안전·보건을 위한 관리비용에 관한 기준을 마련할 필요가 있다. 특히 건설업 및 조선업의 경우 도급, 용역, 위탁 등을 받는 자의 안전·보건을 위한 공사기간 또는 건조기간에 관한 기준을 마련해야 한다.

건설공사의 경우 공사기간 기준은 건설기술진흥법 제45조와 제45조의2(공사기간 산정기준) 및 공공 건설공사의 공사기간 산정기준(국토교통부 고시)에 의해 산정한다.

또한 산업재해예방, 불가항력의 사유(자연재해, 전염병 등)가 있는 경우에는 산업안전보건법 제69조(공사기간 단축 및 공법변경금지), 제70조(건설공사기간의 연장)에 따라 안전·보건 확보를 위해서 공사기간을 연장해야 한다.

도급, 용역, 위탁받는 자의 안전·보건을 위한 관리비용과 관련된 법적 제도는 산업안전보건법 제72조(건설공사 등의 산업안전보건관리비 계상 등)에 따라 건설공사에서는 산업안전보건관리비를 계상토록 하고 있다. 이를 지급받은 도급업체는 수급업체 근로자를 포함한 전 현장 근로자의 안전보건을 위해서만 사용해야 한다.

표 2.86 산업안전보건관리비 개요

구분	산업안전보건관리비
용어의 정의	현장 근로자의 안전보건을 위하여 사용하는 비용
근거 법령	산업안전보건법 제72조
계상 의무자	건설공사발주자 및 건설공사의 시공을 주도하여 총괄 관리하는 자
적용범위	2천만 원 이상 건설공사
금액 산정	공사금액별 정액 요율
사용기준	고용노동부 고시「건설업 산업안전보건관리비 계상 및 사용기준」
사용가능 항목	① 안전관리자 등 인건비 및 각종 업무 수당 등 ② 안전시설비 등 ③ 개인보호구 및 안전장구 구입비 등 ④ 안전진단비 등 ⑤ 안전보건교육비 및 행사비 등 ⑥ 근로자 건강관리비 등 ⑦ 건설재해예방 기술지도비 ⑧ 본사 안전전담부서 사용비 ⑨ 유해위험요인 발굴·개선에 필요한 비용 등

(4) 사업장의 안전보건에 관한 정보 제공

안전보건관리체계 구축·이행에 필요한 정보를 제공하고 소통과 협력체계를 구성하고 운영해야 한다.

해당업체가 선정되면 업체의 업무수행 이전에 사업장의 안전보건에 관한 정보를 충분히 제공하여 정보부족으로 인한 재해를 예방해야 한다.

산업안전보건법 제65조(도급인의 안전 및 보건에 관한 정보의 제공)에서는 도급하는 자는 수급인 근로자의 산업재해예방을 위해 유해·위험한 화학물질, 설비와 관련된 작업을 시작하기 전에 안전 및 보건에 관한 정보를 문서로 제공하도록 규정하고 있다.

또한 같은 법 시행규칙 제83조에서는 정보제공 항목을 아래와 같이 규정하고 있다.

① 제조·사용·운반 또는 저장하는 위험물질 및 유해물질의 명칭과 유해성·위험성
② 안전·보건상 유해하거나 위험한 작업에 대한 안전·보건상의 주의사항
③ 안전·보건상 유해하거나 위험한 물질의 유출 등 사고가 발생한 경우 필요한 조치내용

(5) 계약 담당 부서의 저가계약 선호 금지

도급·용역·위탁업체와의 계약은 유해·위험요인의 확인·제거·통제가 필요한 사항으로 계약담당 부서만의 업무가 아니다. 계약담당 부서와 안전담당 부서가 분리된 경우 부서간 긴밀한 협의를 통해 안전관리 역량이 우수한 수급업체를 선정해야 한다.

안전보건 역량에 대한 고려 없이 계약담당 부서가 저가 계약만을 선호하면 향후 재해 발생으로 인해 더 큰 손해를 가져올 수 있다.

(6) 도급, 용역, 위탁업체 계약 내역 관리

계약담당 부서에서는 도급, 용역, 위탁업체의 계약 내역을 관리할 필요가 있다. 도급·용역·위탁계약 시 계약서에 안전보건 확보를 위한 조건을 명시하여야 한다. 또한 계약 전 안전보건 수준 평가, 안전보건 확보를 위한 충분한 비용과 작업 기간을 보장해야 한다.

표 2.87 도급, 용역, 위탁업체 계약 내역 관리대장

도급, 용역, 위탁업체 계약 내역 관리대장			
구분	계약명(기간)	계약업체(계약일자)	계약 내역
1			
2			
3			
4			
5			

(7) 도급 진행단계별 주요 안전보건 활동

도급 사업주도 도급·용역·위탁 업무의 위험도를 사전에 분석하고 위탁업무 수행 시에는 안전보건에 대한 관리 감독을 해야 한다. 도급·용역·위탁 계약 체결과 업무수행 과정에서 수행하여야 할 주요 안전보건 활동은 다음과 같다.

(가) 계약 단계

① 도급·용역·위탁 업무 검토 : 도급금지 및 도급승인 대상 검토

② 도급·용역·위탁 업무 입찰 공고 : 안전보건수준 평가 기준 제시

③ 입찰서류 검토 : 안전보건관리계획서 검토 및 안전보건수준 평가

④ 도급업체 계약 : 적격 수급업체 선정(안전보건 조건 명시)

표 2.88 도급·용역·위탁 계약 시, 수급인 선정 기준·절차 마련

• 수급인 선정 절차도 • 수급인 선정기준표 • 수급인 안전·보건 관리 준수 서약서 • 도급, 용역, 위탁 시 안전관리 및 점검사항 • 안전보건협의체 개최 결과 관리 • 작업장 순회점검 일지 및 점검표 • 도급인·수급인 합동 점검표 및 점검 결과에 따른 조치 관리

표 2.89 수급인 안전·보건관리 준수 서약서

수급인 안전·보건 관리 준수 서약서

○○기업(주)는 본 공사(용역)을 수행하면서 아래와 같이 언급한 내용과 이외의 안전보건 관련법령을 철저히 준수할 것에 동의하며 이를 성실히 이행하지 않을 경우 계약해지, 그에 따른 손해배상책임 등 불이익 처분을 받는다고 하여도 어떠한 이의를 제기하지 않을 것을 서약합니다.

- 아래 -

1. 「산업안전보건법」, 「중대재해처벌법」과 이외의 안전보건관련 법령을 철저히 준수한다.
2. 안전보건 관련 의무 및 지시사항은 즉시 이행할 수 있도록 최선을 다한다.
3. 고위험작업을 진행할 경우 사전에 작업허가서를 제출하도록 한다.
4. 작업 전, 후 또는 진행 중 불안전 요소 또는 재해를 발견할 경우 즉시 보고한다.
5. 작업 근로자들이 안전보건관련 법령, 안전수칙 등을 철저히 준수할 수 있도록 교육·감독한다.
6. 작업 전, 후 항상 주위 환경은 정리·정돈한다.
7. 그 외 안전보건 관련 확보 또는 조치의무 사항에 대해 철저히 준수한다.

2024. . .

주 소 :
회 사 명 :
사업주 등 : (인)

○○기업(주) 대표이사 귀하

(나) 수행단계

① 도급·용역·위탁 업무 계약 이행

- 안전보건 정보제공
- 안전보건협의체 구성·운영
- 순회점검, 합동안전보건점검
- 안전 작업허가제 실시
- 안전보건교육 지도·지원
- 유해인자 및 화학물질 관리
- 경보체계, 대피 등 합동 훈련
- 위생시설 등 장소 제공(이용 협조)

(다) 종료

① 도급·용역·위탁 업무 완료 : 안전보건 업무 수행 평가

단계	절차	주요 안전보건 활동
계약	① 도급·용역·위탁 업무 검토	• 도급금지 및 도급승인 대상 검토
	② 도급·용역·위탁 업무 입찰 공고	• 안전보건수준 평가 기준 제시
	③ 입찰서류 검토	• 안전보건관리계획서 검토 및 안전보건수준 평가
	④ 도급업체 계약	• 적격 수급업체 선정(안전보건 조건 명시)
수행	⑤ 도급·용역·위탁 업무 계약 이행	• 안전보건 정보제공 • 안전보건협의체 구성·운영 • 순회점검, 합동안전보건점검 • 안전 작업허가제 실시 • 안전보건교육 지도·지원 • 유해인자 및 화학물질 관리 • 경보체계, 대피 등 합동 훈련 • 위생시설 등 장소 제공(이용 협조)
종료	⑥ 도급·용역·위탁 업무 완료	• 안전보건 업무 수행 평가

그림 2.13 도급 진행단계별 주요 안전보건 활동 예시

표 2.90 도급, 용역, 위탁 시 안전관리 및 점검사항

도급, 용역, 위탁 시 안전관리 및 점검사항

1. 안전보건총괄책임자의 선임
   - 상시 근로자 100명 이상 또는 건설업의 경우 공사금액 20억 원 이상 현장

2. 산업재해예방 조치
   - 도급인, 수급인을 구성원으로 하는 안전보건협의체 구성·운영

구분	주요내용
구성	도급인 사업주 + 수급인 사업주 전원
운영	매월
협의내용	• 작업시간 • 작업 또는 작업장 간 연락방법 • 재해발생 위험 존재 시 대피방법 • 위험성평가 실시 관련 • 사업주와 수급인 또는 수급인 상호 간의 연락방법 및 작업공정 조정

   - 작업장 순회점검(건설현장의 경우 2일 1회 이상)

   > 수급인의 경우 도급인이 실시하는 순회점검 거부, 방해, 기피는 불가하며, 점검 결과에 따른 도급인의 시정요구사항에 대하여 이행 필요

   - 안전보건교육을 위한 장소·자료 제공 등 지원 및 안전보건교육실시 확인
   - 발파, 붕괴, 지진 등에 대비한 경보체계 운영 및 대피방법 훈련
   - 위생시설 설치 등을 위한 필요한 장소 제공 또는 협조
   - 작업장 합동 안전보건 점검

구분	주요내용
구성	도급인, 수급인, 도급인 및 수급인 근로자 각 1명
운영	(건설) 2개월 1회 이상

   - 같은 장소에서 이루어지는 작업에 있어서 관계 수급인 등의 작업시기·내용, 안전 및 보건조치 등 확인
   - 다수의 협력업체 작업 시 인근 협력업체의 작업내용, 시간 등 안내

3. 안전보건정보 제공
   - 폭발성·인화성·독성 등의 유해·위험성이 있는 화학물질을 취급하는 설비를 개조·분해·해체·철거하는 작업인 경우
   - 위 작업에 따른 설비 내부에서 시행되는 작업인 경우
   - 질식 또는 붕괴 위험이 있는 작업의 경우

표 2.91 안전보건협의체 개최결과 관리대장

안전보건협의체 개최결과 관리대장

사업장명 :

구분	일시 (장소)	주요 내용	회의결과에 따른 조치내역		확인
			조치일	조치사항	
1					(서명)
2					(서명)
3					(서명)
4					(서명)
5					(서명)
6					(서명)
7					(서명)
8					(서명)
9					(서명)
10					(서명)

※ 노사협의체가 구성된 경우 안전보건협의체를 구성·운영하는 것으로 간주
※ 안전보건협의체의 경우 매월 1회 이상 개최

표 2.92 작업장 순회점검 일지

<table>
<tr><td colspan="5">작업장 순회점검 일지

사업장명 : 점검일자 : 년 월 일 요일 (날씨)</td></tr>
<tr><td>안전
지시
사항</td><td colspan="4"></td></tr>
<tr><td rowspan="3">순회
안전
점검
사항</td><td>점검 사항</td><td>이상 유무 (상태)</td><td>조치사항</td><td>특이사항</td></tr>
<tr><td></td><td></td><td></td><td></td></tr>
<tr><td colspan="4">점검자 : 점검시간 :</td></tr>
<tr><td rowspan="4">안전
사고</td><td>시간</td><td>직종</td><td>사고 원인</td><td>재해정도</td></tr>
<tr><td></td><td></td><td rowspan="3"></td><td rowspan="3"></td></tr>
<tr><td>장소</td><td>성명</td></tr>
<tr><td></td><td></td></tr>
<tr><td>특기
사항</td><td colspan="4"></td></tr>
<tr><td colspan="5">점검자
(담당자) (서명) 확인자
(현장소장/사업주 등) (서명)</td></tr>
<tr><td colspan="5">※ 순회점검 일지는 2일 1회 이상 작성</td></tr>
</table>

표 2.93 작업장 순회점검표 예시

<table>
<tr><td colspan="5">(　　　) 작업장 순회점검표

사업장명 :　　　　점검일 :　　년　　월　　일　　　점검자 :　　　(서명)</td></tr>
<tr><td rowspan="2">구분</td><td rowspan="2">순회 안전 점검 사항</td><td colspan="2">상태</td><td rowspan="2">지적 부위</td></tr>
<tr><td>양호</td><td>불량</td></tr>
<tr><td rowspan="6">일반사항</td><td>작업 전, 후 안전교육의 실시</td><td></td><td></td><td></td></tr>
<tr><td>위험개소의 안전표지판 부착여부(위험장소마다)</td><td></td><td></td><td></td></tr>
<tr><td>보호 장비 착용상태(안전모·안전벨트 등)</td><td></td><td></td><td></td></tr>
<tr><td>허약자 및 음주자가 작업하는 사례</td><td></td><td></td><td></td></tr>
<tr><td>가설사무실·숙소·식당 및 창고 등의 화재위험은 없으며 소화기 비치 여부</td><td></td><td></td><td></td></tr>
<tr><td>공사장 진입차량·인원에 대한 통제</td><td></td><td></td><td></td></tr>
<tr><td rowspan="15">전기공사</td><td>케이블 드럼 등 중량물을 취급하는 경우 작업계획서를 작성하고 작업지휘자를 지정하였는가?</td><td></td><td></td><td></td></tr>
<tr><td>지게차 또는 카고 크레인 등 하역운반기계를 사용 시에 전담 신호수를 배치하였는가?</td><td></td><td></td><td></td></tr>
<tr><td>작업구간별 사전 신호방법 일치 및 작업방법 숙지 여부</td><td></td><td></td><td></td></tr>
<tr><td>차량 운행시 신호준수 등 각종 교통법규 준수 여부</td><td></td><td></td><td></td></tr>
<tr><td>적재함 내 적재하중 준수 여부</td><td></td><td></td><td></td></tr>
<tr><td>이동 중 낙하물이 발생하지 않도록 확실하게 고정하였는가?</td><td></td><td></td><td></td></tr>
<tr><td>도로 작업시 작업구역 전·후방에 공사 안내표지판 및 작업구역에 안전휀스 또는 라바콘 등으로 충분히 안전한 작업구역을 확보하였는가?</td><td></td><td></td><td></td></tr>
<tr><td>충전선로 주변 작업시 절연용 방호구 설치유무</td><td></td><td></td><td></td></tr>
<tr><td>근로자는 고압활선 경보기를 착용하여 접근한계거리를 준수하였는가?</td><td></td><td></td><td></td></tr>
<tr><td>등주 전 전주의 자립상태와 승·하강 시 스텝볼트의 고정 상태를 충분히 확인하면서 이동하였는가?</td><td></td><td></td><td></td></tr>
<tr><td>안전모 등 개인보호구 착용 여부</td><td></td><td></td><td></td></tr>
<tr><td>맨홀 덮개 개폐 시는 반드시 전용 개폐기를 사용 및 물이 고인 경우 양수작업 실시 여부</td><td></td><td></td><td></td></tr>
<tr><td>맨홀 출입 전 유해가스·산소농도를 측정한 후 산소농도 18% 이상인 조건에서 작업하고, 외부에 관리감독자를 배치하였는가?</td><td></td><td></td><td></td></tr>
<tr><td>작업 종료 시 맨홀 덮개를 확실히 덮는 등 기타 작업구역 정리·정돈 여부</td><td></td><td></td><td></td></tr>
</table>

구분	순회 안전 점검 사항	상태		지적 부위
		양호	불량	
굴착공사	굴착기를 통한 작업 시 근로자 및 장비간 동시 병행 작업을 지양하였는가?			
	관리감독자의 지휘·통제에 따라 작업하였는가?			
	굴착작업 전 지장물의 매설 위치 및 깊이 등 확인 여부			
	적절한 시공방법을 통하여 안전조치 후 작업하였는가?			
	작업장소 주변에 관계 근로자 외 접근 통제 여부			
	접근금지용 휀스 등 설치 유무			
	도로 인접 작업 시 안전휀스, 라바콘, 안전표지판 등 교통안전 시설물 설치 유무			
	전담 교통신호수 배치 및 운용 여부			
	굴착작업 시 모래 1:1.8, 그 밖의 흙 1:1.2의 안전구배를 확보하였는가?			
	굴착 깊이가 1.5 m 이상인 경우 근로자가 안전하게 승강할 수 있도록 사다리, 계단 등의 설치 유무			
	작업 전 굴착면 단부 및 법면의 부석 등을 제거한 후 작업 실시 여부			
	배관용 자재 및 부속 자재 등은 규격별, 종류별로 구분하여 적재·보관하여 사용하였는가?			
	현장 이탈시 작업장 내 안전조치 및 정리·정돈 여부			
내부설비공사	작업 전 안전한 작업계획을 수립하였는가?			
	주요위험요인 및 안전대책 등에 관하여 충분하게 숙지한 후 작업 실시 여부			
	작업장 내 통로는 장애물 등을 제거하여 안전통로를 확보·이용하였는가?			
	안전모·안전화·안전대 등 개인보호구 및 안전한 작업 복장을 단정히 착용하고 작업하였는가?			
	중량물은 전용의 운반기계·기구를 이용하여 작업을 실시하였는가?			
	개구부 주변, 슬래브 단부 등에 추락방지시설 및 안전표지판 설치 후 작업 여부			
	고소작업 시 안전시설물 부착, 안전한 구조의 작업발판 설치하여 작업하는가?			
	사다리 이용 고소작업 시 전도방지장치, 벌림방지장치 등 안전시설물 사용 및 2인 1개조 작업 여부			
	이동형 전기기계·기구 사용 시 누전차단기를 경유한 회로 구성 및 접지라인 확보 유무			
	용접기, 고속절단기 등 비산불티 발생 작업 시 불티비산방지포 설치 및 소화기 비치하에 작업을 실시하였는가?			
	차량용 하역운반기계 및 건설장비 사용 시 전담 장비 유도원 배치 여부			

표 2.94 도급인·수급인 합동 점검표 예시

도급인·수급인 합동 점검표

사업장명 : 점검일자 : 년 월 일

도급인(현장소장) : (서명) 소속근로자 : (서명)
수급인(현장소장) : (서명) 소속근로자 : (서명)

구분	점검 사항	평가 (O, △, X)	개선사항
안전보건 관리조직 및 교육	안전관리자 지정 여부		
	보건관리자 지정 여부		
	안전보건교육실시 여부		
	교육결과 기록보존상태 확인 여부		
산업안전 보건관리비	산업안전보건관리비 적정계상 여부		
	산업안전보건관리비 집행실태 확인(타목적, 용도외 사용 등)		
	항목별 적정비율 집행 여부		
개인 보호구 지급	보호구 적격품 구입 여부		
	개인보호구 지급 여부		
	개인보호구 착용 여부(안전모, 안전화, 안전대, 마스크 등)		
기타	유해·위험방지 계획서 제출 및 이행 여부 등		
	위험물(인화성 물질 등) 관리 상태 점검 여부		
	화재예방 대책수립 여부(소화기 비치, 비상연락망 작성 등)		
	위험, 주의, 경고 등의 표지판 설치 여부		
	작업 후 정리·정돈 및 안전통로 확보상태 확인 여부		

문제점 및 개선방안

※ 합동점검표는 2개월 1회 이상 도급인 및 수급인 합동 점검 시 작성
※ 사업장별, 공종별 특성에 맞게 점검항목 설정

표 2.95 합동점검 결과에 따른 조치사항 관리대장

합동점검 결과에 따른 조치사항 관리대장

사업장명 :

구분	점검 내역		개선 내역		확인
	점검 일자	지적사항	조치 일자	조치사항	
1					(서명)
2					(서명)
3					(서명)
4					(서명)
5					(서명)
6					(서명)
7					(서명)
8					(서명)
9					(서명)
10					(서명)

표 2.96 도급, 용역, 위탁 시 수급인의 안전·보건 확보의무 조치사항 점검표

도급, 용역, 위탁 시 수급인의 안전·보건 확보의무 조치사항 점검표

사업장명 : 점검일자 : 년 월 일

점검자 (담당자)	(서명)	확인자 (현장소장 등)	(서명)

점검 사항	양호	미비	개선사항
도급, 용역, 위탁 시 안전보건 수준을 평가하는 절차 수립 여부			
도급, 용역, 위탁 시 안전보건 수준 평가 기준이 적절하여, 그 결과 안전보건 능력을 갖춘 사업자 선정 여부			
도급, 용역, 위탁 시 도급, 용역, 위탁 등을 받는 자의 안전·보건을 위한 관리비용, 공사기간 등에 대한 검토기준 수립 여부			
도급, 용역, 위탁 시 도급, 용역, 위탁 등을 받는 자의 산재예방 능력 평가 기준에 따라 평가·선정이 이루어지는지를 주기적 점검 여부(반기 1회 이상)			
도급, 용역, 위탁 시 도급, 용역, 위탁 등을 받는 자의 적정 안전·보건 관리비용 검토 후 비용이 지급되는지를 주기적 점검 여부(반기 1회 이상)			
도급, 용역, 위탁 시 도급, 용역, 위탁 등을 받는 자의 적정 사업기간 검토 후 해당 사업이 이루어지는지를 주기적 점검 여부(반기 1회 이상)			
도급, 용역, 위탁 시 사전에 유해·위험물질의 유해성·위험성, 유해·위험작업에 대한 주의사항 등 안전보건에 관한 정보 제공 여부			
도급, 용역, 위탁받은 자가 안전보건에 관한 의견을 전달하는 절차가 있고 그에 대한 검토 및 처리결과를 종사자에게 공유하는지 여부			
도급, 용역, 위탁 업무 시 유해·위험한 작업의 경우 안전작업허가제를 통해 관리하고 점검반을 구성하여 수시로 안전보건 점검 실시 여부			
도급, 용역, 위탁받은 자가 실시하는 위험성평가, 안전보건교육 등 안전보건활동의 적정성 검토·확인 여부			
도급, 용역, 위탁 업무 완료 시 안전보건 업무 평가 결과 활용 여부			

※ 점검 후 이행되지 않은 사항 추가조치
※ 반기 1회 이상 점검

(8) 안전보건 공생 협력

원도급업체보다 상대적으로 산업재해에 취약한 협력업체(하청)의 자율적 안전보건관리 능력을 향상시키고 사망사고 감소에 기여하기 위해 원도급업체 주도의 안전보건 공생협력 프로그램을 수립하여 시행할 필요가 있다.

필요시에는 산재예방 정부지원사업 중 공생협력 프로그램을 활용할 필요가 있다.

(9) 작업허가제 실시

작업허가제는 고위험 비정형 작업의 경우 작업부서가 소관 상급 부서 또는 안전부서의 허가 승인을 거쳐 작업을 실시하는 안전관리기법(행정적 통제방안)이다. 이때 비정형 작업은 작업방법, 조건이 일상적이지 않은 상태에서 이루어지는 기계수리, 정비, 급유, 청소, 교체 등의 작업이 해당된다.

작업허가제에 따른 작업절차는 다음과 같고 안전작업허가서 활용 서식은 다음 표와 같다.

① 안전작업허가 신청(작업자)
② 안전조치 확인 및 허가(안전담당자)
③ 작업(작업자) 감독(안전담당자)
④ 완료 확인 및 허가서 보존(안전담당자)

(9) 반기 1회 이상 점검실시

마련된 기준과 절차에 따라 도급, 용역, 위탁 등이 이루어지는지 반기 1회 이상 점검해야 한다. 점검결과 개선사항에 대해서는 필요한 조치를 해야 한다.

표 2.97 안전작업 허가서 예시

<table>
<tr><td colspan="3">안전작업 허가서</td><td colspan="3">□ 화기작업 □ 중량물작업 □ 밀폐공간작업
□ 고소작업 □ 굴착작업 □ 전기작업 □ 기타</td></tr>
<tr><td>신청부서(업체명)</td><td></td><td>직책</td><td></td><td>성명</td><td>(서명)</td></tr>
<tr><td>허가요청기간</td><td colspan="5">년 월 일 시부터 시까지</td></tr>
<tr><td>작업 내용</td><td colspan="2"></td><td>작업 장소</td><td colspan="2"></td></tr>
<tr><td>장비 투입</td><td colspan="2"></td><td>작업 인원</td><td colspan="2"></td></tr>
<tr><td colspan="6">작업별 사전체크 항목(안전조치 사항)</td></tr>
<tr><td colspan="2">화기작업</td><td colspan="2">굴착작업</td><td colspan="2">밀폐공간작업</td></tr>
<tr><td>1. 불꽃, 불티 비산방지조치</td><td></td><td>1. 전기동력선 안전한 배치조치</td><td></td><td>1. 산소농도 측정
* 산소 18~23.5%</td><td></td></tr>
<tr><td>2. 압력조정기 부착 및 작동 상태</td><td></td><td>2. 제어용 케이블 안전성 유무</td><td></td><td>2. 가연성 및 독성가스농도 측정</td><td></td></tr>
<tr><td>3. 주위 인화성물질 제거 상태</td><td></td><td>3. 지하배관 파악 여부</td><td></td><td>3. 2인 1조 작업 유무</td><td></td></tr>
<tr><td>4. 소화기 배치 유무</td><td></td><td>4. 출입금지 표지판 설치</td><td></td><td>4. 환기 및 배기장치 조치</td><td></td></tr>
<tr><td>5. 전격방지기 정상 가동 상태</td><td></td><td>5. 연락수단 적정 유무</td><td></td><td>5. 출입금지 표지판 설치</td><td></td></tr>
<tr><td>6. 작업장소 환기</td><td></td><td>6. 개인보호구 착용 상태</td><td></td><td>6. 연락수단 적정 유무</td><td></td></tr>
<tr><td>7. 가연성 및 독성가스농도 측정</td><td></td><td>7. 작업장 주변 정리·정돈 상태</td><td></td><td>7. 개인보호구 착용 상태</td><td></td></tr>
<tr><td>8. 화재감시자 배치</td><td></td><td>8. 작업자 자격 여부 확인 상태</td><td></td><td></td><td></td></tr>
<tr><td colspan="2">고소작업</td><td colspan="2">중량물작업</td><td colspan="2">전기작업</td></tr>
<tr><td>1. 2인 1조 작업 유무</td><td></td><td>1. 감독자 지정 및 상주 여부</td><td></td><td>1. 작업안내 표지판 설치</td><td></td></tr>
<tr><td>2. 추락위험 방호망 구비 상태</td><td></td><td>2. 로프 상태(파단 및 소손)</td><td></td><td>2. 작업자 자격 여부</td><td></td></tr>
<tr><td>3. 사다리 파손 여부</td><td></td><td>3. 작업 신호자 지정 여부</td><td></td><td>3. 접지 및 방전 여부</td><td></td></tr>
<tr><td>4. 이동식 비계 안전인증 유무</td><td></td><td>4. 적재물 이동 경로 적정 여부</td><td></td><td>4. 정전작업 전로 개폐 시건 상태</td><td></td></tr>
<tr><td>5. 작업지지대 작동 상태</td><td></td><td>5. 관계자 외 출입통제 조치</td><td></td><td>5. 기타 조치사항</td><td></td></tr>
<tr><td>6. 안전모 착용 상태</td><td></td><td></td><td></td><td></td><td></td></tr>
<tr><td>7. 안전대(2 m 이상)착용 상태</td><td></td><td></td><td></td><td></td><td></td></tr>
<tr><td>요청부서 요청 사항</td><td colspan="5"></td></tr>
<tr><td rowspan="3">작업관리 부서
(협력업체 포함)</td><td>확인사항</td><td colspan="4">□ 현장 확인 결과 이상 없음
□ 보완사항 보완 후 작업(내용 :)</td></tr>
<tr><td rowspan="2">확인자</td><td>소속</td><td>직책</td><td colspan="2">성명</td></tr>
<tr><td></td><td></td><td colspan="2">(인)</td></tr>
<tr><td rowspan="3">허가관리 부서
(안전보건 주관 부서 또는 작업 주관부서)</td><td>허가 내용</td><td colspan="4"></td></tr>
<tr><td rowspan="2">허가자</td><td>소속</td><td>직책</td><td colspan="2">성명</td></tr>
<tr><td></td><td></td><td colspan="2">(인)</td></tr>
</table>

표 2.98 화기작업 허가서 예시

화기작업 허가서

허가번호 : 허가일자 :

신청인 : 부서 ____________ 직책 ____________ 성명 ____________ (서명)

작업허가기간 : 년 월 일 시부터 시까지

작업장소 및 설비(기기)	작업 개요	보충적인 허가 필요 여부
작업 신청번호 : 작업지역 : 장치번호 : 장치명 :		• 밀폐공간출입 □ • 고소작업 □ • 정전작업 □ • 중장비작업 □ • 굴착작업 □ • 기타허가 □ • 방사선사용작업 □ □

안전조치 요구사항 *필요한 부분에 표시, 확인은 ⊘표시

• 작업구역 설정(출입경고 표지) □	• 비산불티차단막 설치 □
• 가스농도 측정 □	• 정전/잠금/표지부착 □
• 밸브차단 및 차단표지부착 □	• 환기장비 □
• 맹판설치 및 표지부착 □	• 조명장비 □
• 용기개방 및 압력방출 □	• 소화기 □
• 위험물질방출 및 처리 □	• 안전장구 □
• 용기내부 세정 및 처리 □	• 안전교육 □
• 불활성가스 치환 및 환기 □	• 운전요원의 입회 □

기타 특별 요구 사항		첨부 서류	• 차단밸브 및 맹판설치 위치표시 도면 □ • 소화기 목록 □ • 소요안전장구 목록 □ • 특수작업절차서 □ • 보충작업허가서 □

가스 점검	가스명	결과	점검시간	가스명	결과	점검시간	점검기기명 : ____________ 점검자 : ____________ (서명) 확인자(입회자) : ____________ (서명)

안전조치 확인	작업완료확인
담당부서 책임자: ____________ (서명) 입회자: ____________ (서명)	완료시간 : 입 회 자 : 작 업 자 : 조치사항 :

발급자	관련부서 협조자
부서______ 직책______ 성명______ (서명)	부서______ 직책______ 성명______ (서명)
승인자 부서______ 직책______ 성명______ (서명)	부서______ 직책______ 성명______ (서명)

표 2.99 일반 위험작업 허가서 예시

일반 위험작업 허가서

허가번호 : 허가일자 :

신청인 : 부서 ______ 직책 ______ 성명 ______ (서명)

작업허가기간 : 년 월 일 시부터 시까지

작업장소 및 설비(기기)	작업 개요	보충적인 허가 필요 여부
작업 신청번호 : 작업지역 : 장치번호 : 장치명 :		• 밀폐공간출입 □ • 고소작업 □ • 정전작업 □ • 중장비작업 □ • 굴착작업 □ • 기타허가 □ • 방사선사용작업 □ □

안전조치 요구사항 *필요한 부분에 표시, 확인은 ⓥ표시

• 작업구역 설정(출입경고 표지)	□	• 비산불티차단막 설치	□
• 가스농도 측정	□	• 정전/잠금/표지부착	□
• 밸브차단 및 차단표지부착	□	• 환기장비	□
• 맹판설치 및 표지부착	□	• 조명장비	□
• 용기개방 및 압력방출	□	• 소화기	□
• 위험물질방출 및 처리	□	• 안전장구	□
• 용기내부 세정 및 처리	□	• 안전교육	□
• 불활성가스 치환 및 환기	□	• 운전요원의 입회	□

기타 특별 요구 사항		첨부 서류	• 차단밸브 및 맹판설치 위치표시 도면 □ • 소화기 목록 □ • 소요안전장구 목록 □ • 특수작업절차서 □ • 보충작업허가서 □

가스 점검	가스명	결과	점검시간	가스명	결과	점검시간	점검기기명 : ______ 점검자 : ______ (서명) 확인자(입회자) : ______ (서명)

안전조치 확인	작업완료확인
담당부서 책임자: ______ (서명) 입회자: ______ (서명)	완료시간 : 입 회 자 : 작 업 자 : 조치사항 :

발급자	관련부서 협조자
부서______ 직책______ 성명______ (서명)	부서______ 직책______ 성명______ (서명)
승인자 부서______ 직책______ 성명______ (서명)	부서______ 직책______ 성명______ (서명)

표 2.100 밀폐공간 출입 허가서 예시

밀폐공간 출입 허가서

허가번호 : 　　　　　　　　　　　　　　　　허가일자 :

신청인 : 부서 ______________ 　직책 ______________ 　성명 ______________ (서명)

작업허가기간 : 　　년 　　월 　　일 　　시부터 　　시까지

작업장소 및 설비(기기)		관련작업허가
작업 신청번호 : 장치명 :	출입사유 : 출입자 명단 : 밀폐장소의 예상위험 :	• 화기작업허가 ☐ • 일반위험작업허가 ☐

안전조치 요구사항 *필요한 부분에 표시, 확인은 ☑표시

- 밸브차단 및 차단표식부착 ☐
- 가스농도 측정 ☐
- 맹판설치 및 표지부착 ☐
- 압력방출 ☐
- 용기세척 후 공기/물 치환, 환기 ☐
- 산소농도 측정 ☐
- 정전/잠금/표지부착 ☐
- 환기장비 ☐
- 조명장비 ☐
- 소화기 ☐
- 안전장구(구명선 등) ☐
- 안전교육 ☐
- 운전요원의 입회 ☐

기타 특별 요구 사항	1. 통신수단	첨부 서류	• 차단밸브 및 맹판설치 위치표시 도면 ☐ • 소화기 목록 ☐ • 소요안전장구 목록 ☐ • 특수작업절차서 ☐

가스 점검	가스명	결과	점검시간	가스명	결과	점검시간	점검기기명 : ______________ 점검자 : ______________ (서명) 확인자(입회자) : ______________ (서명)

* 가스측정결과 1. H·C: 0%, 2. O_2: 18%이상, 3. CO: 25 ppm이하, 4. CO_2: 1.5%미만 5. H_2S: 10ppm이하

안전조치 확인

담당부서 책임자: ______________ (서명)

입회자: ______________ (서명)

작업완료확인

완료시간 :

입 회 자 :

작 업 자 :

조치사항 :

발급자

부서________ 직책______ 성명________ (서명)

승인자

부서________ 직책______ 성명________ (서명)

관련부서 협조자

부서________ 직책______ 성명________ (서명)

부서________ 직책______ 성명________ (서명)

표 2.101 정전작업 허가서 예시

정전작업 허가서

허가번호 : 허가일자 :

신청인 : 부서 ______________ 직책 ______________ 성명 ______________ (서명)

작업허가기간 : 년 월 일 시부터 시까지

전기차단이 요구되는 기기	제어실 차단기 번호	관련작업허가
		• 화기작업허가 □ • 일반위험작업허가 □

안전조치 요구사항 *필요한 부분에 표시, 확인은 ⓥ표시

제어반

- 주 차단 스위치 내림 □
- 제어차단기 내림 □
- 잠금장치 □
- 전원 차단 □
- 차단표지판 부착 □

현장기기

- 현장스위치 내림 □○
- 차단표지판 부착 □○

기타 특별 요구 사항	1. 잠금장치의 열쇠보관 및 담당자 관리 철저 2. 작업자/운전자/전기담당자의 통신수단 확보	차단확인자 전기담당자 ______________ (서명) 현장담당자 ______________ (서명)

전원복구 : 모든 작업이 완료된 후 담당부서 입회자의 요청에 의해서만 전원을 복구하여야 한다.

전원복구 요청자 : ______________

전원복구 시 간 : ______________

발급자	관련부서 협조자
부서______ 직책______ 성명______ (서명)	부서______ 직책______ 성명______ (서명)
승인자	
부서______ 직책______ 성명______ (서명)	부서______ 직책______ 성명______ (서명)

표 2.102 굴착작업 허가서 예시

<table>
<tr><td colspan="3">

굴착작업 허가서

허가번호 :   허가일자 :
신청인 : 부서 ________ 직책 ________ 성명 ________ (서명)
작업허가기간 : 년 월 일 시부터 시까지
</td></tr>
<tr><td rowspan="2">작업 신청번호 :
작업지역 :
작업장소 :</td><td>작업개요</td><td>관련작업허가</td></tr>
<tr><td></td><td>• 화기작업허가 □
• 일반위험작업허가 □</td></tr>
<tr><td colspan="3">굴착도 스케치 :</td></tr>
<tr><td colspan="3">

안전조치 요구사항 | *필요한 부분에 표시, 확인은 ⓥ표시

관련설비별   확인자
1. 기계배관 관련 확인사항 : 지하배관 유무 □ 성명 ________ (서명)
2. 소방관련 확인사항 : 소방배관, 배출구 유무 □ 성명 ________ (서명)
3. 전기관련 확인사항 : 전기동력선 유무 □ 성명 ________ (서명)
4. 계장관련 확인사항 : 제어용 케이블 유무 □ 성명 ________ (서명)
5. 기타관련 확인사항 : 전화선·접지선 유무 □ 성명 ________ (서명)
</td></tr>
<tr><td>특별 요구 사항</td><td></td><td>작업완료확인
완료시간 :
확 인 자 :
입 회 자 :</td></tr>
<tr><td colspan="2">발급자
부서____ 직책____ 성명____ (서명)
승인자
부서____ 직책____ 성명____ (서명)</td><td>관련부서 협조자
부서____ 직책____ 성명____ (서명)
부서____ 직책____ 성명____ (서명)</td></tr>
</table>

표 2.103 고소작업 허가서 예시

고소작업 허가서

허가번호 : 허가일자 :

신청인 : 부서 ________ 직책 ________ 성명 ________ (서명)

작업허가기간 : 년 월 일 시부터 시까지

	작업개요	관련작업허가
작업 신청번호 : 작업지역 : 작업장소 :		• 화기작업허가 □ • 일반위험작업허가 □

안전조치 요구사항 *필요한 부분에 표시, 확인은 ⓥ표시

관련설비별

1. 작업에 적합한 작업발판 및 안전난간설치 여부 □
2. 안전대 착용 및 부착 여부 □
3. 추락방지용 방망 설치 여부 □

확인자

성명 ________ (서명)
성명 ________ (서명)
성명 ________ (서명)

특별 요구 사항		작업완료확인 완료시간 : 확 인 자 : 입 회 자 :

발급자 부서____ 직책____ 성명____ (서명) 승인자 부서____ 직책____ 성명____ (서명)	관련부서 협조자 부서____ 직책____ 성명____ (서명) 부서____ 직책____ 성명____ (서명)

표 2.104 중장비작업 허가서 예시

<table>
<tr><td colspan="4">

중장비작업 허가서

허가번호 : 　　　　　　　　　　　　　　　　허가일자 :

신청인 : 부서 ____________ 직책 ____________ 성명 ____________(서명)

작업허가기간 : 　　년 　　월 　　일 　　시부터 　　시까지
</td></tr>
<tr><td colspan="2" rowspan="2">작업 신청번호 :
작업지역 :
투입장비 :</td><td>작업개요</td><td>관련작업허가</td></tr>
<tr><td></td><td>• 화기작업허가 □
• 일반위험작업허가 □</td></tr>
<tr><td>안전조치 요구사항</td><td colspan="3">*필요한 부분에 ○, V표시로 적합, 부적합을 표시</td></tr>
<tr><td colspan="4">• 기상상태 □　　• 전원설비 간섭여부 □○
• 신호수배치 □　　• 매트 등 부속장구 □○
• 조명설비 □　　• 노면상태 □○
• 통행금지 표지판 부착 □</td></tr>
<tr><td>특별 요구 사항</td><td>• 자격증 소지 여부
• 건설기계조종사 안전교육 여부</td><td colspan="2">안전조치 확인자 : ____________(서명)
장비관리 책임자 : ____________(서명)
운전원 : ____________(서명)</td></tr>
<tr><td colspan="4">감독 : 모든 작업은 장비투입부터 완료 후 철수할 때까지 요청부서와 지원부서의 현장책임자가 감독한다.

요청부서 : ____________________
지원부서 : ____________________</td></tr>
<tr><td colspan="2">발급자
부서_______ 직책______ 성명_______(서명)
승인자
부서_______ 직책______ 성명_______(서명)</td><td colspan="2">관련부서 협조자
부서_______ 직책______ 성명_______(서명)
부서_______ 직책______ 성명_______(서명)</td></tr>
</table>

9.5 고용노동부 질의회시

(1) 수급인의 안전보건을 위한 관리비용 마련 주체

업무를 위탁하는 경우 중대재해처벌법 시행령 제4조 제9호에 따라 기준과 절차를 마련해야 하는 주체가 위탁자인지 수탁자인지가 궁금할 것이다.

고용노동부 질의회시(중대산업재해감독과 - 2291, 2022.6.13.)에 따르면 "해당 법령상 의무를 이행하여야 하는 주체는 도급 등을 준 도급인이다"라는 입장이다.

(2) 안전보건 관리비용에 관한 기준 마련 의무화의 취지

중대재해처벌법 시행령 제4조 제9호에 따라 제 3자에게 도급, 용역, 위탁 등을 하는 경우 사업주 또는 경영책임자 등이 마련해야 하는 기준으로서 도급, 용역, 위탁 등을 받는 자의 안전보건을 위한 관리 비용에 관한 기준과 관련하여 도급인이 해당 관리비용을 마련하여 수급인을 위해 사용하는 것을 의미하는지 아니면 도급인이 마련한 기준에 따라 해당 관리비용을 수급인이 마련하여 사용해야 하는지 여부가 궁금할 것이다.

고용노동부 질의회시(중대산업재해감독과 - 1719, 2021.11.22.)에 따르면 "개인사업주 또는 경영책임자 등이 도급, 용역, 위탁 등을 받는 자(수급인 등)의 안전보건을 위한 관리비용에 관한 기준을 마련하는 의무를 둔 취지는 도급, 용역, 위탁 등을 하는 자(도급인 등)가 도급 등을 하기 전에 수급인 등의 업무수행 시 요구되는 안전보건을 위한 관리 비용에 관한 기준을 설정하고 수급인 등과 도급계약 체결 시 도급인 등이 정한 안전보건을 위한 관리 비용에 관한 기준을 고려한 금액을 도급금액에 포함하도록 하여야 한다"라는 의미이다.

따라서 도급인 등은 해당기준을 설정하고 그에 따른 관리비용은 해당 도급 등 계약내용에 반영하여야 하며 수급인 등은 이를 종사자의 안전보건 확보를 위해 사용하여야 한다.

(3) 안전보건 관련 평가기준 및 절차 마련의 구체적인 방법

동일업체와의 계약일 경우 개별 계약별로 평가하여야 하는지가 궁금할 것이다.

고용노동부 질의회시(중대산업재해감독과 - 4290, 2022.11.4.)에 따르면 "중대재해처벌법 시행령 제4조 제9호에서는 계약금액이나 사업 종류 등에 따라 다르게 취급할 것"을 규정하고 있지는 않고 있다.

따라서 개인사업주나 법인 또는 기관이 그 시설, 장비, 장소 등에 대하여 실질적으로 지배, 운영, 관리하는 책임이 있는 경우로서 제 3자에게 업무의 도급, 용역, 위탁 등을 하는 모든 경우에는 법령상 안전 및 보건 확보의무를 이행할 필요가 있다.

다만 중대재해처벌법 시행령 제4조 제9호 각 목의 기준과 절차의 경우 "사업 또는 사업장별로 특성, 규모, 개별 업무의 내용과 속성, 장소 등 구체적 사정이 다르므로 수급인의 산업재해 예방을 위한 조치 능력과 기술에 관한 평가기준, 절차와 안전보건관리비용에 관한 기준 등을 사업 또는 사업장의 여건에 맞게 자율적으로 정하여 운영할 수 있다"라는 입장이다.

따라서 중대재해처벌법 시행령 제4조 제9호에 따라 마련한 기준과 절차에 각 개별 회사의 사업 특성 등에 따라 도급, 용역, 위탁을 받는 자(수급인)의 평가방식을 별도로 정하여 운영하고 우수협력업체에 대한 인센티브를 부여하고 계약별 평가방식을 별도로 정하여 운영이 가능하다.

다만 해당 기준과 절차가 형식적으로 운영되는 것이 아닌 중대산업재해예방에 실질적으로 효과가 있는 이행방식으로 운영되어야 한다.

(4) 안전보건 관련 평가기준 및 절차 마련 이행 여부 점검 주체

중대재해처벌법 시행령 제4조 제9호에 따라 도급, 용역, 위탁을 받는 자의 산업재해예방을 위한 조치 능력과 기술에 관한 평가기준, 절차 마련 의무와 이행 여부를 점검하는 주체가 누구인지 궁금할 것이다.

고용노동부 질의회시(중대산업재해감독과 - 4290, 2022.11.4.)에 따르면 "개인사업주 또는 경영책임자로 경영책임자가 이를 직접 수행하거나 소속 직원이나 조직 등을 통해 해당 업무를 수행토록 하고 보고 받을 수도 있다"라는 입장이다.

중대재해처벌법 시행령 제4조 제9호의 의무는 개인사업주나 경영책임자 등이 종사자의 안전 및 보건 확보를 위해 마련한 기준과 절차에 따라 수급인을 선정하고 해당 계약이 제대로 이행되는지를 반기 1회 이상 점검하도록 하고 있다. 도급인과 수급인이 함께 각 종사자의 중대산업재해를 예방하고자 한 취지이다.

(5) 건설업 산업안전보건관리비 계상 의무와의 관계

중대재해처벌법 시행령 제4조 제9호의 의무는 산업안전보건법상 건설업 산업안전보건관리비 계상 의무와 다른지 여부가 궁금할 것이다.

고용노동부 질의회시(중대산업재해감독과 - 2804, 2022.7.21.)에 따르면 "산업안전보건법과 중대재해처벌법은 상호 일반법과 특별법의 관계는 아니다. 각 법률에 따른 의무주체가 각 해당 의무를 이행하는 것으로 산업안전보건법상 건설업 산업안전보건관리비 계상 의무는 건설공사 발주자의 의무이다. 반면에 중대재해처벌법 시행령 제4조 제9호는 도급, 용역, 위탁 등을 하는 경우 도급인 등의 의무로 법률상 별개의 의무"이다.

이외에도 산업안전보건법상 근로자를 사용하는 사업주는 개인보호구 지급 의무가 있다. 그런데 중대재해처벌법 시행령 제4조 제9호에서는 도급인이 종사자의 개인보호구 구입비용을 계약에 반영하는 경우도 있는데 이때 법령상 상호 상충되는 것은 아닌지가 궁금할 것이다.

고용노동부 질의회시(중대산업재해감독과 - 2804, 2022.7.21.)에 따르면 "산업안전보건법에 따라 사업주가 근로자에게 개인보호구를 지급하는 의무와 중대재해처벌법상 도급인 등이 수급인의 안전보건을 위한 관리비용에 관한 기준을 마련하고 그에 따라 도급, 용역, 위탁 등 계약을 하는 것은 각각 별개의 의무로 보아 상충되지는 않는다"라는 입장이다.

(6) 타 법상 의무와의 관계

도급, 용역, 위탁을 막론하고 국가 및 지방계약법으로 이루어지는 계약인 경우, 산업재해예방을 위한 조치능력과 기술에 대한 평가기준에 미달하는 수급업체와의 계약이 가능한지 여부가 궁금할 것이다.

고용노동부 질의회시(중대산업재해감독과 - 2795, 2022.7.21.)에 따르면 "중대재해처벌법과 국가계약법 및 지방계약법은 각각 별개의 법률로서 각 법령의 수급자는 해당 법률상 의무를 모두 이행하여야 한다"라고 보고 있다.

국가계약법 및 지방계약법상의 기준을 충족하였을지라도 중대재해처벌법 시행령 제4조 제9호 가목에 따른 수급인 등이 산업재해예방을 위한 조치능력과 기술에 관한 평가 기준에 미달하는 업체와 도급, 용역, 위탁 등 계약을 체결하고 이로 인해 중대산업재해가 발생하였다면 해당 기관의 경영책임자는 중대재해처벌법을 위반한 것으로 볼 수 있다.

다만 계약은 계약 당사자의 자유의사에 따라 이루어지는 것이므로 도급인이 평가기준에 미달하는 수급업체와 계약하였다는 사실만으로 형사 처벌을 하는 것은 아니다.

해당 사실이 원인이 되어 중대산업재해가 발생하였는지 여부에 관한 개별적이고 구체적인 사실관계 조사 결과에 따라 형사 처벌 여부가 결정된다.

(7) 산업안전보건법 제61조의 적격 수급인 선정 의무와 중대재해처벌법 시행령 제4조 제9호의 의무 관계

도급을 준 경우 산업안전보건법 제61조의 적격 수급인 선정 의무를 이행하였다면 중대재해처벌법 시행령 제4조 제9호에 따른 의무를 이행한 것으로 볼 수 있는지 여부가 궁금할 것이다.

고용노동부 질의회시(중대산업재해감독과 - 3887, 2022.10.4.)에 따르면 "산업안전보건법상 적격 수급인 선정 의무를 이행하였다는 사실만으로 중대재해처벌법 시행령 제4조 제9호에 따른 도급, 용역, 위탁 등을 받는 자의 산업재해예방을 위한 평가기준, 절차를 마련하고 반기 1회 이상 점검의무를 이행하였다고 곧바로 간주되는 것은 아니다"라는 입장이다.

다만, 산업안전보건법상 적격 수급인 선정 의무를 이행한 경우 중대재해처벌법 시행령 제4조 제9호에 따른 의무를 이행한 것으로 판단될 여지는 높다고 해석하고 있다.

한편 중대재해처벌법 시행령 제4조 제9호에서 기준과 절차의 경우 사업 또는 사업장별로 특성, 규모, 개별 업무의 내용과 속성, 장소 등 구체적 사정이 다르므로 사업 또는 사업장의 여건에 맞게 자율적으로 정하도록 하고 있다.

(8) 도급, 용역, 위탁 등을 하는 경우 수급인에 대한 평가 주기

도급 등을 하는 경우 하나의 수급인과 여러 번의 계약 업무를 진행하는 경우 매 계약 시마다 평가를 진행해야 하는지 여부가 궁금할 것이다. 특히 수급업체에 따라 계약기간이 2~3년 등으로 체결되어 1년을 초과하는 경우 적격 수급업체 평가를 매년 시행하여야 하는지 아니면 2~3년이 지나 재계약 시점이 도래했을 경우에 평가하여야 하는지가 궁금할 것이다.

또한 수급업체에 대한 최초 평가결과를 개별 회사 시스템상 등록, 관리하고 계속 갱신·유지되면 계속 유효한 것인지 아니면 유효기간을 얼마의 기간으로 보는지 여부가 궁금할 것이다.

이에 대해 고용노동부 질의회시(중대산업재해감독과 - 3860, 2022.9.30.)에 따르면 "중대재해처벌법 시행령 제4조 제9호에 따라 마련한 기준과 절차에 각 개별 회사의 사업 특성 등에 따라 도급, 용역, 위탁을 받는 자(수급인)의 평가 주기, 평가 결과의 유효기간 역시 자유롭게 정하여 운영할 수 있다고 보고 있다. 다만 해당 기준과 절차가 형식적으로 운영되는 것이 아닌 중대산업재해예방에 실질적으로 효과가 있는 방식으로 운영되어야 한다"라고 보고 있다.

또한 시행령의 취지는 "개인사업주 또는 경영책임자 등이 종사자의 안전 및 보건 확보를 위해 마련한 기준과 절차에 따라 수급인을 선정하고 해당 계약이 제대로 이행되는지를 반기 1회 이상 점검하도록 하여 도급인과 수급인이 함께 각 종사자의 중대산업재해를 예방하고자

한 것이므로 이러한 취지에 부합하도록 하여야 한다"라고 보고 있다.

(9) 도급, 용역, 위탁 등을 하는 경우 업종 또는 근로자 수에 따라 평가를 안 해도 되는 경우가 있는지 여부

도급, 용역, 위탁 등을 하는 경우 업종 또는 근로자 수에 따라 평가를 안 해도 되는 경우가 있는지 여부가 궁금할 것이다.

고용노동부 질의회시(중대산업재해감독과 - 4729, 2022.12.5.)에 따르면 "중대재해처벌법 시행령 제4조 제9호는 제 3자에게 도급, 용약, 위탁 등을 하는 경우의 의무를 정하였을 뿐 도급 등의 업종, 규모, 유형, 근로자 수 등에 따로 제한을 두고 있지 않다"라는 입장이다.

(10) 도급, 용역, 위탁 등을 하는 경우 평가해야 하는 수급인의 범위

건물 관리를 하는 회사에서 3~7일의 단기간 또는 30만 원 미만의 소액 유지보수 공사 협력업체를 선정하는 경우 협력업체에 대해 평가를 해야 하는지 여부가 궁금할 것이다.

고용노동부 질의회시(중대산업재해감독과 - 4346, 22.11.7.)에 따르면 "중대재해처벌법 시행령 제4조 제9호에서는 도급 등의 계약기간 또는 공사금액 등에 관하여는 따로 예외를 두지 않으므로 단기 또는 소액 유지보수공사라 하더라도 종사자의 생명과 신체를 보호하기 위하여 협력업체에 대한 기준과 절차를 마련하고 평가를 실시해야 한다"라고 보고 있다.

(11) 도급인의 중대재해처벌법 의무 이행 점검 방식

중대재해처벌법 시행령 제4조에 따라 반기 1회 이상 점검 및 조치 의무를 두고 있는데 수급업체가 실시하는 안전보건관리체계 구축부터 안전보건 관계법령에 따른 의무이행 조치 사항을 도급업체가 반기 1회 이상 점검하라는 것인지 여부가 궁금할 것이다.

고용노동부 질의회시(중대산업재해감독과 - 573, 23.2.21.)에 따르면 "도급업체의 상시 근로자가 50인 이상(2024년 1월 27일부터는 5인 이상)이라면 도급인은 수급인에 대해 법 제4조, 제5조, 시행령 제4조에 따른 조치를 취해야 한다. 다만 이를 이행하는 방법에 대해서는 별도로 규정하고 있지 않으므로 직접 실행하여야 할 내용은 직접 실행하여야 한다. 수급인에게 확인하여야 할 내용이 있다면 확인하는 등 기업의 상황에 맞게 자율적인 방법으로 의무를 이행하면 된다"라는 입장이다.

아울러 도급인의 경영책임자는 중대재해처벌법 제4조, 제5조에 따라 종사자에 대한 안전 및 보건 확보의무가 있으므로 수급인에 대한 법 적용 여부와 무관하게 도급인은 수급인 종사자에 대하여 안전 및 보건 확보의무를 부담하여야 한다.

중대재해처벌법은 개인사업주나 법인 또는 기관이 실질적으로 지배, 운영, 관리하는 사업 또는 사업장, 시설·장비·장소 등에서 일하는 모든 종사자의 안전 및 보건 확보의무를 부과하고 있다. 개인사업주 또는 경영책임자 등이 제4조 또는 제5조의 안전 및 보건 확보의무를 위반하여 종사자를 중대산업재해에 이르게 한 경우 처벌대상이 된다. 법령상 의무는 도급인과 수급인 각자가 이행하여야 한다. 상시 근로자가 50명 이상(2024년 1월 27일부터는 5명 이상) 도급인 혹은 수급인은 자신의 권한 및 책임 범위 내에서 각자 법에 따른 의무를 이행할 필요가 있다.

9.6 유의사항

구분	유의사항
도급 등의 법상 적합 여부	1 법상 도급금지 및 승인 대상 여부 확인 • 도급금지 작업(제58조), 도급승인(제59조) 및 도급의 승인 시 하도급 금지(제60조) 확인 2. 도급·용역·위탁 업무의 위험도를 사전에 분석 • 위험성평가에 따른 위험도 분석 3. 안전·보건을 위한 관리비용에 관한 기준 작성 4. 건설업, 조선업의 경우 도급, 용역, 위탁 등을 받는 자의 안전·보건을 위한 공사기간 또는 건조기간 기준 작성
도급, 용역, 위탁 등 선정 기준, 절차서	1. 도급·용역·위탁 사업주 선정기준과 절차 마련 • 산업재해예방을 위한 조치 능력과 기술에 관한 평가 관련 기준, 절차(적격수급업체 선정 평가 매뉴얼 등) • 안전보건 확보가 어려운 경우 계약 금지 조문 명시 2. 입찰공고문 명문화 규정 • 안전관리비용, 적절한 공사기간 제시 • 안전보건수준 평가 기준 제시 • 안전보건관리계획서 작성 기준 제시
평가 실시	1. 도급·용역·위탁업체 안전보건 수준 평가 • 평가위원, 평가기준, 평가항목에 따라 평가실시 • 안전보건관리계획서를 평가기준에 따라 평가실시 2. 안전보건 확보가 어려운 경우 계약 금지 3. 평가항목 • I. 안전보건관리체계(리더십, 근로자 참여, 위험요인 파악 및 제거·대체·통제, 비상조치 계획)

구분	유의사항
	• II. 도급·용역·위탁 안전보건 관리계획(위험요인 파악 및 제거·대체·통제, 자원 배정(시설·장비), 자원 배정(인력), 비상조치계획)
사업장 정보 제공	1. 안전보건에 관한 정보 제공(산업안전보건법 제65조) • 해당업체가 선정되면 사업장의 안전보건에 관한 정보(유해·위험물질의 유해성·위험성, 유해·위험작업에 대한 주의사항 등)를 제공하는 절차 작성 • 정보 부족으로 인한 재해 방지 • 절차에 따라 정보를 제공하고 주기적으로 자료를 보완
계약서	1. 계약서에 안전보건확보에 필요한 조건 명시 • 안전보건관리규정의 제출 • 표준작업계획 • 작업허가제 등 작업절차 준수 : 안전작업 허가서 양식 • 정기 순회점검 • 작업 전 안전미팅 실시 • 비상훈련 참여 등
계약 이행 여부 확인	1. 계약 이행여부 확인(관리감독 절차 작성) • 안전보건 정보제공 • 안전보건협의체 구성·운영 • 순회점검, 합동안전보건점검 • 안전 작업허가제 실시 • 안전보건교육 지도·지원 • 유해인자 및 화학물질 관리 • 경보체계, 대피 등 합동 훈련 • 위생시설 등 장소 제공(이용 협조) 2. 안전작업허가서 작성 • 작업별 사전체크 항목 3. 안전관리비용, 공사기간 적정성 이행 확인 • 도급·용역·위탁 등을 받는 자의 적정 안전보건관리비용 및 적정 공사기간(건조기간) 검토 후 비용이 지급되는지, 해당 사업이 적정 기간에 이루어지는지 확인 4. 의견 전달 절차 • 도급·용역·위탁받은 자 : 안전보건에 관한 의견을 전달하는 절차 • 제시된 의견에 대한 검토 및 처리결과를 근로자에게 제공
공생 협력	1. 안전보건 공생협력 • 협력업체(하청)의 자율적 안전보건관리 능력 향상을 위한 프로그램 수립, 시행
성과 평가	1. 사업별 도급·용역·위탁 업무 완료 시 안전보건 업무 성과 평가 • 피드백 후 개선조치 사항
이행 여부 점검	1. 반기 1회 이상 이행 여부 점검 • 필요한 개선방안 마련 • 개선방안 이행 여부 점검 • 추가적인 조치 필요한 경우는 조치 실행

9.7 도급, 용역, 위탁 시 안전보건 확보 절차 마련 및 점검 의무사항 이행점검표

도급, 용역, 위탁 시 종사자 안전보건 확보를 위한 기준 절차 마련 및 점검표

○ 점검일 :

○ 부서명 :

○ 점검자 : (인)

□ 점검 주요 내용

구분	주요 내용	비고(관련근거)
1. 관련근거	1. 중대재해처벌법 시행령 제4조 제9호 • 제 3자에게 도급, 용역, 위탁 등을 하는 경우 종사자의 안전·보건을 확보하기 위한 기준과 절차 마련 2. 산업안전보건법 제5장 도급 시 산업재해예방 제1절 도급의 제한, 제2절 도급인의 안전조치 및 보건조치, 제3절 건설업 등의 산업재해예방	중대재해 해설서 준용 점검 및 관리
2. 법의 의의	1. 업무의 도급, 용역, 위탁 등을 하는 경우 종사자 안전·보건 확보를 위한 기준 및 절차를 마련하고 점검 가. 도급, 용역, 위탁 등을 받는 자의 산업재해예방을 위한 조치 능력과 기술에 관한 평가기준·절차 나. 도급, 용역, 위탁 등을 받는 자의 안전·보건을 위한 관리비용에 관한 기준 다. 건설업의 경우 도급, 용역, 위탁 등을 받는 자의 안전·보건을 위한 공사기간에 관한 기준	도급·용역·위탁사업 산업재해 예방 매뉴얼
3. 도급, 용역, 위탁 등을 받는 자의 산업재해예방을 위한 조치 능력과 기술에 관한 평가기준·절차	1. 산업재해예방 조치 능력과 기술 평가기준 가. 일반용역 적격심사 세부기준 개정사항 적용 나. 입찰, 소액수의 공고문에 중대재해처벌법 관련 법령 준수 문구 추가 다. 수급업체 선정 시 안전보건수준 평가 • 평가대상 : 실질적으로 지배·운영·관리 책임이 있는 도급, 용역, 위탁사업 계약 • 평가방법 : 안전보건관리계획서 제출(계약예상업체)에 따른 적격 수급업체 선정평가표를 통해 평가실시 라. 협상에 의한 계약, 경진대회에 의한 계약 등 발주부서에서 평가방법을 작성 할 수 있는 계약은 평가항목에 안전보건수준 평가 관련 항목 반영 마. 계약체결 시 : 계약체결 필수양식에 안전보건관리 준수 서약서 추가	산업재해 예방조치 능력과 기술 적정성, 도급·용역·위탁사업 산업재해 예방 매뉴얼

구분	주요 내용	비고(관련근거)
	바. 안전관리비용 지급대상 확대반영 : 건설공사, 구매설치, 용역 등 사. 도급·용역·위탁 사업 안전보건조치 이행 점검 • 계약 체결 이후 분야별·시설별 안전 및 보건 확보의무사항 이행실태 점검	
4. 도급, 용역, 위탁 등을 받는 자의 안전·보건을 위한 관리비용에 관한 기준	1. 안전보건관리비용 사용 기준 점검 가. 산업안전보건법 제72조 건설공사 등의 산업안전보건관리비 계상 등 나. 산업안전보건법 제73조 건설공사의 산업재해예방 지도 등	안전보건 관리비용 집행 적정성 등
5. 건설업의 경우 도급, 용역, 위탁 등을 받는 자의 안전보건을 위한 공사기간에 관한 기준	1. 안전·보건을 위한 공사기간 • 도급, 용역, 위탁자에 대해 안전·보건 확보를 위한 공사기간 산정	공사기간의 적정성

□ 도급, 용역, 위탁 시 안전보건 확보 절차 점검표

○ 작성대상 : 2024년 진행사업

연번	구분	계약건명	발주부서	계약일자	계약 총금액	계약업체	준공일

<table>
<tr><th rowspan="2">공사 기간 산정 기준 준용</th><th rowspan="2">적격수급 업체평가 실시</th><th colspan="3">안전관리비용</th><th colspan="2">재해예방 기술지도</th><th colspan="2">위험성평가 시행</th></tr>
<tr><th>산업안전 보건관리비</th><th>안전관리비</th><th>미반영 사유</th><th>시행 여부</th><th>미실시 사유</th><th>위험성평가 시행</th><th>미실시 사유</th></tr>
<tr><td></td><td></td><td></td><td></td><td></td><td></td><td></td><td></td><td></td></tr>
</table>

<table>
<tr><th rowspan="2">도급, 용역, 위탁 사업 대상</th><th colspan="3">협의체 관련</th><th colspan="4">작업장 점검 관련</th><th colspan="2">특별안전 보건교육</th><th colspan="2">안전보건조치 이행점검 (반기점검)</th></tr>
<tr><th>협의체 대상</th><th>협의체 시행 여부</th><th>미실시 사유</th><th>합동안전 보건점검 시행</th><th>미실시 사유</th><th>작업장순회 점검 시행</th><th>미실시 사유</th><th>교육 시행</th><th>미실시 사유</th><th>이행점검 대상</th><th>시행 여부</th></tr>
<tr><td></td><td></td><td></td><td></td><td></td><td></td><td></td><td></td><td></td><td></td><td></td><td></td></tr>
</table>

제3장

재발방지 대책 수립과 이행

1 재해 발생 시 재발방지 대책 및 이행 조치

1.1 관련 조문

중대재해처벌법 제4조(사업주와 경영책임자 등의 안전 및 보건 확보의무) 제1항 제2호에서는 재해 발생 시 재발방지 대책의 수립 및 그 이행에 관한 조치를 하도록 규정하고 있다.

◑ 법 제4조(사업주와 경영책임자 등의 안전 및 보건 확보의무) 제1항 제2호

① 사업주 또는 경영책임자 등은 사업주나 법인 또는 기관이 실질적으로 지배·운영·관리하는 사업 또는 사업장에서 종사자의 안전·보건상 유해 또는 위험을 방지하기 위하여 그 사업 또는 사업장의 특성 및 규모 등을 고려하여 다음 각 호에 따른 조치를 하여야 한다.

2. 재해 발생 시 재발방지 대책의 수립 및 그 이행에 관한 조치

1.2 조문의 취지

재해 재발방지 대책은 이미 발생한 재해에 대한 사후조치를 의미한다. 이 조문의 취지는 발생한 재해에 대한 조사와 분석, 전문가 의견수렴을 통해 원인을 파악하고 동일·유사한 재해가 재발하지 않도록 개선대책을 수립하고 이행하기 위함이다.

1.3 실행방법

(1) 재해 재발방지 대책 수립 절차

재해 재발방지 대책 수립을 위한 절차는 다음 그림과 같다.

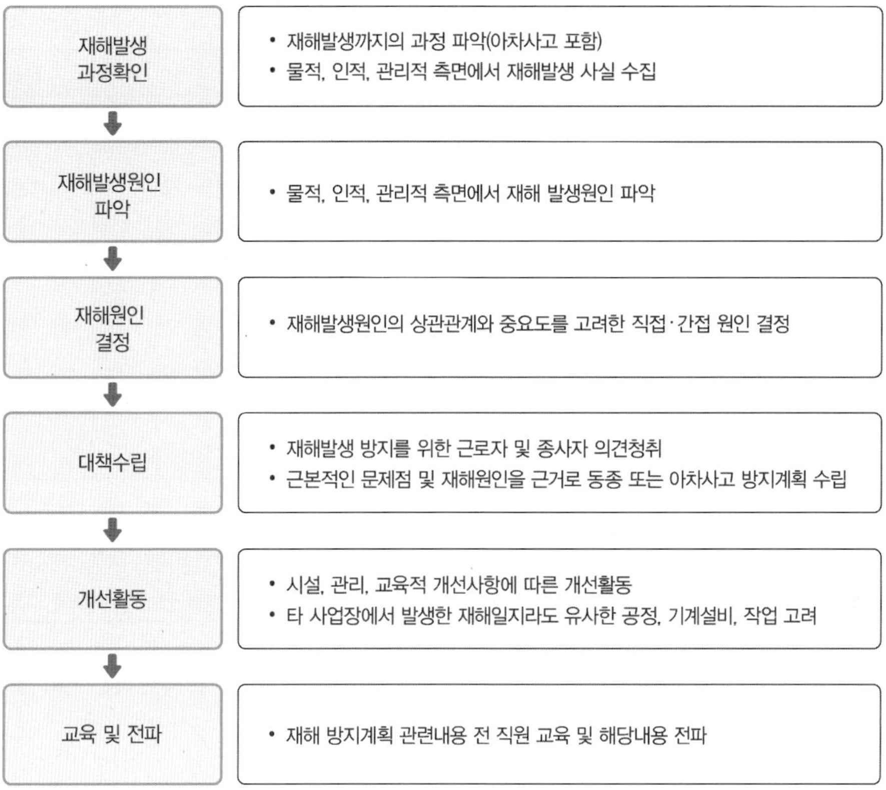

그림 3.1 재해 재발방지 대책 수립 절차

(2) 재해의 원인을 신속하게 조사하고 분석 실시

재해 재발방지 대책을 수립하기 위해서는 먼저 발생한 재해의 원인을 신속하게 조사하고 분석하여야 한다. 사고조사는 지식과 경험이 있는 전문가, 사고 관련 작업자 또는 필요시 안전보건관리 전문기관 등을 통해 할 수 있다. 발생한 사고가 협력업체와 관련된 작업일 경우에는 협력업체 담당자를 조사에 참여시켜야 한다.

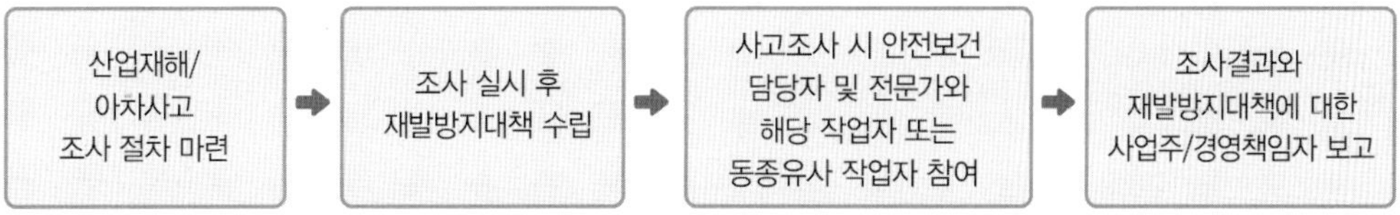

그림 3.2 재발방지 대책 수립 과정

표 3.1 재해 종류

구분	내용	비고
중대재해 (산업안전보건법)	• 산업재해 중 - 사망자 1명 이상 - 3개월 이상 요양이 필요한 부상자 동시 2명 이상 - 부상자 또는 직업성 질병자 동시 10명 이상	시행규칙 제3조
중대산업재해 (중대재해처벌법)	• 산업안전보건법상 산업재해 중 - 사망자 1명 이상 - 동일사고로 6개월 이상 치료 부상자 2명 이상 - 동일 유해요인으로 직업성 질병자 1년 내 3명 이상	제2조
재해 (고용노동부 해설서)	• 경미하더라도 반복되는 산업재해를 포함	
중상해	• 부상으로 인하여 8일 이상의 노동 상실을 가져온 재해	
아차사고	• 작업자의 부주의나 현장 설비 결함 등으로 사고가 일어날 뻔 했지만 사고로 이어지지 않음	

(3) 현장 보존 실시

사고와 관련한 물적 증거가 손상되거나 소실되지 않도록 조사가 끝날 때까지 현장을 보존해야 한다. 현장 상황을 사진·영상으로 촬영하여 보존할 수 있으며 필요시 유사상황 재현, 설비 해체 등을 통해서 근원적 원인을 분석해야 한다.

(4) 재해조사보고서 작성 충실

재해조사보고서에는 다음의 사항을 포함하는 것이 바람직하다.

① 사고조사자의 소속, 성명
② 사고 일시·장소
③ 조사일시
④ 사고유형
⑤ 사고설비 및 물질명
⑥ 사고개요와 원인
⑦ 사고로 인한 피해의 크기
⑧ 수행된 비상조치의 내용 및 평가
⑨ 동종 유사 재해에 대한 재발방지 대책 등

표 3.2 사고조사 보고서 서식 예시

<table>
<tr><td colspan="9">사고조사 보고서</td></tr>
<tr><td rowspan="2">사고조사반</td><td colspan="2">소속</td><td colspan="2">성명</td><td colspan="2">소속</td><td colspan="2">성명</td></tr>
<tr><td colspan="2"></td><td colspan="2"></td><td colspan="2"></td><td colspan="2"></td></tr>
<tr><td>사고명</td><td colspan="4"></td><td colspan="2">사고일시</td><td colspan="2"></td></tr>
<tr><td>인적 피해</td><td colspan="8"></td></tr>
<tr><td>물적 피해</td><td colspan="8"></td></tr>
<tr><td>사고장소</td><td></td><td colspan="2">상해부위</td><td colspan="2"></td><td>사고형태</td><td colspan="2"></td></tr>
<tr><td>사고 원인</td><td colspan="8"></td></tr>
<tr><td>피해 내용</td><td colspan="8"></td></tr>
<tr><td>의사/외부
전문가 소견</td><td colspan="8"></td></tr>
<tr><td>재발방지 대책</td><td colspan="8"></td></tr>
<tr><td>기타내용
사고조사 사진</td><td colspan="8"></td></tr>
</table>

(5) 재해 감소대책 및 실행 계획서 작성

재해 발생 시 재발방지 대책을 수립하도록 지시하거나 재발방지 대책을 수립하도록 할 필요가 있다. 이때 재해는 중대산업재해만을 의미하는 것은 아니다. 경미하거나 사소하지만 반복적으로 발생할 수 있고 방치될 경우 큰 사고로 이어질 위험이 있는 재해도 포함하여 조사를 하고 재해 감소대책과 실행 계획서를 작성할 필요가 있다. 예를 들어 한 부서에 여러 명이 질병으로 인해 결근이 발생했을 때도 재해조사를 실시해야 한다.

아차 사고의 경우에도 종사자에게 해당 내용을 제출하게 하고 제출된 결과를 확인하여 필요한 조치를 한다면 중대재해를 예방할 수 있다.

아차 사고는 생명·건강에 위해를 초래할 가능성이 있었으나 산업재해로는 이어지지 않은 사고를 말한다. 아차 사고가 여러 차례 발생했음에도 불구하고 개선되지 않으면 하인리히 법칙(1:29:300 법칙)에 따라 통상 산업재해로 이어진다. 아차 사고를 포함한 모든 사고는 조직의 안전과 보건에 관한 사정이 실제로 어떠한지에 대한 많은 정보를 알려준다.

해외 글로벌 기업들은 아차 사고가 발생한 경우라 할지라도 해당 사고가 발생한 근본적이고 구조적인 원인을 파악하는 데 많은 시간과 노력을 기울이고 있다. 일반적으로 업무수행 중 발생한 사고에 대해서는 아래와 같은 순서로 예방 활동을 진행하고 있다.

① 1단계 : 발생원인 분석을 통해 재해 발생의 근본 원인 파악(Root Cause Analysis)
- 발생원인은 직접 원인(불완전한 상태, 불완전한 행동), 간접 원인(기술적, 교육적, 관리적 원인) 등으로 나누어 분석 실시

② 2단계 : 근본 원인에 대한 조치계획을 수립하여 개선 조치
- 조치계획은 긴급대응 계획과 영구적 대책으로 나누어 수립 실시

③ 3단계 : 조치결과 확인을 통해 재발 방지
- 조치계획에 대해서는 부서 관리감독자, 안전보건부서장, 담당임원, 안전보건관리책임자까지 검토하고 조치결과 확인을 통해 재발 방지

재해 감소대책 수립 및 실행 계획서 작성 서식과 아차 사고 보고서 양식의 예시는 다음 표와 같다.

표 3.3 재해 감소대책 수립 및 실행 계획서 서식

구분	유해·위험요인 파악			관련근거	현재 위험성	감소대책		개선 후 위험성	담당자	조치 요구일	조치 완료일	완료 확인
	분류	원인	유해·위험 요인	법규/노출 기준		NO	세부 내용					
기계적 요인												
전기적 요인												
화학적 요인												
생물학적 요인												
작업특성 요인												
작업환경 요인												

표 3.4 재해 재발방지 대책 계획서

<table>
<tr><td colspan="6">재해 재발방지 대책 계획서

사업장명 :</td></tr>
<tr><th colspan="3">구분</th><th colspan="3">주요 내용</th></tr>
<tr><td colspan="3">재해자
인적 사항</td><td colspan="3">□ 성 명 : □ 생년월일 :
□ 소 속 : □ 직 종 :
□ 재해정도 : 사망( ), 부상(, 치료예상기간 일)</td></tr>
<tr><td colspan="3">재해
발생 내용</td><td colspan="3">□ 일 시 : □ 장 소 :
□ 발생형태 : □ 상해부위(종류) :
□ 사건개요 :</td></tr>
<tr><td rowspan="5">재해
재발
방지
대책
계획</td><td colspan="2">사건
발생원인</td><td colspan="3"></td></tr>
<tr><td rowspan="3">방지
대책</td><td>기술</td><td colspan="3"></td></tr>
<tr><td>교육</td><td colspan="3"></td></tr>
<tr><td>관리</td><td colspan="3"></td></tr>
<tr><td colspan="2">안전관리
방안</td><td colspan="3"></td></tr>
<tr><td colspan="3">작성자
(담당자)</td><td>(서명)</td><td>확인자
(현장소장/사업주 등)</td><td>(서명)</td></tr>
</table>

표 3.5 재해 재발방지 대책 계획서 점검표

<table>
<tr><td colspan="4">재해 재발방지 대책 계획서 점검표
사업장명 : 점검일자 : 년 월 일</td></tr>
<tr><td>점검자
(담당자)</td><td>(서명)</td><td>확인자
(현장소장/ 사업주 등)</td><td>(서명)</td></tr>
</table>

점검 사항	이행	미이행	개선사항
위험요인별로 어떤 재해가 발생할 수 있는지를 검토하여 중대재해로 이어질 수 있는 재해요인 파악 여부			
발생 가능한 사고의 유형 및 형태, 사고 발생 시 초래될 결과 등을 확인·예측 가능 여부			
본사·사업장별 위험성이 높은 위험요인에 대해 재해발생 시나리오 작성 여부			
재해 발생 시나리오별 조치계획을 작성하여 관계 부서, 공정, 유해·위험물질, 재해유형, 원인, 피해범위 등의 갱신·관리 여부			
비상조치계획에는 필요한 인력 및 시설·장비(인적·물적) 포함 여부			
비상조치계획에 작업 중지·근로자 대피·위험요인 제거 등 대응조치, 재해자 구호조치, 추가피해 방지를 위한 조치 포함 여부			
비상조치계획에 상황보고 및 전파체계, 조치별 대응조직 및 담당자의 역할 구분 여부			
비상 시 즉각 탈출할 수 있는 비상구가 충분히 마련되었고, 즉각 알아볼 수 있는 표지판 설치 여부			
비상상황에 대비한 병원, 소방서 등 유관기관과의 협조체계 마련 여부			
비상조치계획에 따라 주기적으로 훈련하고 적정성 검토 여부(반기 1회 이상)			
훈련과정에서 발견된 문제점을 검토하여 조치계획 개선 여부			
※ 반기 1회 이상 점검 및 보고			

(6) 재해 발생 시 보고절차 마련

재해가 발생한 경우 보고절차를 마련할 필요가 있다.

(7) 유해·위험요인을 확인하고 개선하는 절차와 연계하여 재발방지 대책 수립

재발방지 대책은 유해·위험요인을 확인하고 개선하는 절차(시행령 제4조 제3호)와 긴밀하게 연결될 때 더 큰 재해예방 효과가 있다.

(8) 재해사례 전 직원에게 전파 및 재발방지 대책 공유

경영책임자 등은 재발방지 대책을 신속하게 시행하고 그 결과를 반드시 보고 받아야 한다. 또한 재해사례를 전 직원에게 전파하여 다시는 동종의 재해가 발생하지 않도록 관리하는 것이 중요하다. 수립된 재발방지 대책은 사고가 발생한 현장뿐만 아니라 경영책임자 등이 관리하는 모든 사업장에서 이행되도록 공유하는 것이 좋다.

(9) 재발방지 대책 담당자, 이행시기 지정 및 이행 여부 확인 절차 마련

재발방지 대책의 담당자와 이행시기를 정하고 사업주 등이 이행 여부를 확인하는 절차를 두어야 한다.

1.4 고용노동부 질의회시

(1) 재해 발생 시 재발방지 대책 수립 및 그 이행에 관한 조치의 구체적인 방법

중대재해가 발생하여 사업장에서 기술적, 경제적, 환경적 이유 등으로 인해 사고조사와 재발방지대책 수립·이행이 지연되고 있던 중 또다시 중대재해가 발생하였다면 중대재해처벌법 제4조 제1항 제2호를 위반한 상황인지 여부가 궁금할 것이다.

고용노동부 질의회시(중대산업재해감독과 - 3228, 22.8.22.)에 따르면 "중대재해처벌법 제4조 제1항 제2호에서는 경영책임자 등의 안전 및 보건 확보의무로 재해발생 시 재발방지 대책의 수립 및 그 이행에 관한 조치를 규정하고 있다. 이에 따라 경영책임자 등은 재해가 발생한 경우 이를 보고 받을 수 있는 절차를 마련하고 재해발생 사실을 보고받은 경우는 재해의 재발방지 대책을 수립하도록 지시하는 등에 관한 사항을 제도화할 필요가 있다"라고 보고 있다.

동 조항의 취지는 재해를 일으킨 유해·위험요인을 제게·대체·통제하여 유사한 사고의 재발을 막기 위한 것이다. 유사한 유해·위험요인에 의한 사고가 재발하지 않도록 즉시 재해 원인 분석, 전문가·종사자 의견수렴을 통한 재발방지 대책 마련 등 일련의 조치가 이루어져야 한다.

따라서 사고가 발생했음에도 불구하고 기술적, 경제적, 환경적 이유 등으로 해당 사고 재발을 막기 위한 재발방지 대책의 수립 절차가 진행되지 않을 경우는 법 위반에 해당할 수 있다.

중대재해처벌법 제4조 제1항 제2호에서의 재해는 반드시 중대산업재해만을 의미하는 것은 아니고 경미하더라도 반복되는 산업재해도 포함하는 개념이라고 고용노동부는 보고 있다.

아차사고와 사소한 사고가 반복되면 큰 사고로 이어질 수 있으므로 경미한 산업재해라 하더라도 그 원인 분석과 재발방지 조치를 통해 중대산업재해를 초기에 예방할 필요가 있다.

따라서 인적, 물적 피해로 이어지지 않은 아차사고라 할지라도 대형재해로 일어나기 전에 발생하는 전조 증상에 해당될 수 있으므로 재발방지 대책을 수립하고 이행하는 것이 바람직하다.

표 3.6 최초 사고보고서

<table>
<tr><td colspan="9">사고보고서(최초)</td></tr>
<tr><td rowspan="3">공사현황</td><td>공사명</td><td colspan="4"></td><td>현장소재지</td><td colspan="2"></td></tr>
<tr><td>시공사명</td><td colspan="4"></td><td>하도급업체명</td><td colspan="2"></td></tr>
<tr><td>공사금액</td><td colspan="4"></td><td>공정률</td><td colspan="2"></td></tr>
<tr><td rowspan="3">사고개요</td><td>발생일시</td><td colspan="2"></td><td>기상상태</td><td></td><td>사고공종</td><td colspan="2"></td></tr>
<tr><td>발생장소</td><td colspan="4"></td><td>수행업무</td><td colspan="2"></td></tr>
<tr><td>사고유형</td><td colspan="7">□ 떨어짐 □ 넘어짐 □ 깔림 □ 부딪힘 □ 맞음
□ 끼임 □ 감전 □ 폭발 □ 화재 □ 기타</td></tr>
<tr><td rowspan="4">재해정보</td><td>인적사항</td><td>이름</td><td></td><td>나이</td><td></td><td>성별</td><td></td><td>국적</td></tr>
<tr><td>입사일</td><td colspan="3"></td><td>고용형태</td><td colspan="3">□ 상용 □ 임시 □ 일용 □ 기타</td></tr>
<tr><td>상해종류</td><td colspan="3"></td><td>상해부위</td><td colspan="3"></td></tr>
<tr><td>물적피해</td><td colspan="7"></td></tr>
<tr><td colspan="2">사고내용</td><td colspan="7"></td></tr>
<tr><td colspan="2">조치내역</td><td colspan="7"></td></tr>
<tr><td colspan="2">재해
상황도</td><td colspan="7"></td></tr>
</table>

표 3.8 아차사고사례 보고서

<table>
<tr><td colspan="4">아차사고사례 보고서</td></tr>
<tr><td>작업명</td><td></td><td>등급</td><td>A　　B　　C</td></tr>
<tr><td>작업내용</td><td colspan="3"></td></tr>
<tr><td>사고내용</td><td colspan="3"></td></tr>
<tr><td>발생원인</td><td colspan="3"></td></tr>
<tr><td>예방대책
(조치내용)</td><td colspan="3"></td></tr>
<tr><td>작업현장
상황설명
(사진, 도면)</td><td colspan="3"></td></tr>
</table>

등급	위험 정도	조치
A	중대재해가 예상되는 경우	조업중단 및 즉시조치
B	재해(사고)발생 시 *중상 또는 시설물 부분 파손 및 조업에 지장이 예상되는 경우	임시조치 후 안전대책 수립·시행
C	재해(사고)발생 시 **경상 또는 당해 시설물의 파손(불휴업)이 예상되는 경우	현 상태로 작업은 가능하나 교육시행 등의 관리적 조치 실시

* 중상 : 하루 이상 입원 및 1개월 이상의 치료를 요하는 부상이나 신체활동 부분을 상실하거나 그 기능을 영구적으로 상실한 경우

** 경상 : 사망, 중상을 제외한 부상

사진대지

내용	
내용	

1.4 유의사항

구분	유의사항
사고 조사 절차서	1. 사고발생시 보고절차 규정 2. 사고조사 절차서 작성 - 지식과 경험이 있는 전문가, 사고 관련 작업자 또는 필요시 안전보건관리 전문기관 참여 - 협력업체와 관련된 작업일 경우에는 협력업체 담당자를 조사에 참여 - 물적 증거가 손상되거나 소실되지 않도록 조사가 끝날 때까지 현장 보존 - 사고조사 대상은 중대산업재해와 아차사고까지 포함 - 재발방지 대책 수립 지시 체계 - 재발방지 대책의 담당자와 이행시기 규정 - 사업주 등이 이행 여부를 확인하는 절차 3. 사고조사 보고서 양식 작성 - 사고조사자의 소속, 성명 - 사고 일시·장소 - 조사일시 - 사고유형 - 사고설비 및 물질명 - 사고개요와 원인 - 사고로 인한 피해의 크기 - 의사/외부 전문가 참여 및 소견 - 수행된 비상조치의 내용과 평가 - 동종 유사 재해에 대한 재발방지 대책 등 4. 아차사고 조사 보고서 양식 작성 - 작업명, 등급, 작업내용, 사고내용, 발생원인, 예방대책(조치내용), 작업현장 상황 설명(사진, 도면) - 아차사고 등급 분류기준 : A, B, C
사고 조사 이행	1. 현장보존 조치 - 현장 상황을 사진·영상으로 촬영하여 보존 2. 필요시 유사상황 재현 3. 설비 해체 등을 통해서 근원적 사고 원인 분석
재해 사례 전파 및 공유	1. 전 직원에게 재해사례 전파 2. 타 사업장 공유 - 사고가 발생한 현장뿐만 아니라 경영책임자 등이 관리하는 모든 사업장에서 이행되도록 공유
재해 감소 대책 및 실행 계획서	1. 동일·유사한 재해가 재발되지 않도록 개선대책 수립 - 위험성평가와 연계하여 대책 수립 - 재해 감소대책 수립 및 실행 계획서

구분	유의사항
	• 기계적 요인, 전기적 요인, 화학적 요인, 생물학적 요인, 작업특성 요인, 작업환경 요인 구분 • 포함 내용 : 유해·위험요인 파악(분류, 원인, 유해·위험요인), 관련근거(법규/노출기준), 현재 위험성, 감소대책(세부 내용), 개선 후 위험성, 담당자, 조치 요구일, 조치 완료일, 완료 확인 2. 재발방지 대책 담당자 지정 - 재발방지 대책 담당자 지정 - 재발방지 대책 이행시기 규정 3. 계획에 따른 이행과 보고 확인 - 경영책임자 보고, 확인

1.5 재발방지 대책 수립 및 그 이행에 관한 조치 의무사항 이행점검표

<table>
<tr><td>

재해발생 시 재발방지 대책의 수립 및 그 이행에 관한 점검표

○ 점검일 :
○ 부서명 :
○ 점검자 : (인)

</td></tr>
</table>

□ 점검 주요 내용

구분	주요 내용	비고(관련근거)
1. 관련 근거	○ 중대재해처벌법 제4조 제1항 제2호 • 재해 발생 시 재발방지 대책의 수립 및 그 이행에 관한 조치	중대재해 해설서 준용 점검 및 관리
2. 법의 의의	○ 재발방지 대책의 수립 및 그 이행에 관한 조치 가. 개인사업주 또는 경영책임자 등은 재해가 발생한 경우 이를 보고 받을 수 있는 절차를 마련하고 재해발생 사실을 보고받은 경우는 재해의 재발방지 대책을 수립하도록 지시하거나 이를 제도화하여야 함 나. 재해 발생 시 재발방지 대책 수립은 이미 발생한 재해에 관한 사후 조치를 전제로 함 • 발생한 재해에 대한 조사와 결과 분석, 현장 담당자 및 전문가의 의견수렴 등을 통해 유해 위험요인과 발생 원인을 파악하고 동일 유사한 재해가 발생하지 않도록 파악된 유해·위험요인별 제거, 대체 및 통제방안을 검토하여 종합적인 개선대책을 수립하는 일련의 조치 다. 재발방지 대책의 수립 및 그 이행은 재해의 규모, 위험도, 사업 또는 사업장의 특성과 규모 등을 고려 • 중대재해처벌법 시행령 제4조 제3호의 유해·위험요인의 확인 개선절차 등에 반영될 수 있도록 설계되어야 함	

□ 재해 발생 시 재발방지 대책 수립 및 이행

발생일	재해내용	재발방지 대책		조치결과		점검 결과	비고
		수립여부	재방방지방안	이행여부	이행내용		

제4장

정부, 지자체의 관계법령에 따른 개선, 시정 사항 이행

1 중앙행정기관·지방자치단체가 관계 법령에 따라 개선, 시정 등을 명한 사항의 이행에 관한 조치

1.1 관련 조문

중대재해처벌법 제4조(사업주와 경영책임자 등의 안전 및 보건 확보의무) 제1항 제3호에서는 중앙행정기관·지방자치단체가 관계 법령에 따라 개선, 시정 등을 명한 사항의 이행에 관한 조치를 하도록 규정하고 있다.

◑ 법 제4조(사업주와 경영책임자 등의 안전 및 보건 확보의무) 제1항 제3호

① 사업주 또는 경영책임자 등은 사업주나 법인 또는 기관이 실질적으로 지배·운영·관리하는 사업 또는 사업장에서 종사자의 안전·보건상 유해 또는 위험을 방지하기 위하여 그 사업 또는 사업장의 특성 및 규모 등을 고려하여 다음 각 호에 따른 조치를 하여야 한다.

3. 중앙행정기관·지방자치단체가 관계 법령에 따라 개선, 시정 등을 명한 사항의 이행에 관한 조치

1.2 조문의 취지

중앙행정기관·지방자치단체가 관계 법령에 따라 개선·시정 등을 명한 사항의 이행 조치에 관한 조문이다. 이 조문의 취지는 중앙행정기관, 지방자치단체에서 내리는 안전과 보건에 관한 개선, 시정명령과 관련된 사항은 그 시점에서 법 위반 사항이므로 최대한 빨리 위반 사항을 해소하기 위한 조문이다.

1.3 실행방법

(1) 관계 법령에 따라 시정 명령한 사항은 경영책임자 등에게 보고하는 절차 마련

중앙행정기관 등이 각 사업장에 종사자의 안전·보건상 유해 또는 위험을 방지하기 위해 관

계 법령에 따라 개선 또는 시정을 명했다면 경영책임자 등에게 보고하는 절차를 마련해야 해야 한다.

중앙행정기관·지방자치단체가 관계 법령에 따라 개선·시정 등을 명할 때는 원칙적으로 서면으로 시행한다. 주로 행정처분을 의미하며 행정지도나 권고, 조언은 포함되지 않는다.

따라서 중앙행정기관 등이 점검을 실시한 후 내리는 행정처분 사실과 내용에 대해서는 반드시 사업주 등에게 보고되는 절차를 가지고 있어야 한다. 조치절차는 다음과 같다.

① 명령 사항의 확인 : 관리감독자

② 발생의 보고 : 관리감독자 → 안전보건관리책임자(본사, 현장)

③ 발생 현황 확인 및 공유 조치

- 사업주, 경영책임자 보고·조치
- 개선·시정명령
- 사례 전파(본사, 현장)

④ 명령사항 이행

- 발생한 현장의 안전보건관리책임자 주도로 개선·시정 등 조치이행

(2) 중앙행정기관 등이 지적한 사항은 본사 차원에서 기한 내에 신속히 이행하도록 관리

중앙행정기관 등이 지적한 사항은 본사 차원에서 기한 내에 신속히 이행하도록 관리해야 한다. 특히, 지방노동관서 감독, 안전보건공단의 패트롤 점검에서 시정을 요구하거나 지적한 내용은 반드시 시정하고 재발되지 않도록 조치해야 한다.

이러한 내용이 이행되지 않아서 중대재해가 발생하는 경우 중대재해처벌법 처벌 대상이 될 수 있으므로 경영책임자는 이행 여부를 반드시 보고받고 확인해야 한다.

(3) 개선 또는 시정을 명한 사항에 대해 주기적으로 이행 여부 확인

사업주 등은 개선 또는 시정을 명한 사항에 대해 주기적으로 이행 여부를 확인하여야 한다.

표 4.1 개선·시정명령 등 지시사항 관리대장

개선·시정명령 등 지시사항 관리대장

사업장명 :

구분	점검일	행정 기관명	시정내용	시정 지시일	조치내용	조치 일자	확인
1							(서명)
2							(서명)
3							(서명)
4							(서명)
5							(서명)
6							(서명)
7							(서명)
8							(서명)
9							(서명)
10							(서명)

1.4 유의사항

구분	유의사항
관계 법령 위반 사항 보고절차	1. 경영책임자 보고절차 마련 • 관계 법령 위반에 따른 개선, 시정명령 내용 보고 절차 • 결재자, 보고시간 명시 2. 보고에 따른 경영책임자 지시 및 확인 • 지시 및 확인 증빙
이행 조치	1. 재발방지 조치계획 수립 및 이행 2. 신속한 이행 관리 • 노동부 점검, 안전보건공단의 패트롤 점검 요구사항은 최대한 빠른 시간 내 반드시 시정 3. 개선, 시정 명령사항에 대해 주기적 이행 여부 확인 • 담당자 지정 / 매월 처리현황 파악

1.5 중앙행정기관 개선, 시정 명한 사항의 이행에 관한 조치 의무사항 이행점검표

중앙행정기관·지방자치단체가 관계 법령에 따라
개선, 시정 등을 명한 사항의 이행에 관한 점검표

○ 점검일 :

○ 부서명 :

○ 점검자 : (인)

□ 점검 주요 내용

구분	주요 내용	비고(관련근거)
1. 관련 근거	1. 중대재해처벌법 제4조 제1항 제3호(중앙행정기관·지방자치단체가 관계 법령에 따라 개선, 시정 등을 명한 사항의 이행에 관한 조치) 2. 산업안전보건법 제53조(고용노동부 장관의 시정조치 등) 3. 산업안전보건법 제56조(중대재해 원인조사 등)	중대재해 해설서 준용 점검 및 관리
2. 법의 의의	○ 중앙행정기관, 지자체가 개선·시정을 명한 사항 가. 중앙행정기관 또는 지방자치단체가 관계 법령에 따라 시행한 개선, 시정 명령을 의미하며 원칙적으로 서면으로 시행되어야 함 • 행정청이 처분을 할 때는 다른 법령 등에 특별한 규정이 있는 경우를 제외하고는 문서로 하여야 함(행정절차법 제24조) 나. 개선 또는 시정명령은 행정처분을 의미하고 행정지도나 권고 조언은 포함되지 않음 • 중앙행정기관 또는 지방자치단체가 안전 및 보건 확보와 무관한 내용에 대해 개선 시정 등을 명한 사항은 중대재해처벌법의 규율대상으로 보기 어려움 다. 중앙행정기관과 지방자치단체의 행정처분이 이루어진다면 그 사실은 물론 그 구체적인 내용에 대하여 개인사업주 또는 경영책임자 등에게 보고되는 시스템을 구축하여야 함	

□ 중앙행정기관·지방자치단체가 관계 법령에 따라 개선, 시정 등을 명한 사항의 이행

점검기관		시정권고 등 요구사항	조치결과		점검 결과	비고
점검부서	점검기간	요구내용	이행여부	이행내용		

제5장

안전보건 관계법령에 따른 관리상 조치

1 안전·보건 관계 법령에 따른 의무 이행 여부에 대한 점검 및 조치

1.1 관련 조문

중대재해처벌법 제4조(사업주와 경영책임자 등의 안전 및 보건 확보의무) 제1항 제4호에서는 안전·보건 관계 법령에 따른 의무 이행에 필요한 관리상의 조치를 하도록 규정하고 있다.

◑ 법 제4조(사업주와 경영책임자 등의 안전 및 보건 확보의무) 제1항 제4호

① 사업주 또는 경영책임자 등은 사업주나 법인 또는 기관이 실질적으로 지배·운영·관리하는 사업 또는 사업장에서 종사자의 안전·보건상 유해 또는 위험을 방지하기 위하여 그 사업 또는 사업장의 특성 및 규모 등을 고려하여 다음 각 호에 따른 조치를 하여야 한다.

4. 안전·보건 관계 법령에 따른 의무 이행에 필요한 관리상의 조치

중대재해처벌법은 경영책임자에게 안전보건 관계 법령에 따른 의무가 지켜지고 있는지를 관리할 것을 요구하고 있다. 시행령에서는 관계 법령에서 부과된 의무를 이행하고 있는지와 종사자 교육이 제대로 되고 있는지 확인하고 필요한 조치를 하도록 규정하고 있다.

중대재해처벌법 시행령 제5조(안전·보건 관계 법령에 따른 의무 이행에 필요한 관리상의 조치) 제2항 제1호에서는 안전·보건 관계 법령에 따른 의무를 이행했는지를 반기 1회 이상 점검(해당 안전·보건 관계 법령에 따라 중앙행정기관의 장이 지정한 기관 등에 위탁하여 점검하는 경우를 포함한다.)하고 직접 점검하지 않은 경우는 점검이 끝난 후 지체없이 점검결과를 보고받도록 규정하고 있다.

또한 중대재해처벌법 시행령 제5조(안전·보건 관계 법령에 따른 의무이행에 필요한 관리상의 조치) 제2항 제2호에서는 제1호에 따른 점검 또는 보고 결과 안전·보건 관계 법령에 따른 의무가 이행되지 않은 사실이 확인되는 경우는 인력을 배치하거나 예산을 추가로 편성·집행하도록 하는 등 해당 의무 이행에 필요한 조치를 하도록 규정하고 있다.

법 시행령 제5조(안전·보건 관계 법령에 따른 의무 이행에 필요한 관리상의 조치) 제1항

① 법 제4조 제1항 제4호에서 "안전·보건 관계 법령"이란 해당 사업 또는 사업장에 적용되는 것으로서 종사자의 안전·보건을 확보하는 데 관련되는 법령을 말한다.

법 시행령 제5조(안전·보건 관계 법령에 따른 의무 이행에 필요한 관리상의 조치) 제2항 제1호, 제2호

② 법 제4조 제1항 제4호에 따른 조치에 관한 구체적인 사항은 다음 각 호와 같다.

1. 안전·보건 관계 법령에 따른 의무를 이행했는지를 반기 1회 이상 점검(해당 안전·보건 관계 법령에 따라 중앙행정기관의 장이 지정한 기관 등에 위탁하여 점검하는 경우를 포함한다. 이하 이 호에서 같다)하고 직접 점검하지 않은 경우는 점검이 끝난 후 지체 없이 점검결과를 보고받을 것
2. 제1호에 따른 점검 또는 보고 결과 안전·보건 관계 법령에 따른 의무가 이행되지 않은 사실이 확인되는 경우는 인력을 배치하거나 예산을 추가로 편성·집행하도록 하는 등 해당 의무 이행에 필요한 조치를 할 것

1.2 조문의 취지

경영책임자 등은 사업장 내에서 모든 안전조치가 제대로 작동되는지를 실시간으로 파악하기는 어렵다. 이런 이유로 이 조문은 주기적인 점검과 그 결과를 보고받는 관리상의 의무를 경영책임자 등에게 부과하고 있다.

경영책임자 등은 인력과 예산 등에 관한 결정 권한을 가지므로 인력과 예산의 어려움으로 법령상의 의무가 이행되지 못하는 일이 발생하지 않도록 관리하기 위해 이 조문을 두고 있다.

사업주 또는 경영책임자 등은 안전·보건 관계 법령에 따른 의무를 이행했는지를 반기 1회 이상 점검 또는 점검 보고를 받고 적절한 조치를 하도록 지시하여야 한다.

구체적으로는 각 사업장의 안전·보건 관계 법령상 의무 이행 과정을 전반적으로 점검하고 그 결과를 평가하는 조직과 절차를 마련하여 법적 의무 이행 여부는 물론 성과와 문제점 등을 객관적이고 심도 있게 점검하고 그 결과에 대하여 보고를 받아야 한다. 해당 점검 및 보고가 형식적으로 이루어지는 부실 점검의 경우나 사업주 또는 경영책임자 등이 점검의 지시를 하였으나 점검 또는 보고가 이루어지지 않은 경우는 의무가 이행된 것으로 볼 수 없다. 불이행에 따른 최종적인 책임은 사업주 또는 경영책임자 등에게 귀속되게 된다.

점검 또는 점검보고 결과 안전·보건 관계 법령에 따른 의무가 이행되지 않은 경우는 인력 배치, 예산 추가편성·집행 등 해당 의무 이행에 필요한 조치를 실시하여야 한다.

1.3 실행전략

① 안전보건 관리체계 구축·이행 과정을 평가할 수 있는 목표를 설정하고 정기적으로 평가
② 안전보건관리체계가 제대로 운영되는지 점검하고 확인
③ 발굴된 문제점을 주기적으로 검토하고 개선

1.4 실행방법

(1) 안전·보건 관계 법령 이행하고 있는지 반기 1회 이상 점검

안전·보건 관계 법령이란 해당 사업 또는 사업장에 적용되는 것으로써 종사자의 안전·보건을 확보하는 데 관련되는 법령이다. 법령상의 의무를 이행하고 있는지 반기 1회 이상 점검해야 한다.

안전·보건 관계 법령은 종사자의 안전·보건을 확보하는 데 관련되는 법령으로서 통상적으로 산업안전보건법을 의미한다. 그 밖에 법률의 목적이 근로자의 안전·보건을 확보하기 위한 것(예 : 광산안전법, 선원법, 연구실안전법 등)이거나 개별 규정에서 직접적으로 근로자 등 종사자의 안전·보건을 확보하기 위한 내용을 담고 있는 법률(예 : 폐기물관리법 등)을 포함한다.

이때 유의할 사항은 의무 이행 여부 점검이 과도한 문서작업 위주로 행해지거나 개선이 쉬운 사항들 위주로 이루어져서는 안 된다. 또한 점검은 현장에서 법령이 준수되고 있는지, 작업계획서대로 작업이 이루어지고 있는지를 확인하는 것이므로 문서상으로만 점검이 이루어져서는 안 된다.

점검 시 자체 점검은 회사 내부에서 안전 전문성을 가진 사업주, 경영책임자, 안전관리자 등이 수행한다.

(2) 자체 점검 역량 부족 시 전문기관에 위탁하여 점검 가능

법령에 따른 의무를 이행했는지 반기 1회 이상 점검하고 직접 점검하지 않은 경우 점검이 끝난 후 지체없이 점검 결과를 보고 받아야 한다.

만약 사업 또는 사업장 내 자체 점검 역량이 부족하여 그 점검의 실효성을 기대하기 어렵다고 판단되면 부실 점검이 발생하지 않도록 안전·보건 관계 법령에 따라 중앙행정기관의 장이 지정한 기관인 전문기관에 위탁하여 점검하는 것도 가능하다.

일반적으로 위탁평가는 안전보건 관계 법령 의무사항에 대하여 산업안전보건법 제47조 안전보건진단기관인 외부 전문기관에서 위탁받아 수행한다. 그러나 이때 전문기관도 중요하지만 점검을 직접 수행하는 인력의 역량이 매우 중요하다.

참고로 안전보건관리책임자 등에게 업무수행 평가(의무사항 ⑥)와 안전보건 관계 법령에 따른 의무 이행 점검(의무사항 ⑫)은 안전진단전문기관 등에 위탁이 가능하다. 외부 진단기관에 위탁하여 안전경영관리 전반에 걸쳐 점검을 받아 사업주, 경영책임자, 안전관리자 등의 역량을 강화할 필요도 있다.

(3) 점검내용

점검은 산업안전보건법상 사업주, 도급인으로서 의무사항 이행 여부(직영, 도급)을 하게 된다. 반기 1회 이상 본사와 현장 점검실시 후 사업주, 경영책임자에게 보고하고 지적사항은 조치를 하여야 한다.

본사, 사업부서별, 사업장별 안전보건 관계 법령에 따른 안전보건에 관한 목표를 설정하고 점검을 실시할 필요가 있다. 안전보건에 관한 목표는 안전보건관리체계 구축 및 이행을 위한 과정을 평가할 수 있는 지표로 설정하는 것이 바람직하다. 또한 정기적으로 목표 달성 여부를 평가하고 모든 구성원에게 공개해야 한다.

현장에서 계획대로 이행되고 있는지 확인하고 확인 결과 도출된 문제점과 개선방안은 경영자에게 보고하고 교육훈련 등을 통해 전파할 필요가 있다.

평가 및 점검에서 발견된 문제는 반기별(또는 분기별)로 조치계획을 마련하여 경영자에게 보고하고 경영자는 필요한 자원을 배정하고 이행해야 한다.

표 5.1 산업안전보건법 건설업 준수 평가표(현장용)

산업안전보건법 건설업 준수 평가표(현장용)				
구분	세부조항	주요 확인사항	적합여부	
			적합	부적합
근로자 명부		• 정직원, 계약직 사원 등 목록 작성		
안전보건 관리 조직도, 비상연락망 작성 비치	법 제15조~19조, 제25조, 규칙 제25조	• 안전보건관리조직 구성 및 업무 분장		
안전보건관리책임자	법 제15조, 시행령 제14조, 시행규칙 제9조	• 총 공사금액 20억 원(VAT포함) 이상의 공사를 시행하는 건설업에서는 안전업무를 총괄하기 위하여 안전보건관리책임자를 선임하여야 한다.(협력업체 포함) 현장에는 선임관계 서류비치(재직증명서, 인사명령서 등)		
관리감독자	법 제16조, 시행령 제15조	• 사업주는 관리감독자에게 산업안전 및 보건에 관한 업무로서 대통령령으로 정하는 업무를 수행하도록 하여야 한다. * 시행령 제15조 관리감독자의 업무 등 참조		
안전관리자	법 제17조, 시행령 제16조~19조, 시행규칙 제11조~12조	• 공사금액 120억 원(토목 150억 원) 이상의 안전관리자는 해당 사업장에서 시행령 제18조 제1항 각 호에 따른 업무만 전담해야 한다.		
안전보건총괄책임자	법 제62조, 시행령 제52조~53조	• 도급인은 관계수급인 근로자가 도급인의 사업장에서 작업을 하는 경우 그 사업장의 안전보건관리책임자는 도급인의 근로자와 관계수급인 근로자의 산업재해를 예방하기 위한 업무를 총괄 관리하는 안전보건총괄책임자로 지정하여야 한다. * 지정대상 : 총 공사금액 20억 원 이상 건설업		
산업안전보건위원회	법 제24조, 시행령 제34조~39조	• 건설업의 경우 공사금액 120억 원(토목 150억 원) 이상인 경우 분기 1회 이상 산업안전보건위원회 개최한다. * 위원회의 개최결과는 현장 내 공지 * 사업주 위원과 근로자 위원 각 10인 이내 동수로 구성		

구분	세부조항	주요 확인사항	적합여부	
			적합	부적합
안전보건관리 규정	법 제25조~28조, 시행규칙 제25조	• 사업주는 사업장의 안전·보건을 위하여 상시근로자 100인 이상을 사용하는 사업 시 사유가 발생한 날로부터 30일 이내 안전보건관리규정을 작성하고 산업안전보건위원회의 심의·의결을 거쳐 사업장에 비치한다. * 규칙 별표 3 〈안전보건관리규정의 세부내용〉 참조		
안전상의 조치	법 제38조	• 사업주는 사업을 수행함에 있어서 발생하는 아래와 같은 위험을 예방하기 위한 필요한 조치를 하여야 한다. - 기계·기구 기타 설비에 의한 위험 - 폭발성, 발화성 및 인화성 물질 등에 의한 위험 - 전기, 열, 기타 에너지에 의한 위험 - 굴착, 채석, 벌목, 운송, 조작, 운반, 해체, 중량물 취급 등으로 인한 위험 - 추락, 붕괴, 낙하, 비래 위험이 있는 장소 - 기타 천재지변으로 인해 작업수행 상 위험 발생이 예상될 때 * 산업안전기준에 관한 규칙 참조		
보건상의 조치	법 제39조	• 사업주는 사업을 행함에 있어서 발생하는 건강장해를 예방하기 위하여 필요한 조치를 하여야 한다. - 원재료, 가스, 증기, 분진, 흄, 미스트, 산소결핍공기, 병원체 등에 의한 건강장해 - 방사선, 유해광선, 고온, 저온, 초음파, 소음, 진동, 이상기압 등에 의한 건강장해 - 사업장에서 배출되는 기체, 액체 또는 찌꺼기 등에 의한 건강장해 - 단순 반복 작업 또는 인체에 과도한 부담을 주는 작업에 의한 건강장해 - 환기, 채광, 조명, 보온, 방습 및 청결에 대한 적정수준을 유지하지 못하여 발생하는 건강장해 * 산업보건기준에 관한 규칙 참조		
근로자의 안전조치 및 보건조치 준수	법 제40조	• 근로자는 법 제38조 및 제39조의 규정에 의하여 사업주가 한 조치로서 고용노동부령이 정하는 조치사항 준수 * 산업안전보건기준에 관한 규칙 참조		
사업주의 작업 중지	법 제51조	• 사업주는 산업재해가 발생할 급박한 위험이 있을 때는 즉시 작업을 중지시키고 근로자를 작업 장소에서 대피시키는 등 안전 및 보건에 관한 필요한 조치를 하여야 한다.		
근로자의 작업 중지	법 제52조	• 근로자는 산업재해가 발생할 급박한 위험이 있는 경우에는 작업을 중지하고 대피할 수 있다.		

구분	세부조항	주요 확인사항	적합여부	
			적합	부적합
중대재해 발생 시 사업주의 조치	법 제54조~56조, 시행규칙 제67조	• 사업주는 중대재해가 발생하였을 때는 즉시 해당 작업을 중지시키고 근로자를 작업장소에서 대피시키는 등 안전 및 보건에 관하여 필요한 조치를 하여야 한다.		
도급에 따른 산업재해 예방조치	법 제64조, 시행규칙 제79조~82조	도급인은 관계수급인 근로자가 도급인의 사업장에서 작업을 하는 경우 다음 각 호의 사항을 이행하여야 한다. 1. 안전보건에 관한 협의체의 구성 및 운영(매월 1회 이상) 2. 작업장 순회점검(2일 1회 이상) 3. 관계수급인이 근로자에게 하는 안전보건교육을 위한 장소 및 자료의 제공 등 지원 4. 다음 각 목의 어느 하나의 경우에 대비한 경보체계 운영과 대피방법 등의 훈련 가. 작업장소에서 발파 작업을 하는 경우 나. 작업장소에서 화재폭발, 토사 구축물 등의 붕괴 또는 지진 등이 발생한 경우 5. 위생시설 설치 장소 제공 또는 도급인이 설치한 위생시설 이용의 협조		
공사기간 단축 및 공법변경 금지	법 제69조	1. 건설공사 발주자 또는 건설공사 도급인은 설계도서 등에 따라 산정된 공시기간을 단축해서는 안 된다. 2. 건설공사 발주자 또는 건설공사 도급인은 공사비를 줄이기 위하여 위험성 있는 공법을 사용하거나 정당한 사유 없이 정해진 공법을 변경해서는 안 된다.		
안전보건 협의체의 구성 및 운영	시행규칙 제79조	1. 안전보건협의체는 도급인인 사업주 및 그의 수급인인 사업주 전원으로 구성 2. 작업의 시작시간, 작업 또는 작업장 간의 연락방법, 재해 발생 위험시 대피방법 등을 협의 3. 위험성평가 실시에 관한 사항 4. 사업주와 수급인, 수급인 상호간의 연락방법과 작업공정 조정 5. 매월 1회 정기적으로 회의 개최하고 그 결과 기록 보존		
안전·보건에 관한 협의체의 구성·운영에 관한 특례	법 제75조, 시행령 제63조~65조	• 노사협의체를 구성하고 운영하는 경우 산업안전보건위원회 및 안전보건협의체를 각각 운영하는 것으로 본다. * 노사협의체 설치대상은 공사금액 120억 원(토목 150억 원) 이상인 건설업으로 한다. * 노사협의체 회의는 2개월마다 개최		

<table>
<tr><th rowspan="2">구분</th><th rowspan="2">세부조항</th><th rowspan="2">주요 확인사항</th><th colspan="2">적합여부</th></tr>
<tr><th>적합</th><th>부적합</th></tr>
<tr><td>노사협의체의 구성 및 운영</td><td>시행령 제64조~65조</td><td>1. 사용자위원
- 현장소장, 안전관리자, 공사금액 20억 원 이상인 공사의 관계 수급인의 각 대표자
2. 근로자위원
- 도급 또는 하도급 사업을 포함한 전체 사업의 근로자대표, 명예산업안전감독관, 공사금액 20억 이상인 공사의 관계수급인의 각 근로자대표</td><td></td><td></td></tr>
<tr><td>노사협의체 협의사항</td><td>시행규칙 제93조</td><td>노사협의체 협의사항
1. 산업재해예방방법 및 산업재해가 발생한 경우 대피방법
2. 작업의 시작시간, 작업 및 작업장 간의 연락방법
3. 그밖에 산업재해예방과 관련된 사항</td><td></td><td></td></tr>
<tr><td>작업장의 순회점검 등</td><td>시행규칙 제80조</td><td>• 도급인 사업주는 2일 1회 이상 사업장 순회 점검 실시, 또한 관계수급인은 도급인이 실시하는 순회점검을 거부 방해 또는 기피해서는 안 되며 점검결과 도급인의 시정 요구에 따라야 한다.
• 도급인 사업주는 관계수급인이 실시하는 안전보건교육에 필요한 장소 및 자료제공 등의 조치 실시</td><td></td><td></td></tr>
<tr><td>도급사업의 합동안전 보건점검</td><td>시행규칙 제82조</td><td>• 점검반 구성 : 도급인 및 관계수급인 소속 근로자 각 1명
• 점검반은 2개월 1회 이상 합동안전보건점검 실시</td><td></td><td></td></tr>
<tr><td>산업안전보건 관리비</td><td>법 제72조, 시행규칙 제89조</td><td>• 산업재해예방을 위한 산업안전보건관리비를 도급금액 또는 사업비에 계상, 공사의 진척정도에 따른 사용기준, 사업의 규모별, 종류별 사용방법 및 구체적인 내용 포함</td><td></td><td></td></tr>
<tr><td>안전보건 교육</td><td>법 제29조, 제31조, 시행규칙 제26조, 제28조</td><td>• 사업주는 당해소속 근로자에 대하여 법적인 기준에 맞게 정기안전교육(근로자 및 관리감독자), 위험작업 투입 시 특별교육 등을 실시하여야 한다.
* 건설업 기초안전보건교육제도 시행</td><td></td><td></td></tr>
<tr><td>안전보건 관리책임자 등에 대한 교육</td><td>법 제32조, 시행규칙 제29조, 규칙 별표 4, 5</td><td>• 안전보건관리책임자 및 안전관리자로 선임되는 자는 선임 후 3개월 이내 직무와 관련한 신규교육, 이후 매 2년이 되는 날을 기준으로 전후 3개월 사이 보수교육을 이수하여야 한다.
- 안전보건관리책임자 : 신규, 보수 각 6시간 이상 이수
- 안전관리자 : 신규 34시간, 보수 24시간 이상 이수
- 보건관리자 : 신규 34시간, 보수 24시간 이상 이수</td><td></td><td></td></tr>
</table>

구분	세부조항	주요 확인사항	적합여부	
			적합	부적합
유해·위험한 기계기구 등의 방호조치	법 제80조, 시행령 제70조, 시행규칙 제98조 영 별표 20	다음의 기계·기구에는 유해·위험방지를 위한 방호조치를 한다. • 예초기 : 날 접촉 예방장치 • 원심기 : 회전체 접촉예방장치 • 공기압축기 : 압력방출장치 • 금속절단기 : 날 접촉 예방장치 • 지게차 : 헤드가드, 백레스트, 전조등, 후미등, 안전벨트 • 포장기계 : 구동부 방호 연동장치		
	법 제80조 2항, 시행규칙 제98조 2항	고용노동부령으로 정하는 방호조치 1. 작동 부분의 돌기 부분은 묻힘형으로 하거나 덮개를 부착할 것 2. 동력전달 부분 및 속도조절 부분에는 덮개를 부착하거나 방호망을 설치할 것 3. 회전기계의 물림점에는 덮개 또는 울을 설치 할 것		
	시행규칙 제99조	영 별표 20 및 법 제80조 제2항에 해당하는 유해위험 기계, 기구를 사용하는 근로자 및 사업주는 다음 사항을 준수하여야 한다. 1. 방호조치를 해제하고자 하는 경우 사업주 허가 득해야 함 2. 방호조치의 해제사유가 소멸된 경우 즉시 원상 복구 3. 방호조치의 기능이 상실된 경우 즉시 사업주에게 신고 후 수리		
기계·기구 등의 대여자 등의 조치	법 제81조, 시행령 제 71조, 별표21, 시행규칙 제101조	기계 등을 대여 받은 자는 기계를 조작하는 자에게 다음 사항을 주지시켜야 한다(지게차, 굴착기 등). • 작업의 내용 및 지휘계통, 연락, 신호 등의 방법 • 운행경로, 제한속도 기타 당해 기계 등의 운행에 관한 사항 • 기타 당해 기계 등의 조작에 의한 산업재해를 방지하기 위하여 필요한 사항		
안전검사	법 제93조, 시행령 제78조, 시행규칙 제126조	아래의 유해·위험 기계·기구에 대하여는 고용노동부 장관이 실시하는 안전검사를 받아야 한다. • 크레인, 리프트, 곤돌라 : 건설현장 사용 시 최초로 설치한 날로부터 6개월마다 • 이동식 크레인, 고소작업대 : 신규 등록 이후 3년 이내 최초안전검사 실시, 그 이후 2년마다		

구분	세부조항	주요 확인사항	적합여부	
			적합	부적합
자율검사 프로그램에 따른 안전검사	법 제98조, 시행규칙 제132조	• 법 93조 (안전검사)의 규정에도 불구하고 현장에서 자율검사 프로그램을 수립하고 고용노동부 장관의 인정을 받아 유해·위험기계 등의 안전에 관한 성능검사를 실시하면 안전검사를 받은 것으로 본다. 이 경우 자율검사프로그램의 유효기간은 2년으로 하고 자율검사는 고용노동부가 지정하는 검사기관에 위탁하여 실시할 수 있다.		
이사회 보고 및 승인	법 제14조, 시행령 제13조	시공능력의 순위 상위 1천위 이내의 건설회사는 매년 다음 각 호의 내용을 포함한 회사의 안전 및 보건에 관한 계획을 수립하여 이사회에 보고하고 승인을 받아야 한다. 1. 안전 및 보건에 관한 경영방침 2. 안전·보건관리조직의 구성·인원 및 역할 3. 안전·보건 관련 예산 및 시설현황 4. 안전 및 보건에 관한 전년도 활동실적 및 다음연도 활동 계획		
위험성평가 실시	법 제36조, 시행규칙 제37조	사업주는 유해·위험요인을 찾아내어 부상 및 질병으로 이어질 수 있는 위험성의 크기가 허용 가능한 범위인지를 평가하여야 한다. 평가 시 근로자 참여, 기록 보존 시 포함사항은 다음과 같다. 1. 위험성평가 대상의 유해·위험요인 2. 위험성 결정의 내용(종사자 의견 청취) 3. 위험성 결정에 따른 조치의 내용 등		
건설공사 발주자의 산업재해예방 조치	법 제67조, 시행령 제55조, 시행규칙 제86조	• 총 공사금액이 50억 원 이상인 건설공사 발주자는 산업재해예방을 위하여 건설공사의 계획, 설계 및 시공단계에 따른 기본안전보건대장, 설계안전보건대장 및 공사안전보건대장 작성과 이행 여부를 확인을 하여야 한다.		
안전보건 조정자	법 제68조, 시행령 제56조, 57조	• 2개 이상의 건설공사를 도급한 건설공사 발주자는 2개 이상의 건설공사가 같은 장소에서 행해지는 경우 작업의 혼재로 인하여 발생할 수 있는 산업재해를 예방하기 위하여 건설공사 현장에 안전보건조정자를 두어야 한다. * 안전보건조정자 업무: 시행령 제 57조 참조		
연간안전보건 교육 계획 수립	법 제15조, 제29조, 시행규칙 제26조	• 안전보건관리책임자는 근로자에 대한 안전보건교육 계획을 수립, 실시하여야 한다.		
보호구 지급대장	법 제5조, 제6조, 안전보건규칙 제32조~34조	• 사업주는 작업근로자에 대해서는 그 작업조건에 맞는 보호구를 작업자 수 이상으로 지급하고 착용토록 시켜야 한다.		

구분	세부조항	주요 확인사항	적합여부	
			적합	부적합
산업안전보건법 요지의 게시·비치	법 제34조	• 사업주는 산안법과 이 법에 따른 명령의 요지 및 안전보건관리규정을 각 사업장의 근로자가 쉽게 볼 수 있는 장소에 게시하거나 갖추어 두어 근로자에게 널리 알려야 한다.		
유해위험 방지계획서 작성·제출	법 제42조~43조, 시행령 제42조, 시행규칙 제42조	• 사업주는 일정 규모에 해당하는 경우는 유해·위험 방지에 관한 사항을 적은 계획서(유해위험방지계획서)를 작성하여 고용노동부령으로 정하는 바에 따라 고용노동부 장관에게 제출하고 심사를 받아야 한다.		
재해예방기술 지도 계약 및 관련서류	법 제73조, 시행령 제59조, 시행규칙 제59조	• 일정규모 이상 건설공사 시 건설공사 도급인은 해당 건설공사를 하는 동안에 전문기관(건설재해예방전문지도기관)에서 건설 산업재해예방을 위한 기술지도를 받아야 한다.		
물질안전보건자료의 게시 및 교육	법 제114조~116조, 시행규칙 제167조, 제168조	• 물질안전보건자료 대상 물질을 취급하려는 사업주는 물질안전보건자료 대상 물질을 취급하는 작업장 내에 이를 취급하는 근로자가 쉽게 볼 수 있는 장소에 게시하거나 갖추어 두어야 한다. • 사업주는 물질안전보건자료 대상 물질을 취급하는 근로자의 안전 및 보건을 위하여 해당 근로자를 교육하는 등 적절한 조치를 하여야 한다.		
차량계 하역 운반기계 작업 계획서, 차량계 건설기계 작업 계획서, 중량물 취급계획서	안전보건규칙 제38조	• 사업주는 근로자의 위험을 방지하기 위하여 해당 작업, 작업장의 지형·지반 및 지층 상태 등에 대한 사전조사를 하고 그 결과를 기록·보존하여야 하며, 조사결과를 고려하여 작업계획서를 작성하고 그 계획에 따라 작업을 하도록 하여야 한다.		
작업지휘자의 지정 및 신호	안전보건규칙 제39조, 제40조	• 사업주는 작업계획서를 작성한 경우 작업지휘자를 지정하여 작업계획서에 따라 작업을 지휘하도록 하여야 한다. • 사업주는 안전규칙 제40조 각 호의 작업을 하는 경우 일정한 신호방법을 정하여 신호하도록 하여야 하며 운전자는 그 신호에 따라야 한다.		
명예산업안전 감독관 임명 및 활동 사항	법 제23조, 시행령 제32조	• 고용노동부 장관은 산업재해예방활동에 대한 참여와 지원을 촉진하기 위하여 근로자, 근로자단체, 사업주단체 및 산업재해예방 관련 전문단체에 소속된 사람 중에서 명예산업안전감독관을 위촉할 수 있다.(산업안전보건위원회 구성 대상 사업)		

구분	세부조항	주요 확인사항	적합여부	
			적합	부적합
산업재해발생 은폐 금지 및 보고 등	법 제57조, 시행규칙 제72조	• 사업주는 산업재해가 발생하였을 때는 그 발생 사실을 은폐해서는 아니 된다.		
산업재해조사표 (최근 3년)	시행규칙 제73조	• 사업주는 산업재해로 사망자가 발생하거나 3일 이상의 휴업이 필요한 부상을 입거나 질병에 걸린 사람이 발생한 경우는 발생한 날부터 1개월 이내에 산업재해조사표를 작성하여 관할 지방고용노동관서의 장에게 제출(전자문서로 제출하는 것을 포함한다)해야 한다.		
안전보건표지 설치 유무	법 제37조, 시행규칙 제38조~40조	• 사업주는 유해하거나 위험한 장소·시설·물질에 대한 경고, 비상시에 대처하기 위한 지시·안내 또는 그밖에 근로자의 안전 및 보건 의식을 고취하기 위한 사항 등을 그림, 기호 및 글자 등으로 나타낸 표지를 근로자가 쉽게 알아볼 수 있도록 설치하거나 붙여야 한다.		
작업환경 측정결과	법 제125조, 시행규칙 제186조, 제189조, 제190조	• 사업주는 유해인자로부터 근로자의 건강을 보호하고 쾌적한 작업환경을 조성하기 위하여 인체에 해로운 작업을 하는 작업장으로서 고용노동부령으로 정하는 작업장에 대하여 고용노동부령으로 정하는 자격을 가진 자로 하여금 작업환경 측정을 하도록 하여야 한다.		
건강진단 및 사후관리	법 제129조~134조, 시행규칙 제201조, 202조, 207조	• 배치 전 건강진단 결과표 • 특수건강진단 결과표 • 일반건강진단 결과표 등		
산업보건의 선임	법 제22조, 시행령 제29조	• 사업주는 근로자의 건강관리나 그밖에 보건관리자의 업무를 지도하기 위하여 사업장에 산업보건의를 두어야 한다.		
근 골격계 질환예방 유해요인조사 실시 유무	법제39조, 제1항 제5호, 안전보건규칙 제656조~666조	• 유해요인 조사는 3년마다, 신설사업장 1년 이내 최초 유해요인 조사 실시 • 근골격계 부담작업의 범위 및 유해요인 조사 방법에 관한 조사(고용노동부고시 제2020-12호. 2020.1.6.)		

구분	세부조항	주요 확인사항	적합여부	
			적합	부적합
청력보호구 지급 및 청력 보존프로그램 수립 시행 유무	법 제125조, 안전보건규칙 제516조, 제517조	• 사업주는 근로자가 소음작업, 강렬한 소음작업 또는 충격소음 작업에 종사하는 경우에 근로자에게 청력보호구를 지급하고 착용하도록 하여야 한다.(개인전용의 것으로 지급) * 소음의 작업환경 측정결과 소음수준이 90 db를 초과하는 사업장 소음으로 인하여 근로자에게 건강장애가 발생한 사업		
밀폐공간작업, 보건 작업 프로그램 수립시행 등	법 제39조, 안전보건규칙 제618조 ~625조	• 밀폐공간 작업 시 밀폐공간작업 프로그램 수립 시행		
호흡기 보호 프로그램 수립	법 제125조, 안전보건규칙 제616조, 제617	다음 각 호의 경우 어느 하나에 해당할 때는 호흡기보호 프로그램을 수립 시행하여야 한다. 1. 분진의 작업환경측정결과 노출기준 초과사업장 2. 분진 작업으로 인하여 근로자에게 건강장해가 발생한 사업		
석면 조사	법 제119조, 시행령 제89조, 시행규칙 제175조, 안전보건규칙 제488조	• 건축물이나 설비를 철거하거나 해체하려는 경우에 해당 건축물이나 설비의 소유주 또는 임차인 등(건축물·설비 소유주 등) 은 석면을 조사한 후 그 결과를 기록하여 보존하여야 한다.		
석면의 해체·제거	법 제122조, 시행령 제94조, 시행규칙 제181조	• 기관석면조사 대상인 건축물이나 설비에 대통령령으로 정하는 함유량과 면적 이상의 석면이 포함되어 있는 경우 해당 건축물·설비소유주 등은 석면해체·제거업자로 하여금 그 석면을 해체·제거하도록 하여야 한다.		
특수형태 근로종사자에 대한 안전보건조치 등	법 제77조, 시행령 제67조, 제68조, 시행규칙 제95조	계약의 형식에 관계없이 근로자와 유사하게 노무를 제공하여 업무상의 재해로부터 보호할 필요가 있음에도 「근로기준법」 등이 적용되지 아니하는 사람으로서 다음 각 호의 요건을 모두 충족하는 사람(특수형태근로종사자)의 노무를 제공받는 자는 특수형태근로종사자의 산업재해예방을 위하여 필요한 안전조치 및 보건조치를 하여야 한다. 1. 대통령령으로 정하는 직종에 종사할 것 2. 주로 하나의 사업에 노무를 상시적으로 제공하고 보수를 받아 생활할 것 3. 노무를 제공할 때 타인을 사용하지 아니할 것 * 대상 건설기계 : 불도저, 굴착기, 로더, 지게차, 덤프트럭, 기중기, 스크레이퍼, 모터그레이더, 롤러, 노상안전		

구분	세부조항	주요 확인사항	적합여부	
			적합	부적합
		기, 콘크리트 뱃칭 플랜트, 콘크리트 피니셔, 콘크리트 살포기, 콘크리트 믹서트럭, 콘크리트 펌프카, 아스팔트 믹싱플랜트, 아스팔트 피니셔, 아스팔트 살포기, 골재살포기, 쇄석기, 공기압축기, 천공기, 항타 및 항발기, 자갈채취기, 준설선, 특수건설기계, 타워크레인		
휴게시설의 설치	법 제128조의2	• 사업주는 근로자(관계수급인의 근로자를 포함)가 신체적 피로와 정신적 스트레스를 해소할 수 있도록 휴식시간에 이용할 수 있는 휴게시설을 갖추어야 한다.		

표 5.2 중대재해처벌법 건설업 준수 평가표(본사용)

중대재해처벌법 건설업 준수 평가표(본사용)				
구분	세부 조항	주요 확인사항	적합여부	
			적합	부적합
1. 안전방침 및 목표	영 제4조 1호	1) 안전보건방침 및 목표 수립 2) 게시용 액자 제작 및 전 현장 배포 3) 현장안전관리계획서 작성 시 포함하여 작성		
2. 안전보건전담 조직	영 제4조 2호	1) 본사 안전담당-안전팀 구성 2) 최고경영책임자를 보좌하고 Control Tower 역할		
3. 사업장의 유해 위험의 확인 개선에 대한 점검	영 제4조 3호	1) 위험성평가 절차서 제정 2) 종사자 의견 반영 명문화		
4. 재해예방에 필요한 예산 편성 및 용도에 맞게 집행	영 제4조 4호	1) 대표이사 안전보건 계획수립 시 예산 수립 2) 현장은 안전관리(시공)계획서 작성 시 예산 수립		
5. 안전보건 관리 책임자 등에게 필요한 권한, 예산부여/평가관리	영 제4조 5호	1) 권한과 업무 및 평가관리 명문화		
6. 안전관리자, 보건관리자, 안전담당자 및 산업보건의 배치	영 제4조 6호	1) 60억 원~80억 원 : 22년 7월 1일 2) 50억 원~60억 원 : 23년 7월 1일 * 120억 원 미만 공사현장은 겸직 가능		
7. 종사자 의견청취 절차 마련, 의견에 따른 개선방안 이행 여부	영 제4조 7호	1) 종사자 의견 청취 절차서 제정 2) 본사 산업안전보건위원회, 현장은 협의회를 통해 청취 3) 안전보건에 관한 의견 반영 여부 확인(반기 1회 이상)		
8. 중대산업재해의 발생 및 발생할 급박한 위험 대비 매뉴얼 마련 및 점검	영 제4조 8호	1) 근로자 작업중지권을 포함한 절차서 제정 2) 비상대응 매뉴얼은 종사자 전원에게 연 1회 이상 교육하고 전파하여 공유관리		
9. 도급, 용역, 위탁 등의 경우 종사자 안전 및 보건확보를 위한 조치	제4조 9호	1) 도급, 용역, 위탁업체 안전관리 절차서 개정 - 산업재해예방 조치 능력과 기술평가 - 안전보건을 위한 관리비용 - 적정 공사기간에 관한 기준 등 포함		

<table>
<tr><th rowspan="2">구분</th><th rowspan="2">세부 조항</th><th rowspan="2">주요 확인사항</th><th colspan="2">적합여부</th></tr>
<tr><th>적합</th><th>부적합</th></tr>
<tr><td>10. 재해 발생 시 재발방지 대책수립 및 그 이행에 관한 조치</td><td>법 제4조 2호</td><td>1) 재해사고 처리 및 재발방지 대책 수립, 이행에 관한 절차서 제정
- 경미한 사고도 포함하여 재발방지대책 수립</td><td></td><td></td></tr>
<tr><td>11. 중앙행정기관 및 지방자치단체가 개선시정을 명한 사항</td><td>법 제4조 3호</td><td>1) 관계기관으로부터 시정명령 문서를 전달받은 현장소장은 최고경영책임자에게 보고
2) 현장소장은 내용을 면밀하게 검토 후 즉시 조치하고 그 내용을 최고경영책임자에게 보고
3) 재해예방기술지도 이행 여부 확인
4) 접수 및 이행조치 사항 기록
5) 작성 5년간 보존</td><td></td><td></td></tr>
<tr><td>12. 안전보건관계 법령에 따른 의무이행에 필요한 관리상의 조치</td><td>영 제5조 2항 1호</td><td>1) 안전보건관계법규 등록부 및 준수평가 작성관리
2) 의무 이행에 필요한 인력 및 예산 추가</td><td></td><td></td></tr>
<tr><td>13. 유해위험작업 의무교육</td><td>영 제5조 2항 3호</td><td>1) 안전보건관계법령 의무교육 파악 및 교육실시(사업주)</td><td></td><td></td></tr>
</table>

(4) 점검결과 미이행 시 인력의 배치, 예산의 추가편성·집행 등 필요한 조치 실시

점검 또는 보고 결과 안전·보건 관계 법령에 따른 의무가 이행되지 않은 사실이 확인되면 인력의 배치, 예산의 추가편성·집행 등 해당 의무 이행에 필요한 조치를 해야 한다.

표 5.3 개선조치 요구(결과) 보고서

개선조치 (□ 요구 □ 결과) 보고서

결재	작성	검토	승인

대상 부서		작성일자	
구분	□ 성과평가 □ 체계점검 □ 경영자 검토 □ 기타( )		
부적합사항			
조치요구사항			
권고사항			
내부점검자 (내부점검시)	(서명)	담당자 (내부점검 시)	(서명)

시정조치 일정			
시정조치 방안			
완료(예정)일자			
첨부 내용	□ 있음 □ 없음	관리감독자 확인	(서명)

조치내용 확인	
조치내용 부적합 사유	

1.5 고용노동부 질의회시

(1) 건설기술진흥법이 안전보건 관계 법령에 해당되는지 여부

건설기술진흥법 제62조부터 제65조는 건설공사의 안전관리에 대한 내용을 명시하고 있다. 그러나 건설기술진흥법은 '건설기술의 연구·개발을 촉진하여 건설기술 수준을 향상시키고 이를 바탕으로 관련 산업을 진흥하여 건설공사가 적정하게 시행되도록 함과 아울러 건설공사의 품질을 높이고 안전을 확보함으로써 공공복리의 증진과 국민경제의 발전에 이바지함을 목적으로 한다(제1조)'라고 규정되어 있다.

건설기술진흥법은 직접적인 안전관리 보호 대상이 명확하지 않고 안전하게 시공하는 것이 목적이다. 그러나 실무에서는 건설기술진흥법이 중대재해처벌법상 안전보건 관계법령에 해당하는지 여부가 궁금할 것이다.

고용노동부 질의회시(중대산업재해감독과 - 4423, 22.11.10.)에 따르면 "중대재해처벌법상 안전보건 관계 법령이란 종사자의 안전보건을 확보하는 데 관계되는 법령으로서 통상적으로 산업안전보건법을 의미한다"라고 해설하고 있다.

그 밖에 법률의 목적이 근로자의 안전보건을 확보하기 위한 법령을 의미한다. 예를 들어 광산안전법, 선원법, 연구실안전법 등이 여기에 해당된다.

개별 규정에서 직접적으로 근로자 등 종사자의 안전보건을 확보하기 위한 내용을 담고 있는 법률, 예를 들어 폐기물관리법 등도 여기에 포함된다.

건설기술진흥법은 법의 목적이 건설기술의 연구개발을 촉진하여 건설기술을 촉진하는 등 건설공사의 품질을 높이는 데 주된 목적이 있고 같은 법 제2조 제2호 단서에 산업안전보건법에서 근로자의 안전에 관하여 따로 정하고 있는 사항은 제외한다고 한 점 등을 종합적으로 고려하면 종사자의 안전보건을 확보하는 데 관련되는 법령으로 보기는 어려울 것으로 보인다.

표 5.4 안전·보건 관계 법령 예

법령명	관련 조문
산업안전 보건법	노무를 제공하는 사람의 안전 및 보건의 유지·증진을 목적으로 하는 법으로 산업안전보건법, 시행령 및 시행규칙과 산업안전보건기준에 관한 규칙, 유해·위험작업의 취업 제한에 관한 규칙을 모두 포함
광산안전법	법률 제정 목적에 광산근로자에 대한 위해를 포함하며, 광업권자 또는 조광권자의 의무(법 제5조), 안전교육의 실시(법 제7조), 안전규정의 제정 및 준수(법 제11조) 등에서 광산근로자에 대한 위해 방지를 위한 내용을 규율하고 있음
원자력 안전법	발주자의 안전조치 의무로 방사선작업종사자가 과도한 방사선에 노출되지 아니하도록 안전한 작업환경을 제공하여야 한다는 의무 부과(법 제59조의2), 방사선장해방지조치(법 제91조) 등
항공안전법	산업안전보건법의 일부 의무 적용이 제외된 안전·보건 관계 법령(산업안전보건법 시행령 별표1)
선박안전법	산업안전보건법의 일부 의무 적용이 제외된 안전·보건 관계 법령(산업안전보건법 시행령 별표1)
연구실 안전환경 조성에 관한 법률	법률 제정 목적에 연구 활동 종사자의 건강과 생명 보호를 포함하며, 종사자의 안전을 위하여 연구실책임자의 지정(법 제9조), 안전점검(법 제14조) 및 정밀안전진단의 실시(법 제15조), 교육·훈련(제20조) 및 건강검진(제21조) 등의 사항을 규정
폐기물 관리법	폐기물관리법의 보호 조항(법 제14조의5)에 따라 시행규칙 제16조의3으로 정해진 보호 장구의 지급, 운전자 포함 3명1조의 작업 등의 안전기준 등
생활물류서비스산업 발전법	생활물류서비스 종사자의 보호 조항(법 제36조)은 "생활물류서비스 종사자의 안전을 확보할 수 있도록 노력해야 한다"라고 명시
선원법	선원에게 보호 장구와 방호장치 등을 제공하여야 하는 등 선원의 안전·보건 확보를 위한 선박소유자의 의무(법 제82조), 의사의 승무(법 제84조) 등의 규정을 포함
생활주변방사선 안전관리법	원료물질 또는 공정부산물의 취급·관리 시 관련 종사자의 건강을 위해 시설 및 종사자의 피폭량 등에 대한 조사 등 준수사항(법 제14조), 결함 가공제품에 대한 조치(법 제16조) 등을 규정

(2) 건설산업기본법이 안전보건 관계 법령에 해당되는지 여부

건설산업기본법 제1조(목적)에서 '건설공사의 조사, 설계, 시공, 감리, 유지관리, 기술관리 등에 관한 기본적인 사항과 건설업의 등록 및 건설공사의 도급 등에 필요한 사항을 정함으로써 건설공사의 적정한 시공과 건설산업의 건전한 발전을 도모함을 목적으로 한다'라고 규정하고 있다.

안전에 대한 목적을 직접적으로 정하고 있지는 않으나 궁극적으로는 종사자 및 시민의 안전보건과 연결될 수 있으므로 건설산업기본법이 중대재해처벌법상 안전보건 관계 법령에 해당하는지 여부가 궁금할 것이다.

고용노동부 질의회시(중대산업재해감독과 - 2874, 22.7.25.)에 따르면 "건설산업기본법은 중대산업재해예방을 위한 종사자의 안전보건을 확보하는데 관련되는 법령으로 보기는 어렵다"라고 해석하고 있다.

고용노동부는 "건설산업기본법은 법 제3조에 건설산업의 설계, 감리, 시공, 사업관리, 유지관리 등의 분야에 걸쳐 국제경쟁력을 갖출 수 있도록 이를 균형 있게 발전시킴으로써 국민경제와 국민의 생활안전에 이바지함을 기본이념으로 한다고 규정한 점과 개별 조문에서 종사자의 직접적인 안전보건을 확보하기 위한 내용을 담고 있는 조문이 없는 점 등을 고려하면 안전보건 관계 법령으로 보기는 어렵다"라고 판단하고 있다.

(3) 근로기준법이 안전보건 관계 법령에 해당되는지 여부

근로기준법에 따라 18세 미만 또는 임산부는 유해·위험한 작업에 투입하지 못하도록 되어 있다. 근로기준법 위반이 발생하면 중대재해처벌법에 따른 처벌을 받는지 아니면 근로기준법만 처벌받는지 여부가 궁금할 것이다.

고용노동부 질의회시(중대산업재해감독과 - 3681, 22.9.19.)에 따르면 "사업 또는 사업장에서 일하는 근로자 등 종사자의 안전 및 보건을 확보하는 것과 그 목적이 일치한다고 보기 어려워 곧바로 중대재해처벌법상 안전보건 관계 법령과 관계되는 것으로 판단하기는 어렵다"라고 보고 있다.

근로기준법 제65조(사용금지)에서는 임산부, 18세 미만자 등을 일정 범위의 도덕상 또는 보건상 유해 위험한 사업에 사용하지 못하도록 한 취지는 남녀의 생물학적 차이에서 비롯하는 모성을 보호하고 성인에 비해 육체적·정신적으로 미성숙하고 교육받을 기회를 먼저 보장받아야 하는 연소자인 청소년들을 보호하고자 한 취지로 만든 법령이다.

(4) 경영책임자가 직접 의무 이행에 대한 점검을 해야 하는지 여부

중대재해처벌법 시행령 제5조 제2항 제1호 의무 이행시 반드시 경영책임자가 직접 점검을 실시하여야 하는지 여부가 궁금할 것이다.

고용노동부 질의회시(중대산업재해감독과 - 1413, 22.4.25.)에 따르면 "중대재해처벌법 시행령 제5조 제2항 제1호에 따라 안전보건 관계 법령에 따른 의무를 이행하였는지를 점검하는 주체는 개인사업주 또는 경영책임자 등이다. 구체적인 점검은 해당 사업 또는 사업장 특성, 규모 등 개별 사정에 비추어 다양한 방식으로 이행할 수 있다"라는 입장이다. 경영책임자가 이를 직접 수행할 수도 있고 소속 직원이나 조직 등을 통해 해당 업무를 수행하도록 하고 보고받을 수도 있다.

(5) 건설재해예방전문지도기관 점검을 중대재해처벌법 시행령 제5조 제2항 제1호의 의무 이행 점검으로 갈음할 수 있는지 여부

공사금액 1억 원 이상 80억 원 미만 건설현장의 경우 건설재해예방전문지도기관에서 점검을 실시하고 있는데 이를 중대재해처벌법 시행령 제5조 제2항 제1호 의무를 위탁하여 실시하는 것으로 간주할 수 있는지 여부가 궁금할 것이다. 고용노동부 질의회시(중대산업재해감독과 - 1413, 22.4.25.)에 따르면 "공사금액 1억 원 이상 80억 원 미만 건설현장의 경우 건설재해예방전문지도기관에서의 점검은 산업안전보건법 제73조에 따른 법령상 의무이다. 중대재해처벌법 시행령 제5조 제2항 제1호의 의무는 위 산업안전보건법 등 안전보건 관계 법령에 따른 의무를 제대로 이행하고 있는지 여부를 확인·점검하는 것이다. 각 의무는 다른 법률에 근거한 별도의 의무로서 산업안전보건법 제73조에 따른 의무 이행을 시행령 제5조 제2항 제1호의 의무 이행까지 한 것으로 간주할 수는 없다"라는 입장이다.

표 5.5 안전·보건 관계 법령 의무이행 점검표

<table>
<tr><td colspan="5">안전·보건 관계 법령 의무이행 점검표</td></tr>
<tr><td colspan="3">사업장명 :</td><td colspan="2">점검일자 : 년 월 일</td></tr>
<tr><td>점검자
(담당자)</td><td>(서명)</td><td colspan="2">확인자
(현장소장/사업주 등)</td><td>(서명)</td></tr>
<tr><td colspan="2">의무 내용</td><td>이행</td><td>미이행</td><td>개선사항</td></tr>
<tr><td colspan="2">산업안전보건법에 따른 안전보건관계자 현장배치 여부</td><td></td><td></td><td></td></tr>
<tr><td colspan="2">산업안전보건법에 따른 산업안전보건기준에 관한 규칙, 유해·위험작업의 취업 제한에 관한 규칙 준수여부</td><td></td><td></td><td></td></tr>
<tr><td colspan="2">폐기물관리법에 따른 보호 장구의 지급, 운전자 포함 3명1조의 작업 등의 안전기준 등 준수여부</td><td></td><td></td><td></td></tr>
<tr><td colspan="2">전기안전관리법 제11조에 따른 정기검사 실시 여부</td><td></td><td></td><td></td></tr>
<tr><td colspan="2">건설기계관리법 제13조에 따른 검사 실시 여부</td><td></td><td></td><td></td></tr>
<tr><td colspan="2">건설산업기본법에 따른 건설기술인 현장배치 여부</td><td></td><td></td><td></td></tr>
<tr><td colspan="2"></td><td></td><td></td><td></td></tr>
<tr><td colspan="2"></td><td></td><td></td><td></td></tr>
<tr><td colspan="2"></td><td></td><td></td><td></td></tr>
<tr><td colspan="5">※ 점검 후 이행되지 않은 사항 추가 조치
※ 반기 1회 이상 점검</td></tr>
</table>

(6) 건설공사 또는 서비스업 수급인의 의무 이행 여부 확인

건설공사 또는 서비스업 수급인의 경우 시행령 제5조 제2항 제1호의 의무 이행을 위해 도급인(원청)이 지배하는 사업장(건설현장)에 가서 의무를 이행해야 하는지 여부가 궁금할 것이다.

고용노동부 질의회시(중대산업재해감독과 - 1413, 22.4.25.)에 따르면 "중대재해처벌법상 의무는 도급인과 수급인 각자가 이행하여야 한다. 따라서 수급인이 안전보건 관계 법령상 이행하여야 할 의무에 대해서는 수급인도 개별적으로 점검을 하여야 한다"라고 보고 있다.

(7) 반기 1회 이상 점검의 주기

사업장이 5월에 신설될 경우 상반기(6월)까지 법령상 의무를 이행하여야 하므로 1개월 안에 안전보건 관계 법령에 따른 의무를 이행했는지를 1회 이상 점검하여야 하는지가 궁금할 것이다.

고용노동부 질의회시(중대산업재해감독과 - 2766, 22.7.20.)에 따르면 "중대재해처벌법상 반기 1회 이상 점검과 관련하여 사업을 새로 시작한 경우에 대해 별도로 규정을 두고 있지는 않으므로, 반기 1회 이상 점검은 상반기(1.1.부터 6.30.까지)와 하반기(7.1부터 12.31까지)를 최소한의 주기로 하여 각 1회 이상 실시하여야 한다"라고 보고 있다.

(8) 전문기관에 안전진단, 보건진단을 받는 경우 의무 이행 여부

전문기관에 안전진단, 보건진단을 받는 경우 시행령 제5조 제2항 제1호를 시행한 것으로 볼 수 있는지 여부가 궁금할 것이다.

고용노동부 질의회시(중대산업재해감독과 - 3226, 22.8.18.)에 따르면 "중대재해처벌법 제5조 제2항 제1호는 안전보건 관계 법령에 따른 의무를 이행했는지를 반기 1회 이상 점검하도록 하면서 해당 안전보건 관계 법령에 따라 중앙행정기관의 장이 지정한 기관 등에 위탁하여 점검하는 것도 가능하다"고 규정하였다.

다만 중대재해처벌법 제5조 제2항 제1호의 점검은 안전보건 관계 법령 전반에 관한 점검이 이루어져야 하므로 해당 전문기관의 전문분야에 한정된 점검만으로는 중대재해처벌법 제5조 제2항 제1호의 점검이 전부 이루어졌다고는 보기 어렵다"라는 입장이다.

(9) 사업장 자체적으로 체크리스트를 활용하여 점검해도 되는지 여부

사업장 자체적으로 체크리스트를 활용하는 방법으로 시행령 제5조 제2항 제1호의 점검을 실시해도 되는지 여부가 궁금할 것이다.

고용노동부 질의회시(중대산업재해감독과 - 3226, 22.8.18.)에 따르면 "해당 점검의 구체적인 형식에 관하여는 규정하지 않아 자체 제작한 체크리스트를 활용하는 것도 가능할 것이나 중요한 것은 법령상 의무를 실질적으로 이행하고 사업장의 유해·위험요인을 개선하였는지 여부이므로 형식적인 운영이 되지 않도록 하여야 한다"라는 입장이다.

(10) 내실 있는 점검을 위해 전문기관에 안전보건진단을 받아야 하는지 여부

내실 있는 점검을 위해 전문기관에 안전보건진단을 받는 것이 좋은지 궁금할 것이다.

고용노동부 질의회시(중대산업재해감독과 - 3226, 22.8.18.)에 따르면 "자체 점검과 외부 전문기관을 이용한 점검은 각각의 장단점이 있어 특정 방법을 권장하지는 않으며 사업 또는 사업장의 안전보건 관계 법령에 따른 의무 이행여부를 보다 잘 점검할 수 있는 방법을 자유롭게 선택하면 된다"라는 입장이다.

(11) 중대재해처벌법 제4조의 의무를 위탁할 수 있는지 여부

중대재해처벌법 시행령 제5조 제2항 제1호의 안전보건 관계 법령에 따라 중앙행정기관의 장이 지정한 기관에 중대재해처벌법 제4조 제1항부터 제3항까지의 안전 및 보건 확보의무를 위탁할 수 있는지 여부가 궁금할 것이다.

고용노동부 질의회시(중대산업재해감독과 - 1996, 22.5.27.)에 따르면 "중대재해처벌법 제4조에 따른 안전 및 보건 확보의무는 그 의무의 이행을 다른 기관에 위탁할 수 있는지 등에 관하여 규정하고 있지는 않지만 이를 안전보건 관계 법령에 따라 중앙행정기관의 장이 지정한 기관에 위탁할 수 없고 해당 의무 불이행 시 그 책임은 의무주체인 경영책임자에게 귀속된다"라는 입장이다.

1.6 유의사항

구분	유의사항
법령 이행 여부 점검 절차	1. 주기적인 점검 및 결과 보고 절차 마련 • 월별, 분기별, 반기별 점검 및 보고 절차 • 보고 기간 등 2. 안전보건 관련 법령 파악 • 관계법령과 요구 내용 현황 목록 작성 • 주요 안전·보건 관계 법령 - 산업안전보건법 - 광산안전법 - 원자력안전법 - 항공안전법 - 선박안전법 - 연구실 안전환경 조성에 관한 법률 - 폐기물관리법 - 생활물류서비스산업발전법 - 선원법 - 생활주변방사선 - 안전관리법
이행 여부 점검	1. 반기 1회 이상 이행여부 점검 • 필요한 개선방안 마련 • 과도한 문서작업 위주로 진행 지양 • 개선이 쉬운 사항 위주로 진행 지양 • 현장에서 법령, 작업계획서에 따른 작업 여부 확인 2. 필요시 전문기관에 위탁점검 3. 점검결과는 점검이 끝난 후 지체 없이 결과를 보고받을 것 4. 안전보건법규 준수 평가표(현장용) 5. 안전보건법규 준수 평가표(본사용) 6. 개선조치 요구(결과) 보고서
조치 이행	1. 점검 또는 보고에 따른 미흡사항 조치 결과 • 인력 배치 • 예산 추가편성, 투입 2. 조치결과에 대한 관련 내용 증빙

1.7 안전보건 관계 법령에 따른 의무이행여부 이행점검표

안전보건 관계법령에 따른 의무이행여부 가이드 및 점검표

○ 점검일 :

○ 부서명 :

○ 점검자 : (인)

□ 점검 주요 내용

구분	점검항목	관련근거	점검결과	비고
1. 안전보건 관계 법령 이행 점검	1. 산업재해 발생에 따른 후속조치의 적정성	산안법 제57조(산업재해 발생은폐 금지 및 보고)		관련 증빙 첨부
	2. 안전 및 보건관리자의 선임 및 전담업무 여부	산안법 제17조, 제18조(안전관리자, 보건관리자)		
	3. 안전보건관리규정 게시 여부	산안법 제34조(법령 요지 등의 게시 등)		
	4. 도급인의 안전조치 및 보건조치	산안법 제63조~66조(도급인의 안전조치 및 보건조치)		
	5. 정기 안전보건교육 시행의 적정성	산안법 제29조(근로자에 대한 안전보건교육)		
	6. 기계기구 등 방호장치 설치/관리 여부	산안법 제80조(유해위험한 기계기구에 대한 방호조치)		
	7. MSDS 교육에 대한 근로자 교육 시행 여부	산안법 제114조(물질안전보건자료의 게시 및 교육)		
	8. 특수검진 시행의 적정성(유해인자 반영 여부)	산안법 제130조(특수건강진단 등)		
	9. 작업환경측정 결과에 대한 공유 여부	산안법 제125조(작업환경측정)		
	10. 안전보건표지의 설치 및 부착 여부	산안법 제37조(안전보건표지의 설치·부착)		
	11. 위험 기계기구의 안전검사 여부	산안법 제93조(안전검사)		
	12. 현장 TBM 시행 및 일지 점검	안전보건관리규정		
	13. 현장 안전보호구 착용의 적정성	산안법 제16조(관리감독자)		

□ 안전·보건에 관계 법령에 따른 의무 이행사항 점검

연번	관계 법령	관계법령 이행여부 점검			비고
		점검방법	지적사항	조치결과(계획)	
1	산업안전보건법				
2	기타법령				

2 유해·위험 작업에 대한 안전·보건 교육실시 점검 및 조치

2.1 관련 조문

중대재해처벌법 시행령 제5조(안전·보건 관계 법령에 따른 의무이행에 필요한 관리상의 조치) 제2항 제3호에서는 안전·보건 관계 법령에 따라 의무적으로 실시해야 하는 유해·위험한 작업에 관한 안전·보건에 관한 교육이 실시되었는지를 반기 1회 이상 점검하고, 직접 점검하지 않은 경우는 점검이 끝난 후 지체없이 점검 결과를 보고받도록 규정하고 있다.

또한 중대재해처벌법 시행령 제5조(안전·보건 관계 법령에 따른 의무이행에 필요한 관리상의 조치) 제2항 제4호에서는 제3호에 따른 점검 또는 보고 결과 실시되지 않은 교육에 대해서는 지체 없이 그 이행의 지시, 예산의 확보 등 교육실시에 필요한 조치를 하도록 규정하고 있다.

법 시행령 제5조(안전·보건 관계 법령에 따른 의무이행에 필요한 관리상의 조치) 제2항 제3호, 제4호

② 법 제4조 제1항 제4호에 따른 조치에 관한 구체적인 사항은 다음 각 호와 같다.

3. 안전·보건 관계 법령에 따라 의무적으로 실시해야 하는 유해·위험한 작업에 관한 안전·보건에 관한 교육이 실시되었는지를 반기 1회 이상 점검하고, 직접 점검하지 않은 경우에는 점검이 끝난 후 지체 없이 점검 결과를 보고받을 것
4. 제3호에 따른 점검 또는 보고 결과 실시되지 않은 교육에 대해서는 지체 없이 그 이행의 지시, 예산의 확보 등 교육실시에 필요한 조치를 할 것

2.2 조문의 취지

사업주 또는 경영책임자 등은 안전·보건 관계 법령에 따라 실시해야 하는 유해·위험 작업에 관한 안전·보건 교육의 실시 여부를 반기 1회 이상 점검 또는 점검 보고를 받고 지시를 하여야 한다. 법령상 의무화되어 있는 것이라면 산업안전보건법의 유해·위험 작업에 따른 교육이 아닌 경우에도 준수할 필요가 있다. 유해하거나 위험한 작업을 실시하는 직영근로자의 교육실시와 도급, 용역, 위탁받는 근로자에 대해 교육을 실시하고 이에 대한 확인과 조치가

이루어져야 한다.

점검 또는 점검보고 결과 실시되지 않은 교육에 대해서는 지체없이 그 이행을 지시하고 예산 확보 등 교육실시에 필요한 조치를 해야 한다.

교육실시 이행 여부를 확인 점검하고 미실시된 경우는 의무주체가 수급인 등 제 3자인 경우 해당 교육을 실시하도록 요구하는 등 필요한 조치를 해야 한다. 교육 의무가 없는 경우까지 직접 교육을 하여야 하는 것은 아니며 안전·보건 관계 법령에 따라 노무를 제공하는 자에게 안전보건교육을 해야 할 의무가 있는 경우에는 교육을 실시해야 한다.

다만 필요한 조치의 하나로 교육을 받지 않은 종사자는 해당 작업에서 배제하는 조치는 가능하다.

이 조문은 안전한 작업을 위해 작업자가 필요한 내용을 충분히 습득할 수 있도록 경영책임자 등에게 관리상의 의무를 부여한 것이다. 유해·위험작업에 관한 안전·보건 교육은 종사자의 안전·보건 확보와 밀접한 관련이 있기 때문이다.

안전보건교육은 사업장 내 위험요인과 이를 제거·대체 통제하는 방법을 종사자에게 알리고 이해시키는 중요한 수단이다. 의무적으로 수행해야 하는 절차로 인식하지 말고 종사자들의 태도와 행동 변화를 유도하는 핵심임을 이해할 필요가 있다.

2.3 실행전략

① 유해·위험한 작업에 관한 안전·보건 교육실시

② 안전보건 관계 법령에 따른 교육 중 유해·위험한 작업에 관한 교육은 모두 포함되므로 그 교육이 유해·위험작업에 관한 것이고, 법령상 의무화되어 있는 것이라면 산업안전보건법의 유해·위험 작업에 따른 교육이 아닌 경우도 마땅히 준수해야 함

③ 경영책임자 등이 직접 점검하지 않은 경우는 점검완료 후 지체없이 결과를 보고받아야 하며 미실시 교육에 대해서는 지체없이 이행을 지시하고 예산 확보 등 필요한 조치를 하여야 함

2.4 실행방법

(1) 매년 유해·위험작업에 대한 안전보건 교육계획을 수립하고 안전보건교육 예산을 반영할 것

산업안전보건법과 그 외의 법령에 따른 안전교육에 대해 연간 교육계획을 수립하고 적기에 교육을 이수토록 할 필요가 있다.

표 5.6 산업안전보건법상 교육대상·유형별 최저 교육시간

<table>
<tr><th colspan="2">구분</th><th>신규 교육</th><th>정기교육 / 보수교육</th><th>작업내용 변경 시 (1회)</th><th>특별 교육 (1회)</th></tr>
<tr><td rowspan="2">근로자</td><td>일반</td><td>8시간</td><td>• (일반) 분기별 6시간
• (사무직) 분기별 3시간
• (관리감독자) 연 16시간</td><td>2시간</td><td>16시간</td></tr>
<tr><td>일용</td><td>1시간</td><td>-</td><td>1시간</td><td>2시간</td></tr>
<tr><td rowspan="2">특수형태 근로 종사자</td><td>일반</td><td>2시간</td><td>-</td><td>-</td><td>16시간</td></tr>
<tr><td>단기·간헐</td><td>1시간</td><td>-</td><td>-</td><td>2시간</td></tr>
<tr><td rowspan="3">안전 보건 업무 담당자</td><td>안전보건관리 책임자</td><td>6시간 이상</td><td>6시간 이상(2년 주기)</td><td>-</td><td>-</td></tr>
<tr><td>안전관리자/ 보건관리자</td><td>34시간 이상</td><td>24시간 이상(2년 주기)</td><td>-</td><td>-</td></tr>
<tr><td>안전보건관리 담당자</td><td>-</td><td>8시간 이상(2년 주기)</td><td>-</td><td>-</td></tr>
</table>

표 5.7 연간 교육계획 수립 서식 예시 1

연간 교육계획

결재	작성	검토	승인

NO	교육구분			교육과정	일정												대상 인원 (명)	교육 방법 (내·외부)	비고
	안전보건	공정안전	수급업체		1	2	3	4	5	6	7	8	9	10	11	12			
1	○			근로자 정기 안전보건 교육		○		○		○		○		○		○	30명	집체 (내부)	
2	○			신규 채용 시 안전보건 교육						○							발생 시	집체 (내부)	
3	○			관리감독자 안전보건 교육					○								9명	집체 (외부)	
4	○			특별안전 보건교육							○						5명	집체 (내부)	
5	○			비상사태 대비 교육 및 훈련					○						○		전 사원	집체 (내부)	
6	○			물질안전 보건교육							○						2명	집체 (내부)	
7		○		공정위험성 평가 교육									○				10명	집체 (외부)	
8			○	작업내용 변경시 교육							○						발생 시	집체 (내부)	

표 5.8 연간 교육계획 수립 서식 예시 2

<table>
<tr><th colspan="8">안전보건교육 계획서</th></tr>
<tr><th colspan="2">구분</th><th>교육 내용</th><th>교육방법</th><th>교육일자</th><th>시 간</th><th>대상</th><th>장소</th></tr>
<tr><td rowspan="12">정기교육</td><td>1월</td><td>동절기 재해예방 안전보건 교육</td><td>시청각 자료 등</td><td>00.00.00.</td><td>2시간</td><td>전직원</td><td></td></tr>
<tr><td>2월</td><td>보호구착용 및 관리요령</td><td>시청각 자료 등</td><td>00.00.00.</td><td>2시간</td><td>전직원</td><td></td></tr>
<tr><td>3월</td><td>이동식 사다리 안전작업 교육</td><td>시청각 자료 등</td><td>00.00.00.</td><td>2시간</td><td>전직원</td><td></td></tr>
<tr><td>4월</td><td>산업재해보상보험 제도에 관한 사항</td><td>시청각 자료 등</td><td>00.00.00.</td><td>2시간</td><td>전직원</td><td></td></tr>
<tr><td>5월</td><td>추락재해예방교육</td><td>시청각 자료 등</td><td>00.00.00.</td><td>2시간</td><td>전직원</td><td></td></tr>
<tr><td>6월</td><td>중대재해 방지 예방교육</td><td>시청각 자료 등</td><td>00.00.00.</td><td>2시간</td><td>전직원</td><td></td></tr>
<tr><td>7월</td><td>직장 내 괴롭힘 방지교육</td><td>시청각 자료 등</td><td>00.00.00.</td><td>2시간</td><td>전직원</td><td></td></tr>
<tr><td>8월</td><td>장마철 안전사고 예방대책</td><td>시청각 자료 등</td><td>00.00.00.</td><td>2시간</td><td>전직원</td><td></td></tr>
<tr><td>9월</td><td>직무스트레스 예방관리</td><td>시청각 자료 등</td><td>00.00.00.</td><td>2시간</td><td>전직원</td><td></td></tr>
<tr><td>10월</td><td>작업 근로자 긴급행동 요령</td><td>시청각 자료 등</td><td>00.00.00.</td><td>2시간</td><td>전직원</td><td></td></tr>
<tr><td>11월</td><td>성폭력, 성희롱 등 예방교육</td><td>시청각 자료 등</td><td>00.00.00.</td><td>4시간</td><td>전직원</td><td></td></tr>
<tr><td>12월</td><td>겨울철 한파에 따른 한랭질환 예방가이드</td><td>시청각 자료 등</td><td>00.00.00.</td><td>2시간</td><td>전직원</td><td></td></tr>
<tr><td colspan="2">채용시 교육</td><td rowspan="2">• 산업안전보건법령에 관한 사항
• 직무스트레스예방 및 관리에 관한 사항
• 직장 내 괴롭힘, 고객의 폭언 등으로 인한 건강장해 예방 및 관리에 관한 사항
• 성폭력, 성희롱 등 폭력예방교육 등</td><td>강의식 시청각 자료 등</td><td>채용 시</td><td>8시간</td><td>채용 직원</td><td></td></tr>
<tr><td colspan="2">작업내용 변경 시 교육</td><td>강의식 시청각 자료 등</td><td>작업 배치 전</td><td>2시간</td><td>작업 내용 변경 직원</td><td></td></tr>
<tr><td colspan="2">직무교육</td><td>관리감독자 교육</td><td>외부교육</td><td></td><td>16시간</td><td>관리 감독자</td><td></td></tr>
<tr><td colspan="8">확인자(현장소장 /사업주 등) (서명)</td></tr>
</table>

(2) 위험요인과 이에 대한 제거·대체·통제하는 방법에 대한 안전보건교육 실시

안전보건교육을 통해 모든 구성원에게 자신의 직무와 관련된 위험요인과 이를 제거·대체·통제하는 방법을 알려주어야 한다.

안전보건교육은 일반적으로 모든 사업 및 사업장에서 실시해야 하나, 산업안전보건법 시행령 별표 1에 따른 대상 사업 또는 사업장은 교육 의무를 제외하고 있다. 근로자 안전보건교육을 실시해야 하는 사업장인지의 여부는 안전보건교육 대상 사업장 조회를 하여 확인할 필요가 있다.

안전교육은 현재 유해하거나 위험한 작업을 수행하는 근로자, 신규 채용 또는 작업내용 변경으로 유해하거나 위험한 작업을 수행하는 근로자가 대상이다.

교육내용은 산업안전보건법 시행규칙 별표5호의 제1호 라목을 참조하여 시행하여야 한다.

교육을 시킬 수 있는 자는 안전보건관리책임자, 관리감독자, 안전·보건관리자, 안전보건관리담당자가 해당된다.

교육의 실시 주체는 직영근로자의 경우 본사와 현장의 관리감독자가 되고, 도급사업인 경우에는 근로자를 고용한 수급업체에서 주관하여 실시하되 도급사업에 대하여 교육 장소 및 교육자료 등의 지원이 가능하다. 만약 교육을 실시하지 않았을 경우는 안전보건관리책임자 주도하에 즉시 조치 교육을 실시토록 하여야 한다.

안전교육은 산업안전보건법 제33조(안전보건교육기관), 산업안전보건법 시행규칙 제26조 제3항(자체교육을 할 수 있는 사람의 자격 규정) 등에 따라 고용노동부 장관에게 등록한 안전보건교육기관에 위탁하여 실시할 수도 있다.

안전보건공단은 산업안전보건법 제29조에 의한 사업장 정기교육을 자체적으로 실시하기 어려운 소규모 사업장을 위해 전문 강사가 현장방문을 통해 교육할 수 있도록 지원하고 있으므로 적극 활용할 필요가 있다. 안전 및 보건관리자 선임 의무가 없는 사업장과 소규모 사업장을 중심으로 지원하며 공단 일정에 따라 지원이 불가능할 수도 있다.

(3) 산업안전보건법 외 법령상 의무화된 교육실시

의무적으로 실시해야 하는 법령상의 안전·보건 교육 항목과 내용을 파악하여 교육을 적기에 실시하여야 한다.

또한, 유해·위험 작업에 관한 것이고 법령상 의무화되어 있는 것이라면 산업안전보건법상의 교육이 아닌 경우에도 준수되어야 한다. 예를 들면 항공안전법상 위험물 취급에 관한 교육(항

공안전법 제72조), 선박안전법상 위험물 안전운송 교육(선박안전법 제41조의2) 등의 경우이다.

(4) 교육실시 요구 및 미이수자 작업 배제

중대재해처벌법의 안전·보건상 유해 또는 위험의 방지는 사업장 내 모든 종사자를 대상으로 하므로 수급인 등이 소속 근로자에게 교육을 하지 않은 경우 교육을 실시하도록 요구하거나 교육받지 않은 종사자는 작업에서 배제시킬 수 있다.

교육의 의무주체가 수급인 등 제 3자인 경우 해당 교육을 실시하도록 요구하는 등 필요한 조치를 하여야 한다.

(5) 반기 1회 이상 점검 결과 보고

경영책임자 등은 교육실시 여부를 반기 1회 이상 점검하고 직접 점검하지 않았다면 점검결과를 보고받아야 한다.

(6) 미이수 교육실시 조치

점검 또는 보고 결과 실시되지 않은 교육은 지체없이 그 이행의 지시, 예산의 확보 등 필요한 조치를 해야 한다.

표 5.9 안전보건 교육일지

안전보건 교육일지

결재	작성	검토	승인 등

작성일자 : . . . 작성자 :

교육 구분	가. 정기교육	나. 채용 시 교육	다. 작업내용
	라. 특별교육	마. 기타( )교육	

교육 인원	구분	계	남	여	교육 미실시 사유
	교육 대상자 수				
	교육 실시자 수				
	교육 미실시자 수				

교육 과목	
교육 내용	

교육 실시자 및 장소	성명	직명	교육실시 장소

특기 사항	

안전교육 참석자 명단

NO	직책	성명	서명	NO	직책	성명	서명
1				11			
2				12			
3				13			
4				14			
5				15			
6				16			
7				17			
8				18			
9				19			
10				20			

표 5.10 교육·훈련 수강 확인서

<table>
<tr><td colspan="8">교육·훈련 수강 확인서</td></tr>
<tr><td colspan="2">현장명</td><td colspan="6"></td></tr>
<tr><td colspan="2">공종명</td><td colspan="6"></td></tr>
<tr><td colspan="2">일시</td><td colspan="6"></td></tr>
<tr><td>NO</td><td>직책</td><td>성명</td><td>확인</td><td>NO</td><td>직책</td><td>성명</td><td>확인</td></tr>
<tr><td>1</td><td></td><td></td><td></td><td>16</td><td></td><td></td><td></td></tr>
<tr><td>2</td><td></td><td></td><td></td><td>17</td><td></td><td></td><td></td></tr>
<tr><td>3</td><td></td><td></td><td></td><td>18</td><td></td><td></td><td></td></tr>
<tr><td>4</td><td></td><td></td><td></td><td>19</td><td></td><td></td><td></td></tr>
<tr><td>5</td><td></td><td></td><td></td><td>20</td><td></td><td></td><td></td></tr>
<tr><td>6</td><td></td><td></td><td></td><td>21</td><td></td><td></td><td></td></tr>
<tr><td>7</td><td></td><td></td><td></td><td>22</td><td></td><td></td><td></td></tr>
<tr><td>8</td><td></td><td></td><td></td><td>23</td><td></td><td></td><td></td></tr>
<tr><td>9</td><td></td><td></td><td></td><td>24</td><td></td><td></td><td></td></tr>
<tr><td>10</td><td></td><td></td><td></td><td>25</td><td></td><td></td><td></td></tr>
<tr><td>11</td><td></td><td></td><td></td><td>26</td><td></td><td></td><td></td></tr>
<tr><td>12</td><td></td><td></td><td></td><td>27</td><td></td><td></td><td></td></tr>
<tr><td>13</td><td></td><td></td><td></td><td>28</td><td></td><td></td><td></td></tr>
<tr><td>14</td><td></td><td></td><td></td><td>29</td><td></td><td></td><td></td></tr>
<tr><td>15</td><td></td><td></td><td></td><td>30</td><td></td><td></td><td></td></tr>
</table>

표 5.11 안전보건교육 실시 여부 점검표

<table>
<tr><td colspan="5">안전보건교육 실시 여부 점검표

사업장명 : 점검일자 : 년 월 일</td></tr>
<tr><td>점검자
(담당자)</td><td>(서명)</td><td colspan="2">확인자
(현장소장/사업주 등)</td><td>(서명)</td></tr>
<tr><td colspan="2">점검 사항</td><td>이행</td><td>미이행</td><td>개선사항</td></tr>
<tr><td colspan="2">안전보건교육 계획수립 여부(대상자 선정, 요구도 파악, 방법 등)</td><td></td><td></td><td></td></tr>
<tr><td colspan="2">안전보건관리책임자 교육실시 여부(신규 6시간 이상, 보수 2년 주기 6시간 이상)</td><td></td><td></td><td></td></tr>
<tr><td colspan="2">관리감독자 교육실시 여부(연 16시간 이상)</td><td></td><td></td><td></td></tr>
<tr><td colspan="2">정기교육실시 여부</td><td></td><td></td><td></td></tr>
<tr><td colspan="2">채용 시 교육실시 여부</td><td></td><td></td><td></td></tr>
<tr><td colspan="2">작업내용 변경 시 교육실시 여부</td><td></td><td></td><td></td></tr>
<tr><td colspan="2">특별교육 실시 여부</td><td></td><td></td><td></td></tr>
<tr><td colspan="2">그 외 안전·보건관계법령에 따른 교육실시 여부</td><td></td><td></td><td></td></tr>
<tr><td colspan="2">안전보건교육 평가 실시 여부(만족도 등)</td><td></td><td></td><td></td></tr>
<tr><td colspan="5">※ 점검 후 이행되지 않은 교육 추가 시행
※ 반기 1회 이상 점검</td></tr>
</table>

2.5 고용노동부 질의회시

(1) 안전보건에 관한 교육의 위탁점검 가능성

중대재해처벌법 시행령 제5조 제2항 제3호의 안전보건 교육에 관한 점검도 위탁이 가능한지 여부가 궁금할 것이다.

고용노동부 질의회시(중대산업재해감독과 - 615, 22.2.17.)에 따르면 “중대재해처벌법 시행령 제5조 제2항 제3호에 대해서는 위탁하여 점검하는 경우를 포함하지 않으므로 안전보건에 관한 교육은 사업 또는 사업장 내에서 점검이 이루어져야 한다”라는 입장이다.

또한 개인사업주 또는 경영책임자 등이 직접 점검하지 않은 경우는 점검 완료 후 지체 없이 결과를 보고받아야 하며 이는 위탁점검이 가능하다는 규정이 아니라고 해석하고 있다.

2.6 유의사항

구분	유의사항
안전 교육대상자 현황 파악	1. 산업안전보건법상 교육대상·유형별 최저 교육시간 파악 • 교육과정, 대상자, 교육이수 여부 현황 파악 • 산업안전보건법 시행령 별표 1에 따른 대상 사업 또는 사업장은 교육 의무 제외(안전보건교육 대상 사업장 조회)
타법 안전교육 현황 파악	1. 타법에 의한 안전교육 대상, 이수 현황 파악 • 항공안전법, 선박안전법, 건설기술진흥법, 건설기계관리법 등
연간 교육 계획 수립	1. 연간 교육계획 수립 • 교육구분(안전보건, 공정안전, 수급업체), 교육과정, 일정(1~12월), 대상인원, 교육방법(내, 외부) • 교육과정 : 근로자 정기 안전보건교육, 신규 채용 시 안전보건교육, 관리감독자 안전보건교육, 특별안전보건교육, 비상사태대비 교육 및 훈련, 물질안전보건교육, 공정위험성평가 교육, 작업내용 변경시 교육) • 안전보건교육계획서(년간) 2. 연간 교육 이수 현황표 • 교육이수 대상자 파악
안전 보건 관리 규정	1. 교육 미이수자 작업 참여 금지 규정 포함 • 수급인 등이 소속 근로자에게 교육을 하지 않은 경우 교육실시 요구 • 교육받지 않은 종사자는 작업에서 배제 내용 포함

구분	유의사항
교육 실시	1. 교육실시 • 안전보건교육기관에 위탁하여 실시 가능 • 산업안전보건법 제33조(안전보건교육기관), 산업안전보건법 시행규칙 제26조 제3항(자체교육을 할 수 있는 사람의 자격 규정) 등 참조 2. 안전보건교육일지 3. 교육·훈련 수강 확인서
이행 여부 점검	1. 반기 1회 이상 이행 여부 점검 • 필요한 개선방안 마련 2. 점검결과는 점검이 끝난 후 지체없이 결과를 보고
조치 이행	1. 점검 또는 보고에 따른 미흡사항 조치 결과 • 교육이수 이행 지시 • 예산 추가편성, 투입 2. 조치결과에 대한 관련 내용 증빙

2.7 안전보건에 관한 교육실시 여부 의무사항 이행점검표

안전보건에 관한 교육실시 여부 점검표

○ 점검일 :

○ 부서명 :

○ 점검자 : (인)

□ 점검 주요 내용

교육이행 실적 점검	교육 대상자	관련 법규기준 이행 방법(착안사항) 가이드
1. 안전관리자 교육(신규/보수)	안전관리자	○ 교육일지(사진포함), 내부 결과보고 문서 전체 - 안전보건교육 이행 점검 시 주요 점검사항 정리 ① 산업안전보건법, 화학물질관리법, 재난 및 안전관리기본법, 중대재해처벌법 등에 따른 안전관리책임자의 교육실적 문서 확인 ② 산업안전보건법에 따른 안전관리담당자의 교육실적 문서 확인 ③ 산업안전보건법에 따른 특별안전교육 및 기타 법정 안전교육 내용 확인(안전절차, 위험성평가, 주의 사항 등) ④ 산업안전보건법에 따른 관리감독자의 안전교육 내용 확인 ⑤ 안전교육이 안전경영방침, 법적 요구사항을 충족하여 구성되었는지 확인 ⑥ 안전교육 실적의 관리현황 확인 ⑦ 직무교육 이수현황 확인 ⑧ 근로자 채용 시 교육, 건설용 리프트 이용 근로자 특별교육 ⑨ 작업내용 변경 시 교육 등 산업안전보건법상 기본적인 의무사항 이행 ※ 증빙서류는 사진을 반드시 첨부할 것
2. 보건관리자 교육(신규/보수)	보건관리자	
3. 근로자(본사 및 사업장)	전 직원	
4. 관리감독자 교육	부서장, 팀·소장	
5. 신규 채용 시 교육	채용시 (전 직원)	
6. 밀폐공간에서 유해 위험작업 등	대상 근로자	
7. 보일러의 설치 및 취급 작업 등	대상 근로자	
8. 크레인을 이용한 중량물 작업 등	대상 근로자	
9. 전기 및 활선작업 등	대상 근로자	
10. (6~9)과정을 제외한 특별안전 교육	대상 근로자	
11. 작업 변경 시(정규/단기 동일)	대상 근로자	
12. 유해화학물질 취급담당자	취급대상 근로자	

법적 근거

가. 산업안전보건법 제29조

나. 산업안전보건법 시행규칙 제26조 별표 4, 5 참조

다. 특별교육의 경우는 산업안전보건법 시행규칙 제26조 별표5 제1호 라목의 40개 작업항목을 반드시 참조하고 필요시 간헐적 작업의 경우는 2시간, 상시 근로 작업자의 경우는 16시간의 교육 시행

라. 모든 법정교육은 집합교육, 온라인 교육, 우편교육, 실시간 화상교육이 모두 인정되나 사업장별 자체 계획수립에 의거 시행

마. 정기 안전보건 교육 시에는 분기별 1시간씩 MSDS 교육을 시행하고 증빙을 기록 보관

바. 화학물질 취급담당자 교육(16시간)은 2년 주기로 지정된 취급담당자를 별도관리 및 반드시 교육 이수 후 작업에 투입

사. 산업안전보건법 제64조 제1항 제4호에 따른 도급인의 의무사항 중 교육확인

□ 안전보건에 관한 교육실시 여부 점검표

<table>
<tr><th rowspan="2">구분</th><th rowspan="2">법정 안전보건 교육과정</th><th rowspan="2">시행주기</th><th colspan="2">교육 시간</th><th rowspan="2">점검 결과</th><th rowspan="2">법적근거</th></tr>
<tr><th>신규 교육</th><th>보수 교육</th></tr>
<tr><td>1.
직무 교육</td><td>안전·보건관리자 교육(신규/보수)</td><td>선임 시(3개월 내), 2년 주기(보수교육) 전후 3개월 사이에 시행할 것</td><td>34</td><td>24</td><td></td><td>산업안전보건법 시행규칙 제29조(제2항 관련)</td></tr>
<tr><td rowspan="2">2.
정기 교육</td><td>근로자(본사 및 사업장)</td><td>분기</td><td colspan="2">6</td><td></td><td rowspan="2">산업안전보건법 시행규칙 제26조(제1항)</td></tr>
<tr><td>관리감독자 교육(부서장, 팀·소장)</td><td>매년</td><td colspan="2">16</td><td></td></tr>
<tr><td>3.
채용 교육</td><td>신규 채용 시 교육(신입/경력 동일)</td><td>채용 시</td><td colspan="2">8</td><td></td><td>산업안전보건법 시행규칙 제26조(별표4)</td></tr>
<tr><td>4.
작업 내용 변경 시</td><td>해당 근로자</td><td>작업내용 변경 시</td><td colspan="2">2</td><td></td><td>산업안전보건법 시행규칙 제26조(별표4)</td></tr>
<tr><td rowspan="6">5.
특별 교육</td><td>밀폐공간에서의 유해위험작업 등</td><td rowspan="6">• 상시 근로 작업자 16시간
• 간헐적 작업 2시간
* 작업변경 시 직원/기타 2시간/단기근로자 1시간
* 기타 : 특별교육 대상작업 40종 참조</td><td colspan="2">16/(2)</td><td></td><td rowspan="6">산업안전보건법 시행규칙 제26조(규칙 별표5)(제1호 라목) 40개 분야 중 해당 작업</td></tr>
<tr><td>보일러의 설치 및 취급작업 등</td><td colspan="2">16/(2)</td><td></td></tr>
<tr><td>크레인을 이용한 중량물 작업 등</td><td colspan="2">16/(2)</td><td></td></tr>
<tr><td>전기 및 활선작업 등</td><td colspan="2">16/(2)</td><td></td></tr>
<tr><td>위 4개 과정을 제외한 특별 교육</td><td colspan="2">16/(2)</td><td></td></tr>
<tr><td>작업 변경 시(정규/일용 동일)</td><td colspan="2">2</td><td></td></tr>
<tr><td>6.
유해 화학 물질</td><td>유해화학물질 취급담당자</td><td>2년</td><td colspan="2">16</td><td></td><td>화학물질관리법 제33조</td></tr>
<tr><td colspan="7">※ 근태 발생 등 교육시행 제약사항 발생시 관련 증빙과 추가 교육을 시행하여 기록유지
※ 상기 교육은 법정교육 중심으로 편성된 리스트이며, 반드시 교육 증빙자료를 보관 기록유지</td></tr>
</table>

□ 안전보건에 관한 교육실시 여부 점검표

구분	법정 재난안전보건 교육과정	대상		실시	미실시	미실시 사유	시행 주기	교육 시간	비고
1. 직무 교육	안전·보건관리자 교육(신규/보수)						선임 시	신규 : 34 보수 : 24	
2. 정기 교육	근로자(본사 및 사업장)	1분기	14	14	-		분기	6	전원 실시 완료
		2분기	14	14	-				
		3분기	14	14	-				
		4분기	15	15	-				
	관리감독자 교육(부서장, 팀 소장)	부서장		1	-		매년	16	실시 완료
3. 채용 교육	신규 채용 시 교육(신입/경력 동일)						채용 시	8	
4. 작업 내용 변경 시	일용 근로자를 제외한 근로자						작업내용 변경 시	2	
5. 특별 안전 교육	밀폐공간에서의 유해·위험작업 등						상시 근로 작업자 16시간 간헐적 작업 시 (2시간)	16/(2)	
	보일러의 설치 및 취급작업 등							16/(2)	
	크레인을 이용한 중량물 작업 등							16/(2)	
	전기 및 활선작업 등							16/(2)	
	위 4개 과정을 제외한 특별교육							16/(2)	
	담당 작업 변경 시(정규/일용 동일)							2	
6. 유해 화학 물질	유해화학물질 취급담당자						2년	16	

제6장

도급, 용역, 위탁의 안전보건 확보의무

1 제 3자에게 도급, 용역, 위탁 등 관계에서의 안전 및 보건 확보의무

1.1 관련 조문

중대재해처벌법 제5조(도급, 용역, 위탁 등 관계에서의 안전 및 보건 확보의무)에서는 사업주 또는 경영책임자 등은 사업주나 법인 또는 기관이 제 3자에게 도급, 용역, 위탁 등을 행한 경우는 제 3자의 종사자에게 중대산업재해가 발생하지 아니하도록 제4조의 조치를 하도록 규정하고 있다.

법 제5조(도급, 용역, 위탁 등 관계에서의 안전 및 보건 확보의무)

사업주 또는 경영책임자 등은 사업주나 법인 또는 기관이 제 3자에게 도급, 용역, 위탁 등을 행한 경우는 제 3자의 종사자에게 중대산업재해가 발생하지 아니하도록 제4조의 조치를 하여야 한다. 다만, 사업주나 법인 또는 기관이 그 시설, 장비, 장소 등에 대하여 실질적으로 지배·운영·관리하는 책임이 있는 경우에 한정한다.

1.2 조문의 취지

종사자의 중대재해예방을 위한 안전조치는 일차적으로 종사자가 소속된 기업에서 해야 한다. 하지만 건설현장 등에서는 많은 작업이 도급, 용역, 위탁 등을 통해 이루어지고 있다. 산업안전보건법에서도 도급업체는 수급업체 종사자에게 안전보건 조치를 할 의무가 있다. 이 조문의 취지는 도급업체로 하여금 수급업체, 용역업체 종사자의 중대재해예방을 위한 안전 및 보건 조치를 소속 근로자와 동등한 수준으로 이행토록 하기 위함이다.

적용대상은 제 3자에게 도급, 용역, 위탁 등을 한 사업장이다. 적용대상 판단기준은 다음 표와 같다.

표 6.1 적용대상 판단기준

(1) 사업주 또는 법인 등이 제 3자에게 도급 등을 한 사업장의 시설, 장비, 장소 등에 대한 실질적 지배·운영·관리하는 책임이 있는 경우에 한하여 안전 및 보건 확보의무가 존재 (2) 실질적 지배·운영·관리하는 책임이 있는 경우란 중대산업재해 발생 원인을 살펴 해당 시설, 장비, 장소에 관한 소유권, 임차권, 그 밖에 사실상의 지배력을 가지고 있어 위험에 대한 제어 능력이 있다고 볼 수 있는 경우를 의미함

1.3 실행방법

(1) 도급, 용역, 위탁업체 종사자에게도 중대재해예방을 위한 안전조치

제 3자에게 도급, 용역, 위탁 등을 행한 경우 제 3자의 종사자에게 중대산업재해가 발생하지 않도록 제4조의 조치를 해야 한다.

경영책임자가 실질적으로 지배·운영·관리하는 사업 또는 사업장 내에서 도급, 용역, 위탁이 이루어질 때는 도급, 용역, 위탁업체 종사자에게도 경영책임자 소속 근로자와 같은 수준으로 중대재해예방을 위한 안전조치를 해야 한다.

(2) 도급인의 사업 또는 사업장 밖이라도 종사자의 안전보건 확보를 위한 조치

도급인의 사업 또는 사업장 밖이라도 해당 작업과 관련한 시설, 설비, 장소 등에 대해 소유권, 임차권, 그 밖에 사실상의 지배력을 행사하고 있는 경우에는 종사자의 안전보건 확보를 위한 조치를 해야 한다.

표 6.2 수급업체 종사자에 대한 안전·보건 확보의무 조치 점검표

수급업체 종사자에 대한 안전·보건 확보의무 조치 점검표

사업장명 : 점검일자 : 년 월 일

점검자 (담당자)	(서명)	확 인 자 (현장소장/사업주 등)	(서명)

점검 사항	이행	미이행	개선사항
안전·보건 목표와 경영방침 공유 여부 - 수급업체 e메일, 사내 게시판 등			
사업 또는 사업장 조직도 게시·공유 여부			
유해·위험요인 확인·점검 및 그에 따른 필요한 조치 여부 - 유해·위험요인, 안전작업방법, 유해·위험요인 대책 등 공유			
- 안전보건표지 부착 또는 접근방지시설물 등의 설치			
- 유해·위험요인을 신고·제보할 수 있는 절차 마련 등			
안전·보건 예산편성 시 수급업체 종사자의 안전·보건을 위한 예산이 편성되고 그 내역에 따른 집행이 이행되고 있는지 여부 - 작업용 안전기구, 보호구 등			
안전보건관리책임자 등의 선임에 따른 담당자 및 담당업무 공유 여부			
「산업안전보건법」상 안전·보건 전문 인력 배치에 따른 담당자 및 담당업무 공유 여부			
노사협의체, 안전보건협의체 또는 기타 절차로 수급업체 종사자에게 안전·보건에 관한 의견을 청취하고 그에 따른 조치이행 여부			
중대재해 발생, 발생할 급박한 위험대비 대응·조치 매뉴얼 공유 여부 - 비상연락망, 재발방지 계획서, 비상대비 훈련 시나리오			
- 비상대비 훈련 참가 및 교육			
종사자의 안전·보건관련 교육수료 확인 여부			

※ 점검 후 이행되지 않은 사항 추가 조치
※ 반기 1회 이상 점검

1.4 고용노동부 질의회시

(1) 임대인도 중대재해처벌법상 안전·보건 확보의무가 있는지 여부

○○시가 민간투자사업(BTO 방식)을 통해 공연장을 건립하여 해당 공연장에 대해 민간사업자(□□씨어터)가 시설관리 운영권을 가지고 실질적으로 운영관리하고 있는 경우, 시설관리 운영권이 없는 임대인(지방자치단체장)에게도 중대재해처벌법에 따른 의무가 있는지 여부가 궁금할 것이다.

고용노동부 질의회시(중대산업재해감독과 - 2815, 22.7.21.)에 따르면 "BTO 방식의 민간투자사업의 경우 해당 시설의 준공과 동시에 해당 시설의 소유권이 국가 또는 지방자치단체에 귀속되며 사업 시행자에 일정기간의 시설관리 운영권이 인정된다. 이 경우 사업 시행자가 해당 시설을 사용하여 수익을 얻고 있다면 자신의 종사자에 대하여 법 제4조에 따른 안전 및 보건 확보의무를 이행하여야 한다. 반면 지방자치단체가 사회기반시설에 대한 민간투자법 제26조에 따라 사업 시행자에게 해당 시설의 관리운영권을 설정한 것은 법 제5조에 따른 도급, 용역, 위탁 등을 행한 것으로 보기는 어렵다. 또한 시설관리 운영권이 사업 시행자에게 있어 지방자치단체가 그 시설을 실질적으로 지배, 운영, 관리한다고 보기도 어렵다. 따라서 지방자치단체는 법 제5조에 따른 의무를 부담하지 않아도 된다"라는 입장이다.

중대재해처벌법 제4조에 따라 개인사업주 또는 경영책임자 등은 개인사업주나 법인 또는 기관이 실질적으로 지배, 운영, 관리하는 사업 또는 사업장에서 종사자의 안전보건상 유해·위험에 처하지 않도록 조치를 해야 한다.

또한 법 제5조에 따라 사업주나 법인 또는 기관이 제 3자에게 도급, 용역, 위탁 등을 한 경우 그 시설, 장비, 장소 등에 대하여 실질적으로 지배, 운영, 관리하는 책임이 있다면 사업주 또는 경영책임자 등은 제 3자의 종사자가 안전보건상 유해·위험에 처하지 않도록 안전 및 보건 확보의무를 이행하여야 한다.

여기서 실질적으로 지배, 운영, 관리하는 책임이 있는 경우란 사업주가 해당 시설, 장비, 장소 등에 소유권, 임차권 등을 가지고 사용하고 있는 등 실질적인 지배, 관리를 하고 있어 해당 시설, 장비, 장소 등의 유해·위험요인을 인지하고 파악하여 유해·위험요인 제거 등을 통제할 수 있는 경우를 의미한다.

(2) 소유자와 운영자 중 중대재해처벌법상 의무 부담자 판단

민간투자법 제4조 제2호, 제26조에 따라 교육청과 민간사업자가 학교 시설을 BTL 사업으로 건설하여 운영하는 시행협약을 체결하고 BTL 사업을 위하여 설립한 민간사업자가 시설을 운영하는 경우 관할 교육청 교육감 등이 중대재해처벌법상 안전 및 보건 확보 의무자인지와 의무 위반 시 처벌 대상인지 여부가 궁금할 것이다.

고용노동부 질의회시(중대산업재해감독과 - 3684, 22.9.9.)에 따르면 BTO 방식의 민간투자사업의 경우 해당 시설의 준공과 동시에 해당 시설의 소유권이 국가 또는 지방자치단체에 귀속되며 사업 시행자에 일정 기간의 시설관리 운영권이 인정하되, 그 시설을 국가 또는 지방자치단체 등이 협약에서 정한 기간 동안 임차하여 사용하고 수익을 얻고 있다. 일반적으로 실시협약에서는 국가 또는 지방자치단체 등이 해당 시설을 임차함에도 불구하고 그 시설의 유지관리 및 운영은 관리운영권을 가진 사업 시행자가 행하는 것으로 정하고, 사업 시행자는 그 시설의 유지관리 및 운영 업무를 전문 운영회사인 민간사업자(운영자)에게 도급하고 있다.

이 경우 운영자는 해당 시설의 유지관리 및 운영 시 자신의 종사자에 대해여 법 제4조에 따른 안전 및 보건 확보의무를 이행하여야 한다.

또한 위 업무를 도급한 사업 시행자는 실시협약에 따라 그 시설을 유지관리 및 운영하는 권한과 책임이 있어 이를 실질적으로 지배, 운영, 관리하는 책임이 있다고 봐야 한다. 따라서 법 제4조 및 제5조에 따라 자신과 수급인의 종사자에 대한 안전 및 보건 확보의무를 이행해야 할 것이라는 입장이다.

(3) 사업장을 임대한 경우 임대인의 중대재해처벌법상 책임 판단

병원 내에서 병원과 임대차 계약을 통해 공간을 임차하여 운영 중인 약국의 직원에게 중대산업재해 발생 시 병원의 경영책임자에게 중대재해처벌법상 안전 및 보건 확보의무가 있는지 여부가 궁금할 것이다. 이때 약국은 병원이 필요한 약품 및 의료기기 등을 구매하여 조달하고 있다.

고용노동부 질의회시(중대산업재해감독과 - 1081, 22.3.29.)에 따르면 "일반적인 임대차 계약의 경우 임차인이 해당 장소에 대해 실질적인 지배, 운영, 관리를 하므로 임대인은 중대재해처벌법에 따른 책임을 부담하지는 않는다.

다만 계약의 형식은 임대차라도 임대인이 도급인으로서 해당 장소 등에 실질적으로 지배, 운영, 관리하고 있는 경우라면 중대재해처벌법에 따른 도급인으로서 안전 및 보건 확보의무를 부담해야 한다"라는 입장이다.

(4) 건설공사 발주가 도급, 용역, 위탁에 해당하는지 여부

건설공사를 발주하여 책임 감리를 두는 경우와 발주자 소속 공사 감독 자격을 가진 직원이 직접 감독을 하는 경우 각각 중대재해처벌법 제5조 적용 여부가 어떻게 되는지가 궁금할 것이다.

고용노동부 질의회시(중대산업재해감독과 - 2051, 22.5.31.)에 따르면 "건설공사 발주자가 책임 감리를 두거나 발주자 소속 직원이 직접 감리 업무를 수행하는 사실만으로 건설공사 발주자가 해당 공사를 실질적으로 지배, 운영, 관리한다고 보기는 어렵다는 입장이다. 발주는 민법에 따른 도급에 해당하지만 건설공사 발주자는 공사기간 동안 해당 공사를 실질적으로 지배, 운영, 관리하지 않는 것이 일반적이며 이 경우 발주자는 법 적용 대상에 해당하지 않고 건설공사를 발주받아 해당 공사를 실질적으로 지배, 운영, 관리하는 시공사와 그 경영책임자가 법의 적용 대상에 해당한다"라는 입장이다.

다만, 건설공사 발주자가 건설공사의 시공을 주도하여 총괄, 관리하는 경우라면 산업안전보건법상 도급인에 해당된다. 이 경우 발주자는 해당 건설공사에 대해 실질적 지배, 운영, 관리를 하는 것으로 볼 수 있으므로 해당 건설공사 종사자에 대하여 중대재해처벌법상 도급인으로서의 의무를 이행하여야 한다.

(5) 특수목적법인의 경영진(대표이사)이 중대재해처벌법상 처벌 대상이 될 수 있는지 여부

다수의 기업으로 공동으로 시설구축을 위하여 특수목적법인을 설립하고 특수목적법인은 총괄관리 업무를 수행하고 공사 진행은 시공사(50인 이상)가 수행하며 안전관리는 안전관리 전문기관에 위탁 수행할 경우 특수목적법인 경영진(대표이사)이 중대재해처벌법상 처벌 대상이 될 수 있는지 여부가 궁금할 것이다.

고용노동부 질의회시(중대산업재해감독과 - 3304, 22.8.22.)에 따르면 "특수목적법인(SPC)이 시설구축을 위한 건설공사를 발주한 것으로 판단하고 있다.

발주도 민법상 도급의 일종이지만 건설공사 발주자는 도급인과 공사계약을 체결하여 목적물의 완성을 주문하고 종사자가 직접 노무를 제공하는 장소(공사현장)에 대하여는 실질적 지배, 운영, 관리를 하지 않는 것이 일반적이다.

따라서 건설공사 발주자가 해당 건설공사에 대하여 실질적으로 지배, 운영, 관리를 하였다고 볼만한 사정이 없는 한 중대재해처벌법에 따른 책임을 부담하지 않는다.

다만 건설공사 발주자가 건설공사의 시공을 주도하여 총괄, 관리하는 경우라면 이는 산업안전보건법상 도급에 해당하며 건설공사 발주자는 도급인으로서 산업안전보건법 제64조, 제65조 등에 따른 책임을 부담하게 된다. 이 경우 건설공사 발주자는 해당 건설공사에 대한 실질적 지배, 운영, 관리를 하는 것으로 볼 수 있으므로 해당 건설공사 종사자에 대하여 중대재해처벌법상 사업주 또는 경영책임자 등은 안전 및 보건 확보 의무를 이행하여야 한다"라는 입장이다.

(6) 책임감리 또는 CM(건설사업관리) 용역에 종사하는 근로자도 법 제5조 적용 대상인지 여부

책임감리 또는 CM(건설사업관리) 용역에 종사하는 근로자도 법 제5조 적용 대상인지 여부가 궁금할 것이다.

고용노동부 질의회시(중대산업재해감독과 - 2051, 22.5.31.)에 따르면 "도급인의 종사자(감리 등)에게 중대산업재해가 발생한 경우 해당 감리자를 고용한 기업의 경영책임자가 법 제4조에 따른 의무를 이행하였는지 여부를 조사하게 된다.

감리용역을 준 도급인(건설공사 발주자)의 경우 건설공사 발주자가 공사기간 동안 해당 공사 현장에 대하여 실질적으로 지배, 운영, 관리를 하였다고 볼만한 사정이 없는 한 해당 공사 현장에서 일하는 수급인 종사자에 대하여는 제5조에 따른 책임을 부담하지 않는다"라는 입장이다.

법 제5조에 따라 제 3자에게 도급, 용역, 위탁 등을 행한 개인사업주나 법인 또는 기관(도급인 등)의 경영책임자 등은 도급, 용역, 위탁 등을 받은 제 3자(수급인 등)의 종사자에게 중대산업재해가 발생하지 않도록 법 제4조의 조치를 해야 한다.

이때 시설, 장비, 장소 등에 대하여 실질적으로 지배, 운영, 관리하는 책임이 있는 경우란 중대산업재해 발생 원인을 살펴 해당 시설이나, 장비 그리고 장소에 관한 소유권(사용, 수익권이 있는 경우), 임차권, 그 밖에 사실상의 지배력을 가지고 있어 위험에 대한 제어능력을 가짐으로써 그 시설, 장비, 장소의 운영 및 관리에 대한 법률 또는 계약에 따른 의무를 부담하는 경우를 의미한다.

(7) 수급인에게 무상 대여한 경우 중대재해처벌법 적용에 대한 판단

A사가 B사와 제품 일부를 생산하도록 하도급 계약을 맺은 후 A사 소유의 생산라인(설비)을 B사 공장 내에 설치하고 무상 대여하여 해당 설비의 모든 유지보수, 안전관리, 라인 운영, 직원 고용 등을 B사가 하고 있는 경우, 해당 생산라인에서 B사(수급인) 직원이 안전사고로 사망하면 해당 생산라인을 소유하고 무상 대여한 A사(도급인)도 중대재해처벌법 적용을 받는지 여부가 궁금할 것이다.

고용노동부 질의회시(중대산업재해감독과 - 2934, 22.7.26.)에 따르면 "A사(도급인)가 B사(수급인)에 지정·제공한 생산라인에 대한 유·무상 대여 여부와 상관없이 당사자 간 계약의 내용 및 사업 운영 태 등 개별·구체적인 사실관계에 따라 A사가 B사에 사용 대차한 생산라인에 대하여 실질적으로 지배·운영·관리하는 책임이 있는지 판단할 수 있을 것"으로 보고 있다.

(8) 프랜차이즈 가맹본부의 중대재해처벌법상 책임 여부

가맹사업을 하는 프랜차이즈 가맹본부의 경우 가맹점 신규 공사 중 발생하는 작업자들의 사고에 대해 가맹본부의 경영책임자도 중대재해처벌법상 책임이 있는지 여부가 궁금할 것이다.

고용노동부 질의회시(중대산업재해감독과 - 2887, 22.7.25.)에 따르면 "가맹계약은 가맹본부가 가맹사업자에게 가맹사업을 경영할 수 있는 권리를 주는 계약이다. 가맹본부 자신의 업무를 타인에게 맡기는 계약으로서 도급 등 계약에 해당하는 것으로 볼 수는 없다.

따라서 가맹본부는 가맹사업자의 종사자 및 가맹점 공사현장 종사자에 대하여 중대재해처벌법 제5조에 따른 안전 및 보건 확보의무를 부담한다"라고 보기는 어렵다.

(9) 관할지역 이외의 수급인에 대한 안전 및 보건 확보의무 판단

음식물폐기물 처리업체가 ○○구 관외인 □□도에 위치하고 있어 수집, 운반업체에서 음식물 쓰레기를 처리장까지 운반한 후 처리업체에서 처리하고 있다. 이러한 경우 음식물폐기물 처리대행 업체를 ○○구가 실질적으로 지배, 운영, 관리하고 있다고 볼 수 있는지 여부가 궁금할 것이다.

고용노동부 질의회시(중대산업재해감독과 - 3854, 22.9.30.)에 따르면 "도급인(구청)이 관외에 소재한 음식물류 폐기물 처리업체(수급인)의 종사자가 일하는 시설, 장비, 장소 등에 대하여 실질적으로 지배, 운영, 관리하는 책임이 있는 경우에 해당하지 않는다면 도급인으로서 수급인 종사자에 대하여 법 제4조 또는 제5조에 따른 의무를 부담하지 않을 것으로 보고 있다.

다만, 실제 법 적용 및 처벌 여부는 사고의 원인 등을 살펴 산업안전보건법 및 중대재해처벌법상 안전 및 보건 확보의무를 불이행하여 중대산업재해에 이르게 하였는지를 개별 사례에서 구체적인 사실관계를 파악 후 판단하게 된다"라는 입장이다.

(10) 조례에 따른 위탁이 중대재해처벌법상 도급, 용역, 위탁 등에 해당하는지 여부

○○도에서 2023년 ○○세계산림 엑스포 개최 준비와 운영을 위하여 ○○세계산림 엑스포 조직위원회 설립 및 지원 조례를 제정하고 ○○세계산림 엑스포 조직위원회를 설립하여 행정사무 전반을 조직위원회에 위탁하여 추진하고 있다. 이때 업무 위탁 계약이 중대재해처벌법상 도급에 해당하는지 여부가 궁금할 것이다.

고용노동부 질의회시(중대산업재해감독과 - 5077, 22.12.29.)에 따르면 "세계산림 엑스포 준비와 업무는 특별한 사정이 없는 한 ○○세계산림 엑스포 조직위원회 설치 및 지원 조례에 따라 설립된 (재)○○세계산림 엑스포 조직위원회의 업무로 판단된다"라고 보고 있다.

통상적으로 국가 및 지방자치단체가 자신의 사무(업무)를 법률 또는 조례 등으로 지방공사·공단 및 지방출자·출연기관 등 별도조직에 위탁하는 것은 해당 기관의 설치 근거 등에 따라 해당 기관의 업무로 정한 것으로 보아야 한다는 입장이다.

(11) 물품을 구매하는 경우도 중대재해처벌법 적용 대상인지 여부

발주업체가 제시한 규격서에 의해 물품을 제조, 구매하는 경우(설치 용역이 포함되지 않은 규격서에 의해 제작 완료된 물품 구매) 발주업체의 사장 또는 경영책임자가 중대재해처벌법 제4조 및 제5조 적용 대상인지가 궁금할 것이다.

고용노동부 질의회시(중대산업재해감독과 - 2882, 22.7.25.)에 따르면 "물품 주문, 제작 후 공급받는 계약이 도급, 용역, 위탁 등의 성격이라 하더라도 도급인 등이 수급인 등의 시설, 장비, 장소를 실질적으로 지배, 운영, 관리하는 책임이 없는 경우라면 도급인 등의 경영책임자는 수급인 등의 종사자에 대하여 안전 및 보건 확보 의무를 이행할 책임이 없다.

매매와 도급의 성격이 혼합된 계약의 경우 구체적인 계약의 내용에 비추어 주된 계약을 판단해야 한다. 만약 특정 사양의 물품을 발주하고 제조하도록 하여 공급받는 계약의 경우 주문자만의 특별한 수요 충족을 위한 업무(부대체물의 제작)를 맡긴 경우라면 도급에 해당할 것이다. 대체 가능한 일반적 사양의 주문, 제작 후 공급을 받는 경우라면 이는 통상적인 매매계약으로서 중대재해처벌법상 도급, 용역, 위탁 등의 계약으로 보기는 어렵다"라는 입장이다.

(12) 수급인이 개인사업주인 경우 중대재해처벌법 제5조의 적용 여부

특수형태근로 종사자 등 개인사업주에게 도급, 용역, 위탁 등을 한 경우도 중대재해처벌법 제5조에 따른 제 3자에게 도급, 용역, 위탁 등을 행한 경우에 포함되는지 여부가 궁금할 것이다.

고용노동부 질의회시(중대산업재해감독과 - 1947, 21.12.15.)에 따르면 "중대재해처벌법 제5조는 사업주나 법인 또는 기관이 제 3자에게 도급, 용역, 위탁 등을 행한 경우 사업주 또는 경영책임자 등이 제 3자의 종사자에게 같은 법 제4조의 안전 및 보건 확보의무를 하도록 규정하고 있다. 이때 제 3자에는 산업안전보건법상 특수형태근로종사자 등 노무를 제공하는 모든 사람이 포함되므로 개인사업주도 포함된다"라는 입장이다.

제7장

안전보건관리규정

1 안전·보건관리규정

제정 2024. 01. 27.
전문 개정

제1장 총칙

제1조(목적)

이 규정은 「산업안전보건법」(이하 "법"이라 한다) 제25조에 따라 ○○기업(주)(이하"회사"이라 한다)의 안전보건활동에 관한 사항을 규정하여 안전하고 쾌적한 작업환경을 조성함으로써 각종 사고를 예방하고 업무능률 향상에 이바지함을 목적으로 한다.

제2조(적용 범위)

① 이 규정은 회사 사업장에 근무하는 임·직원 및 사내도급 사업 근로자와 종사자에게 적용한다.
② 이 규정이 우리 사업장에 적용되는 단체협약 및 취업규칙에 반대되는 내용이 있는 경우 그 부분에 관하여는 단체협약 또는 취업규칙으로 정한 기준에 따른다.
③ 이 규정에서 정하지 아니한 사항은 법 및 관계 법령, 취업규칙, 단체협약에 따른다.

제3조(용어의 정의)

① 이 규정에 정하는 용어의 정의는 다음과 같다.
1. 근로자 : 「근로기준법」에 의한 근로자로서 당해 사업장에 계속 근무하는 근로자뿐만 아니라 임시직 근로자, 일용직 근로자 등 고용형태를 불문하고 모든 근로자를 포함한다.
2. 유해·위험요인 : 유해위험을 일으킬 잠재적 가능성이 있는 건설물, 기계·기구, 설비, 원재료, 가스, 증기, 분진 등에 의하거나 작업행동, 그 밖에 업무에 기인되는 등 근로자의 업무와 관련하여 부상 또는 질병을 일으킬 잠재적 가능성이 있는 모든 것
3. 위험성평가 : 유해·위험요인을 파악하고 해당 유해·위험요인에 의한 부상 또는 질병의 발생 가능성(빈도)과 중대성(강도)을 추정·결정하고 감소대책을 수립하여 실행하는 일련의 과정을 말한다.

4. 안전작업허가 : 유해·위험요소가 잠재되어 있는 사업장 내에서 시운전, 운전 중 점검, 정비·보수 등의 작업을 할 경우 안전보건담당 부서 또는 발주부서에서 발급·승인하는 제도로 화기작업허가, 밀폐공간작업허가, 정전작업허가, 굴착작업허가, 고소작업허가 등이 있다.
5. 도급사업 : 도급계약 등에 의하여 우리 회사 사업장에서 행하여지는 사업으로서 사업의 일부를 분리하여 수행되는 작업공정 등에서 업무를 수행하는 수급업체(하수급업체 포함)와 전문분야의 공사로 이루어져 시행되는 경우로 수리·정비·보수 등의 업무를 수행하는 수급업체(하수급업체 포함)를 말한다.
6. 사고 : 업무와 관련하여 발생한 근로자의 부상 또는 건강상 장해 등의 인적 손실을 초래하거나 재산상의 손실을 가져 오는 사고뿐만이 아니라 아차사고 등을 포함한다.
7. 산업재해 : 노무를 제공하는 자가 업무와 관계되는 건설물·설비·원재료·가스·증기·분진 등에 의하거나 작업 또는 그 밖의 업무로 인하여 사망 또는 부상하거나 질병에 걸리는 것을 말한다.
8. 중대재해 : 산업재해 중 사망 등 재해의 정도가 심하거나 다수의 재해자가 발생한 경우로써 다음의 어느 하나에 해당하는 재해를 말한다.
   가. 사망자가 1명 이상 발생한 재해
   나. 3개월 이상의 요양이 필요한 부상자가 동시에 2명 이상 발생한 재해
   다. 부상자 또는 직업성 질병자가 동시에 10명 이상 발생한 재해
9. 안전보건진단 : 산업재해를 예방하기 위하여 잠재적 위험성을 발견하고 그 개선대책을 수립할 목적으로 고용노동부 장관이 지정하는 자가 하는 조사·평가를 말한다.
10. 작업환경측정 : 작업환경의 실태를 파악하기 위하여 해당 근로자 또는 작업장의 유해인자에 대하여 측정계획을 수립한 후 시료를 채취하고 분석·평가하는 것을 말한다.

② 이 규정에 사용하는 용어의 뜻은 이 규정에서 특별히 정하는 것이 있는 것을 제외하고는 「산업안전보건법」·동법 시행령·동법 시행규칙·「산업안전보건기준에 관한 규칙」에서 정하는 바에 따른다.

제4조(안전보건경영방침)

① 회사 대표이사는 각종 업무수행에 있어서 안전·보건업무를 우선으로 하는 안전보건경영방침을 수립하여야 하며, 이 방침에서는 안전·보건에 관한 경영방침과 목표, 성과개선에 대한 의지가 분명히 제시되어야 하고 모든 구성원에게 공표되어야 한다.

② 안전·보건 실무 총괄(안전보건 실무담당 부서장)은 대표이사의 지휘·관리와 근로자 대표의 협조하에 회사에 적합한 안전보건경영방침을 실무적으로 수행하는 업무를 담당한다.

③ 안전보건경영방침은 간결하게 문서화하고 대표이사 및 근로자 대표의 서명과 시행일을 표기하여 회사 내 모든 구성원 및 이해관계자가 쉽게 볼 수 있도록 공개하여야 한다.

④ 안전보건경영방침은 사회적 흐름이나 회사에 적합한지 여부 등을 근로자와 종사가의 의견을 반영하여 주기적으로 검토·수정하여야 한다.

제5조(재해예방 의무)

① 회사는 재해예방을 위하여 다음 각 호의 사항을 이행함으로써 근로자의 안전 및 건강을 유지·증진시키는 한편 국가의 산업재해예방정책에 따라야 한다.

1. 관계법령에서 정하는 산업재해예방을 위한 기준
2. 근로자의 신체적 피로와 정신적 스트레스 등을 줄일 수 있는 쾌적한 작업환경의 조성 및 근로조건의 개선
3. 해당 사업장의 안전 및 보건에 관한 정보를 근로자에게 제공

② 근로자는 산업재해예방을 위하여 산업안전보건법 등 관계법령과 이 규정을 준수하고 회사에서 실시하는 산업재해예방에 관한 조치를 따라야 한다.

제6조(도급 사업장에 대한 안전·보건관리)

① 회사는 동일한 장소에서 이루어지는 사업의 일부를 도급을 주어 운영을 하는 경우 회사 근로자와 수급인의 근로자가 같은 장소에서 작업을 할 때에 발생할 수 있는 사고예방을 위한 재해예방계획(안전보건관리계획)을 별도로 수립·운영하여야 한다.

② 제1항에 의한 도급사업 재해예방계획 수립 시 수급업체의 대표이사(현장소장·현장대리인 등)를 참여시켜 수립할 수 있다.

③ 하도급이 있을 경우 회사의 근로자와 관계수급인 근로자의 산업재해를 예방하기 위하여 안전 및 보건 시설의 설치와 도급에 따른 산업재해예방조치 등 필요한 안전조치 및 보건조치를 하여야 한다.

제2장 안전보건관리 조직과 직무

제7조(안전보건관리 조직)

① 사업장을 총괄·관리하는 자를 안전보건관리책임자로 하고 안전보건조직을 구성한다.

② 안전보건조직은 별표1과 같으며 안전보건관리책임자, 안전보건 책임자(CSO), 관리감독자, 근로자 등으로 구성하고 산업보건의, 안전관리자, 보건관리자는 관련 전문기관에 위탁 운

영할 수 있다.

③ 회사는 제1항 및 제2항의 조직·직책에 이 규정에 따른 업무수행에 필요한 권한을 부여하고 시설·장비·예산, 그 밖의 업무수행에 필요한 지원을 하여야 한다.

제8조(사업장 안전보건관리 체제)

안전보건관리 체계는 다음과 같이 편성 운영한다.

1. 본사 안전보건관계자
   가. 안전보건관리책임자 : 대표이사
   나. 안전관리자 : 법 제17조에 따라 선임된 자
   다. 보건관리자 : 법 제18조에 따라 선임된 자
   라. 관리감독자 : 부서장, 부장
   마. 기타 관련법령에 의해 안전보건관계자로 선임된 자
2. 현장 안전보건관계자
   가. 안전보건관리책임자 : 현장소장
   나. 관리감독자 : 부장, 팀(차)장, 과장, 대리, 기사
   다. 안전관리자 : 법 제17조에 따라 선임된 자
   라. 보건관리자(단, 보건관리자의 주요업무를 보건관리 전문기관에 위탁한 경우는 그 전문기관을 보건관리자로 본다)
   마. 기타 관련법령에 의해 안전보건관계자로 선임된 자

제9조(안전보건관리책임자)

① 안전보건관리책임자는 해당 사업장의 안전·보건을 실질적으로 총괄하여 관리하는 책임자로서 각 분야별로 안전보건관리를 원활하게 수행할 수 있도록 지원, 지휘, 감독하여야 한다. 본사의 경우에는 회사 대표가 안전보건관리책임자 업무를 수행한다.

② 안전보건관리책임자가 수행하여야 할 업무는 다음 각 호와 같다.

1. 산업재해예방계획의 수립에 관한 사항
2. 안전보건관리규정의 작성 및 변경에 관한 사항
3. 근로자의 안전보건교육에 관한 사항
4. 작업환경측정 등 작업환경의 점검 및 개선에 관한 사항
5. 근로자의 건강진단 등 건강관리에 관한 사항
6. 산업재해의 원인 조사 및 재발 방지대책 수립에 관한 사항
7. 산업재해에 관한 통계의 기록 및 유지에 관한 사항

8. 안전장치 및 보호구 구입 시 적격품 여부 확인에 관한 사항
9. 그 밖에 근로자의 유해·위험 방지조치에 관한 사항
   가. 위험성평가의 실시에 관한 사항
   나. 「안전보건규칙」에서 정하는 근로자의 위험 또는 건강장해의 방지에 관한 사항
10. 타 회사의 시공자와 안전에 대한 협정의 체결에 관한 사항
11. 안전보건책임자(CSO) 등의 안전·보건에 관한 권고 또는 요청사항

③ 안전보건관리책임자는 안전관리자와 보건관리자를 지휘·감독한다.

제10조(안전보건책임자(CSO))

① 우리 회사는 안전보건 담당 임원을 안전보건책임자(CSO)로 지정하고 다른 임원들의 협조를 받아 회사의 안전보건관리 업무를 총괄, 관리한다.

② 안전보건책임자(CSO)는 근로자의 재해예방, 건강의 유지·증진 및 우리회사의 안전·보건관리 수준을 향상시키기 위하여 대표이사, 안전보건관리 담당부서장, 안전보건관리 분야별 주관부서장, 현장안전보건관리책임자, 기타 안전보건관계자에 대하여 필요한 사항을 권고 또는 요청할 수 있다.

③ 제2항의 안전보건담당 부서장 및 안전보건관리 분야별 주관부서장, 현장안전보건관리책임자들은 안전보건책임자(CSO)의 권고 또는 요청사항을 따라야 한다.

제11조(도급시 안전보건총괄책임자)

① 관계수급인 근로자가 도급인의 사업장에서 작업을 하는 경우는 그 사업장의 안전보건관리책임자를 도급인의 근로자와 관계수급인 근로자의 산업재해를 예방하기 위한 업무를 총괄하여 관리하는 안전보건총괄책임자로 한다.

② 안전보건총괄책임자가 수행하여야 할 직무는 다음 각 호와 같다.

1. 위험성평가의 실시에 관한 사항
2. 산업재해가 발생할 급박한 위험이 있을 때 또는 중대재해 발생 시 작업의 중지 및 재개
3. 안전보건시설의 설치 등 필요한 안전조치 및 보건조치
4. 산업안전보건관리비의 관계수급인 간의 사용에 관한 협의·조정 및 그 집행의 감독
5. 안전인증대상기계 등과 자율안전확인대상기계 등의 사용 여부 확인
6. 안전 및 보건에 관한 협의체의 구성 및 운영
7. 작업장 안전 및 보건에 관한 순회점검
8. 관계수급인이 근로자에게 하는 안전보건교육을 위한 장소 및 자료의 제공 등 지원
9. 관계수급인이 근로자에게 하는 안전보건교육의 실시 확인

10. 다음 각 목의 어느 하나의 경우에 대비한 경보체계 운영과 대피방송 등 훈련
    가. 작업 장소에서 발파작업을 하는 경우
    나. 작업 장소에서 화재·폭발, 토사·구축물 등의 붕괴 또는 지진 등이 발생한 경우
11. 위생시설의 설치 등을 위하여 필요한 장소의 제공 또는 위생시설 이용의 협조

③ 안전보건관리책임자가 안전보건총괄책임자의 역할을 수행할 때에는 그 선임 사실 및 제2항 각 호의 직무 수행내용을 증명할 수 있는 서류를 갖추어 두어야 한다.

제12조(관리감독자)

① 관리감독자는 소속 근로자를 직접 지휘·감독하는 직위에 있는 사람으로서 해당 분야별 안전·보건에 관한 업무계획 및 시행을 총괄하여야 한다.

② 관리감독자가 수행하여야 할 업무는 다음 각 호와 같다.

1. 관리감독자가 지휘·감독하는 작업(이하 "해당 작업"이라 한다)과 관련된 기계·기구 또는 설비의 안전·보건 점검 및 이상 유무의 확인
2. 근로자의 작업복·보호구 및 방호장치의 점검과 그 착용·사용에 관한 교육·지도
3. 해당 작업에서 발생한 산업재해에 관한 보고 및 이에 대한 응급조치
4. 해당 작업의 작업장 정리·정돈 및 통로 확보에 대한 확인·감독
5. 안전관리자, 보건관리자, 산업보건의의 지도·조언에 대한 시행
6. 기계·기구·설비 등과 해당 작업에 대한 위험성평가 시행
7. 유해·위험요인의 파악 및 개선조치의 시행
8. 건설공사 또는 유지보수공사 참여시 공사 작업사항 감독뿐만 아니라 안전보건관리 수준 향상을 위한 감독
9. 그 밖에 해당 작업의 안전·보건에 관한 사항으로서 시행규칙 및 안전보건규칙으로 정하는 사항 등

③ 관리감독자는 제2항의 업무수행을 위하여 소속 근로자에게 업무를 지시할 수 있고 관계수급인에게 필요한 조치를 요청할 수 있다.

제13조(안전관리자)

① 안전관리자는 본 규정 제9조 제2항 각 호의 안전에 관한 기술적인 사항에 대하여 안전보건관리책임자를 보좌하고 관리감독자에게 지도·조언하는 업무를 수행하여야 한다.

② 안전관리자가 수행하여야 할 업무는 다음 각 호와 같다.

1. 산업안전보건위원회 또는 안전·보건에 관한 노사협의체에서 심의·의결한 업무와 안전보건관리규정 및 취업규칙에서 정한 업무

2. 안전인증대상기계 등과 자율안전확인대상기계 등의 구입 시 적격품의 선정에 관한 보좌 및 지도·조언
3. 위험성평가에 관한 보좌 및 지도·조언
4. 안전교육계획의 수립 및 안전교육실시에 관한 보좌 및 지도·조언
5. 사업장 순회점검, 지도 및 조치 건의
6. 산업재해 발생의 원인 조사·분석 및 재발방지를 위한 기술적 보좌 및 지도·조언
7. 산업재해에 관한 통계의 유지·관리·분석을 위한 보좌 및 지도·조언
8. 법 또는 법에 따른 명령으로 정한 안전에 관한 사항의 이행에 관한 보좌 및 지도·조언
9. 업무수행 내용의 기록·유지
10. 그 밖의 안전에 관한 사항으로서 고용노동부 장관이 정하는 사항

제14조(보건관리자)

① 보건관리자는 근로자의 건강증진을 위해 사업주 또는 안전보건관리책임자를 보좌하고 관리감독자에게 지도·조언하는 업무를 수행하여야 한다.

② 보건관리자가 수행하여야 할 업무는 다음 각 호와 같다.

1. 산업안전보건위원회 또는 노사협의체에 심의·의결한 업무와 안전보건관리규정 및 취업규칙에서 정한 업무
2. 안전인증대상기계 등과 자율안전확인대상기계 등과 관련된 보호구 구입 시 적격품 선정에 관한 보좌 및 지도·조언
3. 위험성평가에 관한 보좌 및 지도·조언
4. 물질안전보건자료의 게시 또는 비치에 관한 보좌 및 지도·조언
5. 산업보건의 직무(법 시행령 별표 6 제2호에 해당하는 경우로 「의료법」에 따른 의사인 경우)
6. 해당 사업장 보건교육계획의 수립 및 보건교육실시에 관한 보좌 및 지도·조언
7. 해당 사업장의 근로자를 보호하기 위한 다음 각 목의 조치에 해당하는 의료행위(보건관리자가 시행령 별표 6 제2호 또는 제3호에 해당하는 경우로 「의료법」에 따른 의사 또는 간호사인 경우)
   가. 자주 발생하는 가벼운 부상에 대한 치료
   나. 응급처치가 필요한 사람에 대한 처치
   다. 부상·질병의 악화를 방지하기 위한 처치
   라. 건강진단 결과 발견된 질병자의 요양지도 및 관리
   마. 가목부터 라목까지의 의료행위에 따르는 의약품의 투여

8. 작업장 내에서 사용되는 전체 환기장치 및 국소 배기장치 등에 관한 설비의 점검과 작업방법의 공학적 개선에 관한 보좌 및 지도·조언
9. 사업장 순회점검, 지도 및 조치 건의
10. 산업재해 발생의 원인 조사·분석 및 재발 방지를 위한 기술적 보좌 및 지도·조언
11. 산업재해에 관한 통계의 유지·관리·분석을 위한 보좌 및 지도·조언
12. 법 또는 법에 따른 명령으로 정한 보건에 관한 사항의 이행에 관한 보좌 및 지도·조언
13. 업무수행 내용의 기록·유지
14. 그 밖에 보건과 관련된 작업관리 및 작업환경관리에 관한 사항으로서 고용노동부 장관이 정하는 사항

제15조(산업보건의)

① 회사는 근로자의 건강관리나 그 밖의 보건관리자의 업무를 지도하기 위하여 산업보건의를 두어야 한다. 다만, 다음 각 호의 경우에는 그러하지 아니하다.

1. 의사를 보건관리자로 선임한 경우
2. 법 제18조 제5항에 따라 보건관리 전문기관에 보건관리자의 업무를 위탁한 경우
3. 산업보건의를 외부에 위촉한 경우

② 산업보건의가 수행하는 업무는 다음 각 호와 같다.

1. 건강진단 결과의 검토 및 그 결과에 따른 작업 배치, 작업 전환 또는 근로시간의 단축 등 근로자의 건강보호 조치
2. 근로자의 건강장해의 원인 조사와 재발 방지를 위한 의학적 조치
3. 그 밖에 근로자의 건강 유지 및 증진을 위하여 필요한 의학적 조치에 관하여 고용노동부 장관이 정하는 사항

제16조(산업안전보건위원회)

① 안전보건관리책임자는 사업장의 안전보건에 관한 중요 사항을 심의·의결하기 위하여 사용자위원과 근로자위원이 같은 수로 구성되는 산업안전보건위원회를 설치·운영한다.

② 산업안전보건위원회의 구성은 다음과 같으며 위원회 조직구성은 다음과 같다.

1. 사용자위원 : 안전보건관리책임자, 안전보건관리책임자가 지명하는 7인 이내의 부서의 장, 안전관리자, 보건관리자
2. 근로자위원 : 근로자대표, 근로자대표가 지명하는 9인 이내의 근로자
3. 위원장은 위원 중에서 호선하며 사용자위원과 근로자위원 중 각 1명을 공동위원장으로 선출할 수 있다.

③ 산업안전보건위원회의 회의는 정기회의와 임시회의로 구분하되 정기회의는 분기마다 위원장이 소집하며 임시회의는 위원장이 필요하다고 인정할 때 소집한다.
④ 회의는 사용자 위원 및 근로자 위원 각 과반수의 출석으로 시작하고 출석위원 과반수의 찬성으로 의결한다.
⑤ 안전보건관리책임자는 산업안전보건위원회의 위원에게 위원회 직무 수행과 관련한 사유로 불리한 처우를 해서는 아니 된다.
⑥ 안전보건관리책임자와 근로자는 산업안전보건위원회가 심의·의결한 사항을 성실하게 이행하여야 한다.
⑦ 안전보건에 관한 중요사항을 심의·의결하기 위하여 필요시 본사에 산업안전보건위원회를 설치·운영할 수 있다.

제17조(산업안전보건위원회 임기 및 신분 보장)

① 위원회 위원의 임기는 3년으로 하며 보궐위원의 임기는 전임자의 잔임(나머지) 기간으로 한다.
② 회사는 위원회의 위원으로서 정당한 활동을 한 것을 이유로 그 위원에게 불이익을 주어서는 아니 된다.
③ 위원회의 회의 참석 시간 및 위원회에서 결정된 산업안전보건에 관한 사항에 대한 업무소요 시간은 근로한 것으로 본다.

제18조(산업안전보건위원회 심의·의결사항)

① 산업안전보건위원회는 다음 각 호의 사항을 심의·의결한다.
  1. 산업재해예방계획의 수립에 관한 사항
  2. 안전보건관리규정의 작성 및 변경에 관한 사항
  3. 근로자의 안전보건교육에 관한 사항
  4. 작업환경측정 등 작업환경의 점검 및 개선에 관한 사항
  5. 근로자의 건강진단 등 건강관리에 관한 사항
  6. 중대재해의 원인 조사 및 재발 방지대책 수립에 관한 사항
  7. 유해하거나 위험한 기계·기구·설비를 도입한 경우 안전 및 보건 관련 조치에 관한 사항
  8. 산업재해에 관한 통계의 기록 및 유지에 관한 사항
  9. 그 밖에 근로자의 안전 및 보건을 유지·증진시키기 위하여 필요한 사항
② 산업안전보건위원회는 노사대표가 안전·보건에 관한 개선요청 사항, 애로·건의 사항 등을 제시하는 경우 이를 심의·의결한다.

제19조(산업안전보건위원회의 회의 결과 등의 처리)

① 안전관리자는 다음 각 호의 사항을 기록한 회의록을 작성하여 유지한다.

1. 개최 일시 및 장소
2. 출석위원
3. 심의 내용 및 의결·결정 사항
4. 그 밖의 토의사항

② 안전관리자는 산업안전보건위원회에서 심의·의결된 내용 등의 회의 결과를 다음 각 호의 어느 하나의 방법으로 근로자에게 신속히 알려주어야 한다.

1. 사내 인트라넷
2. 게시판 게시 또는 자체 정례조회
3. 그 밖의 적절한 방법

③ 회사는 위원회에서 의결하지 못하였거나 의결된 사항의 해석 또는 이행방법 등에 관하여 의견이 일치하지 않을 때에는 근로자위원 및 사용자위원의 합의에 따라 위원회에 중재기구를 두어 해결하거나 제 3자에 의한 중재를 받기로 한다.

④ 중재결정이 있는 경우에는 위원회의 의결을 거친 것으로 보며 회사와 근로자는 그 결정에 따라야 한다.

제20조(안전보건협의체)

① 회사와 사내하도급업체 대표자(현장소장, 현장대리인 등)로 구성한다.

② 안전보건협의체는 매월 1회 정기적으로 개최하고 그 결과를 기록·보존한다. 회사 또는 사내하도급업체가 요청할 시 필요에 따라 임시회의를 소집할 수 있다.

③ 도급인인 회사가 회의의 소집권자가 된다.

④ 안전보건협의체는 다음 각 호의 사항을 협의한다.

1. 작업의 시작시간 및 종료시간
2. 각 작업장 간의 연락방법
3. 재해발생 위험시의 대피방법
4. 합동안전점검 실시 및 결과에 따른 대책 수립
5. 안전보건교육실시에 관한 사항
6. 사내하도급업체 간의 안전보건에 관한 협력방안
7. 위험성평가표에 대한 업무분장 및 시정조치
8. 잠재위험요인 발굴 및 대책 수립

9. 안전장치 및 시설에 관한 사항
10. 그 밖의 사내하도급업체 근로자 전체의 안전보건에 관한 사항

제3장 안전보건교육

제21조(안전보건교육계획 수립)

① 안전보건관리책임자는 차기 연도에 실시할 안전보건교육의 대상, 내용, 방법 등이 포함된 안전보건교육계획을 매년 12월말까지 수립하여야 한다.
② 안전보건교육은 근로자에게 실시하는 안전보건교육과 안전보건관리책임자 등에 대하여 고용노동부 장관이 실시하는 안전보건에 관한 직무교육으로 구분한다.
③ 제1항의 안전보건교육의 실행계획 수립 시 화재·가스·전기·교통 등을 포함할 수 있다.
④ 안전보건담당 부서장은 근로자에 대한 안전보건교육계획을 수립하여야 한다.
⑤ 전 부서장은 제3항의 안전보건교육계획에 따라 소속 근로자에게 안전보건교육을 실시하여야 한다.

제22조(교육의 구분)

① 안전보건교육은 회사 내 직원에 대하여 실시하는 안전보건교육과 안전보건관리책임자 등에 대하여 고용노동부 장관이 실시하는 직무교육으로 구분한다.
② 안전보건교육은 교육대상과 교육시기에 따라 정기교육, 채용 시의 교육, 작업내용 변경시의 교육, 특별안전보건교육으로 구분한다.
③ 안전보건관리책임자 등에 대한 교육은 직무교육으로써 신규교육과 보수교육으로 구분한다.

제23조(정기안전보건교육)

① 회사는 근로자에 대하여 다음 각 호와 같이 정기적으로 안전보건교육을 실시한다.
1. 사무직 근로자 : 분기 3시간 이상
2. 사무직 외의 근로자 : 분기 6시간 이상
3. 관리감독자의 지위에 있는 사람(각 부서장, 실무총괄) : 연간 16시간 이상
4. 안전보건관리책임자의 지위에 있는 사람(대표이사, 현장소장) : 연간 6시간 이상

② 제1항의 안전보건교육의 내용은 다음과 같다.
1. 제1항 제1호 및 제2호에 해당하는 근로자
가. 산업안전 및 사고 예방에 관한 사항

나. 산업보건 및 직업병 예방에 관한 사항
다. 건강증진 및 질병 예방에 관한 사항
라. 유해·위험 작업환경 관리에 관한 사항
마. 「산업안전보건법」 및 일반관리에 관한 사항

2. 제1항의 제3호에 해당하는 관리감독자
가. 작업공정의 유해·위험과 재해예방대책에 관한 사항
나. 표준작업방법 및 지도 요령에 관한 사항
다. 관리감독자의 역할과 임무에 관한 사항
라. 산업보건 및 직업병 예방에 관한 사항
마. 유해·위험 작업환경 관리에 관한 사항
바. 「산업안전보건법」 및 일반관리에 관한 사항

③ 교육방법 및 교육담당자는 이 규정 제21조에 의한 안전보건교육 계획에서 정하거나 별도로 정할 수 있다.

제24조(신규 채용자 교육)

① 회사에 신규로 채용된 직원에 대하여는 담당업무 종사 전 관련되는 안전보건교육에 관한 교육을 다음과 같이 실시한다.
1. 일용근로자 : 1시간 이상
2. 일용근로자를 제외한 근로자 : 8시간 이상

② 제1항에 따른 안전보건교육 내용은 다음 각 호와 같다.
1. 기계·기구의 위험성과 작업의 순서 및 동선에 관한 사항
2. 작업 개시 전 점검에 관한 사항
3. 정리·정돈 및 청소에 관한 사항
4. 사고 발생 시 긴급조치에 관한 사항
5. 산업보건 및 직업병 예방에 관한 사항
6. 물질안전보건자료에 관한 사항
7. 「산업안전보건법」 및 일반관리에 관한 사항

③ 교육방법 및 교육담당자는 이 규정 제21조에 의한 안전보건교육 계획에서 정하거나 별도로 정할 수 있다.

제25조(작업내용 변경 시 교육)

① 회사는 작업내용을 변경하여 근로자를 배치하고자 할 때에는 그 근로자에 대하여 배치 전

해당 업무와 관련되는 안전보건에 관한 교육을 다음과 같이 실시한다.

1. 일용근로자 : 1시간 이상
2. 일용근로자를 제외한 근로자 : 2시간 이상

② 제1항에 따른 안전보건교육의 내용은 규정 제21조에 의한 안전보건교육 계획에서 정하거나 별도로 정할 수 있다.

제26조(특별안전보건교육)

① 회사는 근로자를 유해하거나 위험한 작업에 종사시키고자 하는 경우 해당 업무와 관계되는 안전보건에 관한 특별안전보건교육(이하 "특별교육")을 하여야 하며 교육시간은 다음과 같다.

1. 일용근로자 : 2시간 이상
2. 일용근로자를 제외한 근로자 : 16시간 이상

② 제1항 제2호에 따른 특별교육은 최초 작업에 종사하기 전에 4시간 이상을 실시하고 12시간은 3개월 이내에서 분할하여 실시할 수 있다.

③ 제1항 제2호에 따른 특별교육 대상 작업이 단기간 작업 또는 간헐적 작업인 경우 2시간 이상으로 단축하여 실시할 수 있다.

④ 제1항에 따른 안전보건교육의 내용은 규정 제21조에 의한 안전보건교육 계획에서 정하거나 별도로 정할 수 있다.

제27조(직무교육)

① 다음 각 호의 어느 하나에 해당하는 사람은 고용노동부 장관이 실시하는 안전보건에 관한 직무교육을 받아야 하고 당해 연도 직무교육에 해당하는 자는 당해 안전보건교육 계획 수립시 반영하여야 한다.

1. 안전보건관리책임자
2. 안전관리자(위탁 운영 시 위탁기관에서 주관하여 실시한다.)
3. 보건관리자(위탁 운영시 위탁기관에서 주관하여 실시한다.)

② 제1항에 해당하는 직책의 직무교육 시간과 시기는 다음 각 호와 같다.

1. 안전보건관리책임자
   가. 신규교육 : 6시간 이상, 선임 후 3개월 이내
   나. 보수교육 : 6시간 이상, 신규 또는 보수교육 이수 후 매 2년이 되는 날을 기준으로 전후 3개월 사이
2. 안전관리자 및 보건관리자

가. 신규교육 : 34시간 이상, 선임 후 3개월 이내

나. 보수교육 : 24시간 이상, 신규 또는 보수교육 이수 후 매 2년이 되는 날을 기준으로 전후 3개월 사이

③ 제1항과 제2항의 직무교육을 받고자 하는 자는 산업안전보건관련법령에서 정하는 직무교육 수강신청서를 직무교육 업무를 위탁받은 기관의 장에게 제출하여야 한다.

제28조(물질안전보건교육)

① 회사는 다음 각 호의 어느 하나에 해당하는 경우 산업안전보건관련법령에서 정하는 대상 화학물질의 물질안전보건자료(MSDS)에 대한 내용을 근로자에게 교육하여야 한다.

1. 대상 화학물질을 제조·사용·운반 또는 저장하는 작업에 근로자를 배치하는 경우
2. 새로운 대상 화학물질이 도입된 경우
3. 화학물질의 유해·위험성 정보가 변경된 경우

② 제1항의 교육내용은 다음 각 호의 사항이 포함되어야 한다.

1. 대상 화학물질의 명칭(또는 제품명)
2. 물리적 위험성 및 건강 유해성
3. 취급상의 주의사항
4. 적절한 보호구
5. 응급조치 요령 및 사고 시 대처방법
6. 물질안전보건자료 및 경고표지를 이해하는 방법

③ 제1항에 따른 교육을 하는 경우에는 유해성·위험성이 유사한 대상화학 물질을 그룹별로 분류하여 교육할 수 있다.

④ 관리감독자는 제1항 및 제2항에 따른 교육을 실시하였을 때에는 교육시간 및 내용 등을 기록하여 보존하여야 한다.

제29조(안전보건교육강사)

① 안전보건교육 강사는 다음 각 호와 같다.

1. 안전보건관리책임자
2. 관리감독자
3. 안전관리자
4. 보건관리자
5. 산업보건의 또는 산업안전보건법령에서 정하는 자격을 갖춘 자
6. 해당분야의 강사요원 과정을 이수한 자

7. 산업안전보건에 관하여 해당업무에 경험이 있는 자로서 근로자의 안전보건에 관한 교육·훈련을 위해 안전보건관리책임자가 적정하다고 인정하는 자
8. 기타 필요시 외부 전문가

② 회사는 안전보건교육을 고용노동부에서 지정하는 전문기관에 위탁하여 실시할 수 있다. 위탁교육을 실시하는 경우 해당 교육기관으로부터 교육 확인서를 받아 보존하여야 한다.

제30조(안전보건교육 기록·보존)

① 회사는 안전보건교육을 실시한 후 다음 각 호의 사항을 기록한 교육일지(또는 교육결과보고서)를 작성하여 보관하여야 한다.
1. 교육일시 및 장소
2. 교육담당자
3. 교육과정 및 내용
4. 교육대상자 및 참석인원
5. 그 밖의 교육결과를 증명하기 위해 필요한 사항

② 위탁교육을 실시하는 경우에는 해당 교육기관으로부터 교육확인서 등을 받아 보존하여야 한다.

제4장 작업장 안전관리

제1절 일반사항

제31조(안전보건계획 수립 및 실행)

① 안전보건담당 실무부서에서는 매년 회사 대표이사인 안전보건관리책임자의 안전보건경영방침을 실행할 수 있도록 안전보건계획을 수립한다.

② 제1항에 따른 안전보건계획에는 다음 각 호의 내용이 포함되어야 한다.
1. 전년도 안전보건경영 활동 실적 및 평가
2. 안전보건경영 방침 및 안전보건경영 활동 계획
3. 안전 조직 구성·인원 및 역할
4. 안전보건에 관한 시설 및 예산
5. 그 밖에 안전보건관리에 관한 계획

③ 안전보건책임자(CSO)는 안전보건계획에 산업재해 및 안전사고 감축목표를 포함하여야 한다.

④ 안전보건책임자(CSO)는 대표이사와 협의를 거쳐 안전보건계획을 수립하고 이사회의 승인

을 거쳐 확정한다.

⑤ 안전보건책임자(CSO)는 안전보건계획의 이행 상황을 주기적으로 점검하여야 하며 매년 1월말까지 전년도 안전보건계획의 이행 실적을 이사회에 보고하여야 한다.

⑥ 안전보건담당 실무부서에서 수립한 당해 연도 안전보건계획은 전 부서에 통보하고 각 부서에서는 부서 실정에 적합한 계획을 수립·시행하여야 한다.

제32조(현장 안전보건계획 수립)

① 각 현장 안전보건관리책임자는 매년 12월초까지 사업장의 안전보건관리를 위해 다음 연도 사업장 안전보건계획을 수립하고 본사 안전보건 담당 실무부서에 제출하여야 한다.

② 제1항의 현장별 안전보건계획에는 다음 각 호의 내용이 포함되어야 한다.

1. 현장 안전보건 경영 방침
2. 안전보건 활동 목표
3. 안전보건관리 대상 시설 및 사업장, 전년도 재해·사고현황
4. 안전보건관리 체계·인원·예산 및 역할
5. 안전보건관리 활동 추진 계획
6. 그 밖에 안전보건관리에 관한 내용 등

③ 현장 안전보건관리책임자는 안전보건계획의 이행 상황을 주기적으로 점검하여야 한다.

④ 현장 안전보건관리책임자는 매년 1월말까지 전년도 안전보건계획의 이행 실적을 본사 안전보건 담당 실무부서에 제출하여야 한다.

제33조(안전조치)

① 관리감독자는 다음 각 호의 어느 하나에 해당하는 위험으로부터 산업재해를 예방하기 위하여 필요한 조치를 하여야 한다.

1. 기계·기구, 그 밖의 설비에 의한 위험
2. 폭발성, 발화성 및 인화성 물질 등에 의한 위험
3. 전기, 열, 그 밖의 에너지에 의한 위험

② 관리감독자는 굴착, 채석, 하역, 벌목, 운송, 조작, 운반, 해체, 중량물 취급, 그 밖의 작업을 할 때 불량한 작업방법 등에 의한 위험으로부터 산업재해를 예방하기 위하여 필요한 조치를 하여야 한다.

③ 관리감독자는 근로자가 다음 각 호의 어느 하나에 해당하는 장소에서 작업을 할 때 발생할 수 있는 산업재해를 예방하기 위하여 필요한 조치를 하여야 한다.

1. 근로자가 추락할 위험이 있는 장소

2. 토사·구축물 등이 붕괴할 우려가 있는 장소
3. 물체가 떨어지거나 날아올 위험이 있는 장소
4. 천재지변으로 인한 위험이 발생할 우려가 있는 장소

제34조(기계·기구 및 설비의 방호조치)

① 유해·위험 기계·기구 등에 유해·위험방지를 위한 방호조치를 하지 아니하고는 양도, 대여, 설치, 사용하거나 양도·대여를 목적으로 진열하여서는 아니 된다.

② 모든 근로자는 동력으로 작동하는 기계·기구로써 다음 각 호의 어느 하나에 해당하는 것은 제1항의 방호조치를 하지 아니하고는 설치 또는 사용하여서는 아니 된다.

1. 작동 부분의 돌기부분은 묻힘형으로 하거나 덮개를 부착할 것
2. 동력전달 부분 및 속도조절 부분에는 덮개를 부착하거나 방호망을 설치할 것
3. 회전기계 물림점(롤러·기어 등)에는 덮개 또는 울을 설치할 것

③ 회사는 유해·위험방지를 위하여 필요한 조치를 하여야 하는 기계·기구·설비 및 건축물 등을 타인에게 대여하는 경우에는 아래의 사항을 준수하여야 한다.

1. 회사가 대여하는 경우
  가. 해당 기계 등을 미리 점검하고 이상을 발견한 때에는 즉시 보수하거나 그 밖에 필요한 정비를 할 것
  나. 해당 기계 등을 대여 받은 자에게 다음 각 목의 사항을 적은 서면을 발급할 것
    (1) 해당 기계 등의 능력 및 방호조치의 내용
    (2) 해당 기계 등의 특성 및 사용 시의 주의사항
    (3) 해당 기계 등의 수리·보수 및 점검 내역과 주요 부품의 제조일자
  다. 해당 기계 등의 구입을 위한 기종의 선정 등을 위하여 대여 받는 경우에는 가목을 적용하지 아니한다.
  라. 회사가 건축물을 타인에게 대여하는 경우에는 해당 건축물에 피난용 출입구와 통로의 미끄럼 방지대, 피난용 사다리 등을 설치하여야 하며, 2명 이상의 사업주에게 건축물을 대여하여 공용으로 사용하게 하는 경우에는 해당 출입구 등에 "피난용"이란 취지를 표시하여 쉽게 사용할 수 있도록 관리하여야 한다.
2. 회사가 대여 받은 경우
  가. 회사는 해당 기계 등을 조작하도록 하는 경우에는 다음의 조치를 하여야 한다.
    (1) 해당 기계 등을 조작하는 사람이 관계 법령에서 정하는 자격이나 기능을 가진 사람인지 확인할 것
    (2) 해당 기계 등을 조작하는 사람에게 작업의 내용, 지휘계통, 연락·신호 등의 방

법, 운행경로, 제한속도, 해당 기계 등의 운행에 관한 사항, 그 밖에 해당 기계 등의 조작에 따른 산업재해를 방지하기 위하여 필요한 사항을 주지시킬 것

나. 회사는 기계 등을 대여한 자에게 반환하는 경우에는 해당 기계 등의 수리·보수 및 점검 내역과 부품교체 사항 등을 적은 서면을 발급하여야 한다.

④ 관리감독자는 제1항에 따른 방호조치가 정상적인 기능을 발휘할 수 있도록 방호조치와 관련되는 장치를 상시적으로 점검하고 정비하여야 한다.

⑤ 근로자는 제1항에 따른 방호조치를 해체하려는 경우 다음 각 호의 사항을 준수하여야 한다.

1. 방호조치를 해체하려는 경우 해당 기계·기구의 관리감독자 허가를 받아 해체할 것
2. 방호조치를 해체한 후 그 사유가 소멸된 경우 지체 없이 원상으로 회복시킬 것
3. 방호조치의 기능이 상실된 것을 발견한 경우 지체 없이 해당 기계·기구의 관리감독자에게 보고할 것

⑥ 해당 기계·기구의 관리감독자는 제5항 제3호에 따른 보고를 받은 경우에는 즉시 수리, 보수 및 작업 중지 등 적절한 조치를 하여야 한다.

⑦ 제1항과 제5항에 따른 방호조치에 필요한 사항은 고용노동부고시에 따른다.

제35조(전기안전관리 및 전기설비 안전)

① 회사는 감전 위험이 있는 충전부분에 대하여 감전을 방지하기 위하여 다음 각 호의 방법 중 하나 이상의 방법으로 방호하여야 한다.

1. 충전부가 노출되지 않도록 폐쇄형 외함(外函)이 있는 구조로 할 것
2. 충전부에 충분한 절연효과가 있는 방호망이나 절연덮개를 설치할 것
3. 충전부는 내구성이 있는 절연물로 완전히 덮어 보호할 것
4. 발전소·변전소 및 개폐소 등 구획되어 있는 장소로서 관계 근로자가 아닌 사람의 출입이 금지되는 장소에 충전부를 설치하고 위험표시 등의 방법으로 방호를 강화할 것
5. 전주 위 및 철탑 위 등 격리되어 있는 장소로서 관계 근로자가 아닌 사람이 접근할 우려가 없는 장소에 충전부를 설치할 것

② 회사는 누전에 의한 감전의 위험을 방지하기 위하여 다음 각 호의 부분에 대하여 접지를 하여야 하며 항상 적정상태가 유지되는지를 점검하고 이상이 발견되면 즉시 보수하거나 재설치하여야 한다.

1. 전기 기계·기구의 금속제 외함, 금속제 외피 및 철대, 물기 또는 습기가 있는 장소에 설치되어 있거나 지면이나 접지된 금속체로부터 수직거리 2.4미터, 수평거리 1.5미터 이내에 고정 설치되거나 고정배선에 접속된 전기기계·기구의 노출된 비충전 금속체

2. 전동식 양중기의 프레임과 궤도
3. 고압 이상의 전기를 사용하는 전기기계·기구 주변의 금속제 칸막이·망 및 이와 유사한 장치

③ 회사는 다음 각 호의 전기기계·기구에 대하여 누전에 의한 감전위험을 방지하기 위하여 누전차단기를 설치하여야 하며 전기기계·기구를 사용하기 전에 누전차단기의 작동상태를 점검하고 이상이 발견되면 즉시 보수하거나 교환하여야 한다.

1. 대지 전압이 150볼트를 초과하는 이동형 또는 휴대형 전기기계·기구
2. 물 등 도전성이 높은 액체가 있는 습윤 장소에서 사용하는 저압용 전기기계·기구
3. 철판·철골 위 등 도전성이 높은 장소에서 사용하는 이동형 또는 휴대형 전기기계·기구
4. 임시배선의 전로가 설치되는 장소에서 사용하는 이동형 또는 휴대형 전기기계·기구

④ 회사는 가스폭발 위험장소 또는 분진폭발 위험장소에서 전기기계·기구를 사용하는 경우는 「산업표준화법」에 따른 한국산업표준에서 정하는 기준으로 그 증기, 가스 또는 분진에 대하여 적합한 방폭성능을 가진 방폭구조 전기기계·기구를 선정하여 사용하여야 하며, 방폭구조 전기기계·기구에 대하여 그 성능이 항상 정상적으로 작동될 수 있는 상태로 유지·관리되도록 하여야 한다.

⑤ 회사는 정전작업을 위해 전로를 차단하는 경우 다음 각 호의 절차에 따라 시행하여야 한다.

1. 전기기기 등에 공급되는 모든 전원을 관련 도면, 배선도 등으로 확인할 것
2. 전원을 차단한 후 각 단로기 등을 개방·확인
3. 차단장치나 단로기 등에 잠금장치 및 꼬리표 부착
4. 잔류전하를 완전히 방전시킬 것
5. 검전기를 이용하여 작업 대상 기기의 충전 여부 확인
6. 단락 접지 기구를 이용하여 접지

⑥ 회사는 정전작업 중 또는 작업을 마친 후 전원을 공급하는 경우에는 감전의 위험이 없도록 다음 각 호의 사항을 준수하여야 한다.

1. 작업기구, 단락 접지기구 등을 제거하고 전기기기 등이 안전하게 통전 될 수 있는지를 확인
2. 모든 작업자가 작업이 완료된 전기기기 등에서 떨어져 있는지 확인
3. 잠금장치와 꼬리표는 설치한 근로자가 직접 철거
4. 모든 이상 유무를 확인한 후 전기기기 등의 전원을 투입할 것

⑦ 회사는 충전전로를 취급하거나 그 인근에서 작업하는 경우는 다음 각 호의 조치를 하여야 한다.

1. 충전전로를 방호, 차폐하거나 절연 등의 조치를 하는 경우는 전로와 직접 접촉하거나 도전재료, 공구 또는 기기를 통하여 간접 접촉 금지
2. 작업에 적합한 절연용 보호구를 지급·착용
3. 해당 전압에 적합한 절연용 방호구를 설치
4. 활선작업용 기구 및 장치를 사용
5. 근로자가 절연용 방호구의 설치·해체작업을 하는 경우는 절연용 보호구를 착용하거나 활선작업용 기구 및 장치를 사용
6. 노출 충전부의 접근한계거리 이내로 접근 금지

⑧ 회사는 다음 각 호의 작업에 사용하는 절연용 보호구, 절연용 방호구, 활선작업용 기구, 활선작업용 장치에 대하여 각각의 사용 목적에 적합한 종별·재질 및 치수의 것을 사용하여야 하며, 안전한 성능을 유지하고 있는지를 정기적으로 확인하여야 한다.
1. 밀폐공간에서의 전기작업
2. 이동 및 휴대장비 등을 사용하는 전기작업
3. 정전 전로 또는 그 인근에서의 전기작업
4. 충전전로에서의 전기작업
5. 충전전로 인근에서의 차량·기계장치 등의 작업

⑨ 관리감독자는 「전기설비기술기준」에 적합하도록 전기설비를 유지·관리하여야 한다.

⑩ 관리감독자는 「산업안전보건기준에 관한 규칙」과 KOSHA GUIDE에 정하는 바에 따라 전기로 인한 위험 방지 조치를 하여야 한다.

⑪ 안전보건관리책임자는 전기로 인해 발생할 수 있는 재해를 예방하기 위하여 필요한 사항을 시행하여야 한다.

⑫ 전기안전관리와 관련하여 다른 규정에서 별도로 정하지 않는 내용은 전기안전관리규정 및 회사내 안전보건경영 매뉴얼과 지침서를 따른다.

제36조(안전인증대상기계·기구등의 사용)

모든 근로자는 유해하거나 위험한 기계·기구·설비 및 방호 장치·보호구(이하 "유해·위험 기계 등"이라 한다) 중 근로자의 안전 및 보건에 위해(危害)를 미칠 수 있다고 인정되어 산업안전보건법 시행령으로 정하는 것(안전인증대상기계 등)은 다음 각 호의 어느 하나에 해당하는 경우 제조·수입·양도·대여·사용하거나 양도·대여의 목적으로 진열하지 아니한다.
1. 안전인증을 받지 아니한 경우(안전인증이 전부 면제되는 경우는 제외)
2. 안전인증기준에 맞지 아니하게 된 경우

3. 안전인증이 취소되거나 안전인증표시의 사용금지 명령을 받은 경우

제37조(자율안전확인대상기계·기구등의 사용)

모든 근로자는 안전인증대상기계 등이 아닌 유해·위험 기계 등으로서 시행령으로 정하는 것(자율안전확인대상기계 등)은 다음 각 호의 어느 하나에 해당하는 경우 제조·수입·양도·대여·사용하거나 양도·대여의 목적으로 진열하지 아니한다.

1. 신고를 하지 아니한 경우(신고가 면제되는 경우는 제외)
2. 거짓이나 그 밖의 부정한 방법으로 신고를 한 경우
3. 자율안전확인대상기계 등의 안전에 관한 성능이 자율안전기준에 맞지 아니하게 된 경우
4. 자율안전확인 표시의 사용 금지 명령을 받은 경우

제38조(안전검사)

① 관리감독자는 유해하거나 위험한 기계·기구·설비로서 시행령으로 정하는 것(안전검사대상기계 등)을 사용할 경우 고용노동부 장관이 실시하는 안전검사를 받아야 한다.

② 제1항에도 불구하고 안전검사대상 기계 등이 다른 법령에 따라 안전성에 관한 검사나 인증을 받은 경우로서 다음 각 호의 하나에 해당하는 경우 안전검사를 면제할 수 있다.

1. 「고압가스안전관리법」 제17조 제2항에 따른 검사를 받은 경우
2. 「에너지이용합리화법」 제39조 제4항에 따른 검사를 받은 경우
3. 「전기사업법」 제65조에 따른 검사를 받은 경우
4. 「건설기계관리법」 제13조 제1항 제1호, 제2호 및 제4호에 따른 검사를 받은 경우(안전검사 주기에 해당하는 시기의 검사로 한정한다)
5. 「화재예방, 소방시설 설치·유지 및 안전관리에 관한 법률」 제25조 제1항에 따른 검사를 받은 경우
6. 「위험물안전관리법」 제18조에 따른 검사를 받은 경우
7. 「화학물질관리법」 제24조 제3항 본문에 따른 정기검사를 받은 경우
8. 기타 관련법령에 따른 검사를 받은 경우

③ 관리감독자는 제1항에 따라 안전검사 합격증명서를 발급받은 경우 그 증명서를 안전검사대상기계 등에 부착하여야 한다.

제39조(안전검사의 주기)

안전검사대상 기계 등의 검사 주기는 다음 각 호에 따른다.

1. 크레인(이동식크레인은 제외한다), 리프트(이삿짐운반용 리프트는 제외한다) 및 곤돌라

는 사업장에 설치가 끝난 날부터 3년 이내에 최초 안전검사를 실시하되 그 이후부터는 2년마다(건설현장에서 사용하는 것은 최초로 설치한 날로부터 6개월마다)

2. 이동식크레인, 이삿짐운반용 리프트 및 고소작업대는 「자동차관리법」 제8조에 따른 신규 등록 이후 3년 이내에 최초 안전검사를 실시하되 그 이후부터 2년마다
3. 프레스, 전단기, 압력용기, 국소배기장치, 원심기, 롤러기, 사출성형기, 컨베이어 및 산업용 로봇은 사업장에 설치가 끝난 날부터 3년 이내에 최초 안전검사를 실시하되 그 이후부터 2년마다(공정안전보고서를 제출하여 확인을 받은 압력용기는 4년마다)

제40조(안전검사대상 기계 등의 사용 금지)

다음 각 호의 어느 하나에 해당하는 안전검사대상 기계 등은 사용해서는 아니 된다.

1. 안전검사를 받지 아니한 안전검사대상기계 등(제41조 제2항에 따라 안전검사가 면제되는 경우는 제외)
2. 안전검사에 불합격한 안전검사대상기계 등

제41조(표준작업안전수칙 작성 및 준수)

① 각 부서에서는 공정별·작업별·설비별로 표준작업안전수칙을 작성하여 근로자가 보기 쉬운 장소에 게시하고 해당 작업 근로자에게 교육하여야 한다.

② 근로자는 표준작업안전수칙에 따라 작업하는 등 해당 내용을 준수하여야 한다.

③ 다음의 경우 해당 표준작업안전수칙을 개정하여야 한다.

1. 기계·설비를 신규로 도입하거나 설치하는 경우
2. 작업공정이나 작업내용이 변경되는 경우
3. 사고 발생 등으로 작업수칙의 변경이 필요하다고 판단한 경우

④ 「외국인근로자의 고용 등에 관한 법률」에 따른 외국인 근로자를 고용한 경우 해당 외국인 근로자의 모국어로 번역된 표준작업안전수칙을 부착한다.

제42조(위험물질의 보관 및 사용)

① 회사는 위험물질을 취급하는 작업장에 해당 관리감독자 또는 위험물질 담당자를 지정하여 관리하도록 한다.

② 회사는 위험물질을 작업장 외의 별도의 지정된 장소에 보관하여야 하며 작업장 내부에는 작업에 필요한 최소량만을 두어야 한다.

③ 회사는 위험물질 보관 장소에는 화기물질의 휴대 및 관계자 외 출입을 금지하며 보관 장소에 출입금지표지를 부착하고 해당 물질의 위험성을 게시하여 근로자에게 위험장소임을 알

려야 한다.

제43조(작업 중지)

① 회사는 산업재해가 발생할 급박한 위험이 있을 때 또는 중대재해가 발생하였을 때는 즉시 작업을 중지시키고 근로자를 작업장소로부터 대피시키는 등 필요한 안전보건상의 조치를 한 후 작업을 시작하여야 한다.

② 근로자는 산업재해가 발생할 급박한 위험으로 인하여 작업을 중지하고 대피하였을 때는 지체없이 그 사실을 바로 위 상급자에게 보고하고 바로 위 상급자는 이에 대한 적절한 조치를 하여야 한다.

③ 관리감독자 등은 제2항에 따른 보고를 받으면 안전 및 보건에 관하여 필요한 조치를 하여야 하며 보고 내용과 조치 결과를 기록하고 보존하여야 한다.

④ 관리감독자 등은 제3항에 따른 안전 및 보건에 관하여 필요한 조치를 완료한 경우 근로자 대표의 서면 동의를 득한 후 작업을 재개하여야 한다.

⑤ 안전보건관리책임자는 산업재해가 발생할 급박한 위험이 있다고 믿을 만한 합리적인 근거가 있을 때는 제2항에 따라 작업을 중지하고 대피한 근로자에 대하여 이를 이유로 해고나 그 밖의 불리한 처우를 하여서는 아니 된다.

제44조(법령 요지 등의 게시)

안전보건관리책임자는 법 또는 법에 따른 명령의 요지 및 안전보건관리규정을 근로자가 쉽게 볼 수 있는 장소에 게시하거나 갖추어 두어 근로자에게 널리 알려야 한다.

제45조(안전보건표지의 작성 및 게시)

① 관리감독자는 유해하거나 위험한 장소·시설·물질에 대한 경고, 비상시에 대처하기 위한 지시·안내 또는 그 밖에 근로자의 안전 및 보건 의식을 고취하기 위한 사항 등을 그림, 기호 및 글자 등으로 나타낸 표지(이하 “안전보건표지”라 한다)를 작성하여 근로자가 쉽게 알아볼 수 있도록 부착 등의 방법으로 게시하여야 한다.

② 「외국인근로자의 고용 등에 관한 법률」에 따른 외국인 근로자를 고용한 경우 해당 근로자의 모국어로 번역된 안전보건표지를 부착한다.

제46조(안전보건점검 및 순찰)

① 안전보건관리책임자, 관리감독자, 안전관리자, 보건관리자 등은 안전사고 및 산업재해를 예방하기 위하여 안전보건점검 계획을 수립하고 시행하여야 한다.

② 회사는 작업자의 안전보건 확보를 위하여 정기적으로 안전보건 점검 및 순찰을 실시하여야 한다. 이 경우 다른 법령에서 정하는 안전관리에 관한 규정과 통합하여 전기안전점검, 소방점검 등을 추가할 수 있다.

③ 안전보건 점검의 횟수는 작업장 전반에 대한 안전보건상태를 점검하기 위하여 주기적으로 실시하여야 한다.

④ 안전점검 방법은 체크리스트 등 회사에서 규정한 별도의 서식에 따라 작성하여 그 결과를 보존하고 안전점검 내용은 「안전보건규칙」과 관련 법령에서 정한 기준을 근거로 실시한다. 점검할 내용은 다음과 각 호의 사항이 포함되도록 한다.

1. 기계·기구 장치의 청소·정비 및 안전장치의 부착상태
2. 전기시설의 스위치, 조명, 배선의 이상 유무
3. 유해·위험물, 생산원료 등의 취급, 적재 및 보관상태의 이상 유무
4. 근로자의 작업 상태 및 작업수칙 이행 상태
5. 보호구의 착용 상태 및 안전표지판의 설치 상태
6. 정리·정돈, 청소, 복장 및 자체 일상 점검 상태
7. 화재예방에 필요한 설비의 유지관리 상태
8. 안전보건관계 규정·기준·지침 및 수칙 등의 이행 여부
9. 그 밖의 안전보건관리상 필요한 조치가 요구되는 사항

⑤ 관리감독자는 작업시작 전 점검을 실시한다. 안전보건관리책임자는 주기적으로 안전보건에 관한 자체 점검을 실시한다.

⑥ 모든 근로자는 작업 전 일상점검 및 작업 후 정리·정돈을 철저히 한다.

⑦ 안전보건담당 실무부서는 점검결과에 따라 불안전한 상태가 있을 때에는 시정지시서를 해당 부서장에게 발부하고 해당 부서는 대책을 강구하여 시정조치한 후 안전보건담당 실무부서로 통보하여야 한다.

⑧ 안전보건 점검 시 근로자의 불안전한 행동이 발견되었을 때에는 안전보건담당 실무부서는 즉시 당해 근로자에게 시정지시를 하고 근로자는 즉시 이 시정조치에 따라야 한다.

제47조(위험작업 관리)

① 관리감독자는 건설현장 등에서 위험작업, 화기작업, 전기(정전)작업, 밀폐공간작업, 고소작업, 굴착작업, 중장비 및 중량물 취급작업, 방사선 사용 작업 등의 위험작업을 하는 경우에는 반드시 2인 이상의 작업조(2인 1조)를 편성하여 작업하여야 한다.

② 근속기간이 6개월 미만인 근로자는 단순노무[(한국표준직업분류)의 대분류 9. 단순노무 종사자 참조] 외 제1항의 위험작업 및 일반작업을 단독으로 수행하여서는 아니 된다.

③ 제1항의 위험작업을 담당하는 관리감독자는 산업재해를 예방하기 위하여 위험작업 시 2인 이상의 작업조 편성과 6개월 미만 근로자의 단독작업 금지가 작업 현장에서 이행되도록 수시로 지도, 감독하여야 하며 위반 사실이 확인될 경우 즉시 작업 중지를 명령하고 재발방지 조치를 하여야 한다.

④ 제1항의 위험작업을 담당하는 관리감독자는 위험작업 시행 전에 위험성평가를 실시하여 위험요소를 제거 또는 완화 조치를 하여야 하며 위험성평가 자료는 작업 전 안전회의(TBM) 시 근로자들에게 교육하여야 한다.

제48조(안전작업허가서 발급 및 이행)

① 건설현장에서 해당하는 위험작업을 담당하는 관리감독자는 안전관리자 및 운영부서 관리감독자에게 안전작업허가서를 작성 및 제출하고 승인을 받아야 한다. 도급사업인 경우 계약상대자의 관리감독자는 안전작업허가서를 제출하고 우리 회사 해당부서 관리감독자는 해당 내용을 확인하여 승인하여야 하며 승인하는 과정에서 안전관리자의 협조 확인을 받아야 한다.

② 제1항에 해당하는 필수 안전작업허가서의 종류는 다음 각 호와 같다.

1. 일반위험작업 허가
2. 화기작업 허가
3. 전기(정전)작업 허가
4. 밀폐공간작업 허가
5. 고소작업 허가
6. 굴착작업 허가
7. 중장비 및 중량물 취급작업 허가
8. 방사선 사용작업 허가 등

③ 위험작업을 담당하는 관리감독자는 전기작업, 중량물의 취급작업 등과 같이 「안전보건규칙」 제38조에 해당하는 작업을 하고자 하는 경우에는 「안전보건규칙」 [별표4]의 사항을 포함한 작업계획서를 작성하여 안전작업허가서 승인 요청 시 첨부하여야 하며 작업계획서에 따라 작업 하여야 한다.

④ 회사는 현장 실정에 적합한 안전작업 허가에 대한 별도의 규정을 작성할 수 있다.

제49조(안전보건진단)

① 안전보건진단은 자율진단과 명령진단으로 구분한다.

② 안전보건관리책임자는 추락·붕괴, 화재·폭발, 유해하거나 위험한 물질의 누출 등 산업재

해 발생의 위험이 현저히 높은 사업장으로서 고용노동부 장관의 안전보건진단 명령을 받은 경우 안전보건진단기관으로부터 안전보건진단을 받아야 한다. 이 경우 근로자대표가 요구할 때는 안전보건진단에 근로자대표를 참여시켜야 한다.

③ 안전보건관리책임자는 사업장의 안전보건에 대하여 필요한 경우 안전보건컨설팅 업체를 활용하여 자체 안전보건진단을 할 수 있다.

④ 안전보건진단 결과 시정을 요하는 사항이 있을 경우 안전보건관리책임자는 안전보건진단기관의 결과에 따라 대책을 수립하고 필요한 조치를 하여야 한다.

제50조(교통재해예방)

① 사업장 내를 주행하는 모든 차량은 소정의 주행로와 제한속도를 엄수하여야 한다. 공사현장 내를 주행하는 모든 차량은 소정의 주행로를 따라 운행하여야 하며 제한속도 20km/h 이하를 엄수하여야 한다.

② 사업장 내를 출입하는 모든 사람은 구내를 주행하는 차량에 의한 재해를 방지하기 위해 표시되어 있는 소정의 통로 및 횡단장소를 지나가야 한다.

③ 근로자는 업무를 위해 도로를 자동차로 주행하는 경우 도로교통법 등 관계법규를 준수하여 안전운행을 하여야 한다.

④ 안전보건관리책임자 또는 주관 부서장은 속도제한 표지판 설치, 과속방지턱, 주의 표지판 설치 등 사내 교통재해예방을 위하여 적절한 조치를 하여야 한다.

⑤ 회사 임직원은 출장, 회의 참석 등 업무를 위해 자동차로 도로를 주행하는 경우는 도로교통법 등 관계법규를 준수하여 안전운행을 하여야 한다.

제51조(소방안전관리)

① 안전보건관리책임자는 소방안전관리자의 선임의 사유가 발생한 날로부터 30일 이내에 소방안전관리자를 선임하고 선임한 날로부터 14일 이내에 관할 소방관서에 선임신고를 하여야 한다.

② 소방안전관리자는 다음 각 호의 소방안전관리 업무를 성실히 수행하여야 한다.

1. 피난계획에 관한 사항과 소방계획서의 작성 및 시행
2. 자위소방대 및 초기대응체계의 구성·운영·교육
3. 피난시설, 방화구획 및 방화시설의 유지·관리
4. 소방훈련 및 교육
5. 소방시설이나 그 밖의 소방 관련 시설의 유지·관리
6. 화기 취급작업의 감독

7. 그 밖에 소방안전관리에 필요한 업무

③ 소방안전관리자는 소방계획서를 매년 수립하여야 하며「화재예방, 소방시설 설치 유지 및 안전관리에 관한 법률 시행령」제24조(소방안전관리대상물의 소방계획서 작성 등)에서 정하는 사항을 포함하여야 한다.

④ 소방안전관리자는 소방시설의 자체점검을 다음 각 호와 같이 실시하여야 한다.

1. 외관점검 : 매월 1회 이상
2. 작동기능점검 : 연 1회 이상
3. 종합정밀점검 : 연 1회 이상

⑤ 제4항의 각 호에 대한 세부사항은「화재예방, 소방시설 설치·유지 및 안전관리에 관한 법률 시행규칙」제18조(소방시설등 자체점검의 구분 및 대상)에서 정한 바에 따른다.

⑥ 소방안전관리자는 제4항에 따른 소방시설점검 결과를 2년간 자체 보관하고 작동기능점검 및 종합정밀점검 결과는 점검한 날로부터 7일 이내에 관할 소방관서에 제출한다.

제52조(자위소방대)

① 안전보건관리책임자는 화재가 발생하는 경우 화재를 초기에 진압하고 인명 및 재산 피해를 최소화하기 위하여 자위소방대를 편성·운영하여야 한다.

② 제1항의 자위소방대는 해당 사업장에 근무하는 모든 인원으로 구성하고 대장·부대장 각 1명과 지휘반·진압반·구조구급반 및 대피유도반을 둔다.

③ 자위소방대의 대장·부대장과 각 반의 임무는 다음 각 호와 같다.

1. 대장은 자위소방대를 총괄·지휘·운용한다.
2. 부대장은 대장을 보좌하고 대장이 부득이한 사유로 임무를 수행할 수 없을 때는 그 임무를 대행한다.
3. 지휘반은 대장의 지휘를 받아 다른 반의 임무를 조정하고 화재진압 등에 관한 훈련계획을 수립·시행한다.
4. 진압반은 대장과 지휘반의 지휘를 받아 화재를 진압한다.
5. 구조구급반은 대장과 지휘반의 지휘를 받아 인명을 구조하고 부상자를 응급 처치한다.
6. 대피유도반은 대장과 지휘반의 지휘를 받아 근무자 등을 안전한 장소로 대피하도록 유도한다.

④ 안전보건관리책임자는 연 2회 이상 소방훈련과 교육을 실시하되 그 중 1회 이상은 소방관서와 합동으로 소방훈련을 실시하여야 하며 소화·화재통보·피난 등의 요령에 관한 사항을 포함하여야 한다.

제53조(비상조치계획)

① 회사는 위험성평가 등에서 도출된 중대재해, 화재폭발, 구조물붕괴 등 사회적 물의를 일으킬 수 있는 사고발생 가능성에 대한 대비 및 대응을 원활하게 진행할 수 있도록 비상사태별 시나리오와 대책을 포함한 비상조치계획(안전관리계획)을 사업장별로 작성, 운영하도록 한다.

② 비상조치계획(안전관리계획)에는 다음 사항이 포함되어야 한다.

1. 비상조치를 위한 인력 및 장비보유 현황
2. 사고발생 시 각 부서, 관련 기관과의 비상연락체계
3. 사고발생 시 비상조치를 위한 조직의 임무 및 수행절차
4. 비상조치계획(안전관리계획)에 따른 교육훈련 계획
5. 비상시 대피절차

③ 비상대비 및 대응 내용에는 이용객의 대피, 대응 등을 포함시켜야 한다.

제54조(피난 및 대응훈련)

① 회사는 비상사태 시나리오별로 정기적인 교육을 포함한 피난 및 대응훈련을 실시하고 대응훈련 후 성과를 평가하여 필요에 따라 개정·보완하여야 한다.

② 피난 및 대응훈련 주기는 시나리오별로 비상조치계획(안전관리계획)에 포함한다.

제55조(비상연락시스템 구축)

① 회사는 비상사태 시 사용할 수 있는 비상연락체계를 구축하고 이를 최신의 상태로 유지하여야 한다.

② 비상연락체계는 회사 내부뿐만이 아니라 경찰서, 소방서, 병원 등 관련 기관을 포함하여 작성한다.

제2절 도급 시 산업재해예방

제56조(도급사업 산업재해예방)

① 안전보건총괄책임자는 관계수급인 근로자가 회사의 사업장에서 작업하는 경우 공사의 근로자와 관계수급인 근로자의 사고·재해를 예방하기 위하여 도급인의 안전조치 및 보건조치를 하여야 한다. 다만, 보호구 착용의 지시 등 관계수급인 근로자의 작업행동에 관한 직

접적인 조치는 제외한다.

② 도급사업 산업재해예방과 관련한 세부 내용과 방법은 이 규정과 안전보건경영 매뉴얼 및 지침서를 따른다.

제57조(도급사업 안전보건체계)

① 안전보건총괄책임자는 도급사업에서 발생할 수 있는 산업재해를 예방하기 위하여 다음 각 호의 협의체를 구성·운영하여야 한다.

1. 안전보건간담회
2. 안전 및 보건에 관한 협의체

② 안전보건총괄책임자는 제1항의 협의체를 원활하게 운영하기 위하여 협의체 운영계획 등 별도의 계획을 수립하여야 한다.

③ 안전보건총괄책임자의 직무와 권한은 다음과 같다.

1. 재해발생의 급박한 위험이 있을 때 또는 중대재해 발생 시 작업의 중지 및 재개
2. 도급사업에 있어서의 안전보건조치
3. 수급업체의 산업안전보건관리비의 집행감독 및 이의 사용에 관한 수급업체 간의 협의·조정
4. 유해·위험 기계·기구의 방호장치 여부 확인
5. 유해·위험 기계·기구 및 설비가 검사를 받고 사용하는지 여부의 확인

제58조(도급사업 안전보건활동)

① 회사는 동일 장소에서 행하여지는 도급사업의 산업재해를 예방하기 위하여 다음과 같은 조치를 하여야 한다.

1. 안전보건협의체 운영 : 월 1회
2. 작업장의 순회점검 등 안전보건관리
   가. 위험성평가 : 연 1회(정기)
   나. 합동 점검 : 2개월에 1회
   다. 순회 점검 : 주 1회
3. 수급인이 근로자에게 하는 안전보건교육에 대한 지도와 지원
4. 작업환경측정
5. 다음 각 목의 어느 하나의 경우에 대비한 경보의 운영과 수급인 및 수급인의 근로자에 대한 경보운영 사항의 통보
   가. 작업장소에서 발파작업을 하는 경우

나. 작업장소에서 화재가 발생하거나 토석 붕괴 사고가 발생하는 경우

6. 안전 및 보건에 관한 정보의 제공 등

7. 다음 각목의 위생시설의 설치 등의 협조

가. 휴게시설

나. 세면 또는 목욕시설

다. 탈의시설

라. 수면시설

② 안전보건총괄책임자는 이 규정 제11조 제2항의 직무에 따른 안전보건활동을 도급사업 관리부서장과 협력하여 도급사업장의 산업재해예방에 필요한 조치를 할 수 있다.(단, 점검 결과와 조치 이행 여부 등에 대해서는 관리·감독을 철저히 한다)

제59조(안전보건간담회)

① 안전보건총괄책임자는 당해 사업장에서 사업의 일부를 도급하는 경우 관계수급인과 안전 및 보건에 관한 문제점을 발굴하고 종사자 참여를 강화하기 위하여 도급인 및 관계수급인의 노사 등이 참여하는 안전보건간담회를 구성·운영할 수 있다. 이때, 관계수급인은 상시 작업 중인 업체를 대상으로 하되 3개월 미만의 기간 내에 종료되는 일시적 업체와 연간 총 작업일수가 60일을 초과하지 않는 간헐적 업체를 포함한다.

② 안전보건간담회의 구성은 다음 각호와 같다.

1. 사용자위원

가. 산업안전보건위원회 사용자위원

나. 관계수급인의 현장 최고책임자(현장대리인)

2. 근로자위원

가. 산업안전보건위원회 근로자위원

나. 관계수급인의 근로자 대표

③ 안전보건간담회 회의는 매 분기 단위로 운영하며 관계수급인 노사대표는 당해 사업장의 안전보건과 관련하여 다음 각 호의 사항을 요청할 수 있다.

1. 개선요청 사항

2. 애로·건의 사항

3. 차별 등 기타 의견 사항

④ 안전보건총괄책임자는 관계수급인 노사대표의 요청사항을 산업안전보건위원회에 부의하여 심의·의결한다.

⑤ 안전보건총괄책임자는 관계수급인의 노사대표가 안전보건간담회에서 정당한 활동, 발언 등

을 한 것을 이유로 그 노사 대표에게 불이익을 주어서는 아니 된다.

제60조(안전 및 보건에 관한 협의체)

① 안전 및 보건에 관한 협의체(이하 "안전보건협의체"라 한다)는 안전보건총괄책임자 및 수급인 최고책임자 전원으로 구성하여야 한다. 단, 수급인은 상시 작업 중인 업체를 대상으로 하되, 30일 이내에 종료되는 일시적 업체와 연간 총 작업 일수가 60일을 초과하지 않는 간헐적 업체는 제외한다.

② 안전보건협의체는 다음 각 호의 사항을 협의하여야 한다.

1. 작업의 시작 시간
2. 작업 또는 작업장 간의 연락 방법
3. 재해발생 위험이 있는 경우 대피 방법
4. 작업장에서의 위험성평가의 실시에 관한 사항
5. 사업주와 수급인 또는 수급인 상호 간의 연락 방법 및 작업공정의 조정

③ 안전보건총괄책임자는 안전보건협의체 회의를 매월 1회 이상 정기적으로 개최하고 그 결과를 기록·보존하여야 한다.

제61조(작업장 순회점검)

① 안전보건관계자는 정기 또는 수시로 사업장 순회점검을 실시하여야 하며 순회점검의 주기는 다음 각 호와 같다.

1. 안전보건총괄책임자 : 2일 1회 이상
2. 관리감독자 : 매일 1회 이상

② 안전보건총괄책임자는 관리감독자의 순회점검 결과와 조치의 이행여부 등에 대하여 관리·감독을 철저히 하여야 한다.

제62조(합동 안전·보건점검)

① 안전보건총괄책임자는 도급을 준 사업장(작업장)에 대해 합동 안전·보건점검을 하는 경우 다음 각 호의 사람으로 점검반을 구성 한다.

1. 안전보건총괄책임자
2. 관리감독자
3. 관계수급인(현장대리인) 및 관계수급인의 근로자 각 1명

② 합동 안전·보건점검의 실시 주기는 2개월 1회 이상으로 한다.

③ 합동 안전·보건점검 장소는 점검 당일 계약에 의해 개설되어 있는 사업장(작업장)으로 하

며 월 1~2회 간헐적으로 실시하는 용역 장소는 제외할 수 있다.

④ 유해·위험성이 높고 산업재해가 발생할 우려가 있는 사업장(작업장)이 개설되었을 경우에는 합동 안전·보건점검을 실시하여야 한다.

제63조(안전지적서)

① 안전관리자를 포함한 안전보건관계자는 사업장의 유해·위험요인을 발견하였을 때는 해당 부서에 안전지적서 발급을 통해 필요한 안전보건조치를 하도록 한다.

② 안전지적서를 발급받은 부서는 산업재해가 발생하지 않도록 안전 및 보건에 관한 적절한 조치를 한 후 그 결과를 안전관리자에게 제출하여야 한다.

제64조(안전 및 보건에 관한 정보제공)

① 안전보건총괄책임자는 다음 각 호의 작업을 도급하는 경우 그 작업을 수행하는 수급인 근로자의 산업재해를 예방하기 위하여 해당 작업 시작 전에 수급인에게 안전 및 보건에 관한 정보를 문서로 제공하여야 한다.

1. 폭발성·발화성·인화성·독성 등의 유해성·위험성이 있는 화학물질 중 위험물질(안전보건규칙[별표 1]) 및 관리대상 유해물질 또는 그 화학물질(안전보건규칙[별표 12]) 을 함유한 혼합물을 제조·사용·운반 또는 저장하는 반응기·증류탑·배관 또는 저장탱크로서 화학설비 및 그 부속설비(안전보건규칙[별표 7])를 개조·분해·해체 또는 철거하는 작업
2. 제1호에 따른 설비의 내부에서 이루어지는 작업
3. 질식의 위험이 있는 작업으로서 안전보건규칙[별표 18]에 따른 밀폐공간에서 하는 작업 또는 붕괴의 위험이 있는 작업으로서 토사·구축물·인공구조물 등의 붕괴 우려가 있는 장소에서 이루어지는 작업

② 제1항에 따라 수급인에게 제공하여야 할 안전 및 보건에 관한 정보에는 다음 각 호의 사항이 포함되어야 한다.

1. 안전보건규칙 [별표 7]에 따른 화학설비 및 그 부속설비에서 제조·사용·운반 또는 저장하는 위험물질 및 관리대상 유해물질의 명칭과 그 유해성·위험성
2. 안전·보건상 유해하거나 위험한 작업에 대한 안전·보건상의 주의 사항
3. 안전·보건상 유해하거나 위험한 물질의 유출 등 사고가 발생한 경우에 필요한 조치의 내용

③ 관리감독자는 관계수급인 근로자가 제2항에 따라 제공된 안전 및 보건에 관한 정보에 따라 필요한 조치를 하고 있는지 확인하여야 하며 확인을 위하여 필요한 때에는 해당 조치와

관련된 기록 등 자료의 제출을 관계수급인에게 요청할 수 있다.

제65조(관계수급인 근로자에 대한 안전조치)

① 관리감독자는 관계수급인 근로자가 사업장에서 작업을 하는 경우 협력업체 근로자 필수 안전조치에 대한 점검을 시행하여야 하며 세부사항은 안전보건경영 매뉴얼의 지침서를 따른다.

② 관계수급인의 안전관리자가 선임되어 있는 경우에는 해당 안전관리자가 제1항의 지침에 따른 필수 안전조치 사항을 점검하게 할 수 있다.

③ 관리감독자는 안전조치를 준수하지 않은 관계수급인 근로자가 있을 경우 관계수급인에게 「안전관리 계약특수조건」에 따라 경고장 발부 등의 조치를 취하여야 한다.

제66조(관계수급인에 대한 시정조치)

① 관리감독자는 관계수급인 근로자가 사업장에서 작업을 하는 경우 관계수급인 또는 관계수급인 근로자가 도급받은 작업과 관련하여 관련 법령 또는 관련 법령에 따른 명령을 위반하면 관계수급인에게 그 위반행위를 시정하도록 필요한 조치를 하여야 한다.

② 관리감독자는 관계수급인이 정당한 사유 없이 제1항에 따른 시정 조치에 따르지 않을 경우 관계수급인에게 해당 작업의 중지사유 및 중지기간을 통지 후 해당 작업을 일시 중지시킬 수 있다.

제67조(유해한 작업의 도급금지)

① 안전보건총괄책임자는 근로자의 안전 및 보건에 유해하거나 위험한 작업으로서 다음 각 호의 어느 하나에 해당하는 작업을 도급하여 사업장에서 수급인의 근로자가 그 작업을 하도록 해서는 아니 된다.

1. 도금작업
2. 수은, 납 또는 카드뮴을 제련, 주입, 가공 및 가열하는 작업
3. 허가대상물을 제조하거나 사용하는 작업

② 안전보건총괄책임자는 제1항에도 불구하고 다음 각 호의 어느 하나에 해당하는 경우에는 제1항 각 호에 따른 작업을 도급하여 사업장에서 수급인의 근로자가 그 작업을 하도록 할 수 있다.

1. 일시·간헐적으로 하는 작업을 도급하는 경우
2. 수급인이 보유한 기술이 전문적이고 사업주(수급인에게 도급을 한 도급인으로서의 사업주)의 사업 운영에 필수 불가결한 경우로서 고용노동부 장관의 승인을 받은 경우

③ 안전보건총괄책임자는 제2항 제2호에 따라 고용노동부 장관의 승인을 받으려는 경우에는 고용노동부 장관이 실시하는 안전 및 보건에 관한 평가를 받아야 한다.
④ 제2항 제2호에 따른 승인을 받은 작업을 도급받은 수급인은 그 작업을 하도급 할 수 없다.

제68조(도급승인 대상작업)

① 안전보건총괄책임자는 사업장에서 안전 및 보건에 유해하거나 위험한 작업 중 급성 독성, 피부 부식성 등이 있는 물질의 취급 등 산업안전보건법 시행령 제51조(도급승인 대상작업)에서 정하는 작업을 도급하는 경우는 고용노동부 장관의 승인을 받아야 한다. 이 경우 안전보건관리책임자는 시행규칙으로 정하는 바에 따라 안전 및 보건에 관한 평가를 받아야 한다.
② 제1항에 따른 승인을 받은 작업을 도급받은 수급인은 그 작업을 하도급 할 수 없다.

제3절 건설업 산업재해예방

제69조(건설공사 산업재해예방 조치)

총 공사금액이 50억 원 이상인 건설공사의 발주자는 산업재해예방을 위하여 건설공사의 계획, 설계 및 시공 단계에서 안전보건대장 작성 등의 조치를 하여야 한다.

제70조(안전보건조정자)

① 2개 이상의 건설공사를 도급하는 경우 2개 이상의 건설공사가 같은 장소에서 행해지는 경우에 작업의 혼재로 인하여 발생할 수 있는 산업재해를 예방하기 위하여 건설공사 현장에 안전보건조정자를 두어야 한다.
② 제1항에 따라 안전보건조정자를 두어야 하는 건설공사 금액은 각 건설공사 금액의 합이 50억 원 이상인 경우를 말한다.
③ 제1항에 따라 안전보건조정자를 두어야 하는 해당 건설공사 발주부서는 안전보건조정자를 지정하거나 선임하여야 한다.
④ 해당 건설공사 발주부서는 분리 발주되는 공사의 착공일 전날까지 제3항에 따라 안전보건조정자를 지정하거나 선임하여 각각의 공사 도급인에게 그 사실을 알려야 한다.

제71조(안전보건조정자의 업무)

① 안건보건조정자가 수행하여야 할 업무는 다음 각 호와 같다.
   1. 같은 장소에서 행하여지는 각각의 공사 간에 혼재된 작업의 파악

2. 제1호에 따른 혼재된 작업으로 인한 산업재해 발생의 위험성 파악
3. 제1호에 따른 혼재된 작업으로 인한 산업재해를 예방하기 위한 작업의 시기·내용 및 안전보건 조치 등의 조정
4. 각각의 공사 도급인의 관리책임자간 작업 내용에 관한 정보 공유 여부의 확인

② 안전보건조정자는 제1항의 업무를 수행하기 위하여 필요한 경우 해당 공사의 도급인과 수급인에게 자료의 제출을 요구할 수 있다.

제72조(공사기간 단축 및 공법변경 금지)

① 해당 건설공사 발주부서는 설계도서 등에 따라 산정된 공사기간을 단축해서는 아니 된다.

② 해당 건설공사 발주부서는 공사비를 줄이기 위하여 위험성이 있는 공법을 사용하거나 정당한 사유 없이 정해진 공법을 변경해서는 아니 된다.

제73조(건설공사 기간의 연장)

① 해당 건설공사 발주부서는 다음 각 호의 어느 하나에 해당하는 사유로 건설공사가 지연되어 법 제69조에 따른 해당 건설공사 도급인이 산업재해예방을 위하여 공사기간의 연장을 요청하는 경우는 특별한 사유가 없으면 공사기간을 연장하여야 한다.

1. 태풍·홍수 등 악천후, 전쟁·사변, 지진, 화재, 전염병, 폭동, 그 밖에 계약 당사자가 통제할 수 없는 사태의 발생 등 불가항력의 사유가 있는 경우
2. 건설공사 발주자에게 책임이 있는 사유로 착공이 지연되거나 시공이 중단된 경우

② 제1항에 따른 건설공사 기간의 연장 요청 절차, 그 밖에 필요한 사항은 산업안전보건법 시행규칙에 따른다.

제74조(타워크레인 설치·해체 등)

안전보건관리책임자는 타워크레인을 설치하거나 해체하는 작업을 하는 경우 인력·시설 및 장비 등의 요건을 갖추어 고용노동부 장관에게 등록한 자로 하여금 하도록 하여야 한다.

제5장 작업장 보건관리

제75조(보건조치)

관리감독자는 다음 각 호의 어느 하나에 해당하는 건강장해를 예방하기 위하여 필요한 조치(이하 "보건조치"라 한다)를 하여야 한다.

1. 원재료·가스·증기·분진·흄(fume, 열이나 화학반응에 의하여 형성된 증기가 응축되어 생긴 미세입자를 말한다)·미스트(mist, 공기 중에 떠다니는 작은 액체방울을 말한다)·산소결핍·병원체 등에 의한 건강장해
2. 방사선·유해광선·고온·저온·초음파·소음·진동·이상기압 등에 의한 건강장해
3. 사업장에서 배출되는 기체·액체 또는 찌꺼기 등에 의한 건강장해
4. 계측감시, 컴퓨터 단말기 조작, 정밀공작 등의 작업에 의한 건강장해
5. 단순 반복 작업 또는 인체에 과도한 부담을 주는 작업에 의한 건강장해
6. 환기·채광·조명·보온·방습·청결 등의 적정기준을 유지하지 아니하여 발생하는 건강장해

제76조(작업환경측정)

① 회사는 작업환경측정 대상 유해인자에 노출되는 근로자가 있는 경우에는 해당 작업장에 대해 작업환경측정을 실시하여야 한다.

② 회사는 제1항에 따른 작업환경측정을 할 때는 다음 각 호의 사항을 지켜야 하며 이 규정에 정하는 것을 제외하고는 유해인자별 세부측정방법 등은 산업안전보건법령에 따른다.

1. 작업환경측정을 하기 전에 예비조사를 할 것
2. 작업이 정상적으로 이루어져 작업시간과 유해인자에 대한 근로자의 노출 정도를 정확히 평가할 수 있을 때 실시할 것
3. 모든 측정은 개인시료 채취방법으로 하되 개인시료 채취방법이 곤란한 경우에는 지역시료 채취방법으로 실시할 것

③ 회사는 작업환경 측정결과를 다음 각 호의 어느 하나의 방법으로 해당 사업장 근로자(사내하도급 근로자를 포함)에게 알려야 하며 근로자대표가 작업환경 측정결과나 평가내용의 통지를 요청하는 경우에는 성실히 응하여야 한다.

1. 공문
2. 회사게시판·오픈게시판
3. 그 밖의 적절한 방법

④ 회사는 해당 사업장의 근로자에 대한 건강관리를 위해 특수건강진단기관 등에서 작업환경측정의 결과를 요청할 때는 이에 협조하여야 한다.

⑤ 회사는 작업환경측정 결과 노출기준을 초과한 작업공정이 있는 경우에는 해당 시설 및 설비의 설치 또는 개선 등 적절한 조치를 하여야 하고, 시료채취를 마친 날부터 60일 이내에 해당 작업공정의 개선을 증명할 수 있는 서류 또는 개선 계획을 관할 지방고용노동관서의 장에게 제출하여야 한다.

⑥ 회사는 작업환경측정을 한 경우에는 작업환경측정 결과보고서에 작업환경측정 결과표를 첨부하여 시료채취를 마친 날로부터 30일 이내에 관할 지방고용노동관서의 장에게 제출하여야 한다.

⑦ 회사는 작업환경측정 결과를 기록한 서류는 5년간 보존(전자문서 포함)하고, 고용노동부 장관이 고시하는 발암성 확인물질에 대한 기록이 포함된 서류는 30년간 보존하여야 한다.

제77조(작업환경측정 횟수)

① 작업장 또는 작업공정이 신규로 가동되거나 변경되는 등으로 작업환경측정 대상 작업장이 된 경우에는 그날로부터 30일 이내에 작업환경측정을 하고 그 후 매 6개월에 1회 이상 정기적으로 작업환경을 측정하여야 한다. 다만, 작업환경측정 결과가 산업안전보건법 시행규칙 제190조(작업환경측정주기 및 횟수)에 따라 다음 각 호의 어느 하나에 해당하는 작업장 또는 작업공정은 해당 유해인자에 대하여 그 측정일부터 3개월에 1회 이상 작업환경측정을 하여야 한다.

1. 산업안전보건법 시행규칙[별표 21] (작업환경측정 대상 유해인자) 제1호에 해당하는 화학적 인자(고용노동부 장관이 고시하는 물질만 해당한다)의 측정치가 노출기준을 초과하는 경우
2. 산업안전보건법 시행규칙[별표 21] (작업환경측정 대상 유해인자) 제1호에 해당하는 화학적 인자(고용노동부 장관이 고시하는 물질은 제외한다)의 측정치가 노출기준을 2배 이상 초과하는 경우

② 제1항에도 불구하고 최근 1년간 작업공정에서 공정설비의 변경, 작업방법의 변경, 설비의 이전, 사용 화학물질의 변경 등으로 작업환경측정 결과에 영향을 주는 변화가 없는 경우로서 다음 각 호의 어느 하나에 해당하는 경우는 해당 유해인자에 대한 작업환경측정을 1년에 1회 이상 할 수 있다. 다만, 안전보건규칙 [별표12]에 따른 관리대상 유해물질 중 특별관리물질을 취급하는 작업공정은 그러하지 아니하다.

1. 작업공정 내 소음의 작업환경측정 결과가 최근 2회 연속 85데시벨(dB) 미만인 경우
2. 작업공정 내 소음 외의 다른 모든 인자의 작업환경측정 결과가 최근 2회 연속 노출기준 미만인 경우

제78조(근로자 건강진단)

① 건강진단의 종류는 일반건강진단, 특수건강진단, 배치 전 건강진단, 수시건강진단, 임시건강진단 등으로 구분한다.

② 근로자는 제1항에 의한 건강진단을 정당한 이유 없이 이를 기피하거나 고의로 거부하여서

는 아니 된다.

③ 제1항의 특수건강진단, 배치 전 건강진단, 수시건강진단 및 임시건강진단은 지방고용노동관서의 장이 지정하는 의료기관(특수건강진단기관)에서 실시하여야 하며 일반건강진단은 특수건강진단기관 또는 「국민건강보험법」에 따른 건강진단을 실시하는 건강진단기관에서 하여야 한다.

④ 제1항에 의한 검진비용은 회사가 부담하여야 하며 건강진단에 소요되는 시간은 근무시간으로 인정하여야 한다.

⑤ 관리책임자(또는 안전보건담당 실무부서)는 검진일정, 검진대상자, 검진절차 등 건강진단계획을 수립하여 건강진단에 관한 정보를 제공한다.

⑥ 회사는 건강진단기관으로부터 받은 건강진단 결과표에 따라 근로자의 건강을 유지하기 위하여 필요한 경우 작업장소의 변경, 작업 전환, 근로시간 단축, 야간근무 제한, 작업환경측정, 시설·설비의 설치 또는 개선 그 밖의 적절한 조치를 하여야 한다. 회사는 근로자에게 해당 조치 내용에 대하여 설명하여야 하고 그 조치에 대하여 근로자와 사전협의를 거쳐 이행하되 협의가 되지 않을 경우는 의사의 최종의견을 토대로 이행한다.

⑦ 제6항의 이행이 어려운 경우 건강진단을 실시한 의사의 의견을 들어 사후관리 조치 내용을 변경하여 시행할 수 있다.

⑧ 회사는 건강진단 실시결과에 따라 건강 상담, 보호구 지급 및 착용 지도, 추적검사, 근무 중 치료 등의 조치를 시행할 때는 다음 각 호의 어느 하나를 활용할 수 있다.

1. 건강진단기관
2. 산업보건의
3. 보건관리자
4. 근로자 건강센터

⑨ 회사는 제1항에 따라 교부받은 건강진단결과표 및 근로자가 제출한 건강진단 결과를 증명하는 자료를 5년간 보존하여야 한다. 다만 고용노동부 장관이 고시하는 발암성 확인물질을 취급하는 근로자에 대한 건강진단 결과의 서류와 전산입력 자료는 30년간 보존한다.

⑩ 회사는 건강진단 결과를 근로자의 건강 보호·유지 외의 목적으로 사용하여서는 아니 된다.

제79조(근로자 건강유지 및 증진)

회사는 근로자가 장시간 근로, 야간작업을 포함한 교대작업 등 신체적 피로와 정신적 스트레스 등(이하 "직무스트레스"라 한다)이 높은 작업을 하는 경우 직무스트레스로 인한 건강장해 예방을 위하여 심리상담 등 적절한 조치를 하여야 한다.

1. 작업환경·작업내용·근로시간 등 직무스트레스 요인에 대하여 평가하고 근로시간 단

축, 장·단기 순환작업 등의 개선대책을 마련하여 시행할 것
2. 작업량·작업일정 등 작업계획 수립 시 해당 근로자의 의견을 반영할 것
3. 작업과 휴식을 적절하게 배분하는 등 근로시간과 관련된 근로조건을 개선할 것
4. 근로시간 외의 근로자 활동에 대한 복지 차원의 지원에 최선을 다할 것
5. 건강진단 결과 상담자료 등을 참고하여 적절하게 근로자를 배치하고 직무스트레스 요인, 건강문제 발생가능성 및 대비책 등에 대하여 해당 근로자에게 충분히 설명할 것
6. 뇌혈관 및 심장질환 발병위험도를 평가하여 금연, 고혈압 관리 등 건강증진 프로그램을 시행할 것

第80조(근골격계 질환 예방관리)

① 보건관리자는 3년마다 정기적으로 근골격계 부담 작업 평가를 실시하며 부담 작업 존재 시 다음 각 호의 사항에 대한 유해요인 조사를 하여야 한다.
1. 설비·작업공정·작업량·작업속도 등 작업장 상황
2. 작업시간·작업방법 등 작업조건
3. 작업과 관련된 근골격계 질환 징후와 증상 유무 등

② 보건관리자는 근골격계 질환에 대한 근로자의 적응능력 강화를 위하여 스트레칭, 근력강화 등의 건강증진 계획을 수립하여 시행하고 근로자는 적극 동참하여야 한다.

第81조(뇌·심혈관질환 예방관리)

① 보건관리자는 근로자의 뇌·심혈관질환 발병위험도 평가 및 직무스트레스 평가를 2년에 1회 이상 실시하며 뇌·심혈관질환 및 직무스트레스 예방효과를 높이기 위하여 기초질환인 고혈압·고지혈증·당뇨로 진단된 근로자의 건강증진 계획을 수립하여 시행한다. 또한 해당 근로자는 동 계획에 따른 보건관리 조치에 충실히 따라야 한다.

② 보건관리자는 뇌·심혈관질환 발병위험도 평가 및 직무스트레스 관리 프로그램 참여자 조치 시행과정에서 근로자의 비밀이 침해받지 않도록 익명성을 보장하여야 한다.

第82조(질병자의 근로 금지·제한)

① 회사는 감염병, 정신질환 또는 근로로 인하여 병세가 크게 악화될 우려가 있는 질병으로서 다음 각 호의 어느 하나에 해당하는 질병에 걸린 사람에게는 「의료법」 제2조에 따른 의사의 진단에 따라 근로를 금지하거나 제한하여야 한다.
1. 전염될 우려가 있는 질병에 걸린 사람. 다만, 전염을 예방하기 위한 조치를 한 경우에는 그러하지 아니하다.

2. 조현병, 마비성 치매에 걸린 사람
3. 심장·신장·폐 등의 질환이 있는 사람으로서 근로에 의하여 병세가 악화될 우려가 있는 사람
4. 제1호부터 3호까지의 규정에 준하는 질병으로서 고용노동부 장관이 정하는 질병에 걸린 사람

② 회사는 제1항에 따라 근로를 금지하거나 근로를 다시 시작하도록 하는 경우는 미리 보건관리자(의사인 보건관리자만 해당한다), 산업보건의 또는 건강진단을 실시한 의사의 의견을 들어야 하며 제1항에 따라 근로가 금지되거나 제한된 근로자가 건강을 회복하였을 때에는 지체없이 근로를 할 수 있도록 하여야 한다.

제83조(자격 또는 면허에 의한 취업제한)

① 안전보건관리책임자는 유해하거나 위험한 작업으로서 「유해·위험작업의 취업제한에 관한 규칙」 [별표 1]에서 정하는 작업의 경우 그 작업에 필요한 자격·면허·경험 또는 기능을 가진 근로자가 아닌 자에게 그 작업을 하게 하여서는 아니 된다.

② 제1항에 따른 작업에 대한 취업제한은 「유해·위험작업의 취업제한에 관한 규칙」 [별표 1]에서 정하는 경우를 제외하고는 해당 작업을 직접 하는 사람에게만 적용하며 해당 작업의 보조자에게는 적용하지 아니한다.

제84조(쾌적한 작업환경 조성 및 관리)

① 회사는 근로자가 작업하는 장소에 대하여 환기·채광·조명·보온·방습·청결 등 적정수준을 유지·관리하여야 하며 폐기물은 정해진 장소에만 버려야 한다.

② 회사는 근로자들이 신체적 피로와 정신적 스트레스를 해소할 수 있도록 휴식시간에 이용할 수 있는 휴게시설을 갖추어야 한다.

제85조(안전보건 보호구)

① 관리감독자는 다음 각 호의 어느 하나에 해당하는 작업을 하는 근로자에 대해서는 그 작업조건에 맞는 보호구를 해당 작업 근로자에게 지급하고 착용하도록 하여야 한다.
1. 물체가 떨어지거나 날아올 위험 또는 근로자가 추락할 위험이 있는 작업 : 안전모
2. 높이 또는 깊이 2미터 이상 추락할 위험이 있는 장소에서 하는 작업 : 안전대
3. 물체의 낙하·충격, 물체에 끼임, 감전 또는 정전기의 대전에 의한 위험이 있는 작업 : 안전화
4. 물체가 흩날릴 위험이 있는 작업 : 보안경

5. 용접 시 불꽃이나 물체가 흩날릴 위험이 있는 작업 : 보안면
6. 감전의 위험이 있는 작업 : 절연용 보호구
7. 고열에 의한 화상 등의 위험이 있는 작업 : 방열복
8. 분진이 심하게 발생하는 장소에서 하는 작업 : 방진마스크
9. 밀폐공간에서의 작업 : 공기호흡기 또는 송기마스크
10. 유해물질을 제조하거나 취급하는 작업 : 개인전용 호흡용 보호구(방진마스크 또는 방독마스크), 불침투성 보호복·보호장갑·보호장화
11. 기타 해당 관리감독자가 보호구의 착용이 필요하다고 인정하는 작업에 대한 적정 보호구

② 모든 근로자는 작업환경과 작업조건에 적합한 보호구를 착용할 권리와 의무가 있으며 보호구를 제공받고 착용지시를 받은 근로자는 그 보호구를 착용하여야 한다.

③ 관리감독자는 보호구를 공동 사용하여 근로자에게 질병이 감염될 우려가 있는 경우 개인전용 보호구를 지급하고 질병 감염을 예방하기 위한 조치를 하여야 한다.

④ 보호구를 구입 할 때에는 법령에 정한 바에 따라 안전인증기준에 합격한 제품으로 구입을 하여야 한다. 다만, 법령에 의한 안전인증기준대상이 아니거나 안전인증기준이 면제된 경우에는 그러하지 아니하다.

제86조(유해물질 취급 및 관리 등)

① 안전보건관리책임자는 「안전보건규칙」 [별표 12]의 관리대상 유해물질을 취급하는 경우 해당부서를 유해물질 취급부서로 지정하여 관리하게 하여야 한다.

② 관리감독자는 근로자의 건강장해가 발생하지 않도록 작업을 지휘하고 환기, 세안세척설비 등의 이상 유무 점검 및 보호구의 착용 상황을 감시하는 등의 업무를 수행하여야 한다.

③ 관리감독자는 유해물질을 취급하는 장소에 관계 근로자 외의 사람을 출입 금지시키고, 이를 위해 해당 장소에 출입금지표지를 부착하고 해당물질의 위험성을 게시하여 근로자에게 위험장소임을 알려야 한다.

제87조(물질안전보건자료의 게시 등)

① 관리감독자는 물질안전보건자료 대상물질을 양도하거나 제공하는 자로부터 물질안전보건자료를 제공받아 물질안전보건자료 대상물질을 취급하는 작업공정이 있는 장소 또는 작업장 내 근로자가 보기 쉬운 장소에 게시하거나 갖추어 두어야 한다.

② 관리감독자는 물질안전보건자료 대상물질을 취급하는 작업공정별로 다음 각 호의 사항이 포함된 물질안전보건자료 대상물질의 관리 요령을 게시하여야 한다.

1. 화학제품과 회사에 관한 정보

2. 유해성·위험성
3. 구성성분의 명칭 및 함유량
4. 응급조치요령
5. 폭발·화재 시 대처방법
6. 누출사고 시 대처방법
7. 취급 및 저장방법
8. 노출방지 및 개인보호구
9. 물리화학적 특성
10. 안정성 및 반응성
11. 독성에 관한 정보
12. 환경에 미치는 영향
13. 폐기 시 주의사항
14. 운송에 필요한 정보
15. 법적규제 현황
16. 그 밖의 참고사항

③ 보건관리자는 사업장 물질안전보건자료의 목록을 취합하여 관리하고 제1항 및 제2항에 관하여 관리감독자에게 지도·조언하여야 한다.

제88조(물질안전보건자료 대상물질 용기 등의 경고표시)

① 관리감독자는 사업장에서 사용하는 물질안전보건자료 대상물질을 담은 용기에 다음 각 호의 경고표시를 하여야 한다. 다만, 용기에 이미 경고표시가 되어 있는 경우에는 그러하지 아니한다.

1. 명칭 : 해당 물질안전보건자료 대상물질의 제품명
2. 그림문자 : 화학물질의 분류에 따라 유해·위험의 내용을 나타내는 그림
3. 신호어 : 유해·위험의 심각성 정도에 따라 표시하는 "위험" 또는 "경고" 문구
4. 유해·위험 문구 : 화학물질의 분류에 따라 유해·위험을 알리는 문구
5. 예방조치문구 : 화학물질에 노출되거나 부적절한 저장·취급 등으로 발생하는 유해·위험을 방지하기 위하여 알리는 주요 유의사항
6. 공급자 정보 : 물질안전보건자료 대상물질의 제조자 또는 공급자의 이름 및 전화번호 등

② 다음 각 호의 어느 하나에 해당하는 표시를 한 경우에는 경고표시를 한 것으로 본다.

1. 「화학물질관리법」 제16조에 따른 유해화학물질에 관한 표시
2. 「위험물안전관리법」 제20조 제1항에 따른 위험물의 운반용기에 관한 표시

3. 「고압가스안전관리법」 제11조의2에 따른 용기 등의 표시

제89조(밀폐공간 작업관리)

① 보건관리자는 근로자가 밀폐공간에서 작업 시 질식재해를 예방하기 위하여 다음 각 호의 내용이 포함된 밀폐공간 작업 프로그램을 수립·운영하여야 한다.

1. 사업장 내 밀폐공간의 위치 파악 및 관리 방안
2. 밀폐공간 내 질식·중독 등을 일으킬 수 있는 유해·위험요인의 파악 및 관리 방안
3. 밀폐공간 작업 시 사전 확인이 필요한 사항에 대한 확인 절차
4. 안전보건교육 및 훈련
5. 그 밖에 밀폐공간 작업 근로자의 건강장해 예방에 관한 사항

② 안전보건관리책임자는 프로그램 총괄책임자로서 프로그램 활동을 지휘·감독하며 관리감독자 및 근로자는 프로그램 참여를 통해 질식재해예방을 위한 업무를 수행한다.

제90조(근로시간 연장제한)

회사는 다음 각 호의 어느 하나에 해당하는 유해·위험작업에서 작업과 휴식의 적정배분, 그 밖에 근로시간과 관련된 근로조건의 개선을 통하여 근로자의 건강 보호를 위한 조치를 추가적으로 하여야 한다.

1. 다량의 고열물체를 취급하는 작업과 현저히 덥고 뜨거운 장소에서 하는 작업
2. 다량의 저온물체를 취급하는 작업과 현저히 춥고 차가운 장소에서 하는 작업
3. 라듐방사선이나 엑스선, 그 밖의 유해 방사선을 취급하는 작업
4. 유리·흙·돌·광물의 먼지가 심하게 날리는 장소에서 하는 작업
5. 강렬한 소음이 발생하는 장소에서 하는 작업
6. 착암기 등에 의하여 신체에 강렬한 진동을 주는 작업
7. 인력으로 중량물을 취급하는 작업
8. 납·수은·크롬·망간·카드뮴 등의 중금속 또는 이황화탄소·유기용제, 그 밖에 고용노동부령으로 정하는 특정 화학물질의 먼지·증기 또는 가스가 많이 발생하는 장소에서 하는 작업

제6장 사고조사 및 대책수립

제91조(재해발생 시 처리 절차)

① 안전보건관리책임자는 화재, 천재지변 및 기타 비상상황 발생 시 재해방지 및 피해의 최소화를 위하여 재해복구 조직의 구성 및 기계·기구, 기자재의 정비 등 신속히 대처할 수 있는 체제를 갖추어야 한다.

② 재해가 발생하면 해당 작업의 관리감독자는 신속히 안전보건관리책임자에게 재해발생 사실을 통보하고 필요한 응급조치를 하여야 한다.

③ 안전보건관리책임자는 재해가 발생하였을 때는 즉시 해당 작업을 중지시키고 근로자를 작업 장소에서 대피시키는 등 안전 및 보건에 관하여 필요한 조치를 하여야 한다.

④ 안전관리자는 중대재해가 발생한 경우는 지체없이 다음 각 호의 사항을 관할 지방고용노동관서에 전화·팩스 또는 그 밖에 적절한 방법으로 보고하여야 한다. 다만, 천재지변 등 부득이한 사유가 발생한 경우는 그 사유가 소멸되면 지체없이 보고하여야 한다.

1. 발생개요 및 피해 상황
2. 조치 및 전망
3. 그 밖의 중요한 사항

⑤ 안전관리자는 근로자가 재해로 사망하거나 3일 이상의 요양이 필요한 부상을 입거나 질병에 걸린 경우는 해당 재해가 발생한 날로부터 1개월 이내에 「산업안전보건법 시행규칙」 [별지 제30호 서식]의 산업재해조사표를 작성하여 관할 지방고용노동관서에 제출하여야 하며 산업재해조사표 사본을 보관하여야 한다.

⑥ 현장의 안전보건총괄책임자는 계약상대자가 안전관리계약 특수조건을 위반하였을 경우 그 사실을 인지한 날로부터 14일 이내에 개선 요구나 주의사항 통보 등을 문서(전자문서 포함한다)로 발송하여야 한다.

⑦ 현장의 안전보건총괄책임자는 제6항에 따라 문서를 발송한 경우 즉시 해당업무 주관 안전보건담당 실무부서, 계약부서, 분야별 주관부서에 송부하여야 한다.

⑧ 사고발생 최초 목격자나 최초 발견자는 해당 관리감독자, 현장소장 등에게 보고하고 보고받은 관리감독자들은 안전보건 담당 실무부서에 연락하여야 한다.

⑨ 사고발생 현장은 사고조사가 마무리될 때까지 원형대로 보존되어야 한다. 중대재해의 경우는 관계 행정기관의 조사가 마무리될 때까지 변형하거나 훼손하여서는 아니 된다.

⑩ 사고발생시 긴급조치, 처리절차 등에 관하여 별도로 정할 수 있다.

⑪ 사고대책본부나 사고조사위원회를 별도로 구성·운영할 수 있다.

⑫ 사고조사가 마무리된 경우 재해자가 「산재보상보험법」에 따라 조속하게 보상을 받을 수 있도록 적극 지원한다.

제92조(재해원인조사 및 대책 수립)

① 현장 안전보건관계자는 재난 및 안전사고, 산업재해, 중대재해 발생 시 위기대응 실무매뉴얼 및 안전보건경영 매뉴얼의 지침서에서 정한 보고체계에 따라 보고하여야 하며 수급인이 산업재해 발생보고를 지연·누락·은폐하지 않도록 관리하여야 한다. 야간, 공휴일의 경우에도 이와 같으며 세부사항은 상기 매뉴얼 및 지침서를 따른다.

② 제1항에 따른 보고 후 현장 안전보건관리책임자는 재해 발생보고서 및 기타 필요한 문서를 작성하여 안전보건 담당 실무부서 및 분야별 주관부서에 신속하게 송부하여야 한다. 송부된 문서 등과 관련하여 안전보건관리 담당 실무 부서장은 안전보건책임자(CSO)와 분야별 주관부서장에게 보고하여야 한다.

③ 현장 안전보건관리책임자는 재해의 원인 규명 또는 예방대책 수립을 위하여 재해발생 원인을 조사하여야 한다. 이때 사업 담당 실무부서는 재해 조사에 입회 또는 참여할 수 있다.

④ 재해 조사가 완결되기 전에는 재해 발생현장을 임의로 변경하거나 훼손하여서는 아니 된다.

⑤ 사고발생 원인조사는 안전보건담당 실무부서의 주관하에 신속하고 중립적인 자세로 사고발생 사유에 대한 근본적인 원인을 발굴하고 대책을 수립하여 동종사고 재발방지 및 사고예방을 할 수 있도록 하여야 한다.

제93조(동종재해 재발 방지대책)

① 재해가 발생한 사업장의 안전보건관리책임자는 본사 분야별 주관 부서장과 협의하여 동종 및 유사재해의 재발 방지대책을 수립하고 안전보건책임자(CSO)에게 보고하여야 한다.

② 안전보건담당 실무 부서장은 사고발생 원인과 재발 방지대책을 수립하여 관련부서에 개선대책, 추진 일정 등을 포함한 개선요구서를 통보하여야 한다.

③ 개선요구서를 받은 관련 부서장은 모든 일에 우선하여 개선하는 등의 조치를 하여야 한다.

④ 안전보건담당 실무 부서장은 개선 일정에 따라 개선 여부를 확인하고 회사 대표에게 보고한다.

⑤ 안전보건 담당 실무 부서장은 동종 및 유사재해가 발생하지 않도록 제1항의 재발 방지대책을 사내 인트라넷, 홍보물 등을 통하여 전 사업장에 전파·공유하고 각 사업장의 안전보건관리책임자는 근로자에게 교육을 실시하고 협력업체에 공유·전파하여야 한다.

제94조(재해발생현황분석 및 종합대책 수립)

① 안전보건담당 실무부서는 정기적으로 재해발생현황을 분석하고 이에 대한 대책을 수립하여 대표이사에게 보고하여 시행한다. 이 경우 근로자대표의 요구가 있는 경우 이에 협조한다.

② 재해분석 결과는 각 부서에 통보하고 모든 임직원이 볼 수 있도록 조치한다.

제7장 위험성평가

제95조(위험성평가)

① 안전보건관리책임자는 「산업안전보건법」 제36조(위험성평가), 고용노동부의 「사업장 위험성평가에 관한 지침」에 따라 유해·위험요인의 파악 및 이들의 위험성을 추정·결정(판단)하고 이들 위험성을 감소시키기 위한 목적으로 위험성평가를 실시하여야 한다.

② 위험성평가와 관련하여 다른 규정에서 별도로 정하지 않는 내용은 「위험성평가 실시지침」 및 안전보건경영 매뉴얼의 절차서와 지침서를 따른다

③ 위험성평가는 위험요인 파악과 참여·공유를 중심으로 실시하고 위험성 결정을 보다 쉽고 간편하게 현실화시킨다.

④ 위험성평가의 전체 단계에 근로자의 참여를 보장한다.

⑤ 위험성평가의 효과를 극대화하기 위해 모든 근로자에게 위험성평가 결과를 공유하고 작업 전 안전점검회의(TBM, Tool Box Meeting) 등을 통해 상시적으로 주지시킨다.

제96조(위험성평가 계획 수립)

① 회사는 유해위험요인에 대한 위험성평가를 효율적으로 수행하기 위하여 위험성평가의 목적, 평가방법, 담당자 역할, 책임자 역할, 평가 대상(또는 범위)별 역할, 주지방법, 유의사항 등에 관한 평가계획을 수립·시행하여야 한다.

② 회사는 위험성평가 수행에 관한 지침을 별도로 정할 수 있다.

제97조(위험성평가 교육)

회사는 위험성평가 담당자 또는 관계자 등에게 위험성평가에 필요한 지식과 경험을 제공할 수 있도록 외부교육기관의 강좌를 수강하게 하거나 회사 자체적으로 위험성평가 방법 등에 관한 교육을 하여야 한다.

제98조(위험성평가 실시 및 실행)

① 회사는 사업장의 공정과 작업내용에 적합한 위험성평가 방법을 선정하여 유해·위험요인을 파악하고 각 유해·위험요인에 대한 위험성을 추정·결정한 후 위험성 감소대책을 수립·실행하는 위험성평가를 실시하여야 한다.

② 위험성평가 시 산업안전보건 전문가 또는 전문기관의 컨설팅을 받을 수 있다.

③ 위험성평가 실행 결과 남아 있는 유해·위험요인에 대해서는 게시, 주지 등의 방법으로 근로자에게 알려야 한다.

④ 위험성평가 실시내용 및 결과에 대해서는 기록을 유지한다.

제99조(위험성평가 주기)

① 위험성평가 주기는 최초평가, 수시평가, 정기평가, 상시평가로 구분한다. 이 경우 최초평가 및 정기평가는 전체 작업장을 대상으로 한다.

② 최초 위험성평가는 실 착공일 1개월 이내에 착수한다.

1. 건설업의 특성상 전체 공종의 협력업체가 동시에 투입되지 않고 단계적으로 투입되기 때문에 회사는 예정공정표, 시공계획서 등을 토대로 최초평가를 시행한다.
2. 하도급 업체는 하도급 계약 후 실 착공 1개월 이내에 최초평가를 원도급업체와 함께 착수하도록 한다.

③ 정기평가는 최초평가 후 매년 정기적으로 다음을 고려하여 실시한다.

1. 기계·기구, 설비 등의 기간 경과에 의한 성능 저하
2. 근로자의 교체 등에 수반하는 안전보건과 관련되는 지식 또는 경험의 변화
3. 안전보건과 관련되는 새로운 지식의 습득
4. 현재 수립되어 있는 위험성 감소대책의 유효성 등

④ 수시평가는 다음 각 호의 내용을 계획 착수 전에 실시한다. 다만, 제5호의 경우 재해발생 작업을 대상으로 작업을 재개하기 전에 평가한다.

1. 사업장 건설물의 설치·이전·변경 또는 해체
2. 기계·기구, 설비, 원재료 등의 신규 도입 또는 변경
3. 건설물, 기계·기구, 설비 등의 정비 또는 보수
4. 작업방법 또는 작업절차의 신규 도입 또는 변경
5. 산업재해 발생
6. 그 밖에 대표이사가 필요하다고 판단한 경우

⑤ 월, 주, 일 단위로 상시 평가체계를 구축한다.

1. 월 : 위험요인 발굴하여 전반적인 위험요인 공유

2. 주 : 공정, 작업별 위험요인 공유
3. 일 : 당일 현장 위험요인 공유

제100조(상시 위험성평가 내재화)

① 상시 위험성평가를 위한 사전준비는 다음과 같다.

1. 주기적인 아차사고 분석
   가. 근로자가 자유롭게 이야기할 수 있는 분위기를 조성한다.
   나. 근로자는 불편하거나 사고가 날 뻔한 것, 위험해 보이는 것들을 끊임없이 사업주에게 전달하도록 한다.
2. 근로자 제안제도 운영
   - 사내 커뮤니티, 제안함, SNS 등 다양한 방식을 활용한다.

② 월 단위 활동을 위해 협의체를 통한 위험요인을 파악하고 대책을 마련한다.

1. 위험파악 : 사업장 내 유해·위험요인이 무엇인지 파악한다.
   가. 사업장 순회점검
   나. 아차사고 분석
   다. 근로자 제안사항 검토
2. 위험성 결정 : 유해·위험요인이 어느 정도 위험한지 결정
   가. 기존 빈도·강도법으로 위험성 수준을 결정하기 어려운 경우, 새로 도입된 방법 활용
   나. 발굴된 위험의 수준을 직관적으로 평가할 수 있는 경우 → 위험성 수준 3단계 판단법
   다. 발굴한 위험을 체크리스트로 작성, 현재 조치의 적정성을 점검 → 체크리스트법
   라. 위험이 적고 간단한 작업인 경우 → 핵심요인 기술법
3. 대책수립 및 실행 : 위험한 순서에 따라 감소대책을 마련한다.
4. 공유
   가. 주 단위 활동 : (원하청) 합동안전점검회의, 이행상황 점검
   나. 일 단위 활동 : 위험성평가 결과를 근로자에게 공유
5. 기록 및 보존 : 모든 과정은 기록, 보관한다.

제101조(위험성평가 문서화)

① 회사는 위험성평가 수행내용과 결과에 대해서는 문서화하여 유지하여야 한다. 이 경우 기록에 포함될 사항은 다음과 같다.

1. 위험성평가를 위해 사전조사한 안전보건정보
2. 평가대상 공정의 명칭 또는 구체적인 작업내용

3. 유해·위험요인의 파악
4. 위험성 결정의 내용
5. 위험성 결정에 따른 조치의 내용
6. 그 밖에 사업장에서 필요하다고 정한 사항

② 위험성평가에 관한 문서는 최소 3년 이상 보존한다.

제8장 보칙

제102조(무재해운동)

회사는 근로자의 산업재해예방 의식을 고취하고 나아가 산업재해를 근절하기 위하여 무재해운동을 추진한다.

제103조(안전보건 제안제도)

① 회사는 전 임직원이 안전보건관리에 관한 방안을 연구하고 개선조치에 관한 제안서를 제출할 수 있는 안전보건 제안제도를 운영한다.

② 회사는 임직원이 수시로 필요한 안전보건 제안을 할 수 있도록 계몽, 독려, 유도하면서 적극 지원하여야 한다.

③ 회사는 제안된 사항에 대하여는 시정 등 필요한 조치를 하여야 한다.

④ 회사는 협력업체와의 상생·협력의 자율 안전문화 정착을 위하여 안전보건 제안제도에 협력업체의 적극적 참여를 유도하여야 한다.

⑤ 안전보건관리책임자는 안전보건 제안제도의 현황을 주기적으로 점검하여야 하며 신고·제안·포상의 적정성이 확보되도록 필요한 조치를 하여야 한다.

제104조(포상)

① 안전보건관리책임자 및 본사 안전보건담당 실무 부서장은 다음 각 호에서 정한 부서 또는 근로자에 대하여 인사담당부서에 포상을 추천할 수 있다.

1. 무재해운동 목표 달성 부서
2. 유해위험요소 발굴, 안전지적서 발행, 아차·동종사고 사례 게시, 공유 및 개선조치 등 안전보건관련 공적이 우수한 자
3. 안전한 작업환경 조성을 위하여 안전보건에 관한 제안 실적이 우수한 자
4. 기타 안전보건 업무에 공적이 현저한 자

② 안전보건관리책임자 및 본사 안전보건담당 실무 부서장은 제1항 3호와 관련하여 안전보건 지식의 발굴·공유·활용 등 제안활동을 적극 장려하고 근로자는 안전보건에 관한 제안을 수시·정기적으로 할 수 있다.

③ 포상에 관한 세부 사항은 회사의 「상벌규정」을 따른다.

제105조(징계)

① 회사는 다음 사항에 해당하는 자에 대하여는 인사위원회(징계위원회)에 회부하여 징계조치를 할 수 있다.

1. 「산업안전보건법」 및 관련법령에서 정한 명령이나 이 규정에서 정한 사항을 정당한 사유 없이 위반한 자
2. 정당한 사유 없이 안전보건관리상의 지시 및 명령을 위반하거나 불응한 자
3. 각종 사고 및 재해의 은폐, 허위보고, 태만으로 안전사고 사후처리를 지연시킨 자
4. 고의 또는 중대한 과실로 사고를 초래한 자

② 징계의 종류와 징계의 기준, 인사위원회(징계위원회)의 구성과 절차에 대해서는 별도로 정한다. 다만, 제1항의 사항으로 징계하는 경우 인사위원회(징계위원회)에 산업안전보건위원회의 근로자위원을 참여시키도록 한다.

제106조(경고)

안전보건관리책임자는 다음 각 호에 해당하는 근로자에 대하여 경고장을 발부할 수 있다.

1. 이 규정을 위반하여 재해를 유발시킨 자, 재해발생 시 방치 또는 직무를 유기한 자
2. 안전지적서를 받고 적절한 조치를 취하지 않은 자
3. 휴가, 출장, 외부교육 등을 제외하고 정당한 사유 없이 안전교육을 3회 이상 무단 불참한 자

제107조(실적보고)

현장안전보건관리책임자는 본사 안전보건담당 실무 부서장이 요청하는 경우 해당 사업장의 안전보건활동 및 재해통계 실적 등을 본사 안전보건담당 실무 부서에 제출하여야 한다.

제108조(대관보고)

이 규정에 명시되지 아니한 사항이라도 법령이 정하는 안전 및 보건에 관한 사항에 대하여는 관할 행정관서에 보고하여야 한다.

제109조(문서보존연한)

① 안전 및 보건에 관한 문서의 보존기한은 문서관리규정이 따로 정하는 바에 따른다. 다만, 따로 정함이 없는 문서는 3년간 보존하여야 한다.

② 회사는 다음 각 호의 서류를 3년간 보존하여야 한다.

1. 산업재해 발생기록
2. 안전보건관리책임자관리감독·안전관리자·보건관리자 및 산업보건의의 선임에 관한 서류
3. 산업안전보건위원회 회의록
4. 안전보건상의 조치 사항으로서 고용노동부령으로 정하는 사항을 적은 서류
5. 화학물질의 유해성·위험성 조사에 관한 서류
6. 작업환경측정에 관한 서류(5년간 보존하며 발암성 확인 물질이 기록된 경우 30년간 보존)
7. 건강진단에 관한 서류
8. 자율검사프로그램에 따라 실시한 검사 결과에 대한 서류
9. 기타 안전보건에 관련된 일반적인 서류

② 일반석면 조사를 한 건축물이나 설비의 소유주 등은 그 결과에 관한 서류를 그 건축물이나 설비에 대한 해체·제거작업이 종료될 때까지 보존하여야 하고 기관 석면조사를 한 건축물이나 설비의 소유주 등과 석면조사기관은 그 결과에 관한 서류를 3년간 보존하여야 한다.

③ 제1항부터 제2항까지의 경우 전산입력 자료가 있을 경우 그 서류를 대신하여 전산입력 자료를 보존할 수 있다.

제110조(변경절차)

① 회사의 안전보건관리규정을 변경하고자 하는 때에는 「산업안전보건법」 등 관련 법령에 위배되지 않는 범위 내에서 사업장의 규모나 특성에 적합하도록 변경할 수 있으며 법령의 최신 제·개정 내용을 확인하여 안전보건관리규정에 반영하여야 한다.

② 또한, 안전보건관리규정을 작성·변경할 때는 반드시 산업안전보건위원회의 심의·의결을 거쳐야 하며 회사의 홈페이지, 게시판, 사무실 등에 게시하거나 갖춰두고 근로자들에게 알려야 한다.

제111조(준수)

① 회사의 모든 임직원 및 사내 도급업체 근로자는 본 규정을 준수하여야 한다.

② 본 규정에서 정한 것 이외에 안전보건관리상 필요로 하는 사항에 대해서는 노사협의체 및 산업안전보건위원회에서 정한다.

③ 기타 관계법령에 의해 별도의 전문성을 요하는 안전보건관리(전기, 고압가스, 위험물, 건축물 등)는 법정 선임자 및 그 소속 부서에 제반 사항을 위임하여 관리할 수 있다.

제112조(안전경영)

① 회사는 임산부, 노인, 장애인, 이주노동자 등 안전 취약 근로자에 대한 산업재해예방 및 안전보건관리에 특별히 유의하여야 한다.
② 회사는 사업장의 유해하거나 위험한 작업환경에 대한 안전보건정보 제공과 관련하여 근로자가 추가 정보를 요청하는 경우에는 공개 가능여부를 검토한 후 해당 정보를 제공한다.
③ 산업안전보건위원회, 안전보건협의체, 노사협의체, 안전보건 간담회 등은 필요시 안전보건 담당 실무부서의 자문을 받을 수 있다.

제113조(그 밖의 사항)

① 이 규정은 사업장의 규모·업종 등에 적합하게 작성하며 필요한 사항을 추가하거나 그 사업장에 관련되지 않은 사항은 제외할 수 있다.
② 이 규정의 시행에 필요한 세부 사항은 산업안전보건법령, 고용노동부 고시, 한국산업안전보건공단의 안전보건지침(KOSHA GUIDE), 회사의 안전보건경영 매뉴얼, 절차서, 지침서를 따른다.

부칙 [2024.1.27.]

제1조(시행일)

이 규정은 2024. 1. 27. 부터 시행한다.

〈별표 1〉 안전보건조직도

(1) 직영 부문(본사)

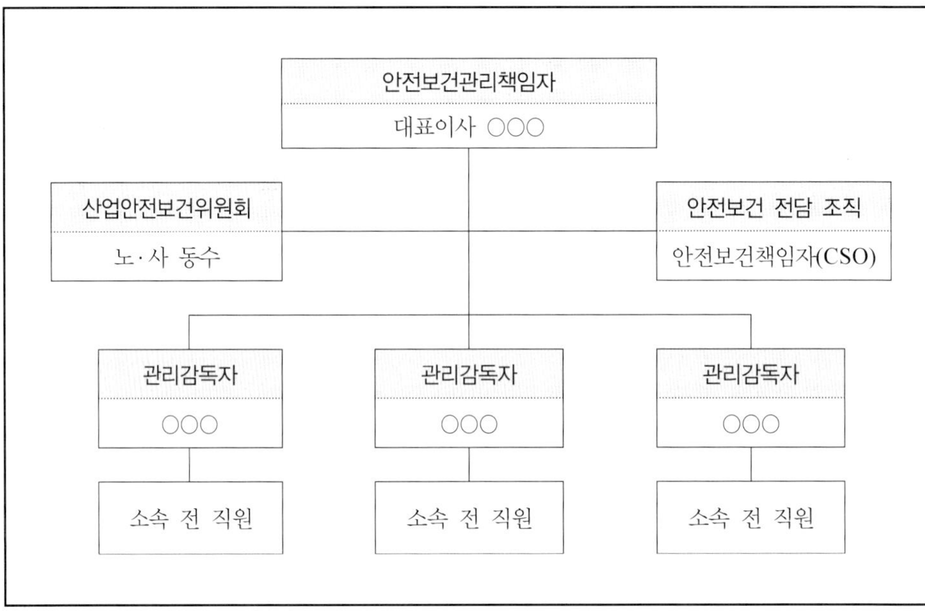

(2) 직영 부문(현장)

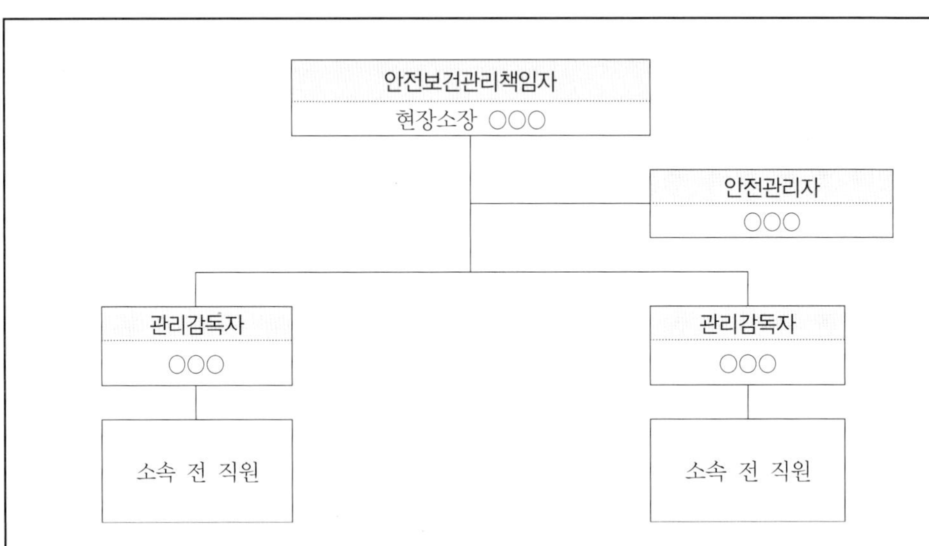

〈별표 2〉 안전교육대상에 따른 교육내용

교육과정	교육대상	교육시간	교육 내용
정기 교육	근로자	• 비사무직 근로자 : 매월 2시간(분기 6시간이상) • 사무직 근로자 : 매월 1시간이상	• 산업안전보건법령에 관한 사항 • 작업공정의 유해·위험에 관한 사항 • 표준안전작업 방법에 관한 사항 • 보호구 및 안전장치 취급과 사용에 관한 사항 • 안전사고사례 및 산업재해예방 대책에 관한 사항 • 근로자 건강증진 및 산업 간호에 관한 사항 • 안전보건표지에 관한 사항 • 물질안전보건자료에 관한 사항 • 기타 안전·보건관리에 관한 사항
	관리 감독자	• 반기 8시간 이상 또는 연간 16시간 이상	• 산업안전보건법령에 관한 사항 • 작업안전지도요령에 관한 사항 • 기계·기구 또는 설비의 안전·보건점검에 관한 사항 • 관리감독자의 역할과 임무에 관한 사항 • 근로자 건강증진 및 산업 간호에 관한 사항 • 물질안전보건자료에 관한 사항 • 기타 안전·보건관리에 관한 사항
신규 채용 시 교육	신규 채용 근로자	• 8시간 이상 (건설업 : 2시간 이상)	• 산업안전보건법령에 관한 사항 • 당해 설비·기계 및 기구의 작업안전점검에 관한 사항 • 기계·기구의 위험성과 안전작업 방법에 관한 사항 • 근로자 건강증진 및 산업 간호에 관한 사항 • 물질안전보건자료에 관한 사항 • 기타 안전·보건관리에 관한 사항
작업내용 변경 시 교육	작업내용 변경 시 해당근로자	• 2시간 이상 (건설업 : 1시간)	• 신규 채용 시 교육내용과 동일
특별 교육	안전담당자 지정작업에 종사하는 근로자	• 16시간 이상 (건설업 : 2시간 이상)	• 공통내용 : 신규채용 시 교육내용과 동일 • 개별내용 : 안전담당자 지정작업과 관련된 안전보건사항

〈별표 3〉 산업재해 조사표

산업재해 조사표

※ 뒤쪽의 작성 요령을 읽고, 아래의 각 항목에 적거나 해당항목의 '[ ]'란에 '[√]'표시를 합니다. (앞쪽)

구분						
Ⅰ. 사업장 정보	①산재관리번호 (사업개시번호)			사업자등록번호		
	②사업장명			③근로자수		
	④업종			소재지	(-)	
	⑤재해자가 사내 수급인 소속인 경우(건설업 제외)	원도급인 사업장명 / 사업장 산재관리번호 (사업개시번호)		⑥재해자가 파견근로자인 경우	파견대표이사 사업장명 / 사업장 산재관리번호 (사업개시번호)	
	건설업만 기재	⑦원수급 사업장명		공사현장명		
		⑧원수급 사업장 산재 관리번호(사업개시번호)				
		⑨공사종류		공정률	%	공사금액 백만원

※ 아래 항목은 재해자별로 각각 작성하되, 같은 재해로 재해자가 여러 명이 발생된 경우 별도 서식에 추가로 적습니다.

구분						
Ⅱ. 재해 정보	성명		주민등록번호 (외국인 등록번호)		성별	[ ]남 [ ]여
	국적	[ ] 내국인 [ ] 외국인 [국적: ⑩체류자격:]			⑪직업	
	입사일	년 월 일		⑫같은 종류업무 근속기간	년 월	
	⑬고용형태	[ ] 상용 [ ] 임시 [ ] 일용 [ ] 무급가족종사자 [ ] 자영업자 [ ] 그 밖의 사항 [ ]				
	⑭근무형태	[ ] 정상 [ ] 2교대 [ ] 3교대 [ ] 4교대 [ ] 시간제 [ ] 그 밖의 사항 [ ]				
	⑮상해종류(질병명)		상해부위(질병부위)		휴업예상일수	휴업 [ ]일
					사망여부	[ ] 사망

구분			
Ⅲ. 재해 발생 개요 및 원인	⑱재해 발생 개요	발생일시	[ ]년 [ ]월 [ ]일 [ ]요일 [ ]시 [ ]분
		어디서	
		누가	
		무엇을	
		어떻게	
		왜	
	재해발생원인		
Ⅳ. 재해 방지 계획			

작성일 년 월 일 작성자 성명 작성자 전화번호

대표이사 (서명 또는 인)

근로자대표(재해자) (서명 또는 인)

고용노동부 (지)청장 귀하

재해 분류자 기입란 (사업장에서는 적지 않습니다)	발생형태	□□□	기인물	□□□□□
	작업지역·공정	□□□	작업내용	□□□

210mm×297mm[백상지 80g/㎡(재활용품)]

〈별지 제1호 서식〉 (앞쪽)

안전보건교육일지

결재	담당	검토

교육일시	년 월 일 : ~ : (시간)
교육의 구 분	□ 1. 신규 채용시 교육(8시간) □ 2. 작업 내용 변경시 교육(2시간이상) □ 3. 특별안전보건 교육(16시간이상) □ 4. 관리감독자교육(연간16시간이상) □ 5. 근로자정기교육 (비사무직 : 2시간이상, 사무직 : 매월 1시간이상) □ 6. 기타( )교육

교육 인원	구분	계	남	여	비고
	교육 대상자수				
	교육실시자수				
	교육 미 실시자수				

교육과목								
교육자료	교안		프로젝터		VTR		기타	
교육 내용								

교육 실시자 및 장소	부서명	성명	교육실시 장소	비고
특이사항				

〈별지 제1호 서식〉 (뒤쪽)

안전보건교육 참석자 명단

사업장명 : 2024. . .

연번	직급	성명	서명	연번	직급	성명	서명
1				1			
2				2			
3				3			
4				4			
5				5			
6				6			
7				7			
8				8			
9				9			
10				10			
11				11			
12				12			
13				13			
14				14			
15				15			
16				16			
17				17			
18				18			
19				19			
20				20			

제8장

지침서(GUIDE)

1 안전보건지침(GUIDE)

한국산업안전보건공단에서 제정한 안전보건기술지침(KOSHA Guide)은 산업안전보건법령 및 산업안전보건기준에 관한 규칙 등의 요구사항을 이행하는데 참고하거나 사업장 안전보건 수준향상에 필요한 기술적 권고 지침이다. 기술지침은 법적 기준이 아닌 사업장의 이해를 돕기 위해 작성된 기술적 권고 지침이다. 산업안전보건법령의 현장 안착을 위해 일본, 영국 및 호주 등의 국가에서도 기술지침 등 가이드라인을 개발하여 보급하고 있다.

표 8.1 일본, 영국 및 호주 등의 기술지침

구분	한국	일본	영국(호주)	독일	미국
법령 체계	법	노동안전위생법	Act	Gesetz	Act
	시행령	시행령	Regulation	verodnung	Regulation
	시행규칙	시행규칙	-	BGV	-
	고시	고시	Order	-	-
	-	-	ACoP	DIN, VDE 등	ANSI, NFPA 등
	KOSHA Guide	기술기준	Guidance, Standard	-	-

표 8.2 KOSHA Guide의 개발현황('23.11. 기준)

계	안전 일반	기계 안전	전기 안전	화학 안전	건설 안전	보건 일반	산업 위생	산업 의학	리스크 관리	산업 독성
1,352	102	166	147	238	105	92	225	109	121	47

기술지침에는 가이드 표시, 분야별 또는 업종별 분류기호, 공표순서, 제·개정 연도의 순으로 번호를 부여하고 있다.

2 건설안전분야 안전보건지침(GUIDE) 현황

한국산업안전보건공단(www.kosha.or.kr)에서 제공하고 있는 안전보건기술지침을 활용하여 기업의 특성에 맞는 안전보건관리체계를 구축·이행하여 산업재해를 적극적으로 예방할 필요가 있다. 건설분야 안전보건기술지침(KOSHA Guide) 현황은 다음 표와 같다.

표 8.3 건설안전 분야 안전보건지침(GUIDE) 105개 현황

연번	기술지침번호	명칭
1	C-1-2011	시스템폼(RCS폼, ACS폼 중심) 안전작업 지침
2	C-2-2020	수상 바지(Barge)선 이용 건설공사 안전작업 지침
3	C-3-2011	교량공사(P.S.M공법) 안전작업 지침
4	C-4-2012	흙막이공사(엄지말뚝 공법) 안전보건작업 지침
5	C-5-2016	건설공사 돌관작업 안전보건작업 지침
6	C-6-2015	타일(Tile)공사 안전보건작업 지침
7	C-7-2012	시트(Sheet)방수 안전보건작업 지침
8	C-8-2015	작업발판 설치 및 사용안전 지침
9	C-9-2012	관로매설공사(유압식 추진공법) 안전보건작업 지침
10	C-10-2016	I.L.M 교량공사 안전보건작업 지침
11	C-11-2012	가설계단 설치 및 사용 안전보건작업 지침
12	C-12-2012	흙막이공사(Earth Anchor 공법) 안전보건작업 지침
13	C-13-2012	흙막이공사(Soil Nailing 공법) 안전보건작업 지침
14	C-14-2012	밀폐공간의 방수공사 안전보건작업 지침
15	C-15-2017	관로매설공사 안전보건작업 지침
16	C-16-2016	미장공사 안전보건작업 지침
17	C-17-2011	경량철골 천장공사 안전보건작업 지침
18	C-18-2015	건설공사 안전보건설계 지침
19	C-21-2011	현수교 교량공사 안전보건작업 지침

연번	기술지침번호	명칭
20	C-22-2011	사장교 교량공사 안전보건작업 지침
21	C-24-2011	단순 슬래브 콘크리트 타설 안전작업 지침
22	C-25-2018	재사용 가설기자재 성능기준에 관한 지침
23	C-26-2017	낙하물 방지망 설치 지침
24	C-27-2011	낙하물 방호선반 설치 지침
25	C-28-2018	이동식 비계 구조기준 및 사용 지침
26	C-29-2017	수직보호망 설치 지침
27	C-30-2020	강관비계 안전작업지침
28	C-31-2017	추락방호망 설치 지침
29	C-32-2020	시스템 비계 안전작업 지침
30	C-33-2022	작업의자형 달비계 안전작업 지침
31	C-34-2011	소규모 철근콘크리트 교량공사 거푸집 동바리 안전작업 지침
32	C-35-2011	교량공사의 이동식 비계공법(MSS) 안전작업 지침
33	C-36-2011	교량 슬래브거푸집 해체용 작업대차 안전작업 지침
34	C-37-2011	지하매설물 굴착공사 안전작업 지침
35	C-38-2011	슬립폼(Slip form) 안전작업 지침
36	C-39-2023	굴착공사 안전작업 지침
37	C-40-2011	갱폼(Gang form) 제작 및 사용 안전 지침
38	C-41-2011	프리스트레스트 콘크리트(PSC) 교량공사 안전작업 지침
39	C-42-2020	시스템 동바리 안전작업 지침
40	C-43-2023	콘크리트공사 안전보건작업 지침
41	C-44-2015	철골공사 안전보건작업 지침
42	C-45-2012	터널공사(NATM공법) 안전보건작업 지침
43	C-46-2023	발파공사 안전보건작업 지침
44	C-47-2023	해체공사 안전보건작업 지침
45	C-48-2022	건설기계 안전보건작업 지침
46	C-49-2012	안전대 사용지침
47	C-50-2012	아스팔트 콘크리트 포장공사 안전보건작업 지침
48	C-51-2020	파이프 서포트 동바리 안전작업 지침

연번	기술지침번호	명칭
49	C-52-2016	야간 건설공사 안전보건작업 지침
50	C-53-2012	프리캐스트 콘크리트 건축구조물 조립 안전보건작업 지침
51	C-54-2012	가공 송전선로 철탑 심형기초공사 안전보건작업지침
52	C-55-2015	금속 커튼월(Curtain wall) 안전작업 지침
53	C-56-2017	리모델링 안전보건작업 지침
54	C-57-2017	석공사 안전보건작업 지침
55	C-59-2022	지붕공사 안전보건작업 지침
56	C-60-2015	탑다운(Top down) 공법 안전작업 지침
57	C-61-2012	터널공사(Shield-T.B.M공법) 안전보건작업 지침
58	C-62-2012	곤돌라(Gondola) 안전보건작업 지침
59	C-63-2012	흙막이공사(C.I.P공법) 안전보건작업 지침
60	C-64-2018	조적공사 안전보건작업 지침
61	C-65-2012	철골공사 무지보 거푸집동바리(데크플레이트 공법) 안전보건작업 지침
62	C-66-2016	내장공사의 안전보건작업 지침
63	C-67-2016	F.C.M 교량공사 안전보건작업 지침
64	C-68-2012	블록식 보강토 옹벽공사 안전보건작업 지침
65	C-69-2022	이동식 크레인 안전보건작업 지침
66	C-70-2012	냉동창고 단열공사 안전보건작업 지침
67	C-71-2012	기성 콘크리트 파일 항타 안전보건작업 지침
68	C-72-2012	흙막이공사(지하연속벽) 안전보건작업 지침
69	C-73-2012	강박스거더 교량공사 안전보건작업 지침
70	C-74-2015	건설공사의 고소작업대 안전보건작업 지침
71	C-75-2013	조경공사(수목식재작업)의 안전보건작업 지침
72	C-76-2013	흙막이공사(강널말뚝, Sheet Pile)의 안전보건작업 지침
73	C-77-2013	현수교 주탑시공 안전보건작업 지침
74	C-78-2016	옹벽(콘크리트 옹벽) 공사의 안전보건작업 지침
75	C-79-2015	초고층 건축물공사(일반사항) 안전보건작업 지침
76	C-80-2013	강아치교(벤트공법) 안전보건작업 지침
77	C-81-2013	터널공사(프론트 잭킹) 안전보건작업 지침

연번	기술지침번호	명칭
78	C-82-2020	해상 RCD 현장타설 말뚝공사(현수교, 사장교) 안전작업 지침
79	C-83-2013	PCT거더 교량공사 안전보건작업 지침
80	C-84-2013	트러스거더 교량공사 안전보건작업 지침
81	C-85-2013	트럭 탑재형 크레인(Cargo Crane) 안전보건작업 지침
82	C-86-2018	중소규모 건설업체 본사의 안전보건관리에 관한 지침
83	C-87-2013	중소규모 관로공사의 안전보건작업 지침
84	C-88-2013	터널공사(NTR공법) 안전보건작업 지침
85	C-89-2013	터널공사(침매공법) 안전보건작업 지침
86	C-91-2015	초고층 건축물공사(화재예방) 안전보건작업 지침
87	C-92-2013	흙막이공사(SCW공법)의 안전보건작업 지침
88	C-93-2013	우물통기초의 안전보건작업 지침
89	C-94-2013	교량공사(라멘교) 안전보건작업 지침
90	C-95-2014	흙막이공사(띠장 긴장 공법, Prestress Wale Method)의 안전보건 작업 지침
91	C-96-2014	가설구조물의 설계변경 요청 내용, 절차 등에 관한 작성 지침
92	C-97-2022	타워크레인 설치·조립·해체 작업계획서 작성 지침
93	C-98-2014	철탑공사 안전보건기술 지침
94	C-99-2015	이동식 크레인 양중작업의 안정성 검토 지침
95	C-101-2022	항타기·항발기 사용 작업계획서 작성 지침
96	C-102-2023	건설현장의 중량물 취급 작업계획서(이동식크레인) 작성 지침
97	C-103-2014	굴착공사 계측관리 기술 지침
98	C-104-2023	건설공사 굴착사면 안전기울기 기준에 관한 기술 지침
99	C-105-2022	굴착기 안전보건작업 지침
100	C-108-2017	건설현장 용접용단 작업시 안전보건작업 기술 지침
101	C-109-2017	화학플랜트 개보수공사 안전보건작업 기술 지침
102	C-110-2018	수직형 추락방망 설치 기술 지침
103	C-113-2020	취약시기 건설현장 안전작업 지침
104	C-114-2020	덤프트럭 및 화물 자동차 안전작업 지침
105	G-29-2011	굴착작업시 지하 매설물 위험방지를 위한 기술 지침

참고문헌

1. 국토교통부, 중대재해처벌법 해설서, 2021. 12.
2. 고용노동부, 개정 산업안전보건법 시행('20.1.16.)에 따른 도급 시 산업재해예방 운영지침, 2020. 3.
3. 고용노동부, 안전보건관리체계 가이드북, 2021. 8. 29.
4. 고용노동부, 중대재해처벌법 중대산업재해 해설서, 2021. 11. 17.
5. 고용노동부, 도급사업 안전보건관리 운영 매뉴얼(적격 수급업체 선정 가이드라인 포함), 2021. 12.
6. 고용노동부, 산업안전보건위원회 구성·운영 매뉴얼, 2022. 1.
7. 고용노동부, 2022 안전보건계획 수립 가이드북, 2022. 1.
8. 고용노동부, 중대재해처벌법령 FAQ 중대산업재해부문, 2022. 1. 18.
9. 고용노동부, 도급사업 안전보건관리 운영 매뉴얼, 2022. 2. 18.
10. 고용노동부, 경영책임자와 관리자가 알아야 할 중대재해처벌법 따라 하기, 2022. 3. 16.
11. 고용노동부, 소규모사업장 안전보건관리체계 구축 길잡이 매뉴얼, 2022.
12. 고용노동부, 2023년 소규모 사업장 안전보건 가이드, 2023. 3.
13. 고용노동부, 안전보건교육 안내서(2023), 2023. 3.
14. 고용노동부, 민간재해예방기관을 위한 사업장 위험성평가 지도 매뉴얼, 2023. 6.
15. 고용노동부 구미고용노동지청, 관리감독자 중심 안전보건관리체계 작동가이드, 2023. 7. 25.
16. 경기도 교육청, 2022년 경기도교육청 안전보건관리계획, 2022. 1
17. 경기도 교육청, 도급·용역·위탁 사업 안전·보건 확보 방안, 2022. 4.
18. 경기주택공사, 안전보건관리 규정, 2001. 8. 20.
19. 경남개발공사, 안전관리계획, 2021.
20. 교육부, 경영책임자의 안전 및 보건 확보를 위한 매뉴얼, 2022. 4.
21. 대전도시공사, 중대산업재해 대응 절차 및 조치에 관한 내규 제정안, 2022. 6. 3.
22. 대한경제, 2024 메가트렌드-소규모 건설현장에 대한 중대재해처벌법 적용과 대응 방향, 2023.
23. 대한경제, 중대재해대응 핵심 이슈 72선(원하청, 외부위탁), 2023.
24. 대한산업안전기술(주), 안전보건경영계획 작성과 중대재해처벌법의 이해, 2023. 1.
25. 대한전문건설협회·대한건설정책연구원, 전문건설사를 위한 중대재해처벌법 대응 매뉴얼, 2023. 1. 31.

26. 대한산업안전협회, 산업재해 재발방지 및 사고조사 방법(KISA-일반-50), 2023.
27. 대흥중학교, 중대산업재해 발생 시 대응 매뉴얼, 2022.
28. 삼성물산㈜, 중대재해처벌법 대응 안전보건 시스템 구축 및 운영사례, 2022. 7.
29. 서울특별시, 서울시 중대산업재해예방 업무 매뉴얼(안), 2021. 12.
30. 서울특별시, 중대산업재해예방 매뉴얼, 2022. 1. 26.
31. 서울특별시, 「중대재해처벌법」 시행(2022. 1. 27.) 대비 산업재해예방 분야 서울시 안전보건 관리체계 가이드. 2022. 1. 27.
32. 서울특별시 교육청, 2023년도 중대산업재해예방 기본계획, 2023. 3.
33. 서울특별시 교육청, 중대산업재해 대응 매뉴얼, 2023. 5.
34. 서울시설공단, 중대재해예방 대응관리 계획, 2021. 9.
35. 서울시설공단, 2022년 안전보건관리계획, 2021.
36. 서울시설공단, 관리감독자 업무 수행(상반기)평가 결과 보고, 2022.
37. 서울시설공단, 중대재해처벌법 의무사항 이행점검 결과보고, 2022. 7.
38. 성신여자대학교. 2022년 3분기 안전보건위원회 회의자료, 2022. 9.
39. 세종도시교통공사, 안전보건경영시스템, 2020. 11. 11.
40. 안동시설관리공단, 2021년 안전보건 관리계획, 2021.
41. 영남대학교 의료원, 도급사업주 간 안전보건협의체 운영내규, 2020. 4. 2.
42. 영남대학교, 중대산업재해 등 사고 발생 대비 매뉴얼, 2022. 9.
43. 인천관광공사, 안전보건경영시스템 프로세스, 2020. 9.
44. 인천관광공사, 안전보건경영시스템 절차서, 2020. 9.
45. 인천항만공사, 2022년도 안전경영책임계획, 2021. 12.
46. 인천항만공사, 협력업체 안전관리 지침서, 2021. 12.
47. 인천항만공사, 안전보건경영 절차서, 2022. 3. 7.
48. 인천항만공사, 안전보건경영시스템 매뉴얼, 2020. 9.
49. 울산광역시 교육청, 중대산업재해예방 매뉴얼, 2022. 7.
50. 전라북도 교육청, 도급·용역·위탁 등의 종사자 안전 및 보건 확보 조치 세부요령, 2022. 3.
51. 전라북도 교육청, 산업재해 발생시 대응 매뉴얼, 2021.
52. 제주관광공사, 제주관광공사 중대재해 대응 매뉴얼, 2023. 1.
53. 창원대학교, 2023년 창원대학교 중대재해예방 추진계획, 2023.
54. 창원시설공단, 2023년도 중대재해에방 종합 안전관리계획, 2023. 1.
55. 충북대학교, 2022년도 충북대학교 산학협력단 안전보건관리계획(안), 2022. 1. 28.
56. 카톨릭관동대학교, 2022 카톨릭관동대학교 안전관리계획, 2022. 7.
57. 한국건강증진개발원, 안전보건관리규정, 2022. 12. 22.

58. 한국남부발전, 도급사업 안전보건관리세칙, 2022.
59. 한국남부발전, 안전보건관리체계 구축 및 이행에 관한 규정, 2022. 3
60. 한국마사회, 안전보건관리계획서 및 평가기준, 2022.
61. 한국산업안전보건공단, 안전 및 보건에 관한 협의체 구성 및 운영에 관한 지침, 2022. 12.
62. 한국산업안전보건공단, 위험성평가 실무 길라잡이, 2022. 12.
63. 한국산업안전보건공단, 근로자의 참여 방안에 관한 지침, 2022. 12.
64. 한국산업안전보건공단, KOSHA Guide(기술지침) 길라잡이, 2023. 11.
65. 한국수자원공사, 2021년 산업안전관리 기본계획, 2021. 2.
66. 한국정보통신공사협회, 중대재해처벌법상 안전·보건 확보의무 조치사항 매뉴얼, 2022. 6.
67. 한국표준과학연구원, 안전·보건업무 계획서, 2020.
68. 현대퓨처넷, 2022년 현대퓨처넷 산업안전보건 관리계획, 2021.

찾아보기

| 저자 소개 |

최명기崔銘起

전남대 공과대학 토목공학과 졸업(1988.2)
명지대 정보산업대학원 산업안전, 석사수료(1992.8)
동신대 대학원 토목공학과 졸업, 공학석사(2000.8)
광운대 건설법무대학원 건설법무학과 졸업, 법학석사(2009.2)
동신대 대학원 토목공학과 졸업, 공학박사(2005.2)

자격

산업안전지도사(건설안전, 2012) / 건설안전기술사(1999)
토목시공기술사(2000) / 토목품질시험기술사(2002)
도로 및 공항기술사(2003)
기술거래사, CMP, Matriz 3rd

경력

(사)월드투게더 명예홍보대사
대한민국산업현장교수단 건설분야 교수 / (사)한국건설안전학회 부회장
(사)한국재난안전연구원 부원장 / (사)한국기술사회 안전조사위원장
(사)한국건설품질기술사회 부회장 / (협)건설품질안전기술원 감사
(사)한국건설가설협회 시험연구소장 / 건국대학교 안전재난관리학과 외래교수
동신대학교 토목공학과 산학협력중점 조교수
성화대학교 토목환경공학과 조교수(산학협력처장)
한국산업안전보건공단 대리 / 금호건설(주) 사원 / 육군 공병 중위(학군 26기)

자문위원 경력

건설교통부 중앙건설기술심의위원회 위원(10기)
행정안전부 중앙재난관리평가위원단 위원
국방부 특별건설기술심의위원, 소방청 중앙소방기술심의위원회 위원
해양수산부 설계기술자문위원 / 고용노동부 공공기관 안정활동 수준평가 심의위원
서울, 부산, 원주, 대전, 익산지방국토관리청 기술자문위원
서울특별시 감사위원회 명예하도급 호민관, 광주광역시 시민감사관
서울특별시, 경기도, 대전, 대구, 광주, 전라남도, 강원도 지방건설기술자문위원
한국도로공사, LH, 국가철도공단, 국토안전관리원, 안전보건공단, 한국환경공단 등

상훈 및 저서

대통령 표창(2021), 국회건설교통위원장 표창(2020), 행정안전부 장관 표창(2009)
광주광역시장 표창(2015), 전라남도지사 표창(2010),
스마트 건설과 안전(지우북스, 2020, 대한민국학술원 우수도서)
스마트 안전의 현재와 미래(지우북스, 2022) / 건설안전공학(지우북스, 2020)
스마트 건설 자동화 로봇과 건설용 3D 프린터(지우북스, 2021)
안전전문가가 알려주는 중대재해처벌법 대응전략 실무(국토일보, 2021)
공항개론(구미서관, 2008), 공항토목시설공학(예문사, 2011) 등 18권

| 저자 소개 |

정유철鄭裕澈

서울대학교 건설산업최고전략과정(2018)
광운대학교 건설법무대학원(2009)
경희대학교 정부계약제도 전문가과정(2007)
서울대학교 법과대학 공정거래법연구과정(2003)
연세대학교 법과대학 졸업(1998)

자격

변호사, 대한민국(2001)

경력

법무법인(유) 율촌(2010~현재)
대한상사 중재인(2010~현재)
대한건축사협회 자문위원(2023~현재)
연세대학교 법무대학원 겸임교수(2023~현재)
국토교통부 건축분쟁조정위원회 위원(2023~현재)
현대차그룹 산업안전상생재단 이사(2022~현재)
한국토지주택공사, 국가철도공단 자문위원(2021~현재)
한국자산관리공사, 국방부 계약심의위원(2020~현재)
한국CM협회 컴플라이언스 위원회 위원장(2020~현재)
한국건설기술인협회 법률자문(2019~현재)
광운대학교 건설법무대학원 겸임교수, 건설기술교육원 강사(2016~현재)
대한건설협회 법률자문위원(2015~2020)
주한미군기지이전사업단 법률자문위원(2015~2016)
국방부검찰단 검찰과장, 국방시설본부 법무실장(2007~2009)
국방부조달본부 법무실, 해군본부 법제과장(2003~2006)

논문 및 저서

공공계약 클레임 주요 쟁점, 대한경제(2023)
중대재해대응 핵심 이슈 72선, 대한경제(2023)
건설기업의 코로나19 대응방안, 한국건설경영협회 글로벌건설리더스 5월호(2020)
건설기술진흥법 판례여행(2019)
공공계약 판례여행(2017)
공공건설분쟁과 중재, 중재지(2014)
공기연장에 따른 계약금액 조정의 문제점, 한국건설산업연구원 CERIK 저널(2013)
공공계약 판례여행 기고, 건설경제신문(2011~현재)
공공건설계약 주요판례 소개, 중재지(2011)
부정당업자제재처분에 대한 집행정지, 건설관리학회(2010)
국방시설관계법령질의응답집, 국방시설본부공저 (2008)
입찰담합(카르텔) 관련 손해액 산정과 문제점, 정부계약법학회(2007)

수상

우수 소송수행자로 법무부장관상 수상(2005)
건설사업관리(CM) 분야 발전 기여로 국토교통부장관상 수상(2016)

중소기업 경영자와 실무자를 위한
중대재해처벌법 체계구축과 이행 실무

1판 1쇄 발행 2024년 4월 25일

지은이 최명기, 정유철
발행인 서철종
발행처 도서출판 지우북스
주소 경기도 파주시 문발로 115 세종출판벤처타운 209호
전화 031-915-6670(代)
팩스 031-915-6671
이메일 jwbooks@nate.com
홈페이지 www.jwbooks.co.kr
출판등록 제406-251002017-000032호
ISBN 979-11-92639-24-6 93530

정가 35,000원